HARRAP'S

Spanish
Idioms

Compiled by
Louis J. Rodrigues

HARRAP
London
Distributed in the United States by
PRENTICE HALL
New York

First published in Great Britain 1990
by HARRAP BOOKS Ltd
Chelsea House, 26 Market Square, Bromley, Kent BR1 1NA

© *Harrap Books Limited* 1990

ISBN 0 245-60039-6

In the United States, ISBN 0-13-385022-6

Library of Congress Cataloging-in-Publication Data

Harrap's Spanish idioms / compiled by Louis J. Rodrigues.
p.   cm.
ISBN 0-13-385022-6 (U.S.)

1. Spanish language--idioms.
I. Rodriguez, Louis J. (Louis Jerome), 1938-   .
PC4460.H34 1991   90-39902
463' .1--dc20   CIP

Printed and bound in Great Britain by
Richard Clay, St Ives PLC, Bungay Suffolk.

FOREWORD

Since this guide is intended mainly as an aid to essay writing and translation exercises, we have deliberately omitted distinctions in usage (British and American, Spanish and Latin American) and register (formal, informal, colloquial, slang, etc) in an effort to provide volume and quality rather than a host of extraneous details that the interested student may better obtain by consulting good monolingual dictionaries that list these.

Our principal aim is simplicity and the variety of examples that we have given should cover adequately the immediate necessity of the user of this little book.

LJR
JBR

PROLOGO

Esta guía está pensada principalmente como ayuda para la redacción de escritos y ejercicios de traducción, y por ello, hemos dejado de detallar las distinciones de uso (inglés británico y americano, español peninsular o latinoamericano) así como el nivel (formal, informal, coloquial, argot, etc) en un esfuerzo de proporcionar volumen y calidad más que la de ofrecer un montón de detalles ajenos a la cuestión y que el estudiante interesado en ello puede, muy bien, obtener mediante la consulta de buenos diccionarios monolingües que contengan los mismos.

Nuestro ideal principal es proporcionar simplicidad. Creemos que los ejemplos ofrecidos pueden cubrir adecuadamente las inminentes necesidades del usuario de este pequeño libro.

LJR
JBR

PART ONE

ENGLISH – SPANISH

A

aback
    be taken aback: estar
    desconcertado, ser cogido por
    sorpresa, quedarse boquiabierto
    He was clearly taken aback by
    my answer: Se veía que estaba
    desconcertado por mi respuesta.

about
    1 **be about to**: estar a punto de
    They're about to arrive: Están a
    punto de llegar.
    2 **how about/what about?**: ¿Qué
    te parece?, ¿Qué me dices de …?
    How about a cup of coffee?:
    ¿Qué te parece una taza de
    café?/¿Tomas un café?
    3 **out and about**: de casa
    Since her marriage, Mary does not
    get out and about much: Desde
    que se casó, María no sale mucho
    de casa.
    4 **up and about**: levantarse
    de la cama (después de una
    enfermedad)
    According to the doctor, Tom
    should be up and about in a week's
    time: Según el médico, Tom
    debería levantarse en una semana.

above
    1 **above all**: ante todo, sobre todo
    Above all, one must be honest:
    Ante todo hay que ser honrado.
    2 **above and beyond**: además,
    incluso más, por encima de
    She stayed behind to help with
    the cleaning, which is above and
    beyond her regular work: Se
    quedó más rato para ayudar con la
    limpieza, algo que está fuera de su
    deber.
    3 **above suspicion**: Por encima
    de toda sospecha, fuera de toda
    sospecha
    Whoever stole the painting, it
    couldn't have been him – he's

above suspicion: Quienquiera que
robara la pintura no podía ser él;
está fuera de toda sospecha.

accord
    1 **of/on one's own accord**:
    por cuenta propia, por propia
    voluntad
    He decided to help me of his
    own accord – I didn't ask him to:
    Decidió ayudarme por propia
    voluntad; yo no se lo había
    pedido.
    2 **with one accord**:
    unánimemente, en pleno
    As the US representative got up
    to speak, the Russian delegation
    with one accord left the chamber:
    Cuando el representante de
    EEUU se levantó para hablar,
    la delegación rusa en pleno
    abandonó la sala.

account
    1 **account for**: dar cuenta,
    justificar
    The suspect was unable to account
    for his movements at the time of the
    crime: El sospechoso no fue capaz
    de dar cuenta de sus movimientos
    a la hora del crimen.
    2 **be accountable for**: ser
    responsable de
    He was warned that he would be
    accountable for his actions even
    before he was asked to take on
    the job: Se le avisó de que sería
    responsable de sus actos incluso
    antes de que aceptara el trabajo.
    3 **by all accounts**: por lo que dicen
    todos, según todas las opiniones,
    según todo el mundo
    He is an inveterate liar by all
    accounts: Según dice todo
    el mundo es un embustero
    empedernido.

4 **doctor the accounts**: falsificar las cuentas
The cashier was sacked for doctoring the accounts: El cajero fue despedido por falsificar las cuentas.

5 **give a good account of oneself**: actuar bien, jugar bien, comportarse bien
He gave a good account of himself during the match: Actuó bien durante el partido.

6 **keep an account of**: tomar nota
Please keep an account of how long the job takes: Toma nota del tiempo empleado en el trabajo, por favor.

7 **of no account**: de poca importancia
Don't worry about the occasional slip, it's of no account: No te preocupes por un pequeño error, no tiene importancia.

8 **on account of**: debido a, a causa de
He didn't go in to work on account of the rail strike: No fue a trabajar a causa de la huelga ferroviaria.

9 **put/turn to (good) account**: aprovechar algo, sacar provecho de
I'm sure I'll be able to turn this information to good account: Estoy seguro de que podré sacar algún provecho de esta información.

ace

1 **play one's ace**: jugar su triunfo, jugar la mejor carta
The General decided to play his ace and sent in the tanks: El General decidió jugar con su mejor carta y envió los tanques.

2 **(come) within an ace of**: estar muy cerca de
She came within an ace of passing the exam: Estuvo muy cerca de aprobar el examen.

acquaint

be acquainted with: conocer, estar enterado, estar al corriente
I'm not acquainted with the results of the Spanish Elections: No estoy al corriente de los resultados de las elecciones españolas.

across

1 **across the board**: sin excepción, en todos los sectores
The workers were given a 6.5% increase across the board: Se concedió un aumento del 6.5% para todos los trabajadores/sectores.

2 **put one across on (someone)**: engañar a alguien, tomar el pelo
He thought he would put one across on his friends by pretending he was going to resign his job: Pensó que podría tomarles el pelo a sus amigos diciendo que iba a presentar su dimisión en el trabajo.

act

1 **catch (someone) in the act**: coger a alguien infraganti
I went back unexpectedly and caught him in the act of going through my personal papers: Regresé inesperadamente y le cogí in fraganti urgando en mis papeles.

2 **get in on the act**: introducirse en el asunto, lograr tomar parte
Now that she's been so successful with translations, her brother wants to get in on the act: Ahora que ella ha tenido tanto éxito con las traducciones, su hermano quiere introducirse en el asunto.

3 **put on an act**: fingir
Dad appears to be upset with me but he is only putting on an act: Papá parece estar enfadado conmigo pero solo está fingiendo

add

add

1 **add insult to injury**: empeorar las cosas, poner una cosa peor de lo que estaba
The remark she made in the speech only added insult to injury: La observación que sacó en el discurso solo hizo empeorar las cosas.

2 **add up**: entenderse, comprenderse una cosa
I don't understand her behaviour at the party; it just doesn't add up: No comprendo su comportamiento en la fiesta; no se explica.

advantage

1 **have the advantage of**: tener la ventaja de
She has the advantage of being taller: Ella tiene la ventaja de ser más alta.

2 **take advantge of (someone)**: aprovecharse de, tomar el pelo a
She was so generous that people tended to take advantage of her: Era tan generosa que la gente solía tomarle el pelo.

after

after all: después de todo, a pesar de todo
He managed to get the plane after all: A pesar de todo, consiguió coger el avión.

age

1 **come of age**: llegar a la mayoría de edad
My son will decide his nationality when he comes of age: Mi hijo decidirá su nacionalidad cuando llegue a la mayoría de edad.

2 **ages ago**: hace mucho tiempo
The festival took place ages ago: El festival tuvo lugar hace mucho tiempo.

aid

in aid of: a beneficio de, en pro de
I'm collecting money in aid of the homeless: Estoy recogiendo dinero a beneficio de las personas sin hogar.

alarm

false alarm: falsa alarma
We thought it was going to snow; but it was a false alarm: Pensamos que iba a nevar, pero fue una falsa alarma.

alive

1 **alive and kicking**: vivito y coleando
Despite her age, María is still alive and kicking: A pesar de su edad María sigue vivita y coleando.

2 **be alive to (something)**: darse cuenta de (algo)
His wife hates him but he doesn't seem to be alive to the fact: Su esposa le odia, pero él no parece darse cuenta.

all

1 **all at once/all of a sudden**: de repente, de pronto
The car broke down all of a sudden: El coche se estropeó de repente.

2 **all being well**: si las cosas van bien, si todo marcha bien
They will arrive at five o'clock, all being well: Si todo marcha bien, llegarán a las cinco.

3 **all but**: casi, por poco
She all but spoilt everything, talking too much as usual: Casi lo estropea todo hablando de más, como siempre.

4 **all for the best**: para bien
Don't get upset if they don't come, it's probably all for the best: No te molestes si no vienen, a lo mejor es para bien.

5 **all in good time**: a su debido tiempo
The salesman told her that everything would be delivered all in good time: El vendedor le dijo (a ella) que la entrega de la mercancía se efectuaría a su debido tiempo.

6 **all in all**: en definitiva, en general
There were some slight problems; but, all in all, the festival was a

success: Hubo unos pequeños problemas, pero en general el festival fue un éxito.

7 **all of a sudden**: de repente
All of a sudden a car came shooting round the corner: De repente apareció un coche a toda marcha en la esquina.

8 **all out**: con todas sus fuerzas, acérrimo
She went all out in her attempt to break the Olympic record: Intentó con todas sus fuerzas batir el récord olímpico.

9 **all right**: (i) muy bien; (ii) de acuerdo; (iii) está bien
(i) *Are you all right for money?*: ¿Estás bien de dinero?
(ii) *All right, I'll meet you tonight*: De acuerdo, te veré esta noche.
(iii) *All right, don't be angry any more*: Está bien, no te enfades más.

10 **all set**: listo
We are all set for the competition: Estamos listos para el concurso.

11 **all that**: eso, todo eso, etcétera
By fruit we mean apples, oranges, bananas, and all that: Por fruta entendemos manzanas, naranjas, plátanos, etcétera.

12 **all the best**: lo mejor, buena suerte, que te vaya bien
All the best, I'll see you next Monday!: Buena suerte, te veré el próximo lunes.

13 **all the same**: de todas formas, con todo
He came all the same: Vino de todas formas.

14 **all told**: en total
There were two hens, two ducks and two turkeys all told: Había dos gallinas, dos patos y dos pavos en to tal.

15 **all up with**: terminado, sin esperanzas
I think it's all up with the people who were inside; no-one could have survived the explosion: Me parece que no hay esperanzas para las personas de dentro, nadie puede haber sobrevivido a la explosión.

16 **at all**: nada
I don't like him at all: No me gusta nada.

17 **not all that**: ni mucho menos
The food was expensive and not all that good: La comida fue cara y ni mucho menos buena.

18 **not at all**: en absoluto
"Do you mind if I move the chair?" "Not at all!": – ¿Le importa si muevo la silla? – En absoluto.

allowance
   make allowances for: tener en cuenta
We must make allowances for the little child, he is not feeling well: Debemos tener en cuenta al pequeño, no se encuentra bien.

along
   along with: junto con, con
I went to the opera along with my cousin: Me fui a la ópera con mi primo.

amends
   make amends (for): compensarlo, enmendarlo, dar cumplida satisfacción
He bought her a leather bag to make amends for his rudeness: Le compró un bolso de piel como compensación por su descortesía.

answer
   straight answer: respuesta rápida, respuesta sin titubeos
The problem is that she will never give you a straight answer: El problema es que ella nunca te contestará con una respuesta directa.

any
1 **any minute now**: de un momento a otro
The doctor will arrive any minute now: El médico llegará de un momento a otro.

2 any old how: sin cuidado alguno, a la buena de Dios
Her desk is always terribly untidy – she throws papers and letters into it any old how: Su escritorio está siempre terriblemente desordenado; tira los papeles y cartas sin cuidado alguno.

apart

tell apart: distinguir
It's impossible to tell the twins apart: Es imposible distinguir a los gemelos.

appear

1 keep up appearances: salvar las apariencias, guardar las apariencias
They are not very rich, but they buy expensive things only to keep up appearances: No son muy ricos, pero compran cosas caras solo para guardar las apariencias.

2 make/put in an appearance: hacer acto de presencia, presentarse
The King put in an appearance at the congress: El Rey hizo acto de presencia en el congreso.

approval

on approval: a prueba
I had the big TV for two weeks on approval: Tuve el televisor grande a prueba durante dos semanas.

apron

tied to one's mother's apron strings: estar pegado a las faldas de la madre
He's still tied to his mother's apron strings: Todavía está pegado a las faldas de su madre.

argue

argue the toss: discutir, andar a dimes y diretes
Don't let us argue the toss over who is going to pay for the cinema: No discutamos quién va a pagar el cine.

arm

1 give one's right arm (for): dar el brazo derecho de uno
I'd give my right arm for the girl in blue: Daría mi brazo derecho por la chica de azul.

2 keep/hold at arm's length: mantener a distancia, guardar las distancias con
She keeps her new neighbours at arm's length: Guarda las distancias con sus vecinos.

3 with open arms: con los brazos abiertos
They received their visitors with open arms: Recibieron a sus visitantes con los brazos abiertos.

arrive

arrive at: llegar a
After several hours he arrived at a decision about his future: Después de varias horas llegó a una decisión sobre su futuro.

ask

1 ask after (someone): interesarse por, preguntar por
He asked after your parents: Se interesó por tus padres.

2 ask for it: buscárselo, merecerlo
I told you and you didn't listen to me; you asked for it!: Te lo dije y no me hiciste caso; tú te lo buscaste.

3 if you ask me: en mi opinión, para mí que
He is the best teacher I've ever had, if you ask me: En mi opinión, es el mejor profesor que jamás he tenido.

at

1 at any rate: en cualquier caso, sea como sea
At any rate, she has already decided the dress she wants to buy: Sea como sea, ya ha decidido el vestido que quiere comprar.

2 at length: con detenimiento
The manager and the assistant manager will meet tomorrow

to discuss the matter *at length*:
El director y el subdirector se
reunirán mañana para discutir el
asunto con detenimiento.

3 **at a pinch**: si no hay otro
remedio, en caso de apuro
She only asks for help at a pinch:
Sólo pide ayuda en caso de apuro.

4 **at the moment**: ahora, entonces
*I can't remember his name at the
moment*: Ahora no me acuerdo de
su nombre.

5 **at the same time**: a pesar de, de
todas formas
*I don't like him. At the same time I
must admit that he is a very clever
man*: No me gusta. De todas
formas, he de admitir que es un
hombre muy inteligente.

attention

1 **call/draw attention to**: llamar
la atención
*The little boy drew my attention to
the big balloon in the sky*: El niñito
dirigió mi atención hacia el gran
globo que había en el cielo.

2 **pay attention (to)**: prestar
atención a
*The teacher wants the students to
pay more attention to her lessons*:
La profesora quiere que los
alumnos le presten más atención a
sus clases.

avail

avail oneself of: valerse de, poder
utilizar
*You must avail yourself of all the
resources you can*: Debes valerte
de todos los recursos que puedas.

awake

be (wide) awake to: estar al día,
estar completamente despierto
*I'm wide awake to the problems
of our neighbourhood*: Estoy
completamente al día de los
problemas de nuestra vecindad.

axe

1 **have an axe to grind**: tener
algún fin interesado, tener
intereses personales, vérsele a uno
el plumero
*He has an axe to grind in that
matter*: Se le ve el plumero en ese
asunto.

2 **get/be given the axe**: (i) ser
despedido del trabajo; (ii) ser
cancelado
(i) *If the crisis continues, more
workers will get the axe*: De seguir
así la crisis, más trabajadores serán
despedidos.
(ii) *They wanted to build a new
hospital, but it was given the
axe*: Querían construir un nuevo
hospital, pero lo cancelaron.

B

back

1 **back down**: volverse atrás, rajarse, echarse atrás (idea)
He decided to back down when he saw that no-one was giving him support: Decidió echarse atrás cuando se dio cuenta que nadie le apoyaba.

2 **back number**: (i) cero a la izquierda; (ii)número atrasado de revista;
(i) *No-one listens to him; he's a back number*: Nadie le presta atención: es un cero a la izquierda.
(ii) *I didn't buy the magazine last month; I must try to get a back number*: No compré la revista el mes pasado. He de intentar encontrar el número atrasado.

3 **behind one's back**: a escondidas, a espaldas de alguien
He was the kind of person who would flatter you to your face and then slander you behind your back: Era el tipo de persona que te adula a la cara y luego te calumnia a tus espaldas.

4 **break one's back**: partirse la espalda, matarse a trabajar, deslomar(se)
If they think I'm going to break my back working there for that salary, they're badly mistaken: Si creen que voy a matarme trabajando allí por ese salario, están muy equivocados.

5 **get off(someone's) back**: (i) quitarse de encima a, (ii) dejar tranquilo, dejar en paz, dejar de molestar
(i) *He's always asking me silly questions, I don't know how to get him off my back*: Siempre me está haciendo preguntas estúpidas, no sé cómo quitármelo de encima.
(ii) *For goodness' sake, get off my back!*: Por el amor de Dios, ¡déjame en paz!

6 **get one's back up**: picarse, sulfurar(se)
His attitude gets my back up: Me sulfura su actitud.

7 **hang back**: quedarse atrás
You should catch up with the others and not keep hanging back: Deberías alcanzar a los otros y no quedarte atrás.

8 **stab in the back**: una puñalada por la espalda, una puñalada trapera
His comment was a stab in the back: Su comentario fue como una puñalada por la espalda.

9 **to the backbone**: hasta la médula de los huesos, por los cuatro costados
Sean is a Scotsman to the backbone: Sean es escocés hasta la medula de los huesos.

bad

1 **bad debt**: deuda incobrable
He didn't succeed in his business because of a series of bad debts: No tuvo éxito con su negocio debido a una serie de deudas incobrables.

2 **in a bad way**: (i) en malas condiciones; grave; (i) *He had an accident last Monday and is in a bad way*: Tuvo un accidente el lunes pasado y está grave.
(ii) *The bridge is in a bad way after the big storms*: El puente está en mal estado después de las grandes tormentas.

3 **in bad odour**: mala fama, mala prensa
The government is in bad odour with the public because of the taxes:

El gobierno tiene mala prensa entre el público a causa de los impuestos.

4 **not so/too bad**: no tan mal, no (estar) mal
Have you tried Chinese food? It's not so bad: ¿Has probado la comida china? No está mal.

5 **too bad**: una pena
It's too bad that you had to sell the house for half its price!: Es una pena que vendierais la casa a mitad de su precio.

bag

1 **a bag of nerves**: un manojo de nervios
Mary has always been a bag of nerves: Mary ha sido siempre un manojo de nervios.

2 **in the bag**: cosa hecha, cosa segura, en el/la talego/a
Your appointment as lecturer is in the bag: Tu elección como lector es cosa segura.

ball

on the ball: un hacha, al tanto
If you need some information please ask Jim, he is always on the ball: Si necesitas alguna información pídesela, por favor, a Jim; siempre está al tanto.

bank

bank on: confiar, contar con
John will finish the job on time, you can always bank on him: John terminará el trabajo a tiempo, siempre puedes confiar en él/contar con él.

be

1 **be-all and end-all**: único objeto, lo único que importa
Earning money is not the be-all and end-all of life: El ganar dinero no es lo único que importa en la vida.

2 **be that as it may**: sea como sea, sea como fuere
I know you don't like the job but be that as it may, you must finish it

before next Monday: Ya sé que no te gusta el trabajo, pero sea como sea, has de terminarlo antes del lunes. próximo

3 **let it be**: déjalo estar
Don't touch that animal, let it be!: No toques ese animal, déjalo estar/en paz.

bear

1 **bear up**: aguantar
She's bearing up well after the shock: Aguanta muy bien después de la fuerte impresión

2 **bear with**: tener paciencia, ser indulgente
Bear with him while he tries to explain his new project to you: Ten paciencia con él mientras te explica su nuevo proyecto.

bearings

1 **get one's bearings**: orientarse
As the new manager started only a few days ago it will take him some time yet to get his bearings: Puesto que el nuevo director empezó hace tan solo unos días, le costará un poco orientarse.

2 **lose one's bearings**: desorientarse
He confused me so much that I soon lost my bearings: Me enredó tanto que pronto me desorienté.

beat

1 **beat about the bush**: andarse por las ramas, andar/ir con rodeos
Tom never finds it easy to give you a direct answer; he always beats about the bush: Tom nunca encuentra fácil dar una respuesta directa, siempre se anda por las ramas.

2 **beat a (hasty) retreat**: retirarse precipitadamente
When the boys saw the headmaster coming they beat a hasty retreat: Cuando los chicos vieron acercarse al director del colegio se escaparon precipitadamente.

3 **beat down**: conseguir rebajar precio, regatear
He wanted a hundred pounds for the old crock but I beat him down to seventy-five: Quería cien libras por el cacharro del coche pero regateé hasta setenta y cinco.

4 **beat one's brains out**: romperse el coco
I beat my brains out trying to find a way round the difficulty: Me rompí el coco intentando encontrar una salida al problema.

5 **off-beat**: excéntrico, nada convencional, inconformista
Mary is inclined to be a bit off-beat in her taste in clothes: María es un poco excéntrica a la hora de elegir la ropa.

beck
at (someone's) beck and call: a disposición de, sometido a la voluntad de
She has plenty of admirers at her beck and call: Tiene cantidad de admiradores que están a su disposición.

bee
busy as a bee: ocupadísimo, atareadísimo
Sarah's been as busy as a bee all day catching up on her housework: Sarah ha estado ocupadísima hoy intentado ponerse al día con el trabajo de casa.

beef
beef about: quejarse de
Ignore him; he'a always beefing about something: Olvídate de él, siempre se queja de algo.

beer
small beer: una cosa sin importancia, bagatela
This is small beer compared with the work he usually does: Esto no tiene ninguna importancia comparado con el trabajo que normalmente hace.

beg
beg, borrow or steal: conseguirlo como sea, conseguirlo a cualquier precio
I needed a special spanner and I couldn't beg, borrow or steal one anywhere: Necesitaba una llave de tuercas especial y no pude conseguirla a ningún precio en ningún lugar.

begin
to begin with: empezar por, para empezar, en primer lugar
Getting a visa to the USSR was a problem to begin with; but knowing the First Consul finally helped: En primer lugar, obtener un visado para la URSS fue un problema, pero el conocer al Primer Cónsul ayudó.

behalf
on behalf of: de parte de, en nombre de
I'm asking you on behalf of my sister: Te lo pregunto de parte de mi hermana.

behind
behind the times: anticuado
We have made changes here – we don't want to be accused of being behind the times: Hemos hecho algunos cambios aquí, no queremos que nos acusen de anticuados.

being
for the time being: de momento, por ahora
I'm staying at home for the time being: Por ahora estoy/vivo en casa.

belief
1 **beyond belief**: increíble
His ignorance is beyond belief!: Su ignorancia es increíble

2 **to the best of one's belief**: según leal saber y entender de alguien.
To the best of my belief he has never been in trouble before: Según

mi leal saber y entender nunca se
ha encontrado con problemas.

believe

make believe: fingir
*The children made believe they
were Indians and Cowboys*:
Los niños fingieron ser indios y
americanos.

bell

ring a bell: sonar (familiar para
uno)
*His name rings a bell, but I can't
remember where I've heard it
before*: Su nombre me suena, pero
no recuerdo donde lo he oído
anteriormente.

belt

1 **below the belt**: un golpe bajo
*I know that Peter is jealous of
John, but I think it was a hit below
the belt to embarrass him in front
of his girlfriend*: Sé que Peter está
celoso de John, pero creo que
fue un golpe bajo desconcertarlo
delante de su novia.

2 **belt up**: cerrar el pico, callarse
*Oh belt up, I'm tired of your
moaning!*: ¡Cierra el pico ya!
Estoy cansado de oírte quejar.

3 **tighten one's belt**: apretarse el
cinturón
*If the economy gets worse, we shall
just have to tighten our belts*: Si
empeora la economía, deberemos
apretarnos el cinturón.

bend

1 **on one's bended knees**:
arrodillado, puesto de rodillas
*I will forgive him only if he
apologized to me on his bended
knees*: Solo le perdonaré si se pone
de rodillas ante mí.

2 **round the bend**: chiflado, loco
*You must be definitely round
the bend to walk out in the snow
without an overcoat!*: Debes estar
realmente chiflado si paseas por la
nieve sin un abrigo.

benefit

**give (someone) the benefit of
the doubt**: dar a uno el beneficio
de la duda
*I'm not sure whether his story is
true or not; but I'm prepared to
give him the benefit of the doubt*:
No estoy seguro de si su historia
es verdadera o no, pero estoy
dispuesto a darle el beneficio de la
duda.

beside

1 **beside the point**: no importar
*You will have to go; whether
you want to, is beside the point!*:
Tendrás que ir; que te guste o no,
da igual.

2 **beside oneself**: estar fuera de sí,
volverse loco de inquietud
*She was beside herself with rage
when she heard that her neighbour
had won a prize for the best-kept
garden in the village*: Se puso fuera
de sí cuando oyó que su vecina
había ganado un premio por el
jardín mejor cuidado del pueblo.

best

1 **do one's (level) best**: hacer todo
lo posible
*He'll do his best to get here on time,
but he may be late*: Hará lo posible
para llegar a tiempo, aunque
puede que sea un poco tarde.

2 **for the best**: para bien
*I didn't intend to tell him, but now
that he's found out perhaps it's all
for the best*: No tenía intención de
decírselo, pero ahora que lo sabe,
quizás sea para bien.

3 **get/have the best of both
worlds**: tenerlo todo, tener
ventajas por ambas partes
*Women with children who have a
job they can do at home are often
thought to have the best of both
worlds*: Se cree que las mujeres
con niños y que tienen un trabajo
que pueden hacer en casa lo tienen
todo.

4 **make the best of it/a bad job**:
sacar el mejor partido, salir lo
mejor posible
*It's too late to refuse the invitation
– you'll have to make the best of
it and try and enjoy yourself*: Es
demasiado tarde para rechazar la
invitación, así que deberás sacar
el máximo provecho e intentar
divertirte.

5 **with the best will in the world**:
con el mayor entusiasmo
*With the best will in the world I
couldn't do that job – I've simply
no idea about electronics*: Ni
con el mayor entusiasmo del
mundo podría hacer ese trabajo:
sencillamente no tengo ni idea de
electrónica.

bet

1 **bet one's bottom dollar**: es
completamente seguro que
*I would bet my bottom dollar he
gets paid more than you do*: Estoy
completamente seguro que le
pagan más que a ti.

2 **you bet!**: ya lo creo
*"Do you want to come?" "You bet
I do!"*: – ¿Quieres venir? – ¡Ya lo
creo!

better

1 **Better off**: acomodado, mejor
(económicamente)
*Now that her husband has got
himself a steady job the family is
much better off*: Ahora que su
esposa ha conseguido un trabajo
estable, la familia va mucho
mejor.

2 **go one better (than someone)**:
hacer mejor todavía
*Because Smith bought himself a
motor boat, Jones had to go one
better and buy himself a yacht*:
Puesto que Smith se compró una
lancha motora, Jones tuvo que
conseguir algo mejor y se compró
un yate.

3 **know better**: saber que no se
debe
*That jeweller ought to have known
better than to trust an employee
without proper references*: Ese
joyero debería saber que no se
debe confiar en un empleado sin
referencias adecuadas.

4 **no better than**: no es mejor que
*This pen you've lent me is no
better than the one I've just thrown
away!*: Este bolígrafo que me has
prestado no es mejor que el que
acabo de tirar.

bid

1 **bid fair to (do something)**:
prometer, dar esperanzas de
*She is bidding fair to be as beautiful
as her mother was*: Ella promete
ser tan hermosa como su madre.

2 **bid farewell/welcome (to)**:
despedir/dar la bienvenida
*The time soon came to bid our
guests farewell*: Pronto llegó
la hora de despedir a nuestros
invitados.

3 **make a bid for freedom**:
intentar conseguir la libertad
*Any caged bird is likely to make a
bid for freedom if given the chance*:
Cualquier pájaro enjaulado
puede conseguir la libertad si se le
presenta la ocasión.

bide

bide one's time: esperar el
momento oportuno, esperar la
hora propicia
*I'm just biding my time until he
makes a mistake*: Solo espero el
momento oportuno en que cometa
un error.

big

1 **big fish**: un pez gordo
*He works in the Ministry of
Defence, and I think he's quite a
big fish*: Trabaja en el Ministerio
de Defensa y creo que es un pez
gordo.

2 **talk big**: fanfarronear, darse bombo
He's always talking big about his job: Siempre fanfarronea de su trabajo.

3 **too big for one's boots**: tener muchos humos
Ever since he was promoted to manager, he has been too big for his boots: Desde que le ascendieron a director tiene muchos humos.

bill

foot the bill: cascar, pagar
Everyone enjoyed the wedding except my father, who was footing the bill: Todo el mundo disfrutó de la boda menos mi padre, que era quien pagaba.

bird

1 **bird of ill omen**: pájaro de mal agüero
My mother has told us about yet another suicide; she's a real bird of ill omen: Mi madre nos ha comentado otro suicidio, es realmente un pájaro de mal agüero.

2 **bird's-eye view**: vista de pájaro, vista panorámica
From the top of Great St Mary's, you get a wonderful bird's-eye view of the city of Cambridge: Desde lo alto del St Mary puedes conseguir una maravillosa vista panorámica de la ciudad de Cambridge.

3 **birds of a feather**: ser lobos de una camada
I'm sure you and Frank will get on – you're birds of a feather: Estoy segura de que tu y Frank os entenderéis, sois lobos de la misma camada.

4 **free as a bird**: libre como un pájaro
At last I'm as free as a bird and can do as I please!: Al fin soy libre como un pájaro y puedo hacer lo que quiera.

5 **kill two birds with one stone**: matar dos pájaros de un tiro
If you have to go to London on business next week, you could kill two birds with one stone and do your Christmas shopping as well: Si la semana que viene has de ir a Londres de negocios, podrías matar dos pájaros de un tiro y hacer también las compras navideñas también

6 **odd bird**: tipo extraño
He's an odd bird; he always wears his slippers to go down to the pub: Es un tipo extraño, siempre va al pub en zapatillas.

biscuit

take the biscuit: ser el colmo
His latest piece of impertinence really takes the biscuit: Su última impertinencia es realmente el colmo.

bit

1 **do one's bit**: contribuir, servir como se debe, poner de su parte
Each of us will have to do his bit if we are to finish the job in time: Cada uno de nosotros deberá poner de su parte si deseamos terminar el trabajo a tiempo.

2 **thrilled to bits**: realmente excitado, muy entusiasmado
Mary's thrilled to bits with her new dress: Mary está realmente entusiasmada con su nuevo vestido.

bite

1 **biter bit**: el cazador cazado
She went there hoping to sell a new brand of washing-up liquid to the shopkeeper and ended up buying a set of hand-embroidered teacloths – it was a case of the biter bit: Ella fue allí con la esperanza de vender un nuevo lavavajillas y terminó comprando un juego de manteles para el té bordados; fue el caso del cazador cazado.

2 **bite off more than one can chew**: abarcar demasiado, abarcar más de lo que se puede
He's bitten off more than he can chew trying to renovate that house: Ha abarcado más de lo que podía intentando renovar esa casa.

bitter

bitter pill (to swallow): un trago amargo, una píldora difícil de tragar
She found his betrayal a bitter pill to swallow: Fue un trago amargo su (de él) traición.

black

1 **black list**: lista negra
We shall have to put him on our black list: Deberemos ponerle en nuestra lista negra.

2 **black look**: expresión enfadada, mirar con mala cara, cara de pocos amigos
He gave me a black look when I suggested he was treating his son unfairly: Me miró con cara de pocos amigos cuando le sugerí que trataba a su hijo injustamente.

3 **black market**: mercado negro
During wartime food and clothing are more easily obtainable on the black market: En tiempos de guerra la comida y ropa se obtienen más fácilmente a través del mercado negro.

4 **black mood**: de muy mal humor, de muy mala gaita
I'd be careful of what you say to him – he's in one of his black moods today: Yo tendría cuidado en lo que le diga; hoy está de muy mal humor.

5 **black sheep (of the family)**: la oveja negra (de la familia), garbanzo negro
Phil has always been the black sheep of the family because he's been in prison several times: Phil ha sido siempre la oveja negra de la familia puesto que ha estado varias veces en prisión.

6 **in black and white**: por escrito
Would you mind putting that down in black and white?: ¿te importaría poner eso por escrito?

blank

1 **blank look/stare**: una mirada sin expresión, una mirada de incomprensión
It was obvious by her blank look that she hadn't recognised me: Era evidente por su mirada de incomprensión que no me había reconocido.

2 **draw a blank**: no encontrar nada, no tener éxito alguno, llevarse un chasco
He looked for a cheap fur coat all over town, but drew a blank: Buscó un abrigo de pieles barato por toda la ciudad pero no encontró nada.

bleed

1 **bleed (someone) white**: sacarle el jugo a alguien, desangrar a alguien; sacar a uno hasta el último céntimo; chuparle la sangre a uno
This wretched Government is determined to bleed us white with its latest tax!: Este maldito gobierno está dispuesto a chuparnos hasta la última gota de sangre con este último impuesto.

2 **one's heart bleeds for (someone)**: compadecerse de alguien
The poor chap's down to his last thousand pounds – how my heart bleeds for him!: Al pobre hombre sólo le quedan mil libras; ¡cómo le compadezco!

blessing

count one's blessings: apreciar lo que se tiene
You can count your blessings he only stole your purse; he could have left you with a broken head, you know!: Puedes estar contenta de que solo te robara el billetero, ¡podía haberte roto la cabeza!

blind

1 **blind drunk**: estar como una cuba

Tom staggered home from the pub yesterday blind drunk with all the free beer he'd scrounged off his friends: Ayer Tom se dirigió tambaleando a casa borracho como una cuba con toda la cerveza que había conseguido de gorra de sus amigos.

2 **blind spot**: punto ciego, punto negro

She's a very reasonable person except when it involves her children; they're her blind spot – she thinks they're perfect!: Ella es una persona muy razonable excepto cuando se trata de sus niños: es su punto negro; piensa que son perfectos.

blink

1 **in the blink of an eye**: en un abrir y cerrar de ojos, en un instante

It'll be ready in the blink of an eye: Estará listo en un abrir y cerrar de ojos.

2 **on the blink**: funcionar mal

My TV's on the blink and I never know whether it's going to work or not until I turn it on: Mi televisión funciona mal y nunca sé si funcionará o no hasta que la pongo en marcha.

blood

1 **bad blood**: malas relaciones

There's been bad blood between the two families since the year dot: Ha habido malas relaciones entre las dos familias desde los tiempos de Maricastaña.

2 **blood is thicker than water**: la sangre tira mucho, la voz de la sangre

I would prefer to leave my wealth to charity rather than to my brothers – but blood is thicker than water: Preferiría dejar mi fortuna para obras de caridad antes que darla a mis hermanos, pero la sangre tira mucho.

3 **blue blood**: sangre azul

They may be poor, but they have blue blood in the family: Puede que sean pobres, pero tienen sangre azul en la familia.

4 **get blood out of a stone**: sacar agua de una piedra, no se pueden pedir peras al olmo

Trying to get my father-in-law to pay for something is like getting blood out of a stone!: Intentar que mi suegro pague algo es pedir peras al olmo.

5 **in cold blood**: a sangre fría

The officer pointed his gun at the prisoner and shot him in cold blood: El oficial apuntó con su pistola al prisionero y le disparó a sangre fría.

6 **in the blood**: en la sangre, de familia

All my family are artists, it's in the blood: Toda mi familia son artistas, lo llevamos en la sangre.

7 **make (someone's) blood run cold**: hacer helar la sangre

Her terrible screams made my blood run cold: Sus terribles gritos me helaron la sangre.

8 **to sweat blood**: sudar sangre

I wouldn't sweat blood on a job that got me no thanks: No sudaría sangre por un trabajo que no es agradecido.

blow

1 **blow one's own trumpet**: darse bombo

He isn't really very clever but he's always blowing his own trumpet: En realidad él no es muy inteligente, pero siempre se da bombo.

2 **blow one's top**: salirse de las casillas

When their father came home to the mess they'd made of the living-

room, he blew his top: Cuando su padre llegó a casa y se encontró con el lío que habían organizado en la salita de estar, se salió de sus casillas.

blue

1 **blue-eyed boy**: ojo derecho, preferido
He'll certainly get ahead – after all he's the boss's blue-eyed boy!: Con toda seguridad él tirará adelante, después de todo es el ojo derecho del jefe.

2 **once in a blue moon**: de Pascuas a Ramos, de higos a brevas
He visits his mother once in a blue moon: Visita a su madre de Pascuas a Ramos.

boat

1 **in the same boat**: en el mismo caso
We're all in the same boat as far as low wages are concerned: Todos nosotros nos encontramos en el mismo caso con referencia a los salarios bajos.

2 **rock the boat**: causar perturbaciones
We were all doing well until he began rocking the boat by asking whether our actions were legal and morally justifiable: Todo iba bien hasta que él perturbó las cosas preguntando si nuestras acciones eran legales y si se podían justificar moralmente.

boil

boil over: desbordar(se), salirse
Elizabeth seems to boil over for the slightest reason these days: Parece que estos días Elizabeth se desborda por la más mínima causa.

bolt

1 **bolt upright**: erguido, derecho, rígido
At the sound of her son's voice the old blind woman sat bolt upright: Al oír la voz de su hijo, la anciana

y ciega señora se irguió en su asiento.

2 **make a bolt for it**: escaparse, evadirse, fugarse repentinamente
The prisoners made a bolt for it when the guards weren't looking: Los prisioneros se evadieron cuando los guardias no estaban vigilando/mirando.

bomb

1 **a bombshell**: bomba
His resignation was a real bombshell: Su dimisión cayó como una bomba.

2 **cost a bomb**: costar un ojo de la cara
Those new houses must cost a bomb – if only for their location: Esas nuevas casas deben costar un ojo de la cara, y todo sólo por su emplazamiento.

bone

1 **bone idle**: muy perezoso
He could find a job if he wanted to; but he's just bone idle: Podría encontrar un trabajo si quisiera, pero es demasiado perezoso.

2 **bone of contention**: manzana de la discordia
Who should inherit their uncle's estate was a bone of contention between the brothers for many years: La manzana de la discordia de los hermanos durante muchos años fue la cuestión de quién debería heredar la propiedad del tío.

3 **bone to pick (with someone)**: arreglar cuentas (con alguien)
I've a bone to pick with her – she didn't finish the job properly: Tengo que arreglar cuentas con ella puesto que no terminó el trabajo correctamente.

4 **lazy bones**: vago de siete suelas
"Come on, lazy bones; come and help us to clear up": – Vamos, vago. Ven y ayúdanos a limpiar.

5 **to the bone**: (i) hasta la médula;
(ii) al mínimo, completamente
(i) *I was chilled to the bone*: Estaba
helado hasta la médula.
(ii) *I've cut my expenses to the
bone*: He cortado mis gastos al
mínimo.

book

1 **be in (someone's) good/bad
books**: estar bien/mal con uno,
estar en la lista negra
*The salesman has been in the
manager's good books since
he increased last year's sales*:
El vendedor está a bien con el
director desde que aumentó las
ventas del último año.

2 **book in**: reservar una habitación,
firmar en el registro
*Unless you book in early, the room
will be let to someone else*: A no ser
que hagas la reserva con tiempo,
se alquilará la habitación a otra
persona.

3 **bring (someone) to book**: pedir
cuentas a uno
*It was weeks before the thieves were
finally tracked down and brought
to book*: Pasaron semanas antes de
que se localizara a los ladrones y se
les pidiera cuentas.

4 **by/according to the book**: al
pie de la letra, a toda regla
*She will never be sacked – she
always does things by the book*:
Nunca será despedida, hace las
cosas al pie de la letra.

5 **one for the book**: para tocar
campanas, una para anotarlo
*Maria arrived on time today.
That's one for the book!*: María
ha llegado a la hora hoy. Es para
tocar campanas.

6 **open book**: como un libro
abierto
*His intentions and plans are always
an open book to people who know
him*: Sus intenciones y planes son
siempre como un libro abierto

a los ojos de las personas que le
conocen.

7 **take a leaf out of (someone's)
book**: seguir el ejemplo de uno
*It would be better if you took a leaf
out of Mary's book and arrived
early*: Estaría mejor si pudierais
seguir el ejemplo de Mary y llegar
temprano.

8 **throw the book at (someone)**:
acusar a uno, castigar a uno con
todo rigor
*He'll throw the book at you if he
finds out how you came by this
information*: Te acusará de todo si
sabe de la forma en que te has
enterado de esta información.

boot

1 **get the boot**: verse de patitas en
la calle, ser despedido a uno
*He got the boot for being
continually late*: Le pusieron
de patitas en la calle por
llegar continuamente tarde/le
despidieron por llegar siempre
tarde.

2 **hang up one's boots**: colgar las
botas, dejar una profesión
*Jim's almost seventy and it's about
time he hung up his boots*: Jim
tiene casi setenta años y ya es hora
de que cuelgue las botas/deje la
profesión.

3 **give (someone) the boot**: poner
de patitas en la calle, despedir a
uno
*He was late so often that they
eventually gave him the boot*:
Llegaba tarde tan a menudo que
finalmente le pusieron de patitas
en la calle.

born

1 **be born with a silver spoon in
one's mouth**: criarse en buenos
pañales
*What does he know about hardship
– he was born with a silver spoon in
his mouth!*: ¡Qué sabe de trabajo
duro si ha nacido de buena cuna!

2 **not born yesterday**: no ser
ningún niño
*Surely you don't expect me to
believe that rubbish – I wasn't
born yesterday, you know!*: Estoy
seguro que no esperas que me crea
esa tontería. ¡No soy ningún niño,
sabes!

bottom

1 **at bottom**: en el fondo
*At bottom, he's really a very
shy person*: En el fondo es una
persona muy tímida.

2 **be at the bottom of**: ser el
motivo de algo, ser el causante de
algo
*What's at the bottom of these nasty
rumours?*: ¿Qué hay en el fondo
de estos desagradables rumores?

3 **from the bottom of one's
heart**: de todo corazón
*We thank you from the bottom of
our hearts*: Os lo agradecemos de
todo corazón.

4 **get to the bottom of**: llegar al
fondo de
*Someone broke this vase and I'm
determined to get to the bottom of
the matter*: Alguien rompió esta
vasija y estoy dispuesto a llegar al
fondo del asunto.

5 **knock the bottom out of**: echar
por tierra (un argumento)
*His pithy comments knocked the
bottom out of my argument*: Sus
concisos comentarios echaron por
tierra mis argumentos.

bound

1 **bound for**: dirigirse a, ir con
destino a
*They boarded a ship bound for
Liverpool*: Embarcaron en un
barco con destino a Liverpool.

2 **bound to**: ser posible, suceder
*With the heavy fog we're having,
there are bound to be more
accidents on the road*: Con la
espesa niebla que tenemos,

es posible que ocurran más
accidentes en las carreteras.

3 **out of/within bounds**:
fuera/dentro de los límites, en
zona prohibida/autorizada
*The cinema was out of bounds for
the boys from the local boarding
school*: El cine estaba en zona
prohibida para los chicos del
internado local.

bow

1 **bow out**: retirarse
*Now that I've turned sixty, it's time
I bowed out and made way for
someone younger*: Ahora que he
llegado a los sesenta es hora de
que me retire y deje mi sitio para
alguien más joven.

2 **shot across the bows**: un toque
de advertencia
*I think the solicitor's letter he
sent us was merely a shot across
the bows*: Creo que la carta
del abogado que él nos envió
es sencillamente un toque de
advertencia.

bowl

bowl over: derribar, desconcertar
His generosity bowled me over: Su
generosidad me desconcertó

brace

brace oneself for: prepararse
para (malas noticias)
*Well, brace yourself for a shock –
the bank is proposing to foreclose
on the mortgage!*: Bien, prepárate
para un susto; el banco propone
extinguir el derecho a redimir la
hipoteca.

brain

1 **(someone's) brainchild**: parto
del ingenio, invento
*The entire project is Ericsson's
brainchild*: Todo el proyecto es
invención de Ericsson.

2 **a brain-wave**: idea luminosa
*We had almost given up the
problem as insoluble when
John had a brain-wave*: Ya casi

habíamos dejado el problema como insoluble cuando John tuvo una idea luminosa.

3 **pick (someone's) brains**: exprimir a uno
I've a rather awkward problem – can I come and pick your brains for a minute?: Tengo un problema algo desagradable, ¿puedo venir y exprimirte por un minuto?

4 **rack one's brain**: devanarse los sesos
He racked his brains all day for the answer – but in vain: Se devanó los sesos durante todo el día buscando una respuesta, pero fue en vano.

5 **turn one's brain**: volver loco a uno
The atrocities the young soldiers witnessed in Viet Nam eventually turned their brain: Las atrocidades que los jóvenes soldados vieron en Viet Nam acabaron por volverse locos.

brass

1 **bold as brass**: tan fresco
She bounced into the living-room, bold as brass, wearing nothing but a negligée: Ella irrumpió en la salita tan fresca, vistiendo únicamente un negligée/salto de cama.

2 **get down to brass tacks**: ir al grano
Let's stop arguing about theories and get down to brass tacks: Dejemos de hablar de teorías y vayamos al grano.

3 **top brass**: los jefazos
He spends a lot of money on entertaining the top brass: Gasta mucho dinero en entretener a los jefazos.

bread

1 **bread and butter**: pan de cada día
Writing novels is his bread and butter, but he prefers to write poetry: El escribir novelas es el pan de cada día, pero prefiere escribir poesía.

2 **on the breadline**: vivir en la miseria
That family lived on the breadline for years before they won a fortune on the football pools: Esa familia vivió en la total miseria durante años antes de que les tocara una fortuna en las quinielas.

break

1 **break a leg**: buena suerte
This is your big chance. Go out there and break a leg!: Esta es tu gran oportunidad. Sal ahí fuera y ¡buena suerte!

2 **break a/the record**: superar una marca, batir un récord
It isn't often that one sees a world record broken twice in the same afternoon: No ocurre muy a menudo que uno pueda ver batir el récord del mundo dos veces la misma tarde.

3 **break cover**: salir a campo raso
After half an hour the fox finally broke cover and was chased by the hounds till it was caught: Después de media hora el zorro salió a campo raso y fue perseguido por los perros de caza hasta que le cogieron.

4 **break down (emotionally)**: romper a llorar, perder el control, derrumbarse (moralmente)
Sara broke down and cried bitterly when she heard that her little brother had been run over: Sara se derrumbó y lloró desconsoladamente cuando oyó que habían atropellado a su hermanito.

5 **break even**: quedar igual, cubrir gastos
I spent $100 and made $100, so overall I broke even: Gasté 100 dólares y gané 100 dólares; es decir que cubro gastos/ quedo igual.

6 **break into (laughter)**: romper a
reír/llorar
*The whole audience suddenly
broke into laughter*: De repente
todo el público rompió a reír.

7 **break off**: parar de repente
*The speaker broke off in the middle
of a sentence with a fit of coughing*:
El orador se paró de repente en la
mitad de la frase por un ataque de
tos.

8 **break the ice**: romper el hielo
*Let's break the ice by inviting
our new neighbours for a meal*:
Rompamos el hielo invitando a
nuestros vecinos a comer.

9 **break the news**: comunicar una
noticia
*It was my sad duty to break the
news to her of her son's death*: Fue
mi triste deber comunicarle (la
noticia de) la muerte de su hijo.

10 **break one's word**: romper con
una promesa
*If you break your word, I'll never
talk to you again*: Si rompes tu
promesa nunca más te hablaré.

breath

1 **breath of fresh air**: soplo de aire
fresco
*His ideas about revitalizing the
company's activities are like a
breath of fresh air*: Sus ideas sobre
la revivificación de las actividades
de la compañía son como un soplo
de aire fresco.

2 **catch one's breath**: dejar
pasmado, dejar sin respiración
*The sharp pain made him catch his
breath*: El penetrante dolor le hizo
quedar sin respiración.

3 **get one's breath (back)**:
recobrar el aliento
*If you want me to climb the rest
of the way, you'll have to give
me time to get my breath back*:
Si quieres que suba el resto del
camino deberás darme tiempo
para recobrar el aliento.

4 **in the same breath**: de una tira,
al mismo tiempo
*She said she couldn't afford new
clothes; yet, in the same breath
described the new outfit she'd just
bought*: Dijo que aún no podía
comprarse nuevos vestidos y al
mismo tiempo nos describió el
nuevo traje que se acababa de
comprar.

5 **out of breath**: sofocado, sin
aliento, jadeante
*I'm out of breath after climbing
all these stairs*: Estoy sin aliento
después de subir todas estas
escaleras.

6 **under one's breath**: a media
voz, en voz baja
He swore under his breath: Dijo
palabrotas./Juró en voz baja.

7 **waste one's breath**: predicar
en el desierto; perder el tiempo
hablando con
*I don't know why I bother talking
to you – I'm just wasting my
breath!*: No sé por qué me molesto
en hablarte, no hago más que
perder el tiempo.

breathe

1 **breathe again**: respirar
*You may breathe again – the police
have gone!*: Puedes respirar, la
policía se ha ido.

2 **breathe down (someone's)
neck**: (i) tener a alguien pisando
los talones; (ii) atosigar
(i) *I ran a fast race, but he was
breathing down my neck all the
way*: Corrí muy bien en la carrera,
pero él estuvo siempre
pisándome los talones.
(ii) *He's breathing down my neck
for this letter I'm typing*:
Me está atosigando con esta carta
que estoy mecanografiando.

3 **breathing-space**: respiro
*I've only a breathing-space of
five minutes before my next*

appointment: Solo tengo cinco minutos de respiro/descanso antes de mi próximo compromiso.

4 **not to breathe a word**: no decir palabra, no decir ni pío
If I tell you how it's done, promise you won't breathe a word of it to anyone else: Si te digo como está hecho/se hace, prométeme que no dirás ni pío a nadie.

brick

1 **a (regular) brick**: un verdadero amigo
Throughout all my difficulties she's been a brick and helped me willingly: En mis malos momentos ella se ha comportado como una verdadera amiga y me ha ayudado de buena gana.

2 **like a ton of bricks**: una bronca fenomenal
Della wanted to come with us on holiday; but her husband came down on the idea like a ton of bricks: Della quería venir de vacaciones con nosotros, pero su esposo le armó una bronca fenomenal.

brief

in brief: en resumen
In brief, the play was an instant success: En resumen, la obra fue un éxito inmediato.

bright

1 **bright and early**: al amanecer
They were up bright and early, the day they set off for France: Se levantaron al amanecer el día que marcharon a Francia.

2 **bright idea**: grandes ideas, idea brillante
Jim is full of bright ideas that cost money!: ¡Jim está lleno de ideas brillantes que cuestan dinero!

3 **look on the bright side**: ver el lado risueño de las cosas, ser un optimista
You must try and look on the bright side – after all, you still have

a roof above your head!: Debes intentar ser optimista después de todo, todavía tienes un tejado sobre tu cabeza.

bring

1 **bring in**: traer, presentar, introducir
The Council is to bring in new rules about trading on a Sunday: El Ayuntamiento va a presentar las nuevas reglas para el comercio en domingos.

2 **bring into play**: poner en juego
He brought the full range of his intellectual powers into play to solve the many problems he was faced with: Puso todos sus poderes intelectuales en juego para resolver los muchos problemas con los que se enfrentaba.

3 **bring off**: lograr, conseguir, obtener, llevar a cabo
The manager congratulated the new salesman on his success in bringing off an important deal: El director felicitó al nuevo vendedor por su éxito al conseguir un importante negocio.

4 **bring on**: causar
Getting soaked to the skin will probably bring on another cold: El quedarse calado hasta los huesos probablemente le causará otro resfriado.

5 **bring out**: (i) sacar (a relucir); (ii) lanzar (al mercado)
(i) *Contradiction usually brings out the devil in him*: La contradicción normalmente le hace sacar a relucir su mal genio.
(ii) *The publishers hope to bring out my next book in the spring*: Los editores esperan lanzar el próximo libro en primavera.

6 **bring (something) to a head**: hacer que algo llegue a su punto decisivo
Matters were finally brought to a head when the entire committee

resigned: Los asuntos llegaron a su punto decisivo cuando todo el comité dimitió.

7 **bring to bear**: utilizar
What new evidence can you bring to bear on the subject that is likely to make me change my mind?: ¿Qué nuevas evidencias puedes utilizar sobre el tema que puedan hacerme cambiar de opinión?

8 **bring up**: (i) sacar a relucir, llamar la atención sobre algo, (ii) vomitar
Why did you bring up the subject of Anna's pregnancy when you know we're already short-staffed?: ¿Por qué sacaste a relucir el tema del embarazo de Anna si sabes que ya estamos faltos de personal?
(ii) *After guzzling all that beer it isn't surprising that you brought it all up!*: Después de tragarte toda esa cerveza no es sorprendente que vomitaras.

9 **bring up the rear**: cerrar la marcha
In some communities the husband walks on ahead while his wife and family bring up the rear: En algunas sociedades el marido camina al frente mientras que la esposa e hijos cierran la comitiva.

broad

in broad daylight: a plena luz del día
Who would expect to be robbed on the High Street in broad daylight?: ¿Quién podía esperar que nos robaran en la calle mayor a plena luz del día?

broken

1 **broken-hearted**: con el corazón destrozado
When her dog died she was broken-hearted: Cuando se le murió el perro, a ella se le destrozó el corazón.

2 **broken home**: familia en la que se han divorciado o separado los padres
She comes from a broken home: Es hija de padres divorciados.

brown

1 **browned off**: (i) aburrido; (ii) hasta las narices
(i) *I feel really browned off in this wet weather*: Estoy realmente aburrida con este tiempo tan húmedo.
(ii) *I'm browned off with his behaviour*: Estoy hasta las narices de su comportamiento.

2 **in a brown study**: en Babia, despistado, absorto en la meditación
She's in a brown study today: Ella hoy está en Babia.

brunt

bear the brunt of: llevar el peso de
Why do I always have to bear the brunt of your mistakes?: ¿Por qué he de llevar siempre el peso de tus errores?

brush

1 **brush (something) aside**: quitar importancia a, no hacer caso de
One may safely brush aside any remarks that he makes as being of little consequence: Cualquiera puede quitar importancia/ no hacer caso a cualquier comentario que haga puesto que no tienen ninguna trascendencia.

2 **brush up on (something)**: refrescar la memoria, refrescar la mente, repasar
I must brush up on current affairs if I'm to attend that interview!: ¡Debo refrescar la mente con/repasar los asuntos del día si tengo que asistir a la entrevista!

3 **give/get the brush-off**: mandar a uno a paseo
She gave me the brush-off when I asked her to go to the cinema: Me

mandó a paseo cuando le pedí que viniera conmigo al cine.

buck

1 **buck up**: darse prisa, darse ánimo

Buck up! We'll be late if you don't hurry: ¡Date prisa! LLegaremos tarde si no te das prisa.

2 **pass the buck**: escurrir el bulto, echar a uno el muerto

Our manager is used to passing the buck when things get too difficult for him to handle: Nuestro director está acostumbrado a escurrir el bulto cuando las cosas se le ponen demasiado difíciles de manejar.

bulk

in bulk: al por mayor, a granel

It's often cheaper to buy goods in bulk: A menudo es más barato comprar al por mayor.

bull

1 **(like) a bull in a china shop**: comportarse como un elefante en una tienda de porcelana

He was an unsuccessful diplomat because he always preferred to treat vital negotiations like a bull in a china shop: Fue un diplomático frustrado/sin éxito porque siempre prefería tratar las negociaciones vitales/de interés como un elefante en una tienda de porcelana.

2 **(like) a red rag to a bull**: no hay nada que le enfurezca más; es lo que le provoca la cólera

Criticizing the Liberal Party in front of him is like a red rag to a bull: No hay nada que le enfurezca más que oír criticar al Partido Liberal delante de él.

3 **take the bull by the horns**: coger el toro por las astas/ los cuernos, armarse de valor

If you are keen to improve the situation I suggest you take the bull by the horns now: Si estás deseoso de mejorar la situación, te sugiero que cojas al toro por los cuernos ahora.

bundle

1 **bundle of energy**: muy inquieto

That child is a bundle of energy during the day – no wonder he sleeps so well at night!: Ese niño es muy inquieto durante el día, así está claro que duerma tan bien por la noche.

2 **bundle of nerves**: un manojo de nervios

She's such a bundle of nerves that she failed her driving test fifteen times before she finally got through: Era tal manojo de nervios que suspendió el examen de conducir quince veces antes de aprobar.

burn

1 **burning question**: cuestión candente, cuestión palpitante

The architect's design for the new auditorium is superb; but the burning question is, can he complete it in time for the festival?: El nuevo diseño para el auditorio que ha hecho el arquitecto es magnífico, pero la cuestión candente es saber si puede terminarlo a tiempo para el festival.

2 **burn one's fingers**: pillarse los dedos, cogerse los dedos

He burned his fingers badly speculating on the stock market: Se pilló los dedos espectacularmente al hablar de la bolsa.

3 **burn the midnight oil**: quemarse las cejas, estudiar hasta las altas horas de la noche

John's very studious – he believes in burning the midnight oil to ensure success in his exams: John es muy estudioso, le gusta estudiar hasta altas horas de la noche para asegurarse de superar los exámenes.

4 **money to burn**: dinero para gastar, dinero para despilfarrar

Why don't you ask your uncle to back you – he's got enough money

to burn: ¿Por qué no pides a tu tío que te respalde? Tiene suficiente dinero para despilfarrar.

burst

1 **burst a blood vessel**: perder el control, explotar
When I repeated what she'd told me, he looked as though he was about to burst a blood vessel: Cuando repetí lo que ella me había dicho, él me miró como si estuviera a punto de perder el control.

2 **burst into tears/laughter**: estallar en lágrimas/risas
When Julia was told of her brother's death, she burst into tears: Cuando comunicaron a Julia la muerte de su hermano, ésta estalló en lágrimas.

bush

beat about the bush: irse por las ramas, andarse con rodeos
Stop beating about the bush and tell me what you want!: ¡Deja de andarte con rodeos y dime lo que quieres!

business

1 **bad business**: fastidioso, molesto, dificultoso
It's a bad business when petty thefts in an office lead to everyone being a suspect: Es fastidioso cuando ladronzuelos de pacotilla en la oficina hacen sospechosos a los demás.

2 **funny business**: actividad dudosa, engaño
Mary's mother warned her that she didn't want any funny business if she was left alone at home with her boyfriend: La madre de Mary le advirtió que no quería ningún engaño/problema si se quedaba sola en casa con su novio.

3 **get down to business**: ir al grano, ir derecho a lo esencial
After the preliminary introductions were made, we got down to business immediately so that an agreement was reached within an hour: Después de hacerse las presentaciones preliminares nos fuimos directos al grano, por lo que alcanzamos un acuerdo en una hora.

4 **go out of business**: quebrar
He went out of business shortly after he started up because his workers were too greedy and demanded higher wages for fewer hours: Quebró su negocio poco después de iniciarlo porque sus trabajadores eran demasiado avaros/codiciosos y le pedían salarios más elevados por menos horas de trabajo.

5 **have no business to (do something)**: no tener ningún derecho a
You've no business to be up at this hour of the night – get to bed at once!: No tienes ningún derecho a estar levantado a estas horas de la noche, ¡vete de una vez a la cama!

6 **mean business**: hacer algo en serio, en plan de negocios
I could see from the expression on his face as he entered the room that he meant business: Me di cuenta por la expresión de su cara al entrar en la habitación que venía a hacer algo en serio/ en plande negocios.

7 **mind one's own business**: no meterse donde no llaman a uno
I'm not interested in Peter's motives for doing what he did – I prefer to mind my own business: No me interesan los motivos que Peter tuvo para hacer lo que hizo, prefiero no meterme donde no me llaman.

butt

butt in: entrometerse, meter baza
Alice is quite ill-mannered – she's always butting in when it's none of her business: Alicia es bastante

maleducada, siempre mete baza
cuando nadie la llama.

butter

    butter (someone) up: dar coba a
uno, hacer la pelota a uno
*She's always buttering up her boss
because she wants a promotion*:
Siempre está haciendo la pelota/da
la coba a su jefe porque quiere un
ascenso.

butterfly

    **have butterflies (in one's
stomach)**: estar muy nervioso
*She always gets butterflies in her
stomach before going on stage*:
Siempre se pone nerviosa antes de
salir al escenario.

button

  1 **bright as a button**: más listo que
el hambre
*Their new terrier is as bright as a
button*: Su nuevo terrier es más
listo que el hambre.

  2 **button one's lip**: no decir ni mu
*Despite what she said, I buttoned
my lip and refused to be provoked*:
A pesar de lo que dijo, no dije ni
mu y rehusé aceptar cualquier
provocación.

buy

  1 **buy (someone) off**: sobornar a
alguien
*He was about to complain, but I
bought him off with a couple of
beers*: Estuvo a punto de quejarse
pero le soborné con un par de
cervezas.

  2 **buy out**: comprar la parte de
*Buying out one's competitors
is one way of cornering the
market*: Comprar la parte de los

competidores/la competencia
/oposición es una manera de
agarrarse al mercado.

  3 **good buy**: una ganga
*Our Fiat was a good buy since it's
ten years old and has never given
us much trouble*: Nuestro Fiat era
una ganga si se tiene en cuenta que
tiene diez años y casi nunca nos ha
dado problemas

by

  1 **by and by**: más tarde, luego
*By and by, people started to drift
home*: Luego la gente empezó a
irse a casa.

  2 **by and large**: en general, por lo
general
*Things are going well, by and
large*: Las cosas van bien en
general.

  3 **by the by(e)/by the way**: por
cierto, a propósito
*By the way, have you a moment to
spare?*: A propósito, ¿tienes un
rato libre?

bygones

    let bygones be bygones: lo
pasado, pasado está; olvidar el
pasado
*They agreed to let bygones be
bygones and not refer to the
incident again*: Acordaron olvidar
el pasado y nunca más hacer
mención del incidente.

byword

    become a byword: ser/volverse
el prototipo, ser la comidilla
*His name's become a byword for
treachery and deceit*: Su nombre
se ha convertido en sinónimo de
traición y engaño.

C

cake

1 **go/sell like hot cakes**: venderse como pan bendito, venderse como rosquillas
As Indian silks are now the rage, they're bound to sell like hot cakes if you stock them: Como que la seda india está de moda, seguro que se venderá como rosquillas.

2 **piece of cake**: ser pan comido, estar tirado
I thought at first that my new job would be a piece of cake, but I know better now: Primero pensé que mi nuevo empleo sería pan comido, pero ahora ya veo cómo es.

call

1 **call a halt (to something)**: mandar hacer alto, parar
Let's call a halt to these stupid arguments: Paremos estas estúpidas discusiones.

2 **call a spade a spade**: llamar al pan, pan y al vino, vino; decir clara y llanamente lo que uno quiere
The trouble with doctors is that they never call a spade a spade – I sometimes find it difficult to know what they mean: El problema de los doctores es que nunca llaman al pan, pan y al vino, vino. A veces encuentro difícil saber lo que quieren decir.

3 **call it a day**: dar por acabado el día, terminar
They were engaged to be married; but they quarrelled so much that they decided to call it a day: Estaban prometidos en matrimonio, pero se peleaban tanto que decidieron terminar.

4 **call it quits**: hacer las paces
If you give me that LP instead of the money you owe me, we'll call it quits: Si me das ese LP en vez de devolverme el dinero que me debes, estaremos en paz.

5 **call (something) off**: cancelar, suspender
The party's been called off: Se ha suspendido la fiesta.

6 **call the tune**: llevar la voz cantante, llevar la batuta
And please remember this: I call the tune in this office!: Y por favor, recuerda esto: ¡Yo llevo la voz cantante en esta oficina!

7 **call to mind**: recordar algo
I can't quite call to mind where I've seen her before: No puedo realmente recordar donde la he visto anteriormente/antes.

8 **no call to**: no haber razón para algo, no haber necesidad de
There was no call to let the whole world know what we were quarrelling about!: No había necesidad de que todo el mundo se enterara por qué estábamos peleando.

9 **uncalled for**: gratuito, inmerecido, fuera de lugar, impertinente
Walter's spiteful remarks were absolutely uncalled for: Los malévolos comentarios de Walter estaban fuera de lugar.

can

1 **carry the can**: pagar el pato
I'm not going to carry the can for his mistakes: No voy a pagar el pato a causa de sus errores.

2 **in the can**: completado, acabado, finalizado
That's the first stage of the project in the can; now let's get on with the second: La primera parte del proyecto está acabada, vayamos ahora con la segunda.

candle

1 **the game is not worth the candle**: la cosa no vale la pena
I don't work overtime because, with the amount of tax I pay, the game's not worth the candle: No trabajo extra porque con los impuestos que pago la cosa no vale la pena.

2 **not fit to hold a candle**: no llegar a la suela del zapato
Our new boss is not fit to hold a candle to the previous one: Nuestro nuevo jefe no le llega ni a la suela del zapato al anterior.

cap

1 **cap in hand**: más suave que un guante, humildemente
Her son's left home; but he'll come back, cap in hand, when he's run out of money: Su hijo se marchó de casa, pero volverá más suave que un guante cuando se quede sin dinero.

2 **a feather in one's cap**: un tanto, un triunfo para alguien
That prize he won was quite a feather in his cap: El premio que ganó le sirvió para apuntarse un tanto.

3 **put on one's thinking cap**: ponerse a pensar
We've got to find a way of improving our sales – so, let's put on our thinking caps: Hemos de encontrar una forma de mejorar nuestras ventas; así que pongámonos a pensar.

capital

make capital out of (something): sacar partido de, aprovechar
The politician delivered a clever, witty speech, making capital out of his opponent's failure to appear: El político hizo un discurso muy ingenioso e inteligente aprovechando el fracaso de sus oponentes al aparecer.

card

1 **have a card up one's sleeve**: quedarle a uno un recurso
It seemed as if Jim had lost the argument, but as usual he had a card up his sleeve: Pareció que Jim había perdido el debate, pero como siempre le quedaba un recurso.

2 **hold all the cards**: tener todos los triunfos en la mano
As Smith holds all the cards now, we've no choice but to give in to his demands: Puesto que Smith tiene todos los triunfos en la mano, no nos queda otra solución que rendirnos a sus peticiones.

3 **lay one's cards on the table**: poner las cartas sobre la mesa, poner las cartas boca arriba
I don't want to hide anything from you; so I'll lay my cards on the table and tell you everything: No quiero ocultarte nada, así que pondré las cartas boca arriba y te lo contaré todo.

4 **on the cards**: ser posible
Another general election is very much on the cards: Es muy posible que haya otras elecciones generales.

care

have a care!: ¡Ten cuidado!
Have a care! That vase you're handling so carelessly is Ming!: ¡Ten cuidado! Esa vasija que está tocando tan a la ligera es de la dinastía Ming.

carry

1 **carry (something) off**: salir airoso, salir bien
It was a difficult moment, but he carried it off well: Fue un momento difícil, pero salió bien.

2 **carry on**: (i) discutir, reñir; (ii) tener una aventura
(i) *The children always carry on when the teacher's out of the classroom*: Los niños siempre

riñen cuando el profesor se halla fuera de la clase.

(ii) *Meg's been carrying on with the milkman for years*: Meg tiene una aventura con el lechero desde hace años.

3 **carry out**: llevar a cabo
The execution of the prisoners was carried out at dawn: La ejecución de los prisioneros se llevó a cabo al alba.

carte

be given carte blanche: obtener carta blanca, dar a uno carta blanca
He's been given carte blanche to select the whole team: Le han dado carta blanca para seleccionar a todo el equipo.

case

1 **in any case**: en cualquier caso, en ningún caso
You may keep the goods, have something in exchange, or have your money back;in any case, you can't lose: Puede quedarse usted las mercancías, cambiarlas por otras, o que se le devuelva el dinero. En ningún caso perderá.

2 **in case**: en caso de que, por si, si
You can get me at this number, in case you change your mind: Puedes encontrarme en este teléfono, si cambias de opinión.

3 **in case of**: en caso de
In case of emergency, dial 999: En caso de urgencia, marca 999.

4 **in that case**: en ese caso
Pat has turned down our invitation; in that case, we are free to invite Tom: Pat no ha aceptado nuestra invitación, y en ese caso podremos invitar a Tom.

cash

1 **cash down**: al contado
That will cost you £20 cash down and £80 over 12 months: Esto te costará 20 libras al contado y 80 libras durante 12 meses.

2 **hard cash**: dinero contante y sonante
I prefer to be paid in hard cash for a job like this: Prefiero que me paguen dinero contante y sonante por un trabajo como este.

cast

1 **cast an eye over**: echar un mirada
When you've a spare moment, would you mind casting your eye over these figures?: Cuando tengas un momento, ¿te importaría echar una mirada a estos números?

2 **cast aside**: descartar, abandonar
You must cast aside your fears and tackle the job confidently: Debes abandonar tus temores y enfrentarte al trabajo con seguridad.

3 **the die is cast**: la suerte está echada
I'm not sure I want to leave this job after all, but the die is cast – I've handed in my resignation: No estoy seguro de querer dejar este empleo, pero, ¡la suerte está echada! He presentado mi dimisión.

cat

1 **bell the cat**: ponerle cascabel al gato
It was agreed that they must complain to the headmaster, but the question remained of who was to bell the cat: Se acordó que irían a quejarse al director, pero la cuestión estaba en quién pondría el cascabel al gato.

2 **let the cat out of the bag**: descubrir el pastel
We tried to keep the party for my mother a secret; but my little sister Sue let the cat out of the bag: Intentamos mantener en secreto la fiesta organizada en honor de mi madre, pero mi hermanita Sue descubrió el pastel.

cat

3 **like a cat on hot bricks**: estar sobre ascuas
She was like cat on hot bricks before her exam: Estaba sobre ascuas antes del examen.

4 **rain cats and dogs**: llover a cántaros
It's raining cats and dogs – the streets are flooded: Está lloviendo a cántaros. Las calles están inundadas.

5 **room to swing a cat**: no caber un alfiler
Her kitchen's tiny – there's hardly room to swing a cat: Su cocina es muy pequeña, no cabe ni un alfiler.

catch

1 **catch hold of**: agarrarse
Catch hold of this rope when I throw it to you: Agárrate a esta cuerda cuando te la tire.

2 **catch (someone) red-handed**: coger a alguien con las manos en la masa
The children were stealing apples when the farmer arrived and caught them red-handed: Los niños estaban robando manzanas cuando llegó el hortelano y les cogió con las manos en la masa.

3 **catch someone out**: coger a alguien
She tried to cheat on her expenses, but the boss caught her out: Ella intentó estafar al jefe en la cuestión de sus gastos, pero él la cogió/pilló.

4 **catch up on**: ponerse al corriente/día
With alll this extra work I've had to do recently, I haven't had time to catch up on my reading: Con todo este trabajo extra que he tenido que hacer recientemente, no he tenido tiempo de ponerme al corriente con mi lectura.

certain

for certain: seguro, con toda seguridad
Look at that sky – it's going to rain for certain: Mira el cielo, lloverá con toda seguridad.

chalk

1 **as different as chalk and cheese**: parecerse como el día a la noche/como un huevo a una castaña
The twins are as different as chalk and cheese: Las mellizas son tan parecidas como el día a la noche.

2 **not by a long chalk**: ni mucho menos
You haven't finished yet by a long chalk: No habéis terminado ni mucho menos.

chance

1 **take a chance**: arriesgarse, correr el riesgo
I'll take a chance and order a turkey for Christmas – perhaps they'll come after all: Me arriesgaré y encargaré un pavo para Navidad; quizás lleguen después de todo.

2 **take no chances**: no arriesgarse
I take no chances – I spend my holidays abroad in countries where it doesn't rain!: Yo no me arriesgo. ¡Paso mis vacaciones en países extranjeros donde no llueve!

change

1 **change hands**: cambiar de manos
According to the records, that car has changed hands five times during the past four years!: Según los registros, este coche ha cambiado de manos/dueño cinco veces en los cuatro últimos años.

2 **change of heart**: cambio de parecer/opinión
I didn't like boxing at first; but I soon experienced a change of heart, when I received a bloody nose on my first day at the new

school!*: ¡No me gustaba el boxeo en un principio, pero pronto cambié de opinión cuando recibí un puñetazo en la nariz el primer día de clase en la nueva escuela!

3 **change one's mind**: cambiar de idea
If you don't like living here, you're free to change your mind and leave!: Si no te gusta vivir aquí, eres libre de cambiar de idea y marcharte.

check

1 **check in/out**: registrarse/pagar y marchar
The hotel insists that guests check out of their room before midday: El hotel insiste en que los huéspedes deben dejar la habitación, pagar y marchar antes del mediodía.

2 **check up on**: comprobar
The police checked up on his story and found he was telling the truth: La policía comprobó su historia y averiguó que estaba diciendo la verdad.

3 **keep in check**: contener, mantener a raya
It's quite difficult for him to keep his spending in check when he's surrounded by sycophantic friends: Es bastante difícil mantener a raya sus gastos cuando está rodeado de tantos amigos pelotilleros.

4 **keep a check on**: controlar
You're advised to keep a check on how much gasoline you use on company business: Es aconsejable que controles la gasolina que gastas con cargo a la compañía.

cheer

cheer up: ¡ánimo!
Cheer up! Today's Friday and you've the weekend to get over your disappointment: ¡Ánimo! Hoy es viernes y tienes todo el fin de semana para sobreponerte a tu desilusión.

chew

1 **chew something over**: rumiar algo
Please chew over my offer and let me know next week whether you're still interested: Piénsate por favor mi oferta y hazme saber la semana que viene si sigues aún interesado.

2 **chew the cud**: rumiar
Stop chewing the cud and get on with the job: Deja de soñar y ponte con el trabajo.

chin

1 **have a chin-wag**: charlar, estar de cháchara
I only see my sister once a year and then we have a real old chin-wag: Sólo veo a mi hermana una vez al año y entonces hablamos largo y tendido.

2 **keep one's chin up**: no desanimarse
Keep your chin up – things are bound to get better soon: No te desanimes, parece que las cosas van a ir mejor ahora.

chip

1 **chip in**: aportar, compartir los gastos, poner
When you're collecting for charity you can guarantee that he'll always be ready to chip in: Cuando recojas donativos para caridad, puedo asegurarte que él siempre estará dispuesto a poner.

2 **have had one's chips**: acabarse para alguien
He didn't turn up for the interview, so I'm afraid he's had his chips: No apareció para la entrevista; es decir, que creo que se ha acabado todo para él.

chop

1 **chop and change**: cambiar
I never know what you want – you're always chopping and changing: Nunca sé lo que quieres, siempre andas cambiando.

2 **get the chop**: ser
despedido/rechazado
*That research project will get the
chop because it's too expensive:*
Ese proyecto de investigación
no será aceptado porque es
demasiado caro.

church

poor as a church mouse: más
pobre que las ratas
*I don't know how they're able to
bring up four children – they're as
poor as church mice:* No entiendo
cómo pueden criar a cuatro niños.
¡Son tan pobres como las ratas!

circle

1 **come full circle**: volver al punto
de partida
*Fifty years ago the horses on this
farm were replaced by tractors
– now we have come full circle
and because of the cost of fuel the
farmer is using horses again:* Hace
cincuenta años, se reemplazaron
los caballos de esta granja con
tractores. Ahora hemos vuelto
al punto de partida y debido al
elevado coste del combustible, el
granjero vuelve a utilizar caballos.

2 **a vicious circle**: un círculo
vicioso
*He works hard, gets tired, gets
behind with his work, and has to
work harder still – it's a vicious
circle:* El trabaja duro, se cansa, se
queda retrasado en su trabajo y ha
de trabajar aún más duro. Es un
círculo vicioso.

clamp

clamp down (on): apretar los
tornillos a alguien, tratar de
acabar con alguien
*The Government announced that it
is going to clamp down on people
who avoid paying their TV licence
fees:* el Gobierno anunció que va
a apretar los tornillos a todas las
personas que evitan pagar las tasa
por licencia de televisión.

clean

clean out: vaciar, limpiar
*We've finally cleaned out all
the rubbish under the stairs:*
Finalmente hemos limpiado toda
la porquería de debajo de las
escaleras.

clear

1 **clear away**: quitar
*Would you mind clearing away the
dishes?:* ¿Os importaría quitar los
platos?

2 **clear (someone's) name**:
limpiar/salvar el nombre de
alguien
*It took him quite a while to clear his
name after it had been suggested
that he had accepted a bribe from
the builders:* Le costó algún tiempo
limpiar su nombre después de
haberse insinuado que había
aceptado un soborno de los
constructores.

3 **clear off**: irse, largarse
*The tramps soon cleared off when
they saw the policeman come:* Los
vagabundos se fueron cuando
vieron llegar a la policía.

4 **clear out**: limpiar, vaciar
*I wish you'd clear out the rubbish
in the loft:* Me gustaría que
quitarais la basura del desván.

5 **clear the way**: abrir el camino
*Satisfactory answers to these
questions should clear the way
to an immediate decision:* Las
respuestas satisfactorias que se
den a estas preguntas deberían
abrirle camino a una decisión
final.

6 **clear up**: despejar
*Do you think it'll clear up later this
afternoon?:* ¿Crees que despejará
esta tarde?

clock

1 **against the clock**: contra reloj
*They worked against the clock
to get the job done on time:*

Trabajaron contra reloj para conseguir terminar el trabajo a tiempo.

2 **put the clock back**: atrasar el reloj, poner el reloj atrás
The union spokesman accused the management of putting the clock back thirty years by not agreeing to better working conditions: El portavoz sindical acusó a la dirección de dar un paso atrás de unos treinta años al no acordar mejoras laborales.

3 **round the clock**: durante veinticuatro horas
If we're to get this issue published we'll have to work round the clock: Si queremos publicar este número, deberemos trabajar durante veinticuatro horas.

close

1 **at close quarters**: de cerca
He was staying near our hotel, so I had an opportunity of observing him at close quarters: Se hospedaba cerca de nuestro hotel, de manera que tuve la oportunidad de observarle de cerca.

2 **close call/shave**: el canto de un duro
That was a close shave – that car nearly ran you over!: Faltó el canto de un duro para que el coche te atropellará.

3 **closed shop**: coto cerrado
Unless you join the union, you can't get work in that firm; it's a closed shop: A menos que te unas al sindicato, no podrás conseguir trabajo en esa empresa. Es coto cerrado.

cloud

under a cloud: desacreditado
She wasn't dismissed from the firm, but she certainly left under a cloud: No la despidieron de la empresa,

pero con toda certeza ella estaba en descrédito cuando la dejó.

clue

not to have a clue: no tener ni idea
She hasn't a clue how to mend a fuse: No tiene ni idea de como arreglar un fusible.

coin

pay (someone) back in the same coin: pagar con la misma moneda
He has kept her waiting long so often that she decided to pay him back in his own coin by turning up half an hour late: Ella ha tenido que esperar largo rato por él tan a menudo, que ha decidido pagarle con la misma moneda y se ha presentado media hora tarde.

cold

1 **get cold feet**: rajarse, encogerse el ombligo, mieditis
I was going to apply for that job but I got cold feet: Iba a solicitar ese empleo pero me rajé.

2 **in cold blood**: a sangre fría
The bank robber shot the the guard in cold blood: El atracador del banco disparó al guardia a sangre fría.

colour

1 **off-colour**: sin color, descolorido, indispuesto
He was a bit off-colour the day after the party: Se encontraba algo indispuesto al día siguiente de la fiesta.

2 **show oneself in one's true colours**: quitarse la máscara
He pretends to be very generous, but he showed himself in his true colours when he refused to give a donation to charity: Finge/aparenta ser muy generoso, pero se quitó la máscara cuando rehusó dar una donación para caridad/beneficencia.

3 **with flying colours**: airoso, triunfante
She passed her University Entrance Examination with flying colours: Pasó triunfante la prueba para la entrada a la Universidad.

come

1 **come about**: suceder, ocurrir
I don't know how it came about that Mary got that bruise on her arm; but I intend to find out!: No sé qué ocurrió para que Mary recibiera ese moratón en su brazo, pero lo averiguaré.

2 **come across**: tropezar, encontrarse con
Have you come across my glasses? I seem to have mislaid them as usual: ¿Has encontrado mis gafas? Parece que las he perdido, como siempre.

3 **come along**: ir, andar
Come along now or we'll miss the train!: ¡Ven ahora o perderemos el tren!

4 **come in for (something)**: recibir
She came in for a lot of criticism because she allowed her daughter to stay out late: Recibió mucha crítica porque permitió a su hija salir hasta tarde.

5 **come off**: tener éxito
It's difficult to guarantee that the trick will come off every time: Es difícil garantizar que el truco tenga éxito cada vez.

6 **come to blows**: llegar a las manos
They started by shouting at each other and ended up by coming to blows: Empezaron gritándose el uno al otro y terminaron con las manos.

7 **come to light**: salir a la luz
Once the police started to investigate her past, a number of unsavoury details came to light: Cuando la policía empezó

a investigar su pasado, salieron a la luz un montón de asuntos desagradables.

8 **come true**: hacerse realidad
Wouldn't it be marvellous if all our dreams were to come true?: ¿No sería maravilloso si todos nuestros sueños se hicieran realidad?

9 **come to the point**: ir al grano
Stop beating about the bush and come to the point – I haven't got all day to stand here listening to you: Deja de andarte con rodeos y ve al grano; no tengo todo el día para estar escuchándote.

10 **come upon**: descubrir, encontrar
I came upon some letters from my grandfather written in the trenches. Now I intend to edit them for publication: Descubrí unas cartas de mi abuelo escritas en las trincheras. Ahora estoy intentando publicarlas.

11 **come up to**: estar a la altura de
These new instruments do not come up to the required standard: Estos instrumentos nuevos no están a la altura de las necesidades.

12 **how come?**: ¿cómo es eso? ¿por qué?
How come you never learned to read properly?: ¿Por qué nunca aprendiste a leer correctamente?

common

1 **common knowledge**: del dominio público
It is common knowledge that the boss is having an affair with his secretary: Es del dominio público que el jefe tiene un lío con su secretaria.

2 **in common**: en común
I really can't see what you two have in common – but then, it's none of my business: Realmente no puedo ver lo que tenéis en común; pero, no es asunto mío.

company

1 **keep (someone) company**:
hacer compañía, acompañar
*I'll come too and keep you
company*: Yo también vendré y te
haré compañía.

2 **part company**: separarse,
desprenderse
*We never seem to agree about
anything these days. I think it's
time to part company*: Nunca
parecemos estar de acuerdo en
estos días. Creo que es hora de
que nos separemos.

concern

as far as I am concerned: por lo
que a mí se refiere
*You're free to do as you please,
but as far as I'm concerned, the
man's a proper rogue!*: Eres libre
de hacer lo que quieras, pero por
lo que a mí se refiere, el hombre es
un ladrón.

conclusion

**arrive at/come to the
conclusion**: llegar a una
conclusión
*I've come to the conclusion that
she's not as silly as she'd like us to
believe*: He llegado a la conclusión
de que ella no es tan tonta como
quiere hacernos ver.

condition

1 **on condition that**: a condición
de que
*I'll let you borrow my pen on
condition that you remember to
return it*: Te presto mi bolígrafo a
condición de que te acuerdes de
devolverlo.

2 **out of condition**: no estar en
forma
*I'd willingly join you on your
five-mile hike; but since my
illness I've been out of condition*:
Estoy deseando unirme a ti en tu
excursión de cinco millas, pero no
estoy en forma desde que tuve la
enfermedad.

consideration

1 **in consideration of**: en
consideración a
*I was paid an extra bonus in
consideration of my long service*:
Me dieron una paga extra en
consideración a mis (largos)
servicios.

2 **take into consideration**: tener
en cuenta
*She's done very well really,
when you take her age into
consideration*: Lo ha hecho
verdaderamente bien, teniendo en
cuenta su edad.

3 **under consideration**:
estudiando, examinando
*Your proposal is under
consideration by the committee
and we will let you know what it
decides*: El comité está estudiando
tu propuesta. Ya te diremos lo que
decide.

cook

1 **cook up**: inventar
*She cooked up some sort of story
about having to stay at home to
look after her grandmother*: Se
inventó una especie de historia
acerca de que tenía que estar en
casa para cuidar a su abuela.

2 **what's cooking?**: ¿qué
sucede/ocurre?
*Two of the committee members
were whispering in a corner and
we wondered what was cooking*:
Dos de los miembros del comité
estaban susurrando en una esquina
y nos preguntábamos qué podía
ocurrir.

corner

1 **cut corners**: tomar atajos,
economizar esfuerzos/dinero
*You can't cut corners if you want
the building to be of good quality*:
Si quieres que el edificio sea
de buena calidad, no puedes
economizar esfuerzos/dinero.

2 **in a tight corner**: en un apuro
His refusal to help put her in a tight corner: Su negativa a ayudarla la puso en un grave apuro.

cost

1 **at all costs**: cueste lo que cueste, a todo coste
We've got to finish this before tomorrow at all costs: Cueste lo que cueste, hemos de terminar esto antes de mañana.

2 **count the cost**: considerar los riesgos
She didn't count the cost before agreeing to the plan, and now she regrets her decision: No consideró los gastos/riesgos antes de estar de acuerdo con el plan y ahora se lamenta de ello.

count

1 **count against**: ir en contra de
Her prison record is bound to count against her when she applies for a job: Su expediente penal irá en su contra a la hora de solicitar un empleo.

2 **count for**: valer por
All that extra effort counts for nothing now – the project's been cancelled: Todo el esfuerzo extra no vale para nada ahora; se ha anulado el proyecto.

3 **count on**: contar con
You can count on Tess in any emergency: Puedes contar con Tess para cualquier necesidad.

cover

1 **break cover**: salir al descubierto
The bank robber disappeared for some weeks before breaking cover in Brazil: El atracador del banco desapareció durante unas semanas antes de ser descubierto en Brasil.

2 **cover up for (someone)**: encubrir
He's been covering up for for his friend's absence by telling lies: Ha encubierto la ausencia de su amigo contando mentiras.

3 **take cover**: ponerse a cubierto
It is unwise to take cover under a tree during a storm: No es aconsejable ponerse a cubierto bajo un árbol cuando hay una tormenta.

crack

1 **crack a joke**: contar un chiste
You can't have a serious conversation with him – he's always cracking jokes: No puedes mantener una conversación seria con él. Siempre está contando chistes.

2 **crack down on**: tomar medidas enérgicas contra
The Spanish authorities are cracking down more seriously on drug peddling than before: Las autoridades españolas están tomando medidas enérgicas contra el tráfico de drogas, más las que venía tomando anteriormente.

3 **have a crack (at)**: intentar
I've never driven a lorry that size before, but I'll have a crack at it: Nunca he conducido un camión de ese tamaño, pero lo intentaré.

crazy

be crazy about (someone/something): estar loco por
Steve's just crazy about jazz: Steve está loco por el jazz.

credit

1 **get/take the credit for (something)**: atribuirse el mérito de
He has the annoying habit of taking the credit for other people's efforts: El tiene la desagradable/molesta costumbre de atribuirse los méritos de otras personas.

2 **give credit for (something)**: atribuir/reconocer el mérito por algo
I'll give you credit for commonsense: Te reconoceré el mérito por tu sentido común.

crocodile

crocodile tears: lágrimas de cocodrilo
They're crocodile tears – she hated her cousin and isn't really sorry he's dead: Son lágrimas de cocodrilo; ella odiaba a su primo y en verdad no lamenta su muerte.

cross

1 **at cross purposes**: malentendido
I think we've been talking at cross purposes: Creo que hay un malentendido.

2 **cross (someone's) mind**: pasar por la mente, ocurrírsele a alguien
It did cross my mind that she might get lost, but I never seriously thought she would: Se me ocurrió que podría perderse, pero nunca pensé que lo hiciera.

3 **cross swords**: habérselas con, cruzar las armas
I try not to cross swords with my boss, but he's a most unreasonable man: Intento no habérmelas con mi jefe, pero él no es nada razonable.

4 **have one's wires crossed**: tener los cables cruzados
I think we've got our wires crossed – weren't you supposed to be coming tomorrow?: Creo que tenemos los cables cruzados. ¿No se suponía que veníais mañana?

crow

as the crow flies: a vuelo de pájaro
We're eight miles from Ely as the crow flies: Estamos a ocho millas de Ely a vuelo de pájaro.

crowd

follow the crowd: dejarse llevar por los demás
When it comes to fashion, she just follows the crowd: En lo tocante a moda, ella se deja llevar por los demás.

crush

have a crush on: estar loco perdido por alguien
It's not unusual for a girl to have a crush on her teacher: No es extraño que una chica esté loca perdida por su profesor.

crust

earn a crust: ganarse el pan
He earns a crust by writing thrillers: Se gana el pan escribiendo novelas de suspense.

cry

1 **a crying need**: una necesidad imperiosa/que clama al cielo
There's a crying need for more hospitals: Hay una necesidad imperiosa de construir más hospitales.

2 **in full cry**: estar persiguiendo
The women rushed into the sale in full cry after the bargains: Las mujeres corrieron hacia las rebajas en busca de saldos.

cuff

off the cuff: espontáneo, de improviso
He spoke entirely off the cuff: Habló espontáneamente en todo momento.

cup

1 **(someone's) cup of tea**: no gustar demasiado
Modern art isn't really everyone's cup of tea: El arte moderno no suele gustar a todo el mundo.

2 **in one's cups**: trompa, borrachera, curda
He becomes very indiscreet in his cups: Se vuelve muy indiscreto cuando coge una trompa.

currency

gain currency: llegar a ser creído
How did that rumour manage to gain currency among the staff?: ¿Cómo es posible que el rumor llegara a creerse entre el personal?

curry

curry favour with (someone):
buscar el favor de alguien
*He's currying favour with the
boss in the hope of asking for a
rise*: Busca el favor del jefe con la
esperanza de pedirle un aumento
de sueldo.

cut

1 **a cut above (someone or
something)**: superior, por encima
*He's a cut above the average
engineer*: Está por encima de la
media de ingenieros.

2 **cut a long story short**: en pocas
palabras, para abreviar
*He started by getting up late
because he hadn't heard his alarm
clock – to cut a long story short
we were all delayed*: Empezó
levantándose tarde porque no oyó
su despertador; en pocas palabras,
todos nos retrasamos.

3 **cut and thrust**: la lucha
*The cut and thrust of big business
frightened him*: La lucha de los
grandes negocios le asustó.

4 **cut back on (something)**:
acortar, reducir
*If this government's to stay in
power, it'll have to cut back on
taxation and encourage private
enterprise*: Si este gobierno sigue
en el poder, tendrá que reducir
impuestos y fomentar la empresa
privada.

5 **cut both ways**: ser arma de dos
filos
That argument cuts both ways!:
Esa discusión es arma de dos filos.

6 **cut it fine**: calcular muy justo
*If you want to catch the six o'clock
flight, you're cutting it fine*: Si
quieres coger el vuelo de las seis
en punto, creo que calculas muy
justo.

7 **cut it out**: recortarlo, eliminarlo
*He kept interrupting me until I
told him to cut it out*: Me estuvo
interrumpiendo hasta que le dije
que se callara.

8 **cut no ice**: no convencer, no
tener importancia
*That sort of flattery cuts no ice
with me*: A mi no me convence la
adulación.

9 **cut up**: destrozar, apenar
*He was very attached to his mother
and was terribly cut up when
she died*: Estaba muy unido a su
madre y su muerte le destrozó.

D

dab

a dab hand (at something): ser un hacha
He's a dab hand at carpentry: Es un hacha en carpintería

dabble

dabble in: meterse en
He dabbles in politics because he's nothing better to do!: Se mete en política porque no tiene otra cosa mejor que hacer.

dance

dance attendance on (someone): desvivirse por alguien
She expects everyone to dance attendance on her: Espera que todo el mundo se desviva por ella.

dander

get one's dander up: sacar a alguien de las casillas
Rudeness always gets his dander up: La mala educación le saca siempre de sus casillas .

dark

1 **a dark horse:** no ser un favorito
We knew how three of the competitors would perform, but the fourth was a dark horse: Sabíamos cómo actuarían tres de los competidores, pero el cuarto no era un favorito.

2 **in the dark:** a oscuras, in albis
You two may know what you're talking about, but the rest of us are in the dark: Puede que vosotros dos sepáis de lo que estáis hablando, pero el resto estamos in albis.

3 **keep it dark:** ocultar algo, mantener en secreto
They're engaged to be married but they want to keep it dark: Están comprometidos pero quieren mantenerlo en secreto.

date

1 **out of date:** (i) pasado de moda, anticuado; (ii) caducado
(i) *His ideas are out of date:* Sus ideas están pasadas de moda.
(ii) *Your ticket is out of date:* Su billete está caducado.

2 **to date:** hasta la fecha
This is the best entry we've received to date: Este es el mejor trabajo presentado hasta la fecha.

3 **up to date:** (i) al día; (ii) moderno
(i) *I try to keep my correspondence up to date:* Intento llevar mi correspondencia al día.
(ii) *This method is very up to date:* Este método es muy moderno.

dawn

dawn on (someone): caer en la cuenta
It suddenly dawned on me what he meant: De repente caí en la cuenta de lo que quería decir.

day

1 **all day long:** durante todo el día, todo el santo día
The police searched for the escaped convicts all day long but without success: La policía buscó a los convictos escapados durante todo el día, pero sin éxito.

2 **daylight robbery:** robo a plena luz del día
Asking thirty pounds for a tricycle in that condition is daylight robbery!: Pedir treinta libras por un triciclo en estas condiciones es como robar a plena luz del día.

3 **day of reckoning:** día del Juicio Final, día de ajustar cuentas
Anna's day of reckoning finally came when she was caught stealing

and charged!: El día de ajustar cuentas con Ana llegó cuando la pillaron robando y tuvo que comparecer.

4 **have had one's day**: estar fuera de uso, haber pasado de moda
Steam trains have had their day: Los trenes a vapor han pasado de moda/están fuera de uso.

5 **in this day and age**: en estos tiempos
You don't expect people to live in such deplorable conditions in this day and age!: ¡La gente no espera vivir en condiciones tan deplorables en estos tiempos!

6 **not to be (someone's) day**: No ser su día
It just isn't my day – first the car broke down, then my luncheon engagement was called off, and now I've burnt this cake!: ¡No es mi día; primero se estropeó el coche, luego se anuló la comida de compromiso y ahora he quemado este pastel!

7 **one of these days**: uno de estos días, un día de estos
I shall become a millionaire one of these days!: ¡Me haré millonario uno de estos días!

8 **one of those days**: uno de esos días
I was exhausted when I came home from work – it was one of those days!: Llegué a casa agotado del trabajo, ¡fue un día terrible!

9 **some day**: algún día
He hopes to become the manager of the firm some day: Espera ser el director de la empresa algún día.

10 **to this day**: hasta hoy, hasta ahora
He left suddenly, without a word, and to this day I can't understand why: Se marchó repentinamente, sin una palabra y hasta ahora no sé por qué.

dead

1 **dead and buried**: muerto y acabado, muerto y bien muerto
They're on speaking terms again, their differences dead and buried: Vuelven a hablarse y sus diferencias muertas y enterradas.

2 **dead beat**: muerto (de cansancio), rendido
She's always dead beat after doing the weekly cleaning: Siempre está muerta de cansancio después de la limpieza semanal.

3 **dead certainty**: certeza absoluta
It's a dead certainty Labour will win the next election: Con toda certeza el partido laborista ganará las próximas elecciones.

4 **dead drunk**: borracho como una cuba
If you're looking for Pat, he's lying dead drunk in that ditch over there!: Si estás buscando a Pat, está tumbado en esa cuneta, borracho como una cuba.

5 **a dead loss**: pérdida total, nulidad
That shop is a dead loss – they've never got what I want!: Esa tienda es una nulidad, nunca tienen lo que quiero.

6 **dead set on (something)**: empeñado en algo
I'm dead set on buying another car: Estoy empeñado en comprar otro coche.

7 **the dead spit of (someone)**: ser el vivo retrato de:
He's the dead spit of his father!: ¡Es el vivo retrato de su padre!

8 **dead to the world**: borracho perdido; dormido como un tronco
When he arrived home at midnight, his wife was already dead to the world: Cuando llegó a casa a medianoche, su esposa ya dormía como un tronco.

9 **drop dead!**: caerse muerto
You're not coming with us, so drop dead!: No vienes con nosotros; o sea que, ¡cáete muerto!

10 **over my dead body**: ¡Ni muerto! ¡Ni soñarlo!
"Could he perhaps use your car?"
"Over my dead body!": – ¿Podría utilizar tu coche? – ¡Ni soñarlo!

deal

1 **it's a deal!**: ¡trato hecho!
It's a deal then – your false teeth for my wig!: Entonces, ¡trato hecho!: Tus dientes postizos por mi peluca.

2 **a raw deal**: un trato injusto
His secretary thinks she's had a raw deal, since everyone was given an increase except her: Su secretaria piensa que ha tenido un trato injusto puesto que todos han tenido un aumento excepto ella.

3 **a square deal**: un trato equitativo, un trato justo
You can expect a square deal in that shop: Puedes esperar un trato justo en esa tienda.

dear

1 **oh dear!**: ¡Dios mío!
Oh dear! Is that the time already?: ¡Dios mío! ¿Es ya esa hora?

2 **for dear life**: desesperadamente
As the exam drew to an end, many of the students were still scribbling for dear life: Cuando el examen llegaba a su final, muchos de los estudiantes seguían emborronando papeles desesperadamente.

death

1 **be the death of (someone)**: matarlo a uno
Those children will be the death of me with their continual quarrelling: Esos niños me matarán con sus peleas constantes.

2 **at death's door**: a las puertas de la muerte, con un pie en la tumba
I'm surprised she recovered, because the last time I saw her,

I thought she was at death's door: Estoy sorprendido con su recuperación, porque la última vez que la vi pensé que estaba a las puertas de la muerte.

3 **a death-trap**: trampa mortal, lugar peligroso, ratonera
Old buildings without fire-escapes are real death-traps!: Los edificios viejos sin escaleras de incendio son una trampa mortal.

4 **pale as death**: pálido como un muerto
He turned as pale as death, when he saw the policemen on his doorstep with the men who'd threatened his life: Se quedó pálido como un muerto al ver a la policía en el umbral junto con el hombre que le había amenazado de muerte.

deck

clear the decks: poner orden, despejar
That table's a mess! Why don't you clear the decks before sitting down to work there?: ¡Esa mesa está hecha una porquería! ¿Es que no poneis orden antes de sentaros a trabajar allí?

deep

go off the deep end: perder los estribos, obrar con precipitación
He really went off the deep end when she told him she'd invited her mother to accompany them on holiday: Perdió realmente los estribos cuando ella le dijo que había invitado a su madre a ir de vacaciones con ellos.

defensive

on the defensive: a la defensiva
You can't ask her a simple question without getting an evasive reply – she's forever on the defensive: No puedes preguntarle una sencilla pregunta sin que te dé una respuesta evasiva: siempre está a la defensiva.

deference

in deference to: por deferencia a. por respeto a

In deference to his wishes we did not give him a farewell party: Por deferencia a sus deseos. no dimos una fiesta de despedida.

degree

1 **by degrees**: gradualmente. progresivamente. poco a poco
It was difficult for the refugee to adapt himself to his changed circumstances; but, he did so, by degrees: Fue difícil para el refugiado adaptarase a su nueva condición. pero lo hizo poco a poco.

2 **give (someone) the third degree**: sacudir a uno
Every time I got home late, my parents used to give me the third degree about where I'd been and who with: Cada vez que llegaba tarde a casa. mis padres solían sacudirme para saber dónde y con quién había estado.

3 **to a degree**: hasta cierto punto
You may count on public support, to a degree, if you can produce a convincing argument for your proposal: Puedes contar con la ayuda de la gente hasta cierto punto. siempre que puedas ofrecer una razón convincente para tus propuestas.

demand

1 **be in demand**: estar muy solicitado
Cheaper package holidays are very much in demand these days: Las vacaciones en grupos baratas están muy solicitadas estos días.

2 **make demands on**: requerir muchos esfuerzos
I finally left that firm because they were making unfair demands on my spare time: Dejé finalmente esa empresa porque requerían muchos esfuerzos injustos en mi tiempo libre.

depth

1 **in depth**: a fondo
He has studied the subject in depth and therefore can be relied on to give you the information you need: El ha estuadiado a fondo el tema y por lo tanto. puedes confiar en él para que te dé la información que necesitas.

2 **out of one's depths**: estar perdido. no entender nada
I felt rather out of my depth during the discussions as I didn't understand a word: Me sentí algo perdido durante la discusión. no entendía palabra.

deserts

get one's just deserts: llevarse uno su merecido
He'll get his just deserts one day!: ¡Un día se llevará su merecido.

devil

1 **the devil to pay**: ¡ir a pagar!
There'll be the devil to pay, when your mother sees this mess!: ¡Lo vais a pagar cuando vuestra madre vea este desorden!

2 **talk of the devil**: hablando del rey de Roma. por la puerta asoma
I wish Jack would come soon – well, speak of the devil, here he is!: Desearía que Jack llegara pronto. ¡Bien, hablando del rey de Roma. por la puerta asoma!

die

die hard: tardar en desaparecer
Old customs die hard: Las viejas costumbres tardan en desaparecer.

difference

1 **make all the difference**: cambiar totalmente
The salesman said it would make all the difference to our heating bills if we installed double glazing: El vendedor dijo que nuestras facturas de la calefacción cambiarían totalmente si instalábamos doble cristalera.

2 **split the difference**: partir la diferencia
You want twenty pounds, I'm offering ten, so let's split the difference and I'll give you fifteen!: Tú quieres veinte libras, yo te ofrezco diez. Entonces, acordemos una solución intermedia/partamos la diferencia y te doy quince.

dignity

beneath (someone's) dignity: no poder dignarse a aceptar
Now she's married into the aristocracy, she thinks it below her dignity to associate with her former friends: Ahora que se ha juntado con la aristocracia, no puede dignarse a aceptar asociarse con sus antiguas amistades.

dip

dip into: hojear
I've dipped into his books from time to time but never read through any of them: He hojeado sus libros de vez en cuando pero nunca los he leído en profundidad.

dirt

1 **dirt cheap**: baratísimo, muy barato
She got that car dirt cheap: Consiguió ese coche muy barato.

2 **do (someone's) dirty work**: hacer un trabajo sucio
As usual, he wants me to do his dirty work for him: Como de costumbre, quiere que yo le haga el trabajo sucio.

dish

dish up: (i) servir; (ii) sacar, presentar (i) *Seat yourselves at the table and I'll start dishing up*: Sentaos a la mesa y empezaré a servir.
(ii) *If you ask me, he'll be dishing up his usual repertoire of boring jokes*: Si me lo preguntas, sacará su repertorio normal de chistes aburridos.

dispose

1 **be indisposed**: estar indispuesto
Pat's phoned to say she's indisposed and can't come to work today: Pat ha telefoneado diciendo que está indispuesta y no podrá venir a trabajar hoy.

2 **dispose of**: tirar, disponer, deshacer
It'd be a good idea to dispose of your shares before the market slumps: Sería buena idea deshacerte de tus acciones antes de que caiga el mercado.

distance

keep one's distance: guardar las distancias
After his rudeness towards me, I decided to keep my distance: Después de su descortesía para conmigo, he decidido mantener las distancias:

do

1 **could do with**: pasar con
Just now, I could do with a cup of strong coffee: Me tomaría ahora/pasaría ahora con una taza de buen café.

2 **do away with (someone or something)**: (i) suprimir, abolir; (ii) matar
(i) *They did away with uniforms at that school years ago*: En ese colegio suprimieron los uniformes hace años.
(ii) *He's afraid somene might try to do away with him*: Teme que alguien intente matarle.

3 **do the honours**: hacer los honores
The wine is over there – will you do the honours?: El vino está allí. ¿Hará usted los honores?

4 **do the trick**: servir para el caso, resolver el problema
I had a very bad headache but I feel better now – that aspirin did the trick!: Tenía un fuerte dolor

de cabeza, pero ahora me siento mejor. ¡Esa aspirina resolvió el problema!

5 **do time**: estar en prisión
She's doing time in Holloway for armed assault: Está en la prisión de Holloway por asalto a mano armada.

6 **do (something) up**: arreglar, preparar
I'll have to do up my car before I sell it – it's very rusty: Deberé arreglar el coche antes de venderlo, está muy oxidado.

7 **that will do**: ya está bien
That will do! Stop playing around at once!: ¡Ya está bien! ¡Deja de hacer el tonto de una vez!

8 **well done!**: ¡Bien hecho!
Well done! Nothing can stop you getting a scholarship to Cambridge now: ¡Bien hecho! ¡Ya nadie puede negarte una beca para Cambridge!

doctor

doctor something: adulterar, falsificar
He was accused of doctoring the books and dismissed: Se le acusó de falsificar los libros y fue despedido.

dog

1 **die like a dog**: morir como un perro
He was kicked and beaten and left to die like a dog by his heartless assailants: Los despiadados agresores le patearon, golpearon y lo dejaron morir como un perro.

2 **a dogsbody**: burro de carga
She acts as secretary and general dogsbody to the firm: Actúa como secretaria y burro de carga de la empresa.

3 **go to the dogs**: ir a la ruina, malearse, abandonarse
After his wife's death he simply allowed himself to go to the dogs: Después de la muerte de su

esposa únicamente se abandonó completamente.

4 **in the doghouse**: en desgracia
He forgot his wife's birthday, so he's in the doghouse: Se olvidó del cumpleaños de su esposa, o sea que ha caído en desgracia.

5 **lead a dog's life**: llevar vida de perros
He leads a dog's life married to her – she won't let him do anything she disapproves of: Lleva una vida de perros estando casado con ella: no le deja hacer nada que ella no apruebe.

6 **lucky dog**: tío con suerte
He's a lucky dog; he's just inherited a large fortune!: Es un tío con suerte. ¡Justo acaba de heredar una gran fortuna!

donkey

1 **donkey's ages/years**: siglos, miles de años
I haven't seen Anna for donkey's years: No he visto ha Anna desde hace siglos.

2 **donkey work**: trabajo pesado
She does the donkey work while he sits back and criticizes!: ¡Ella hace el trabajo pesado mientras él se sienta y critica!

doomsday

till doomsday: hasta el juicio final
It'll take us till doomsday to get rid of our debts!: ¡Las deudas nos durarán hasta el día del juicio final!

door

out of doors: al aire libre
We used to sleep out of doors in summer: En verano solíamos dormir al aire libre.

dot

on the dot (of): en punto, puntualmente
The train left Cambridge on the dot of nine (o'clock): El tren partió de Cambridge a las nueve en punto.

double

1 **double-cross**: traicionar
*Don't trust Jack – he'll try
and double-cross you if he
can* : No te fíes de Jack; te
probará/juzgará/pondrá a prueba y
te traicionará si puede.

2 **see double**: ver doble
*When I first met the twins I thought
I was seeing double – they were so
very much alike!* La primera vez
que vi a los mellizos pensé que
veía doble ¡Se parecían tanto!

doubt

1 **beyond/without (a shadow of
a) doubt**: sin duda alguna, fuera
de duda *El Gordo's beyond doubt
the ugliest man I've ever seen!* :
Sin duda alguna, el Gordo el el
hombre más feo que he visto.

2 **in doubt**: tener dudas acerca de
*We're in doubt as to whether we'll
have enough money saved by
next summer to afford a holiday*
: Tenemos dudas acerca de si
el próximo verano tendremos
suficiente dinero para pagarnos
unas vacaciones.

3 **no doubt**: sin duda
*You're no doubt aware that Banks
are closed on Christmas Day and
Boxing Day* : Sin duda sabes que
los bancos están cerrados el día de
Navidad y de San Esteban.

down

1 **be/go down with**: estar con
*All the family went down with
the 'flu recently* : Toda la familia
estuvo con la gripe recientemente.

2 **down-and-out**: pobres
*The Salvation Army is dedicated
to helping down-and-outs* : El
Ejército de Salvación se dedica a
ayudar a los pobres.

3 **down-to-earth**: prosaico
*He has a very down-to-earth
approach to most things* : Tiene
una visión muy prosaica de la
mayoría de las cosas.

drag

1 **drag on**: alargar
*When the speech began to drag
on, the audience started to cough
and fidget* : Cuando el discurso
comenzó a alargarse, el público
empezó a toser y moverse.

2 **drag out**: sacar
*Although he didn't want to admit
that he'd fallen out with Sue, I
managed to drag it out of him in the
end* : Aunque no quería admitir
que había roto con Sue, me las
compuse para sacárselo al fin.

draw

1 **draw a blank**: llevarse un chasco
*They enquired after the missing
woman at every boarding house
but drew a blank – she seemed
to have vanished into thin air!*
: Preguntaron por la mujer
desaparecida en cada pensión,
pero se llevaron un chasco.
Parecía haberse esfumado en el
aire.

2 **draw near**: acercarse
*As Christmas draws near, the
shops get more crowded* : Según se
va acercando Navidad, las tiendas
se llenan más.

3 **draw to an end**: llegar a su fin
*As winter draws to an end, the
days become brighter and longer* : A
medida que el invierno llega a
su fin, los días son más claros y
largos.

dream

1 **dream up**: idear, inventar
*Mutt is always dreaming up
schemes for getting rich quickly*
: Mutt siempre idea planes para
volverse rico rápidamente.

2 **not dream of**: no ocurrírsele
*He's so incredibly gentle, he
wouldn't dream of hurting a fly!* :
¡Es tan increíblemente bondadoso
que no se le ocurriría matar a una
mosca!

dress

1 **dress up**: vestir, ponerse de gala
Those old spinsters love dressing up on the slightest excuse : A esas viejas solteronas les encanta ponerse de gala por cualquier excusa.

2 **a dressing-down**: rapapolvo
The matron gave the nurse a dressing-down for being late on duty two days running : La enfermera jefe le dio un rapapolvo a la enfermera por llegar tarde al trabajo dos días consecutivos.

drink

1 **drink like a fish**: beber como un cosaco
She's never invited to parties because she drinks like a fish and loses control of her tongue : Nunca la invitan a las fiestas porque bebe como un cosaco y no puede controlar su lengua.

2 **drink to (someone's) health/success**: beber a la salud de
Let's drink to success in your new appointment! : ¡Bebamos a tu salud por tu nuevo puesto de trabajo!

drop

1 **drop a brick/clanger**: meter la pata
You did drop a clanger when you offered him a drink. Didn't you know he was a teetotaller? : Metiste la pata cuando le ofreciste una bebida. ¿No sabes que es abstemio?

2 **drop in**: entrar, pasar por casa de alguien
Do drop in if you happen to be passing! : Entra, si da la casualidad que pasas por aquí.

3 **drop off**: dormirse
She was so exhausted she dropped off in five minutes : Estaba tan rendida que se durmió en cinco minutos.

4 **drop out**: abandonar, retirar
His son has dropped out of college because he's lazy and not because he's stupid : Su hijo ha abandonado la universidad porque es vago, no por ser estúpido.

dry

high and dry: en seco, plantado
Her husband left her high and dry without any money : Su esposo la dejó plantada y sin dinero.

Dutch

go Dutch: pagar cada uno lo suyo, pagar a escote
I'll let you take me to the pictures on the strict understanding that we go Dutch : Te permitiré que me lleves al cine con la estricta condición de que cada uno pague lo suyo.

dwell

dwell on: extenderse en
She has an unfortunate habit of dwelling on the macabre : Tiene la desagradable costumbre de recrearse en lo macabro.

E

ear

1 **be all ears**: ser todo oídos
*Go on, tell me about the party. I'm
all ears!*: Va, cuéntame algo sobre
la fiesta. ¡Soy todo oídos!

2 **come to/reach one's ears**:
llegar a oídos de alguien
*It's come to my ears that you're
telling people I'm not to be trusted*:
Ha llegado a mis oídos que vas
diciendo a la gente que no soy de
fiar.

3 **ear-splitting**: ensordecedor,
estridente
*As I entered the house, I heard an
ear-splitting crash and a horrible
scream*: Al entrar en la casa oí un
ruido ensordecedor y un horrible
chillido.

4 **play (something) by ear**: tocar
de oído
*Although she'd never studied
music, she could play many tunes
on the piano solely by ear*: A
pesar de no haber estudiado
nunca música, podía tocar muchas
melodías al piano sólo de oído.

5 **play it by ear**: improvisar sobre
la marcha
*As we don't know what the
opposition intend to propose, I
suggest we do nothing yet and
merely play it by ear*: Puesto
queno sabemos lo que se propone
hacer la oposición, sugiero que no
hagamos nada por el momento y
nos limitemos a improvisar sobre
la marcha.

6 **turn a deaf ear to (something)**:
hacerse el sordo, no prestar oídos
*Jones is adept at turning a deaf
ear to proposals to improve
community relations*: Jones es
experto en hacerse el sordo a

cualquier sugerencia para mejorar
las relaciones comunitarias.

7 **up to one's ears (in)**: abrumado
de deudas, empeñado
He's up to his ears in debt: Está
abrumado de deudas.

earth

1 **cost/pay the earth**: costar/pagar
un ojo de la cara
She paid the earth for that fur coat!:
¡Pagó un ojo de la cara por ese
abrigo de pieles!

2 **run (someone or something) to
earth**: descubrir
*After searching for a first edition
of his poems for a long time,
I finally ran one to earth in a
shop in Barcelona*: Después de
buscar durante mucho tiempo una
primera edición de sus poemas,
finalmente la descubrí en una
tienda de Barcelona.

3 **what on earth?**: ¿Qué diablos?
*What on earth do you think you're
doing meddling with those cables?*:
¿Qué diablos estás haciendo
tocando esos cables?

easy

1 **as easy as falling off a log**: estar
tirado, estar chupado, ser muy
fácil
*This machine is so well-designed
that learning to use it is as
easy as falling off a log!*: Esta
máquina está tan bien diseñada
que está chupado aprender su
funcionamiento.

2 **easy money**: dinero fácil
*The factory guard was told he
could make some easy money by
looking the other way*: Le dijeron
al guarda de la fábrica que podía
conseguir dinero fácil si miraba en
dirección contraria.

3 **go easy on (someone or something)**: tener cuidado con
Go easy on the wine – there isn't much left!: Ten cuidado con el vino, no queda demasiado.

eat

1 **eat like a horse**: comer como una lima
Isn't it amazing he's so thin, considering he eats like a horse?: ¿No es asombroso que esté tan delgado cuando come como una lima?

2 **eat someone out of house and home**: dejar a alguien sin un céntimo
Those huge dogs of theirs are eating them out of house and home: Esos perros tan grandes que tienen les están dejando sin un céntimo.

edge

1 **edge (someone) out**: eliminar poco a poco
One way of getting rid of opposition is to edge out those that disagree with you: Una manera de deshacerse de la oposición es eliminar poco a poco a aquellos que no están de acuerdo contigo.

2 **have the edge on/over (someone)**: llevar ventaja a alguien
After having the edge on his opponent at the start of the match, he finally lost in straight sets: Después de llevar ventaja a su oponente nada más empezar el partido, al final perdió en sets seguidos.

3 **on edge**: de punta, en el límite
Her nerves have been on edge all week awaiting her results: Ha tenido los nervios de punta toda la semana esperando los resultados.

effect

1 **in effect**: de hecho
Although nominally a republic, India , in effect, was ruled by the Nehru dynasty for well over forty years: Aunque India fuera una república, de hecho, fue gobernada por la dinastía Nehru durante más de cuarenta años.

2 **take effect**: surtir efecto, entrar en vigor
Another increase in fares on British Rail is expected to take effect from 1 January: Se espera otro aumento de las tarifas de la British Rail a partir del 1 de enero.

elbow

2 **elbow one's way**: abrirse paso a codazos
The hall was packed, but I managed to elbow my way to the front and join my friends: La sala estaba hasta el tope y conseguí abrirme paso a codazos hasta reunirme con mis amigos.

3 **elbow-room**: espacio, campo
Get out of my way and give me some elbow-room!: ¡Salte de mi camino y déjame un poco de espacio!

4 **out at elbow**: raído, desharrapado
To convince people he was a genuine poet, Nathan frequently wore dirty trousers and a pullover that was out at elbow: Nathan se vestía frecuentemente con pantalones sucios y un jersey raído para convecer a la gente de que era un auténtico poeta.

element

in one's element: en su elemento
He's in his element when he's surrounded by admiring females: El está en su elemento cuando se encuentra rodeado de mujeres que le admiran.

elephant

a memory like an elephant: tener memoria de elefante
She doesn't forget things in a hurry – especially insults. She

has a memory like an elephant!:
Ella no suele olvidar las cosas
rápidamente, especialmente
insultos. ¡Tiene una memoria de
elefante!

end

1 **end up**: acabar, terminar
*He said he would not go, but he
ended up doing so*: Dijo que no iría
pero acabó asistiendo.

2 **in the end**: al final, al fin
*Most Westerns are predictable:
the villain is killed and the hero
wins the girl in the end*: Cualquiera
puede saber el final de la mayoría
de las películas del oeste: el malo
muere y el bueno se queda con la
chica al final.

3 **keep one's end up**: hacer bien lo
que corresponde a cada uno
*Everyone else is so good at what
they are doing that he has a hard
job keeping his end up*: Todos los
demás son tan buenos en lo que
hacen, que tiene que trabajar duro
para hacer bien lo suyo.

4 **not see beyond the end of
one's nose**: No ver más allá de las
narices
*He can't see beyond the end of his
nose; anyone could tell she only
married him for his money!*: El no
puede ver más allá de sus narices.
¡Cualquiera podría decir que ella
solo se ha casado por su dinero!

5 **on end**: sin parar
*It's been raining for days on end
because of a depression over
the North Atlantic*: Ha estado
lloviendo sin parar a causa de una
depresión en el Atlántico Norte.

enter

enter into: (i) hablar, discutir; (ii)
compartir, participar; (iii) entrar,
pensar
(i) *The Minister refused to enter
into a discussion of the subject
with journalists before it was*
debated in Parliament: El Ministro
rehusó discutir el asunto con los
periodistas antes de debatirlo en el
Parlamento.
(ii) *He's always miserable at parties
and won't enter into the spirit of
the thing*: Siempre está triste en
las fiestas y nunca participa en el
ambiente
(iii) *The possibility of bad weather
didn't even enter into our plans*:
Ni se nos ocurrió pensar con la
posibilidad de mal tiempo.

envy

be the envy of someone: ser la
envidia de alguien
*Her slim figure was the constant
envy of her friends*: Su delgada
figura era la constante envidia de
sus amigas.

every

1 **every man jack**: todos sin
excepción
Every man jack of us must help!:
¡Todos debemos ayudar, sin
excepción!

2 **every now and then**: de vez en
cuando
*I see him at church every now and
then*: Le veo en la iglesia de vez en
cuando

3 **every other**: cada dos, uno sí
otro no
*Every other weekend she visits her
parents*: Una semana sí, otra no,
visita a sus padres.

example

1 **make an example of
(someone)**: dar a alguien un
castigo ejemplar, castigar de modo
ejemplar
*The judge decided to make an
example of the football hooligans
and sentenced them to prison for
three months*: El juez decidió
dar un castigo ejemplar a los
gamberros y los sentenció a tres
meses de prisión.

example 48 **eye**

2 **set (someone) an example**: dar ejemplo
Parents must set their children a good example if they wish them to grow up into responsible citizens: Los padres deben dar buen ejemplo a los hijos si desean que crezcan como ciudadanos respetables.

expense

1 **at the expense of (someone or something)**: a costa de, a expensas de
She pursued her career at the expense of her marriage: Siguió su carrera a costa de su matrimonio.

2 **go to the expense of**: meterse en gastos
The school governors have gone to the expense of building an indoor swimming pool to attract more pupils next year: Los directores del colegio se han metido en gastos para la construcción de una piscina climatizada con el fin de atraer más alumnos el próximo curso.

3 **put someone to expense**: hacer gastar dinero a uno
It was a marvellous meal; I hope I didn't put you to too much expense!: ¡Ha sido una comida maravillosa! ¡Espero no haberte hecho gastar mucho dinero!

eye

1 **catch (someone's) eye**: atraer la atención de uno
I wanted the bill but couldn't catch the waiter's eye: Quería la cuenta pero no conseguía atraer la atención del camarero.

2 **in the twinkling of an eye**: en un abrir y cerrar de ojos
The dentist extracted the tooth in the twinkling of an eye: El dentista le extrajo la muela en un abrir y cerrar de ojos.

3 **keep an eye on (someone or something)**: (i) tener en cuenta; (ii) vigilar
(i) *You must keep an eye on the price of bread*: Debes tener en cuenta el precio del pan.
(ii) *Could you keep an eye on the children while I'm out?*: ¿Podrías vigilar a los niños mientras salgo?

4 **not to bat an eyelid**: inmutar, pestañear
He didn't bat an eyelid when I told him he'd been fired: Ni se inmutó cuando le dije que estaba despedido.

5 **see eye to eye**: estar de acuerdo, ver con los mismos ojos
We've never seen eye to eye with one another: Nunca hemos estado de acuerdo.

6 **with an eye to (something)**: con miras a
He always worked with an eye to promotion: Siempre trabajó con miras a un ascenso.

7 **with one's eyes open**: con los ojos abiertos
I knew what the job would involve – I went into it with my eyes open: Sabía lo que suponía/implicaba el trabajo; fui con los ojos abiertos.

F

face

1 face facts: afrontar las cosas
It's time you grew up and learned to face facts: Es hora de que crezcas y afrontes las cosas.

2 face the music: afrontar las consecuencias
Jane's mother has found out that she has been playing truant and now she's going to have to face the music: La madre de Jane ha sabido que ella ha hecho novillos y ahora deberá afrontar las consecuencias.

3 face to face: cara a cara
The gangster bosses finally met face to face to settle their differences: Finalmente los jefes gangsters se encontraron cara a cara para ajustar sus diferencias.

4 face up to (something): enfrentarse con
He faced up to his difficult situation with commendable calm: Se enfrentó a su difícil situación con una calma encomiable.

5 let's face it: hay que reconocerlo, reconozcámoslo
Let's face it, he's nothing but a snob!: Hay que reconocerlo, solo es un snob.

6 lose face: quedar mal, perder prestigio
You'll really lose face if you're defeated by a younger opponent: En verdad que perderás prestigio si te gana un oponente más joven.

7 put a good face on it: ponerle buena cara
Now it's done, we've no choice but to put a good face on it, although we're not pleased: Ahora ya está hecho y no tenemos más remedio que ponerle buena cara, aunque no estemos muy satisfechos/contentos.

8 show one's face: dejarse ver, asomar la cara, dar la cara
After making such a fool of myself, I'll never be able to show my face there again: Después de haber hecho el ridículo de esta manera, nunca más podré dar la cara otra vez.

fact

1 the hard facts: las duras realidades de la vida, los hechos innegables
I don't care what she says – the hard facts are that most of the mistakes were hers!: No me importa lo que diga ella; la realidad es que la mayoría de los errores eran suyos.

2 in (actual) fact: de hecho
She told the ticket collector she was twelve when in fact she's fifteen: Le dijo al revisor que tenía doce años cuando de hecho tiene quince.

fail

words fail me: no encuentro palabras para expresarme
Words fail me when I think of what you have done!: ¡Cuando pienso lo que has hecho no encuentro palabras para expresarme!

faint

not to have the faintest (idea): no tener la más remota idea
"Do you know where he's gone?" "No, I haven't the faintest": – ¿Sabes a dónde ha ido? – No; no tengo la más remota idea.

fair

1 fair play: juego limpio
He's not involved in the contest – he's only here to see fair play: El no está metido en la competición, sólo está aquí para ver un juego limpio.

2 **in a fair way to**: estar en buen camino
He's in a fair way to becoming a millionaire – he already owns a couple of flourishing companies: Está en el buen camino para convertirse en millonario; ya es propietario de un par de empresas en alza.

fall

1 **fall back**: retirarse
The general ordered his troops to fall back immediately: El general ordenó a sus tropas que se retiraran inmediatamente.

2 **fall behind with (something)**: retrasarse
Don't fall behind with the rent!: ¡No te retrases con el alquiler!

3 **fall down on (something)**: fallar en (algo), bajar de nivel
For no apparent reason Mary seems to have been falling down on her job recently: Sin razón aparente, María parece estar bajando de nivel en el trabajo recientemente.

4 **fall flat**: fracasar
Her jokes fall flat with that crowd: Sus chistes fracasan con esa multitud.

5 **fall from grace**: caer en desgracia
When Wolsey fell from grace with Henry VIII, not only did he lose position and wealth but he lost his head as well!: ¡Cuando Wolsey cayó en desgracia ante Enrique VIII, so solo perdió su posición, sino también su cabeza!

6 **fall in with (someone or something)**: (i) encontrarse con; (ii) aceptar, adherirse
(i) *On the way home we fell in with some friends*: De camino a casa nos encontramos con algunos amigos.
(ii) *They fell in with our suggestion*: Ellos se adhirieron a nuestra sugerencia.

7 **fall off**: caer, disminuir
Cinema audiences have been falling off steadily since the introduction of TV: La audiencia cinematográfica ha ido disminuyendo progresivamente desde la introducción de la televisión.

8 **fall out**: reñir
Anna has fallen out with her parents: Anna ha reñido con sus padres.

false

1 **a false alarm**: falsa alarma
Someone shouted "Fire!", but it was only a false alarm: Alguien gritó ¡Fuego!, pero solo fue una falsa alarma.

2 **false pretences**: fraude, estafa
He got the money by false pretences: Consiguió el dinero mediante fraude.

family

1 **in the family way**: estar en estado (interesante)
I see Sonia's in the family way again. I wonder who's the father this time!: Veo que Sonia está en estado (interesante) otra vez. ¡Me pregunto quién es el padre esta vez!

2 **run in the family**: venir de familia
A love of the arts runs in their family: El amor al arte viene de familia.

far

1 **far be it from me**: no tener la menor intención
Far be it from me to tell you how to do your job!: ¡No tengo la menor intención de decirte cómo debes hacer tu trabajo!

2 **far from it**: ni mucho menos
She didn't seem pleased to see me, far from it!: ¡No pareció estar contenta de verme, ni mucho menos!

3 **go far**: llegar lejos
With her education and refined manner she should go far: Con su educación y porte debería llegar lejos.

4 **so far, so good**: hasta ahora todo va bien, hasta aquí bien
We've got the car working again – so far, so good. Now for the bill!: Tenemos el coche funcionando de nuevo, hasta aquí todo bien. ¡Ahora vendrá la factura!

fashion

1 **after a fashion**: en cierto modo, no muy bien, más o menos
He can speak French after a fashion: Puede hablar francés más o menos.

2 **all the fashion**: muy de moda
Wearing earrings is all the fashion among some males today: Hoy en día, llevar pendientes está muy de moda entre algunos hombres.

fat

1 **fat chance**: ¡Ni pensarlo!
"Will he get the job?" "Fat chance! He has neither the qualifications nor the experience!": – ¿Que si obtendrá el empleo? – ¡Ni pensarlo! No tiene ni capacidad ni experiencia.

2 **the fat is in the fire**: armarse la gorda
The fat's in the fire, now he knows about his wife's lover!: ¡Se va a armar la gorda! ¡Ahora él sabe que su mujer tiene un amante.

fault

1 **find fault with (someone)**: criticar a alguien
He hates his stepfather because he's always finding fault with him: Odia a su padrastro porque siempre está criticando.

2 **to a fault**: excesivamente, demasiado
He was generous to a fault and embarrassed his friends by his lavish gifts: Era excesivamente generoso y desconcertaba a sus

amigos con sus desmesurados regalos.

fear

for fear of: por temor a
He didn't dare tell his father for fear of being punished: No se atrevía a decírselo a su padre por temor a que lo castigara.

feeling

1 **feeling for someone**: sentir algo por
Jane's always had a feeling for Bob ever since they met: Jane ha sentido algo por Bob desde que se conocieron.

2 **get the feeling that**: tener la sensación, tener el presentimiento
Do you ever get the feeling that you're not wanted?: ¿Has tenido alguna vez la sensación de que no te quieren?

3 **have mixed feelings about**: sentimientos contradictorios
My wife has mixed feelings about holidaying in Morocco: Mi esposa no tiene las cosas claras acerca de veranear en Marruecos.

4 **no hard feelings**: sin resentimientos
I accept your apology and can assure you that there are no hard feelings on my part: Acepto tus disculpas y puedo asegurarte que no hay resentimiento de mi parte.

feet

1 **drag one's feet**: hacerse el remolón, arrastrar los pies
This job's behind schedule because the machinists have been dragging their feet: Este trabajo va atrasado porque los maquinistas se han hecho los remolones.

2 **fall/land on one's feet**: caer de pie
Although he lost his job last year, he's really fallen on his feet – he does the same job now for someone else for a higher salary: Aunque perdió su trabajo el año pasado, cayó realmente de pie. Ahora hace

el mismo trabajo para otra persona
con un sueldo más alto.

3 **on one's feet**: de pie
*She's been on her feet all day and
is absolutely exhausted*: Ha estado
de pie durante todo el día y ahora
está totalmente agotada.

4 **stand on one's own (two) feet**:
valerse por sí mismo
*You're old enough now to stand
on your own two feet!*: ¡Ya eres lo
suficientemente grande como para
valerte por ti mismo!

5 **sweep someone off his/her
feet**: enamorar perdidamente a
alguien
*She was swept off her feet by a
dark, handsome stranger*: Se
enamoró perdidamente de un
desconocido guapo y moreno.

fend

fend for oneself: arreglárselas,
valérselas por sí mismo
*You're old enough to fend
for yourself now!*: ¡Eres lo
suficientemente mayor como para
defenderte solo!

fettle

in fine fettle: en buenas
condiciones
*He was ill when I saw him last, but
he's in fine fettle now*: La última
vez que le vi estaba enfermo,
pero ahora se halla en buenas
condiciones.

fiddle

1 **as fit as a fiddle**: en buena
forma, andar como un reloj
*Although he's ninety, he's still as
fit as a fiddle*: A pesar de tener
noventa años, aún anda como un
reloj.

2 **fiddle about**: perder el tiempo
*Stop fiddling about and get on with
the job!*: ¡Deja de perder el tiempo
y sigue con el trabajo!

fight

1 **fight shy of (something)**: evitar
*Tom fights shy of company and
generally prefers to stay at home*

instead: Tom evita la compañía y
por lo general prefiere quedarse
en casa.

2 **put up a good fight**: defenderse
bien
*It's always thrilling to watch a
challenger put up a good fight
against a champion*: Siempre
es emocionante ver cómo un
aspirante se defiende contra un
campeón.

figure

figure out: comprender,
explicarse, descifrar, resolver
*It took him a long time to figure out
the answer to a simple problem*:
Le llevó mucho tiempo resolver la
respuesta de un simple problema

fill

1 **fill in (for someone)**: reemplazar
*When the manager is away, his
deputy usually fills in for him*:
Cuando el director está ausente,
el subdirector le reemplaza
normalmente.

2 **fill (someone) in**: poner al
corriente/día
*I've been away – can you fill me in
on what's happened?*: He estado
ausente. ¿Podrías ponerme al
corriente de todo?/de lo que ha
ocurrido?

3 **fill out**: engordar
*She used to be very thin, but she
has filled out a bit now*: Solía
estar muy delgada, pero ahora ha
engordado un poco.

find

1 **find it in one's heart (to do
something)**: ser capaz de
*Can you find it in your heart to
forgive him?*: ¿Por favor, podrías
perdonarle?

2 **find out**: hallar, averiguar
*Can you find out when the next
train leaves?*: ¿Puedes averiguar a
qué hora sale el próximo tren?

finger

1 **cross one's fingers**: tocar madera, cruzar los dedos
I'm crossing my fingers and hoping I get the job!: Toco madera en espera de que me den el (puesto de) trabajo.

2 **get one's fingers burnt/burn one's fingers**: cogerse/pillarse los dedos
He got his fingers burnt speculating on the stock market: Se pilló los dedos especulando en el mercado de acciones.

3 **have a finger in the pie/in every pie**: (i) meter la cuchara; (ii) estar metido en todo
(i) *He was so anxious for the scheme to do well that I knew he had a finger in the pie*: estaba tan ansioso con que el proyecto saliera bien, que sabía que metería la cuchara.
(ii) *She likes to have a finger in every pie in the parish*: A ella le gusta estar metida en todo lo relacionado con la parroquia.

4 **lay a finger on (someone)**: ponerle la mano encima a alguien
If you lay a finger on my son again, I'll blow you to kingdom come!: ¡Si vuelves a ponerle la mano encima a mi hijo, te enviaré al otro mundo!

5 **not to lift a finger**: no mover un dedo
Sue's the laziest girl I know – she'll stand and watch you sweat and not lift a finger to help!: Sue es la chica más holgazana que conozco; estaría viéndote sudar y no movería un dedo.

fire

1 **fire away**: ¡adelante!
Fire away, I'm ready to answer your questions: ¡Adelante! Estoy lista para contestar tus preguntas.

2 **hang fire**: demorarse, estar en suspenso
The Town Council's plans for improving local amenities are hanging fire at the moment: Los planes del ayuntamiento para mejorar las actividades locales están en suspenso por el momento.

first

1 **at first hand**: de primera mano
He was able to obtain details about the proposed merger at first hand, since his brother is on the board of directors: Pudo conseguir detalles de primera mano acerca de la propuesta fusión porque su hermano está en la junta directiva.

2 **at first sight**: a primera vista
At first sight, your quotation for the job seems reasonable: A primera vista tu presupuesto para el trabajo parece razonable.

3 **first and foremost**: ante todo, antes que nada
Frank Sinatra is, first and foremost, a singer: Ante todo, Frank Sinatra es un cantante.

4 **in the first place**: en primer lugar
Why should I mind staying at home? I didn't ask to go out in the first place!: ¿Por qué debería importarme el quedarme en casa? Yo no pedí salir, en primer lugar.

fish

1 **fish in troubled waters**: pescar en río revuelto
During the war, his firm quietly fished in troubled waters by selling electronic communication systems to both sides: Durante la guerra, su empresa pescó en río revuelto vendiendo sistemas electrónicos de comunicación a ambos bandos.

2 **have other fish to fry**: tener algo más importante que hacer
Because he showed little interest in their project, he was suspected of having other fish to fry: Puesto

que no mostró gran interés por su proyecto, se pensó que tenía algo más importante que hacer.

3 **like a fish out of water**: como pez fuera del agua
Because he neither smoked nor drank, he generally felt like a fish out of water in their company: Como ni fumaba ni bebía, por lo general se sentía como pez fuera del agua en su compañía.

4 **a different kettle of fish**: harina de otro costal
Oh well, that's a different kettle of fish!: ¡Ah vale!, eso es harina de otro costal.

flat

1 **flat out**: a máxima velocidad
She worked flat out to get the job finished on time: Trabajó a toda velocidad para terminar el trabajo a tiempo.

2 **that's flat!**: ¡Es mi última palabra!
I'm not doing it, and that's flat!: ¡No lo hago, y esta es mi última palabra!

flesh

in the flesh: en carne y hueso, en persona
I was walking past the stage door when I saw the star of the show in the flesh: Iba andando cuando pasé por la entrada de los artistas y vi a la estrella en persona.

fly

1 **fly-by-night**: de poco fiar, de poca confianza
You should never do business with a fly-by-night company!: ¡Nunca deberías hacer negocios con una empresa de poco fiar!

2 **flying visit**: visita relámpago
She paid her parents a flying visit before returning to university: Ella hizo una visita relámpago a sus padres antes de volver a la universidad.

3 **fly off the handle**: salirse de las casillas
He flew off the handle when he heard that the boys had raided his orchard again: Se salió de sus casillas cuando oyó que los chicos habían vuelto a invadir el huerto.

4 **there are no flies on (someone)**: no tener ni pizca/un pelo de tonto, no chuparse el dedo
I'm sure he realized what you were doing – there are no flies on him!: Estoy segura de que él se dio cuenta de lo que estabas haciendo. ¡No tiene un pelo de tonto!

fold

fold up: liquidar, cerrar, cesar
The business folded up within three months of opening: El negocio cesó/cerró tres meses después de su apertura.

fool

1 **a fool's paradise**: un mundo de sueños, ilusiones
People who think that a change of government will mean greater economic prosperity are living in a fool's paradise!: ¡Las personas que creen que un cambio de gobierno significará una mayor prosperidad económica, viven de ilusiones!

2 **make a fool of (someone)**: poner en ridículo a alguien
She made a fool of him by promising to marry him and then eloping with someone else: Le puso en ridículo al prometerle que se casaría con él y fugarse luego con otro.

3 **make a fool of oneself**: ponerse en ridículo
He made a fool of himself by asking her to marry him when he was penniless and without any prospect of employment: Se puso en ridículo pidiéndole que se casara con él cuando no tenía nada de dinero ni perspectivas de empleo.

4 **more fool you**: allá tú, peor para ti
More fool you for believing him!: ¡Peor para ti si le crees!

5 **play the fool**: hacer el tonto
He's always playing the fool, so it's difficult to know when to take him seriously: Siempre está haciendo el tonto, así que es difícil saber cuando se le puede tomar en serio.

foot

1 **follow in (someone's) footsteps**: seguir los pasos de uno
When I decided to enter the teaching profession I was only following in my parents' footsteps: Cuando decidí entrar en la profesión de la enseñaza, no sólo hacía más que seguir los pasos de mis padres.

2 **get off on the wrong foot**: entrar/empezar con mal pie
She got off on the wrong foot by arriving late for work on the very first day!: Empezó con mal pie al llegar tarde al trabajo el mismísimo primer día.

3 **have one foot in the grave**: estar con un pie en la tumba
The trouble with teenagers is that they think that anyone over twenty-five has one foot in the grave!: El problema con los adolescentes es que ellos piensan que, llegado a los veinticinco, uno tiene un pie en la tumba.

4 **put one's foot in it**: meter la pata
I really put my foot in it when I asked about his wife – she'd just run away with his friend!: Realmente metí la pata cuando pregunté por su mujer; ¡acababa de escaparse con su amigo!

force

1 **from force of habit**: por costumbre
Mutt didn't mean to criticize you – he did it from of of habit!:

Mutt no quería criticarle, lo hizo por costumbre.

2 **force one's way**: abrirse paso
The doctor had to force his way through the crowd to get to the injured men: El médico tuvo que abrirse paso a través de la multitud para llegar junto a los (hombres) heridos.

3 **join forces**: unirse, coligarse
If our two companies join forces, we're sure to beat the competition!: ¡Si nuestras dos empresas se unen, seguro que ganamos a la competencia!

fore

come to the fore: destacar
Smith has recently come to the fore in local politics: Smith ha empezado a destacar recientemente en la política local.

foul

1 **fall foul of (someone or something)**: chocar
At quite an early age, he fell foul of the law: Ya bastante joven chocó con la ley.

2 **foul play**: juego sucio, asesinato
In the matter of Lindley's death, the police suspect foul play: En cuanto al asunto de la muerte de Lindley, la policía sospecha que se trata de un asesinato.

free

1 **a free-for-all**: pelea, refriega
The discussion opened quietly, but soon became a free-for-all: La discusión empezó pacíficamente, pero pronto se convirtió en un pelea.

2 **make free with (someone or something)**: utilizar algo a su antojo
He came into the sitting-room to find his guests making free with his best brandy: Cuando fue a la salita se encontró que sus invitados estaban tomando el brandy a su antojo.

fry

small fry: gente de poca monta
Ask to see the Minister himself not the small fry that hang around him!: ¡Pide hablar con el Ministro en persona y no con la gente de poca monta que le rodea!

full

1 **full up**: completo, (totalmente) lleno
I'm sorry you can't get on this bus – it's full up!: Lo siento, pero no puede subir a este autobús. Está completo.

2 **in full**: entero, sin abreviar, con todas las letras, completo
You're required to state your name and address in full: Tienes que poner tu nombre y dirección completos.

3 **to the full**: completamente, al máximo
They enjoyed life to the full: Disfrutan al máximo de la vida.

fun

1 **for the fun of it**: para reírse
There was a boy from our village who used to pull the communication cord on trains just for the fun of it: Un chico de nuestro pueblo solía tirar del freno de alarma en los trenes sólo por diversión.

2 **like fun**: ¡ni hablar!
"I think you should go." "Like fun I will!": – Creo que deberías ir.
– ¡Ni hablar!

3 **make fun of (someone)**: reírse de
Now Betty, you mustn't make fun of Jock just because he looks like a pudding!: Bien Betty, no debes reírte de Jock sólo por el hecho de que esté rellenito.

4 **poke fun at (someone)**: burlarse de, ridiculizar
The others were always poking fun at him because of his stammer: Los otros se burlaban siempre de él porque tartamudeaba.

future

1 **in future**: en lo sucesivo, en (el) futuro
In future you'll use your own door-key to let yourself in!: ¡En lo sucesivo utilizarás tu llave para entrar!

2 **in the future**: en el futuro, en lo futuro
It's the hope of most British workers to have an even shorter working week in the future!: La esperanza de muchos trabajadores británicos es tener una semana laboral más corta en el futuro.

G

gain

1 **gain ground**: ganar terreno
His views were once scoffed at but are now gaining ground rapidly: Una vez se mofaron de sus puntos de vista, pero ahora están ganando terreno.

2 **gain time**: ganar tiempo
Because he knew that his assignment would not be ready to hand in before the end of term, he pretended to be ill in order to gain time: Puesto que sabía que su trabajo no estaría listo para entregar antes de terminar el trimestre, fingió estar enfermo para ganar tiempo.

game

1 **dirty game**: juego sucio
Party politics, even at local level, can be a dirty game: La política de partidos, incluso a nivel local, puede ser un juego sucio.

2 **the game is not worth the candle**: la cosa no vale la pena
He doesn't work overtime because, with the extra tax he'll have to pay, the game isn't worth the candle: No trabaja horas extras porque con el pago de los impuestos no vale la pena.

3 **the game is up**: acabarse
When the thief felt a hand on his shoulder he knew the game was up: Cuando el ladrón notó una mano en su hombro, comprendió que todo se había acabado.

4 **give the game away**: descubrir las cartas, descubrir el pastel
Don't laugh, or you'll give the game away!: ¡No te rías o descubrirás las cartas/el pastel!

5 **play the game**: jugar limpio
Reading other people's private letters is not playing the game: Leer las cartas privadas de otras personas no es jugar limpio.

6 **what's your game?**: ¿qué haces? ¿a qué te dedicas?
What's your game, eh, prowling around my house after dark?: ¿A qué te dedicas merodeando alrededor de mi casa cuando es de noche?

get

1 **get about**: (i) salir mucho; (ii) divulgarse, saberse
(i) *In his condition, I'm surprised that he can still get about on his own*: En su estado, me sorprende que aún siga saliendo solo.
(ii) *In a small village news soon gets about – especially if it's bad!*: En una población pequeña las noticias se divulgan rápidamente, ¡especialmente si es una noticia mala!

2 **get at (someone)**: atacar, meterse con alguien
Because he's got nothing better to do, our boss is always getting at one of us!: Como no tiene nada mejor que hacer, nuestro jefe se mete siempre con alguien.

3 **get away with**: llevarse, quedar impune de
The robbers broke into the bank over the weekend and got away with thousands of pounds: Los ladrones entraron en el banco durante el fin de semana y se llevaron miles de libras.

4 **get by**: arreglárselas, pasar, ir tirando
We've sufficient work at the moment to help us get by: Ahora tenemos suficiente trabajo como para ir tirando.

5 **get it**: entenderlo, comprenderlo, caer

The house you want is the third on the left down this street, get it?: La casa que está buscando es la tercera a la izquierda por esta calle, ¿lo entiende?

6 **get it in the neck**: cargársela, tener que vérselas con
When he got home late after the office party, he got it in the neck from his wife: Cuando llegó tarde a casa después de la fiesta en la oficina tuvo que vérselas con su mujer.

7 **get lost!**: ¡piérdete!, ¡márchate!
Get lost, you little scallywags, or I'll call the police!: ¡Marchaos, bribones, o llamaré a la policía!

8 **get off**: escaparse
The motorist got off with only a light sentence, considering he was guilty of manslaughter!: Considerando que era culpable de homicidio, el conductor recibió una sentencia leve.

9 **get on with someone**: llevarse bien con alguien
He's quite pleasant and gets on with most people: El es bastante agradable y se lleva bien con la mayoría de la gente.

10 **get rid of**: deshacerse de, desembarazarse
Why don't you get rid of that old coat and buy yourself a new one?: ¿Por qué no te deshaces de ese viejo abrigo y te compras otro de nuevo?

11 **get the better of**: vencer, quedar por encima
I refuse to let that wretched man get the better of me!: No me da la gana que ese hombre quede por encima de mí.

12 **get through to**: comunicar
Where were you this morning? We rang several times but couldn't get through to you: ¿Dónde estabas esta mañana? Te llamamos varias veces pero no pudimos comunicar contigo.

13 **get together**: reunir(se), ponerse de acuerdo
Because they're so very busy these days, they find it difficult to get together for a drink and a chat: Encuentran muy difícil ponerse de acuerdo para tomar unas copas y charlar un poco porque están muy ocupados estos días.

give

1 **give (something) a miss**: dejar de asistir, no asistir/visitar
I think I'll give the party a miss: Me parece que no asistiré a la fiesta.

2 **give and take**: hacer concesiones mutuas
There must be some give and take in discussions between trade unions and management: En las negociaciones entre sindicatos y directiva deben hacerse concesiones mutuas.

3 **give as good as one gets**: devolver golpe por golpe
I didn't think he'd have the courage to argue with the boss, but he certainly gave as good as he got: No creí que tuviera valor para discutir con el jefe, pero realmente le devolvió golpe por golpe.

4 **give in**: darse por vencido, rendirse
Maria is ready to give in, because she lacks self-confidence: María está decidida a darse por vencida por falta de confianza en sí misma.

5 **give out**: agotarse, acabarse
At this point my money gave out: En ese punto se me acabó el dinero.

6 **give rise to**: provocar, causar, originar
Her sudden acquisition of wealth has given rise to rumours of a secret sugar daddy: La repentina adquisición de fortuna ha provocado rumores de que tiene algún viejo y adinerado amante secreto.

7 **give up (something):** desistir, dejar, abandonar
You must give up smoking or you'll die of cancer!: Debes dejar de fumar o morirás de cáncer.

8 **give vent to:** desahogarse
He gave vent to this anger in a furious letter to the newspaper: Se desahogó de su enfado con una furiosa carta al periódico.

go

1 **at one go:** en una sola vez
She blew out all the candles on her birthday cake – at one go: ¡Apagó las velas de su tarta de cumpleaños de una sola vez!

2 **be going on:** andar por
He must be going on (for) eighty!: ¡Debe andar por los ochenta!

3 **go against the grain:** ir a contrapelo, hacerse cuesta arriba
It goes against the grain for him to help others in need: Se le hace cuesta arriba el ayudar a otros que lo necesitan.

4 **go for (someone or something):** (i) atacar; (ii) ir por, ir a buscar
(i) *The two dogs always go for each other as soon as they meet:* Los dos perros se atacan mutuamente siempre que se cruzan/encuentran.
(ii) *She goes for rich young men with fast cars:* Ella va en busca de hombres jóvenes, ricos y con coches veloces.

5 **go in for (something):** dedicarse, seguir
Our son would like to go in for music: A nuestro hijo le gustaría dedicarse a la música.

6 **go off:** (i) marcharse, irse, dejar; (ii) estropearse
(i) *She went off him after she met his friends:* Ella le dejó después de encontrarse con sus amigas.
(ii) *That milk has gone off – we can't drink it!:* ¡Esta leche se ha estropeado! No podemos beberla.

7 **go to (someone's) head:** subirse a la cabeza
His recent promotion has certainly gone to his head – he struts about the office enquiring if everything's under control!: La verdad es que su reciente ascenso se le ha subido a la cabeza. Se pavonea por la oficina preguntando si todo se halla bajo control.

8 **go to the wall:** fracasar, arruinarse, ser desechado por inútil
Due to the recession, several small firms have gone to the wall: A causa de la recesión, varias empresas pequeñas se han arruinado.

9 **go wrong:** ir mal, ir al revés
The project was a failure because everything went wrong from the start: El proyecto resultó un fracaso porque todo fue mal desde un principio.

goes

that's the way it goes: así son las cosas
I'm sorry you've missed your plane but you can't get a refund on a charter flight – that's the way it goes!: Siento que hayan perdido el vuelo, pero no podemos devolverles el dinero de un vuelo charter. ¡Así son las cosas!

gold

1 **a gold mine:** mina (de oro)
That clothes shop is an absolute gold-mine!: ¡Esa tienda de ropas es una mina de oro!

2 **worth its/one's weight in gold:** valer su peso en oro
My secretary is worth her weight in gold: Mi secretaria vale su peso en oro.

good

1 **all in good time:** todo a su debido tiempo
Don't sweat! The work will be finished all in good time!:

¡No sudes! Todo el trabajo se terminará a su debido tiempo.

2 **be as good as one's word**: ser persona de palabra
He promised to help her out if ever she was in trouble and he was as good as his word: Le prometió a ella que la ayudaría si alguna vez se encontraba en algún problema, y cumplió su palabra.

3 **for good and all**: de una vez para siempre
He's not going to France – he's emigrating for good and all: El no va a Francia, emigra de una vez para siempre.

4 **(a) good-for-nothing**: inútil
You don't expect him to help you, do you? He's a lazy good-for-nothing!: ¿No esperarás que te ayude, verdad? ¡Es un inútil y un holgazán!

5 **goodness knows**: ¡Dios sabe!
Goodness knows where they've got to!: ¡Dios sabe dónde han ido!

6 **in good hands**: en buenas manos
Your husband will soon be well again – he's in good hands here: Tu esposo pronto estará bien otra vez; aquí está en buenas manos.

7 **in good time**: a tiempo
He arrived in good time for the concert: Llegó a tiempo para el concierto.

8 **put in/say a good word (for someone)**: decir unas palabras en favor de alguien.
My cousin promised to put in a good word for me with his boss – but I didn't get the job!: Mi primo me prometió que diría unas palabras en mi favor a su jefe, pero, ¡yo no conseguí el empleo!

9 **take (something) in good part**: tomar a bien
I wish you'd take our jokes in good part instead of losing your temper!: Me gustaría que tomaras

los chistes de buena manera en lugar de enfadarte.

goods

(deliver) the goods: repartir mercancías, cumplir los compromisos
If we say we can finish a job on time, you can trust us to deliver the goods: Si le decimos que podemos terminar el trabajo a tiempo, puede usted confiar en que cumpliremos el compromiso.

goose

a wild-goose chase: búsqueda inútil
The police were deliberately sent on a wild-goose chase so that the criminals could escape: Se envió deliberadamente a la policía a una búsqueda inútil para que los criminales pudieran escapar.

grain

1 **go against the grain**: ir a contrapelo, hacerse cuesta arriba
It goes against the grain with her to help support her lazy brother: Se le hace cuesta arriba el prestar ayuda al vago de su hermano.

2 **take (something) with a grain of salt**: creerse uno la mitad de lo que dicen
Take everything he tells you with a grain of salt!: ¡Créete la mitad de lo que él te diga!

grass

1 **be a snake in the grass**: gato encerrado, ser un lobo con piel de cordero
Beware of him – he's a real snake in the grass!: ¡Cuidado con él, es un lobo con piel de cordero!

2 **grass on someone**: delatar a
The police were able to catch Sam only because his so-called "friends" had grassed on him: La policía pudo coger a Sam únicamente porque los que se llaman sus "amigos" le delataron.

3 **let the grass grow under one's feet**: perder el tiempo
Our boss isn't the type to let the grass grow under his feet when there are decisions to be made: Nuestro jefe no es el tipo de hombre que pierde el tiempo a la hora de tomar decisiones.

grease

grease (someone's) palm: untar la mano a
If you grease Bill's palm, he'll see you get through Customs without any problem: Si le untas la mano a Bill podrás pasar por Aduana sin ningún problema.

great

that's great!: ¡eso es fabuloso!
So, you've won a scholarship? That's great!: ¿De manera que has ganado una beca? ¡Eso es fabuloso!

Greek

it's (all) Greek to me: me suena a chino, no entiendo ni palabra
Don't ask me about genetic engineering – it's all Greek to me!: No me preguntes sobre ingeniería genética, todo eso me suena a chino.

grip

1 **get a grip (on oneself)**: calmarse
There's no need to panic – get a grip on yourself!: No hay razón para asustarse. ¡Cálmate!

2 **lose one's grip**: perder las fuerzas
It's time the manager retired – he's losing his grip!: Ya es hora de que se retire el director. Está perdiendo fuerzas.

ground

1 **cover a lot of/the ground**: discutir/tocar muchos puntos
The two Foreign Ministers managed to cover a lot of ground during their recent discussions and came away satisfied: Los dos Ministros de Asuntos Exteriores se las arreglaron para tocar muchos puntos durante sus recientes discusiones y terminaron satisfechos.

2 **get (something) off the ground**: realizar
We couldn't get the project off the ground because of ministerial opposition: No pudimos realizar el proyecto a causa de la oposición ministerial.

3 **hold/stand one's ground**: mantenerse firme
He stood his ground and answered all their accusations: Se mantuvo firme y contestó a todas las acusaciones.

4 **lose ground**: perder terreno
It is obvious that the party in power is losing ground because of its leader's questionable policies: Es evidente que el partido en el poder está perdiendo terreno a causa de la discutible política de su líder.

5 **shift one's ground**: cambiar de táctica
You can't argue successfully with him because he keeps shifting his ground: No puedes discutir con éxito con él porque va cambiando de táctica.

6 **suit (someone) down to the ground**: venir a las mil maravillas, venir de perillas
The arrangement will suit us down to the ground: Los arreglos nos vendrán de perilla.

guess

anybody's guess: qualquiera sabe
What the result of the proposed investigation into corruption in high places is likely to be is anybody's guess: Cualquiera sabe cuál será el resultado de la propuesta investigación sobre la corrupción en lugares importantes.

guest

    be my guest: yo invito, estás en tu casa

    "May I use your telephone?"
    "Be my guest": – ¿Puedo usar tu teléfono? – Por supuesto.

gun

  1 **be gunning for (someone)**: perseguir, andar a la caza
    She has been gunning for him ever since he criticized her taste in clothes: Ella ha ido a su caza desde que él le criticó su gusto en el vestir.

  2 **stick to one's guns**: mantenerse en sus trece
    No-one believed her story but she stuck to her guns: Nadie se creyó su historia, pero ella se mantuvo en sus trece.

gut

    hate (someone's) guts: odiar a alguien
    Don't ask me to deal with him – he hates my guts enough to assault me if I do!: No me pidas que trate yo con él. Me odia tanto que me atacaría si yo intentara tratar con él.

gutter

    the gutter press: prensa sensacionalista
    The gutter press is generally popular with the working class: La prensa sensacionalista es, por lo general, muy popular entre la clase trabajadora.

H

habit

1 **break/get out of the habit**: abandonar/perder la costumbre
You must get out of the habit of sucking your thumb: Debes abandonar/perder la costumbre de chuparte el dedo.

2 **creature of habit**: animal de costumbres
You're bound to see him going into the pub just now – he's very much a creature of habit: Justo ahora vas a encontrarte con él en el pub. Es un animal de costumbres.

hair

1 **get in someone's hair**: ponerle a uno nervioso
During the school holidays, children at home tend to get in one's hair: Durante las vacaciones de colegio los niños suelen poner nervioso a cualquiera en casa.

2 **hair-raising**: que pone los pelos de punta, espeluznante
Some of his experiences in the African jungle were quite hair-raising: Algunas de sus experiencias en la jungla de África ponían los pelos de punta.

3 **a hair's breadth**: por los pelos
The car swerved suddenly and missed the pedestrian by a hair's breadth: El coche, de repente, se desvió bruscamente y no cogió al peatón por los pelos.

4 **keep one's hair on**: ¡calmarse!
Keep your hair on – he's doing his best to get the job done quickly!: ¡Cálmate! Está haciendo todo lo posible para terminar el trabajo rápidamente.

5 **let one's hair down**: echar una cana al aire
Our college tutor was known to let his hair down occasionally: El tutor de nuestro colegio era famoso por echar alguna cana al aire de vez en cuando.

half

1 **half-baked**: mal concebido, disparatado
Most of his ideas are half-baked: La mayoría de sus ideas son disparatadas.

2 **half-hearted**: poco entusiasta
When I asked him to help, he agreed – half-heartedly: Cuando le pedí que ayudara, él aceptó, aunque poco entusiasmado.

3 **not half**: ¡no poco!, ¡mucho!
"Are you enjoying yourself?" "Not half!": – ¿Te estás divirtiendo? – ¡Mucho!

hammer

1 **come under the hammer**: salir a subasta
When Van Gogh's paintings came under the hammer last year, a Japanese firm paid four million pounds for one of them: Cuando las pinturas de Van Gogh salieron a subasta el año pasado, una empresa japonesa pagó cuatro millones de libras por una de ellas.

2 **go/be at it hammer and tongs**: luchar a brazo partido
Once they start an argument they usually go at it hammer and tongs: Una vez que empiezan una discusión, luchan a brazo partido.

3 **hammer away at (something)**: trabajar con ahínco
He hammered away at the problem until it was solved: Trabajó con ahínco con el problema hasta que lo resolvió.

hand

1 **at hand**: a mano, muy cerca
Don't panic! Help is at hand: ¡No te asustes! La ayuda está muy cerca.

2 **at second hand**: de segunda
mano
*We only heard the news at second
hand*: Solo oímos las noticias de
segunda mano.

3 **bite the hand that feeds one**:
ser poco agradecido, volverse
contra el protector de uno
*It is morally wrong to bite the hand
that feeds you*: Es inmoral volverse
contra el propio protector.

4 **change hands**: cambiar de
manos/dueño
*How many times has this car
changed hands?*: ¿Cuántos dueños
ha tenido este coche?

5 **close/near at hand**: muy cerca,
al lado
*He likes to have a dictating
machine close at hand in case
he remembers something at the
last moment*: Le gusta tener un
magnetófono a mano en caso
de recordar algo en el último
momento.

6 **give/lend a (helping) hand**:
echar una mano
*Will you give me a hand with my
luggage, please?*: ¿Me puedes
echar una mano con mi equipaje,
por favor?

7 **go hand in hand (with)**: ir juntos
*Drugs and sex generally go hand in
hand*: Las drogas y el sexo suelen
ir juntos.

8 **hands off!**: ¡fuera las manos!
¡manos fuera!
Hands off that silver goblet!:
¡Fuera las manos de esa copa de
plata!

9 **have one's hands full**: estar muy
ocupado
*After her husband's death, she
had her hands full with four young
children to care for*: Después de la
muerte de su esposo, se encontró
muy ocupada con cuatro hijos a los
que cuidar.

10 **on hand**: a mano, en reserva
*You'd better be on hand in case
you're needed*: Mejor será que
te quedes a mano por si acaso
hicieras falta.

11 **throw in one's hand**: tirar las
cartas/la toalla
*I threw in my hand after only three
months at the job*: Tiré la toalla
tan sólo tres meses después de
empezar en el trabajo.

12 **turn one's hand to
(something)**: dedicarse a
*He can turn his hand to anything,
from painting to engineering*:
Puede dedicarse a cualquier cosa,
desde la pintura a la ingeniería.

13 **wash one's hands of
(someone or something)**:
lavarse las manos de,
desentenderse de
*He warned them that, if they didn't
take his advice, he'd wash his
hands of them*: Les avisó que si no
seguían su consejo, él se lavaba las
manos.

handy
come in handy: venir bien
*We'll keep these old newspapers
– they'll come in handy some
day*: Guardaremos estos viejos
periódicos. Algún día nos vendrán
bien.

hang

1 **get the hang of (something)**:
cogerle el truco a algo
*It may seem difficult at first but
you'll soon get the hang of it*: Te
parecerá difícil al principio, pero
pronto le cogerás el truco.

2 **hang about/around**: (i) vagar,
haraganear; (ii) andar rondando;
(iii) esperar
(i) *During Communist rule in
Kerala State in India, it was quite
common to see unemployed
men hanging about*: Durante el
dominio comunista en Kerala
State en India, era bastante

normal ver a los parados vagando
por allí.
(ii) *I don't want you hanging about
my daughter*: No quiero que vayas
rondando a mi hija.
(iii) *Hang about! I'll give you a
hand with the dishes*: ¡Espérate! Te
echaré una mano con los platos.

3 **hang by a thread**: pender de un
hilo
His life is hanging by a thread: Su
vida está pendiente de un hilo.

4 **hang on**: esperar, permanecer
*Will you hang on a minute – I'll
be down presently!*: ¿Puedes
esperarte un minuto? Bajo
enseguida.

5 **hang out**: vivir
*Where do you hang out these
days?*: ¿Dónde vives ahora?

6 **hang up**: colgar
*If you don't want to speak to her,
why don't you just hang up when
she calls?*: Si no quieres hablar
con ella, ¿por qué no le cuelgas el
teléfono cuando llama?

hard

1 **be hard at it**: trabajar con
ahínco, trabajar mucho
*When I called at Tom's place I
found him hard at it studying
for his Physics exam*: Cuando
llegué a casa de Tom, le encontré
estudiando con ahínco para su
examen de física.

2 **hard-and-fast (rules)**: estricto,
inflexible
*There are no hard-and-fast rules
about the use of hyphens in
English*: No existen reglas estrictas
para el uso del guión en inglés.

3 **hard done by**: tratado
injustamente
*He feels hard done by because
he was not asked to buy a share
in a lottery ticket that won his
companions a huge sum of
money*: Siente que le han tratado
injustamente al no preguntarle si

quería comprar una participación
en el billete de lotería que
proporcionó una gran cantidad de
dinero a sus compañeros.

4 **hard-earned**: ganado con el
sudor de la frente
*Don't throw hard-earned money
away on trifles!*: ¡No tires el dinero
ganado con el sudor de tu frente
en tonterías!

5 **hard of hearing**: duro de oído
*You'll have to shout – the old lady
is quite hard of hearing*: Tendrás
que gritar. La anciana es bastante
dura de oído.

6 **hard-pressed**: apremiado
*They found themselves hard-
pressed to meet their regular bills
and so decided to close down
the firm*: Se vieron con apuros
para poder afrontar sus facturas
normales y decidieron cerrar la
empresa.

harp

harp on (something): machacar
*Why don't you stop harping on
his faults and commend him on
his virtues?*: ¿Por qué no dejas de
machacarle sus faltas y le alabas
sus virtudes?

hat

1 **I'll eat my hat**: que me ahorquen
si …
*If it wasn't Smith that smashed up
the place before he left, I'll eat my
hat!*: Smith destrozó el lugar antes
de marcharse. ¡Que me ahorquen
si me equivoco!

2 **keep (something) under one's
hat**: No decir nada de eso
*Keep it under your hat, but she's
to get the sack shortly*: No digáis
nada de esto, pero pronto la van a
despedir.

3 **pass/send round the hat**: pasar
el platillo
*When her husband was crushed
under a machine, his colleagues
passed round the hat to help her*:

Cuando su esposo murió aplastado bajo la máquina, sus compañeros pasaron el platillo para ayudarla.

head

1 **bite/snap one's head off**: echar una bronca a alguien
I merely offered to help and she bit my head off – do you think she's upset?: Sólo le ofrecí ayuda y me echó una bronca. ¿Crees que está enfadada?

2 **bring (something) to a head**: llevar algo a un punto decisivo
Matters were brought to a head last week when the unions decided to call a strike: Los asuntos se llevaron a un punto decisivo la semana pasada cuando el sindicato decidió ir a la huelga.

3 **get (something) into (someone's) head**: meter (algo) en la cabeza de (alguien)
Why can't you get it into your head that you'll never become a famous writer?: ¿Por qué no puedes meterte en la cabeza que nunca llegarás a ser un escritor famoso?

4 **have a head for (something)**: tener cabeza para
He has a head for figures and finds arithmetic easy: Tiene cabeza para los números y encuentra fácil la aritmética.

5 **have one's head screwed on the right way**: tener la cabeza en su sitio
Little Sue has her head screwed on the right way – if she gets lost, she'll ask for directions: La joven Sue tiene la cabeza en su sitio. Si se pierde, buscará la manera de llegar a casa.

6 **keep one's head**: no perder la cabeza
Jordi can be trusted to keep his head in a crisis: Puede confiarse en que Jordi no perderá la cabeza en una crisis.

7 **keep one's head above water**: mantenerse a flote, ir tirando
Without a second income they would never have been able to keep their heads above water: Sin un segundo salario, nunca hubieran sido capaces de mantenerse a flote.

8 **knock (something) on the head**: dar al traste con
He wanted to use the family car for a holiday abroad with his friends, but his father soon knocked that plan on the head: Quería utilizar el coche de la familia para ir de vacaciones al extranjero con sus amigas, pero su padre dio al traste con el plan.

9 **lose one's head**: perder la cabeza
She's of a nervous disposition and so tends to lose her head quite easily: Ella es de tendencia nerviosa y suele perder la cabeza con bastante facilidad.

10 **take it into one's head**: metérsele a uno en la cabeza
She's taken it into her head that everyone dislikes her: Se le ha metido en la cabeza que no cae bien a nadie.

11 **talk one's head off**: hablar por los codos
Not having seen each other for years, they talked their heads off when they met again: Después de no haberse visto durante años, hablaron por los codos cuando se encontraron.

hear

1 **give a fair hearing**: escuchar imparcialmente
The dismissed employee was promised a fair hearing by the industrial tribunal: Se le prometió al empleado expulsado que el tribunal industrial le escucharía con imparcialidad.

2 **hear from**: recibir noticias
*Do you ever hear from your son in
Australia?*: ¿Recibes alguna vez
noticias de tu hijo en Australia?

3 **out of hearing**: estar fuera del
alcance del oído
*When the warder was out of
hearing, the prisoners exchanged
a quick word about their escape
plan*: Cuando el guardia se halló
fuera del alcance del oído, los
prisioneros intercambiaron unas
rápidas palabras sobre su fuga.

heart

1 **after (someone's) own heart**:
como gusta a alguien
*He told her she was a woman after
his own heart*: Le dijo que ella era
el tipo de mujer que le gustaba a
él.

2 **at heart**: en el fondo
*Jim's still a child at heart although
he's nearly fifty now*: En el fondo,
Jim es todavía un niño, a pesar de
tener cincuenta años.

3 **break (someone's) heart**:
partirle el corazón a uno
*Anna broke her mother's heart by
eloping with the postman*: Anna
partió el corazón a su madre al
fugarse con el cartero.

4 **by heart**: de memoria
*At school we were often expected
to learn a lot of useless information
by heart and were punished if
we couldn't*: En la escuela, a
menudo nos veíamos obligados
a aprender de memoria muchas
cosas innecesarias y si no lo
hacíamos, nos castigaban.

5 **cross my heart**: palabra de
honor
I promise I'll do it, cross my heart!:
Te prometo que lo haré. Palabra
de honor.

6 **have a change of heart**: cambiar
de opinión
*She's had a change of heart –
she'll help us with the nursery after

all: Ha cambiado de opinión.
Finalmente nos ayudará con la
guardería.

7 **have a heart of gold**: tener un
corazón de oro
*He gives people the impression that
he's an ogre – but he really has a
heart of gold!*: El siempre da la
impresión a la gente de que es un
ogro, pero en realidad tiene un
corazón de oro.

8 **have one's heart in the right
place**: tener buen corazón
*There's no denying it but that old
miser has his heart in the right
place – he's left his fortune to an
orphanage*: Nadie puede negarlo.
El viejo avaro tiene buen corazón
y ha dejado toda su fortuna al
orfanato.

9 **heart of the matter**: lo esencial,
el grano
*Let's leave the details for
afterwards and get straight down
to the heart of the matter*: Dejemos
los detalles para el final y vayamos
al grano.

10 **a heart-to-heart**: íntimo, franco
*She felt less depressed after a heart-
to-heart (talk) with her mother*: Se
sintió menos deprimida después de
haber tenido una charla íntima con
su madre.

11 **not to have the heart (to do
something)**: no tener corazón, no
tener valor
*He didn't have the heart to tell
her that her application had been
turned down because her academic
record was poor*: No tuvo valor
para decirle que su solicitud había
sido denegada a causa de su pobre
historial académico.

12 **with a heavy heart**: con dolor,
sintiéndolo
*It is with a heavy heart that I tell
you that this school is to close
shortly*: Sintiéndolo mucho, debo

decirte que esta escuela va a cerrar muy pronto.

13 **with all one's heart**: con toda su alma, de todo corazón
I hope with all my heart that you will be happy: Te deseo de todo corazón la mayor felicidad.

heaven

1 **for heaven's sake**: ¡por el amor de Dios!
Why did you tell him that, for heaven's sake!: ¡Por el amor de Dios, por qué se lo dijiste!

2 **(good) heavens!**: ¡Dios mío! ¡cielos!
Good heavens! I forgot it's our wedding anniversary!: ¡Dios mío, he olvidado que es nuestro aniversario de boda!

3 **manna from heaven**: el maná del cielo
Unexpected help often seems like manna from heaven: La ayuda inesperada siempre cae/viene como maná del cielo.

4 **stink to high heaven**: heder a perro muerto
That rotten meat stinks to high heaven!: ¡Esa carne podrida huele a perro muerto!

hell

1 **come hell or high water**: contra viento y marea, pase lo que pase
I'm going to get my book written, come hell or high water!: ¡Voy a escribir mi libro, pase lo que pase!

2 **for the hell of it**: por puro gusto
They said they had stoned the beggar just for the hell of it: Dijeron que habían matado a pedradas al pordiosero sólo por gusto.

3 **hell for leather**: como el rayo
When we were driving down the motorway, we saw two young motorcyclists going hell for leather in the opposite direction: Cuando

íbamos por la autopista vimos a dos jóvenes motoristas que iban como el rayo en dirección contraria.

4 **play (merry) hell with**: estropear, echar a perder
Why do spicy foods play hell with some people's stomachs?: ¿Por qué las comidas picantes/con especies estropean los estómagos de algunas personas?

5 **to hell with**: ¡fuera!
To hell with her! She's got no right to tell me how to run my life: ¡Fuera! Ella no tiene ningún derecho a decirme cómo llevar mi vida.

help

not if I can help it: no si lo puedo evitar
He won't step into this house again, not if I can help it!: ¡El no entrará nunca más en esta casa mientras yo lo pueda evitar!

here

be neither here nor there: no viene al caso, no tiene nada que ver
His opinion of his friends is neither here nor there: La opinión que tiene de sus amigos no viene al caso.

high

1 **high and mighty**: engreído
There's no reason for you to feel so high and mighty – you're no-one special!: No hay razón alguna para que seas tan engreído. No eres nadie especial.

2 **highbrow**: (i) intelectual, (ii) culto
(i) *I'm not highbrow – I enjoy popular music*: No soy un intelectual. Me gusta/encanta la música popular.
(ii) *The books he reads are too highbrow for me – I prefer a good whodunnit*: Los libros que él lee

son demasiado cultos para mí.
Yo prefiero una buena novela
policíaca.

3 **run high**: embravecerse, estar
crecido, ganar importancia
*Feelings ran high at the meeting to
legalize abortion*: Las opiniones a
favor de la legalización del aborto
ganaron importancia durante la
reunión.

hill

over the hill: tener muchos años,
no servir ya
*Although thirty-four is old for a
footballer, Smith is certainly not
over the hill yet!*: A pesar de que
treinta y cuatro años son muchos
para un futbolista, no puede
decirse, ni mucho menos, que
Smith no sirve para nada.

hit

1 **hit it off**: hacer buenas migas
*She hit it off with him almost as
soon as they met*: Hizo buenas
migas con él tan pronto se
conocieron.

2 **hit (up)on (something)**: dar con,
tropezar con
*We've hit upon the solution at
last!*: ¡Al fin hemos dado con la
solución!

3 **hit the nail on the head**: dar en
el clavo
*He hit the nail on the head when he
described Kane as an insufferable
prig!*: Dio en el clavo cuando
describió a Kane como un pedante
inaguantable.

hold

1 **hold (the line)**: esperar
*Would you mind holding the line
while I get him for you?*: ¿Le
importaría esperar al teléfono
mientras le busco?

2 **hold (something) down**:
conservar
*He hasn't been able to hold down
a job for the last ten years*: No ha

sido capaz de conservar un empleo
en los diez últimos años.

hole

1 **hole-and-corner**: clandestino,
secreto
*He hated hole-and-corner affairs
and preferred to have the question
discussed openly and frankly*:
El odia los asuntos secretos y
prefiere que se discutan abierta y
francamente.

2 **pick holes in (something)**:
encontrar defectos, criticar
*He's forever picking holes in what
I say*: Siempre criticará lo que yo
diga.

hook

by hook or by crook: por las
buenas o por las malas
*He vowed to get the money he
needed by hook or by crook*: Juró
que conseguiría el dinero que
necesitaba por las buenas o por las
malas.

hop

1 **catch (someone) on the hop**:
pillar con las manos en la masa
*She wasn't expecting to be
questioned about where she'd been
the day before, and she was caught
quite on the hop*: No esperaba que
le preguntaran dónde estuvo el
día anterior y se vio cogida con las
manos en la masa.

2 **to be hopping mad**: echar
chispas
*Her father was hopping mad when
she came home late and looking
as though she'd been in a fight*: Su
padre echaba chispas cuando llegó
tarde a casa y con la pinta de haber
estado peleando.

hope

1 **hoping against hope**: esperando
sin esperanzas
*They were convinced that Bobby
hadn't run away from home and
were hoping against hope that*

he would return home if he had:
Estaban convencidos de que
Bobby no había huido de casa,
pero esperaban sin esperanzas
que volviera pronto si así lo había
hecho.

2 **raise (someone's) hopes**: dar
esperanzas a alguien
*I don't want to raise your hopes too
much, but I've heard you're being
considered for the manager's job*:
No quiero darte esperanzas, pero
he oído que piensan en ti para el
puesto de director.

hornet

stir up a hornet's nest: meterse
en un lío
*The new manageress really stirred
up a hornet's nest when she
abolished tea breaks for being
counter-productive*: La nueva
directora se metió realmente
en un lío cuando anuló los
descansos para tomar el café por
ser contraproducentes.

horse

1 **change horses in midstream**:
cambiar de política, hacer un
cambio a mitad de camino
*This project is going to cost more,
if we decide to change horses in
midstream*: Este proyecto costará
más si decidimos cambiar de
política.

2 **horseplay**: payasadas
*Children are bound to indulge in
a bit of horseplay, now and then*:
Los niños suelen permitirse/darse
a ciertas payasadas de vez en
cuando.

3 **horse sense**: sentido común
*It's sometimes safer to rely on horse
sense than on the advice of one's
colleagues*: A veces es más seguro
confiar en el sentido común que en
los consejos de los colegas.

4 **straight from the horse's
mouth**: saberlo de buena tinta,

saber algo por (boca del) propio
interesado
*You can be sure that story is true –
she got it straight from the horse's
mouth!*: Puedes estar seguro
de que esa historia es verdad.
¡Se enteró por boca del propio
interesado!

hot

1 **hot air**: palabras huecas, música
celestial
*Don't believe a word of what he
says. It's mostly hot air!*: No te
creas una sola palabra de lo que
dice. Todo son palabras huecas.

2 **a hotbed of (something)**:
semillero de
That town is a hotbed of sedition:
Esa ciudad es un semillero de
sedición.

3 **hotfoot**: a toda prisa
*He arrived hotfoot from the
meeting*: Llegó a toda prisa de la
reunión.

4 **hothead**: exaltado
*He can't be trusted to deal with
matters calmly – he's too much of a
hothead*: No puede confiarse en él
para tratar asuntos con calma. Es
demasiado exaltado.

5 **make it hot for (someone)**:
amargar la vida a uno, hacer las
cosas inaguantables para alguien
*If you fail to keep a record of
the petrol consumption of your
company car, I'm going to make
it hot for you!*: Si no llevas un
registro del consumo de gasolina
de tu coche de la empresa, te
amargaré la vida.

6 **piping hot**: estar hirviendo
*On a cold day there's nothing
more satisfying than a piping hot
meal*: En un día frío no hay nada
más reconfortante que un plato
hirviendo/comida bien caliente.

7 **red hot**: muy cotizado, favorito
*You can't get him to change his
political opinions – he's a red hot*

socialist: No conseguirás que cambie sus opiniones políticas. Es un socialista muy cotizado.

hour

1 **at all hours**: a todas horas, muy tarde
His job gets him home at all hours: Su trabajo le hace volver a casa a todas horas/muy tarde.

2 **at the eleventh hour**: a última hora
There's no point in changing your mind at the eleventh hour: No te va a servir cambiar de parecer a última hora.

3 **the rush hour**: hora punta, hora de (más) afluencia
He got caught in the rush hour traffic and was late for work: Se vio atrapado en la hora punta y llegó tarde al trabajo.

4 **the small hours**: altas horas de la noche
He prefers to work into the small hours: El prefiere trabajar a altas horas (de la noche).

house

1 **keep open house**: tener la casa abierta, ser muy hospitalario, recibir a todo el mundo
They are known to keep open house for their children's friends: Tienen fama de ser muy hospitalarios con los amigos de sus hijos.

2 **on the house**: cortesía de la casa, la casa invita
The salesman was pleased with the size of his Christmas bonus and offered his friends drinks on the house: El vendedor se sorprendió gratamente con la gran paga de Navidad e invitó a sus amigos a tomar unas copas en casa.

how

1 **how about**: (i) ¿qué te parece?; (ii) ¿y (alguien) qué?
(i) *"Where shall we go tonight" "How about the theatre?"*:
– ¿Dónde podemos ir esta noche?
– ¿Qué te parece al teatro?
(ii) *I quite liked the film. How about you?*: – Me ha gustado la película. ¿Y a ti qué?

2 **how come?**: ¿cómo es que ...?
How come you're working on your own now?: – ¿Cómo es que trabajas por tu cuenta ahora?

hue

hue and cry: protesta, clamor, griterío, alarma
There has been a great hue and cry since the government decided to introduce the Poll Tax: Ha habido una gran alarma desde que el gobierno decidió introducir el impuesto comunitario.

huff

in a huff: enojado, picado
Mary went off in a huff: Mary salió enojada.

hum

hum and haw: vacilar
Whenever you ask her an awkward question, she just hums and haws: Siempre que le haces una pregunta difícil, se queda vacilando.

hush

1 **hush-hush**: muy secreto
You're not supposed to talk about the plans – they're hush-hush: Se supone que no puedes hablar de los planes. Son un secreto.

2 **hush (something) up**: encubrir, echar tierra a un asunto
The bishop's affair with the actress was hushed up to prevent a scandal: Se encubrió el lío amoroso entre el obispo y la actriz para evitar un escándalo.

I

ice

1 **break the ice**: romper el hielo
   *They broke the ice by inviting
   their neighbours over for a drink*:
   Rompieron el hielo invitando a sus
   vecinos a tomar unas copas.

2 **cut no ice**: no tener importancia,
   no servir de nada, ni pincha ni
   corta
   *Flattery cuts no ice with the boss –
   so be careful!*: La coba no sirve de
   nada con el jefe; así que ¡ándate
   con cuidado!

3 **on ice**: tener en reserva
   *The Local Council has decided to
   put the redevelopment plans on
   ice for the time being*: El Consejo
   Municipal ha decidido poner los
   planes para el nuevo desarrollo en
   reserva por el momento.

idea

what's the big idea?: ¿qué
pretendes con ello? ¿a santo de
qué?
*What's the big idea? That's the
fourth cup of coffee you've had and
some of us haven't had a single one
yet!*: ¿A santo de qué?/¿Qué es
esto? ¡Es la cuarta taza de café que
te tomas y algunos de nosotros no
nos hemos tomado ni una!

ill

1 **ill-at-ease**: molesto, inquieto
   *You feel ill-at-ease in her company
   because she's always making
   sarcastic remarks*: Te sientes
   molesto en su compañía porque
   a menudo ella hace comentarios
   sarcásticos.

2 **speak ill of**: hablar mal de uno,
   criticar a uno
   He never speaks ill of anyone:
   Nunca habla mal de nadie.

illusion

be under an/the illusion that:
estar equivocado, imaginarse
*He's under the illusion that he's
universally liked*: Se imagina que
gusta a todo el mundo.

image

**the spitting image (of
someone)**: ser el vivo retrato de
*He's the spitting image of his
father*: Es el vivo retrato de su
padre.

immemorial

since time immemorial: desde
tiempo inmemorial
*The Parkers have lived in the
village since time immemorial*: Los
Parkers han vivido en el pueblo
desde tiempo inmemorial.

impression

1 **be under the impression that**:
   tener la impresión de que
   *I was under the impression
   that he was the new porter.
   How was I to know he was the
   Chairman's brother-in-law?*: Tenía
   la impresión de que él era el nuevo
   portero. ¿Cómo iba a saber que se
   trataba del cuñado del presidente?

2 **create/give a false impression**:
   crear/dar una falsa impresión
   *Wearing those clothes gives people
   the false impression that you're a
   dropout*: El llevar esas ropas da a
   la gente la falsa impresión de que
   eres un marginado.

3 **create/make a good
   impression**: crear/causar buena
   impresión
   *He created a good impression by
   dressing neatly, being polite and
   frank, and showing an interest
   in what the company did*: Causó
   buena impresión vistiendo

adecuadamente, siendo educado
y franco y mostrando interés en lo
que la compañía hacía.

in

1 **in for (something)**: ir a
We're in for a storm: Vamos a
tener una tormenta.

2 **in for it**: pagarla
*You're in for it, now that you've
broken that window again!*: Ahora
que has vuelto a romper esa
ventana, lo pagarás caro.

3 **in on (something)**: enterado, al
tanto
*He's in on the secret of who's to be
the new manager*: El está enterado
de quién será el nuevo director.

4 **the ins and outs**: los detalles, los
pormenores
*He's familiar with all the ins and
outs of the scheme and should
be able to advise you*: El está
familiarizado con todos los
pormenores del proyecto por lo
que podría aconsejarle al respecto.

5 **(well) in with (someone)**: tener
mucha confianza con
*She's well in with the members of
the committee*: Ella tiene mucha
confianza con los miembros del
comité.

inch

1 **every inch**: de pies a cabeza
He's every inch a gentleman: Es un
caballero de pies a cabeza.

2 **within an inch of**: a dos pasos
de, a dos dedos de
*It was sheer bad luck that he lost
when he came within an inch of
winning*: Fue una mala suerte
que perdiera cuando estaba a dos
pasos de ganar.

incline

be inclined to: inclinarse a, tener
tendecia a/tender
*She's inclined to believe every
rumour she hears*: Tiende a/ suele
creerse todos los rumores que oye.

inside

know (something) inside out:
saber/conocer algo de cabo a rabo
*Peter knows the subject inside out
– ask him*: Peter conoce el tema de
cabo a rabo. Pregúntaselo.

instance

in the first instance: en primer
lugar, primero
*If you wish to join the club, you
should apply to the secretary in the
first instance*: Si deseas unirte al
club, debes solicitarlo al secretario
en primer lugar.

interest

1 **in one's (own)(best)
interest(s)**: en beneficio propio
*It would be in your own interest to
help him, as he may be able to help
us later*: Sería en beneficio propio
el que le ayudaras, puesto que
posiblemente podría ayudarnos
después.

2 **in the interest(s) of
(something)**: en beneficio de
(algo), en favor de
*In the interests of hygiene, there
should be more frequent refuse
collections*: Debería recogerse
con más frecuencia la basura, en
beneficio de la higiene.

iron

1 **rule (someone) with a rod of
iron**: gobernar con mano de hierro
*He used to lead a riotous life before
his marriage, but his wife rules
him with a rod of iron*: Solía llevar
una vida desenfrenada antes de
casarse, pero ahora su mujer le
gobierna con mano de hierro.

2 **strike while the iron is hot**:
aprovechar la ocasión
*On hearing he had won First
Prize on the National Lottery,
they decided to strike while the
iron was hot and ask him to repay
the loan he was given*: Al oír que
había ganado el primer premio de

la Lotería Nacional, decidieron
aprovechar la ocasión y pedirle
que devolviera el préstamo que le
habían hecho.

issue

1 **make an issue of (something)**:
   complicar las cosas
   *I don't like your proposal, but
   I won't make an issue of it*: No
   me gusta tu propuesta, pero no
   complicaré las cosas.

2 **the point at issue**: el punto en
   cuestión
   *The point at issue is not whether we
   would like a holiday, but whether
   we can afford one*: El punto en
   cuestión no está en si nos gustaría
   tomarnos unas vacaciones, sino en
   si podemos permitírnoslas.

3 **take issue with (someone)**:
   estar en desacuerdo
   *As a former teacher, I take issue
   with you on the efficacy of frequent
   changes in the school curriculum*:
   Como antiguo profesor, estoy en
   desacuerdo contigo acerca de la
   eficacia de los frecuentes cambios
   en el curriculum escolar.

itch

   have an itching palm: ser
   codicioso
   *Don't do business with Bill, he
   has an itching palm*: No hagas
   negocios con Bill, es un codicioso.

J

jack

every man jack: cada quisque
*Every man jack of us must help,
if we're to finish this job on time*:
Cada uno de nosotros debe ayudar
si queremos terminar este trabajo
a tiempo.

jam

1 **in a jam**: en un apuro
*She's always in a jam by the
middle of the month because she
overspends*: Siempre está en
apuros hacia mitad de mes porque
gasta más de la cuenta.

2 **money for jam/old rope**: una
ganga
*They pay me a handsome salary
merely to advise them on exporting
to Iron Curtain countries – it's
money for jam*: Me pagan un buen
sueldo sólo por aconsejarles sobre
la exportación a países del telon de
acero. Es realmente una ganga.

job

1 **a good job**: bueno
*It's a good job she wasn't around
when you were criticizing her*: Es
bueno que no estuviera por allí
cuando la estabais criticando.

2 **an inside job**: crimen cometido
con la complicidad de una persona
de casa, hecho por alguien de casa
*The criminals were able to enter
the premises without setting
off the alarms. I'm sure it was
an inside job*: Los criminales
pudieron entrar en la casa sin
que sonaran las alarmas. Estoy
seguro que alguien de la familia
está complicado en el crimen.

3 **just the job**: ¡justo lo que hacía
falta!, ¡estupendo!
*These gloves are just the job for
gardening*: Estos guantes son justo

lo que me hacía falta para trabajar
en el jardín.

jockey

jockey for position: maniobrar
para conseguir una posición
*The senior staff in large private
firms seem to continually want to
jockey for position*: El personal
antiguo de las grandes empresas
privadas parece que siempre está
queriendo hacer maniobras para
ascender de puesto.

jog

jog (someone's) memory:
refrescar la memoria
*I'm afraid he doesn't remember
who you are; you'll have to jog his
memory a bit*: Me temo que no se
acuerda de quien eres. Deberás
refrescarle la memoria un poquito.

joke

1 **be beyond a joke**: pasar de
castaño oscuro, ser el colmo
*His attitude towards women is
beyond a joke*: Su actitud para
con las mujeres pasa de castaño
oscuro.

2 **it's no joke**: no tiene nada de
divertido
*It's no joke trying to live on fifty
pounds a week – if you know what
I mean*: No tiene nada de divertido
intntar vivir con cincuenta libras a
la semana, ya me entiende.

3 **take a joke**: tener aguante
*Leave him alone – he can't take
a joke*: Déjale solo. No tiene
aguante.

jolly

jolly (someone) along: engatusar
a uno
*He might help you, if you jolly him
along a bit*: A lo mejor te ayuda, si
le engatusas un poquito.

joy

1 **pride and joy**: ser el orgullo de
He was his parents' pride and joy:
Era el orgullo de sus padres.

2 **no joy**: ¡nada!
*The police have been searching
for your wife, sir, for two days
now, and no joy*: La policía ha
buscado a su esposa durante dos
días, señor, y ¡nada!

juice

stew in one's own juice: cocerse
en su propia salsa
*If you continue to reject sound
advice, you'll be left to stew in your
own juice*: Si continúas rechazando
los buenos consejos que te dan, te
dejarán que rabies solo.

jump

1 **jump down (someone's)
throat**: ponerse furioso
*He's ready to jump down anyone's
throat if things don't go well*: Está
preparado para ponerse furioso
con cualquiera si las cosas no van
bien.

2 **a jumping-off place/point**:
punto de partida, base avanzada,
situación extrema, lugar remoto
*If you want to go to Finland,
Newcastle is the best jumping-
off place*: Si tuvieras que ir a
Finlandia, Newcastle es el mejor
punto de partida.

3 **jump out of one's skin**: darse un
susto
*Mary was daydreaming as usual;
so she nearly jumped out of her
skin when the boss suddenly
tapped her on the shoulder to
ask her a question*: Mary estaba

soñando despierta como siempre.
De manera que se dio un susto
cuando, de repente, el jefe le dio
unos golpecitos en el hombro para
hacerle una pregunta.

4 **jump the queue**: colarse
*Just because the Mayor is your
brother-in-law doesn't entitle you
to jump the queue for a council
flat*: No porque tu cuñado sea el
alcalde tienes derecho a colarte
para obtener un piso de protección
oficial.

5 **jump to it**: ¡apúrate!, ¡volando!
*Jump to it, this unit's due for
an inspection by the Colonel
this morning!*: ¡Apúrate! Estas
unidades deben estar preparadas
para una inspección del Coronel
esta mañana.

justice

1 **do (someone or something)
justice/do justice to (someone
or something)**: (i) no ser justo;
(ii) hacer justicia a (algo o alguien)
(i) *It would not be doing him
justice to call him lazy when he's
so ill*: No sería justo llamarle
holgazán cuando está tan enfermo.
(ii) *The portrait was good but
didn't really do justice to her
beauty*: El cuadro era bueno, pero
no hacía justicia a su belleza.

2 **poetic justice**: juticia divina
*It was poetic justice that the car
broke down after he'd taken it
without the owner's permission*:
Fue justicia divina el que se
estropeara el coche después de
que se lo cogiera a su propietario
sin permiso.

K

keep

1 **for keeps**: para siempre
You can have that book for keeps:
Puedes quedarte ese libro para
siempre.

2 **in keeping with**: de acuerdo con,
en armonía con
*He has moved to a house more in
keeping with his position as an MP*:
Se ha trasladado a una casa que está
más de acuerdo con su posición
como miembro del Parlamento.

3 **keep abreast of**: estar al día,
mantenerse informado, estar al
tanto
*Computer technology is developing
so fast today that it is quite
difficult to keep abreast of it*: La
tecnología de ordenadores crece
tan rápidamente hoy día, que es
difícil estar al tanto.

4 **keep back**: ocultar, contener
*If you wish to help this
investigation, you'd better not keep
anything back*: Si quieres ayudar
con esta investigación, es mejor
que no ocultes nada.

5 **keep in with (someone)**:
mantener buenas relaciones con
uno
*It's a good idea to keep in with
the police in case you need their
help one day*: Es buena idea que
mantengas buenas relaciones
con la policía en caso de que les
necesites un día.

6 **keep it up**: mantener el nivel,
seguir, ¡ánimo!, ¡sigue!
Your work is good – keep it up!:
Tu trabajo es bueno, ¡ánimo!

7 **keep on at (someone)**: estar
siempre encima de alguien
*She kept on at her husband to write
to his brother*: Estaba siempre
encima de su esposo para que
escribiera a su hermano.

8 **keep pace with (someone or
something)**: correr parejas con
algo, seguir el mismo ritmo de
(algo)
*It's difficult to keep pace with
scientific discoveries*: Es difícil
seguir el mismo ritmo de los
descubrimientos científicos.

9 **keep one's shirt on**: no
sulfurarse
*How do you expect me to keep
my shirt on, if you accuse me of
something I haven't done?*: ¿Cómo
esperas que no me sulfure si me
acusas de algo que no he hecho?

10 **keep tabs on (someone or
something)**: no perder de vista
*The boss likes to keep tabs on
everything over here even when
he's on holiday*: Al jefe le gusta
no perder de vista nada de lo que
ocurre por aquí incluso estando de
vacaciones.

11 **keep one's temper**: contenerse
*He kept his temper even though
he was extremely provoked*: Se
contuvo a pesar de lo mucho que
le estaban provocando.

12 **keep the peace**: poner paz,
mantener el orden
*She tries hard to keep the peace in
her home*: Ella intenta con todas
sus fuerzas mantener el orden en
su casa.

13 **keep the wolf from the door**:
evitar caer en la miseria
*With the cost of living continually
rising, it's a problem to keep
the wolf from the door*: Es un
problema evitar caer en la miseria
con el constante aumento del nivel
de vida.

14 **keep (something) to oneself**: guardar algo para sí
You can trust Sarah to keep your secret to herself: Puedes confiar en Sarah para guardar el secreto.

15 **keep track of (someone or something)**: seguir la pista, vigilar de cerca
Because the police were able to keep track of his movements, they were finally able to catch him: Como la policía fue capaz de seguir la pista de sus movimientos, al final le pudieron coger.

16 **keep one's word**: cumplir la palabra
Anna kept her word and went to his office with the information he needed: Anna cumplió su palabra y fue a la oficina con la información que él necesitaba.

ken

beyond one's ken: fuera del alcance de uno
Such things are beyond his ken: Estas cosas están fuera de su alcance.

kick

1 **for kicks**: por diversión
A lot of youngsters smoke pot for kicks: Muchos jóvenes fuman marihuana sólo por diversión.

2 **kick over the traces**: desmandarse, mostrar las herraduras
Kicking over the traces seems to be a part of growing up: Parece ser que el desmandarse forma parte del crecimiento.

3 **kick up a fuss**: armar follón, armar un escándalo
He kicked up a fuss when he discovered that the lights had been left on the whole night: Armó un escándalo cuando descubrió que se habían dejado encendidas las luces durante toda la noche.

kill

kill time: matar el tiempo
As Bernard arrived much too early for his interview he decided to kill time by going to a restaurant for a coffee: Como Bernard llegó muy temprano a la entrevista, decidió matar el tiempo yendo a un bar a tomar un café.

kind

1 **in kind**: en especie
He will accept payment in kind if you don't have cash: Si no tienes dinero en efectivo, él te aceptará el pago en especie.

2 **nothing of the kind**: ¡nada de eso!, ¡ni hablar!, nada por el estilo
"Aren't you a striptease artiste?" "Nothing of the kind – I'm a Salvation Army Captain!": – ¿No eres una artista de striptease? – ¡Nada de eso! Soy Capitán del Ejército de Salvación.

3 **of a kind**: de la misma clase
We received hospitality of a kind at their house: Recibimos la misma hospitalidad en su casa.

king

fit for a king: digna de un rey
This is a meal fit for a king!: ¡Esta es una comida digna de un rey!

kitten

have kittens: llevarse un tremendo susto, darle un ataque, preocuparse mucho
She didn't get home till well after midnight and her mother was having kittens wondering what had happened to her: Ella no se presentó en casa hasta mucho después de la medianoche y su madre estaba preocupadísima preguntándose qué era lo que le habría podido ocurrir.

knock

1 **knock around/about**: (i) vagabundear, rodar; (ii) holgazanear, merodear
(i) *He spent six months knocking about the Far East and enjoying*

its cheap pleasures: Se pasó seis meses rodando por el lejano oriente y disfrutando de sus económicos placeres.
(ii) *Three suspicious-looking youths were knocking around outside the cinema when the incident occurred*: Tres jóvenes sospechosos merodeaban por las cercanías del cine cuando ocurrió el incidente.

2 **knock (something) back**: beber de un trago, engullir
Ian knocked back three double whiskies in as many minutes: Ian se bebió de un trago/se trasegó tres whiskies dobles en tres minutos.

3 **knock off**: (i) terminar; (ii) mangar
(i) *What time do you knock off?*: ¿A qué hora terminas?
(ii) *Somehow Jim was able to sell all those tape-recorders he knocked off without being caught*: De alguna manera Jim pudo vender esos cassettes que mangó sin que le cogieran.

know

1 **in the know**: enterado, al tanto
People in the know tell me she's got the job: La gente que está enterada me ha dicho que ella ha conseguido el empleo.

2 **know a thing or two**: saber algo, saber lo que hace, saber cuatro cosas
He wouldn't buy anything on credit – he knows a thing or two: Nunca compraría a crédito. Sabe lo que hace.

3 **know (someone) by sight**: conocer a uno de vista
They know each other by sight but have never been introduced: Se conocen de vista pero nunca les han presentado.

4 **know one's place**: saber cual es el sitio de uno
I had no intention of telling my boss his grammar was poor – I know my place!: No tenía intención de decirle a mi jefe que su gramática dejaba mucho que desear. ¡Sé cuál es mi sitio!

5 **know the ropes**: estar al tanto
Once you know the ropes, the job will be easy: Una vez estés al tanto, el trabajo te resultará fácil.

6 **know the score**: conocer el percal, conocer la situación
Although they knew the score, they went ahead with attempts to rescue the trapped miners: Aunque conocían la situación, llevaron adelante los intentos para rescatar a los mineros atrapados.

7 **know what's what**: saber cuántas son cinco
You know what's what and should have no difficulty in making the right decision: Tú ya sabes cuántas son cinco y por tanto no te debería resultar difícil tomar la decisión adecuada.

8 **not to know one's own mind**: no saber lo que uno quiere
The reason she's not agreed to marry him is because she doesn't know her own mind yet: La razón por la cual no ha aceptado casarse con él es que todavía no sabe lo que quiere.

9 **there's no knowing**: no hay forma/modo de saberlo
Steer clear of him – there's no knowing what he'll do next: Evítale, no hay modo de saber/no se sabe lo que hará después.

10 **I wouldn't know**: no sé
"Is that the moon over there?" "I wouldn't know – I'm a stranger here!": – ¿Es eso de ahí la luna? – No sé, soy forastero.

11 **you never know**: nunca se sabe

*"Will she come?" "I don't think so
– but you never know"*:
– ¿Vendrá (ella)? – Lo dudo,
aunque nunca se sabe.

knowledge

1 **come to (someone's)
knowledge**: llegar a
conocimiento de uno, enterarse
*It has come to our knowledge
that you've been playing truant,
you naughty boys!*: Nos hemos
enterado de que hacéis novillos,
¿eh?

2 **to one's knowledge**: que sepa
uno
*"Has he been invited?" "Not to my
knowledge"*: – ¿Le han invitado?
– No que sepa yo.

knuckle

1 **knuckle down (to something)**:
ponerse seriamente a, dedicarse a
algo en serio
*If you don't knuckle down to
preparation for your exams, you're
bound to fail*: Si no te dedicas a
prepararte seriamente para tus
exámenes, vas a suspender.

2 **knuckle under**: darse por
vencido, someterse
*Why have I always got to knuckle
under and do as I'm told every time
we have a disagreement*: Cada vez
que estamos en desacuerdo, he
tenido que darme por vencido y
hacer lo que se me dice.

L

labour

1 **a labour of love**: trabajo por amor al arte, trabajo desinteresado
She didn't mind helping in the old people's home in her spare time because she considered it a labour of love: No le importaba ayudar en el asilo de ancianos en sus ratos libres porque lo consideraba un trabajo por armor al arte.

2 **labour in vain**: trabajar en balde
The teacher laboured in vain to get his students to understand simple equations; they just didn't have a head for mathematics: El profesor trabajó en balde para intentar hacerles entender simples ecuaciones a los estudiantes. Sencillamente no tenían cabeza para las matemáticas.

3 **labour under a delusion**: estar equivocado
Monica was labouring under the delusion that she was to be elected the next president; so it came as a shock to her when she wasn't: Mónica estaba equivocada creyendo que la elegirían como presidenta; así que le cayó como un rayo el no serlo.

lamb

like a lamb to the slaughter: ir como borrego al matadero
She went off to start organizing the meeting like a lamb to the slaughter, not realizing how unpleasant a job it could be: Salió a organizar la reunión como borrego al matadero, sin percatarse de lo desagradable que podía ser el trabajo.

land

1 **a land of milk and honey**: jauja, paraíso terrenal

The early settlers found Oregon to be a land of milk and honey: Los primeros colonos encontraron Oregon como el paraíso terrenal.

2 **be landed with**: cargar con la tarea, cargar con el cometido
Because Maria showed an interest in the activities of the society she was landed with organizing most of them: Puesto que María mostró gran interés en las actividades de la sociedad, cargó con la organización de la mayoría de ellas.

3 **land up**: ir a parar
The old lady wanted to go to Bath but landed up in Bristol instead: La anciana señora quería ir a Bath, pero en su lugar fue a parar a Bristol.

4 **see how the land lies**: tantear el terreno
It's always wise to see how the land lies before attempting a serious project: Siempre es prudente tantear el terreno antes de empezar en serio un proyecto.

lap

1 **in the lap of luxury**: vivir/nadar en abundancia
During their posting to India they lived in the lap of luxury as all their expenses were met by the company: Durante su destino en la India, vivieron en la abundancia puesto que la compañía se hacía cargo de todos sus gastos.

2 **in the lap of the gods**: en manos de Dios
She's done everything she can to get you the job; now it's in the lap of the gods: Ella ha hecho todo lo que ha podido para conseguirte el empleo. Ahora está en manos de Dios.

large

1 **as large as life**: de tamaño natural, en persona, como es
We'd been told Anna had left the country and so were surprised to see her as large as life at the Convention: Nos habían dicho que Anna había dejado el país, por lo que nos sorprendió verla en persona en la Convención.

2 **loom large**: ser de gran importancia, cobrar mucha importancia
The prospect of a complete breakdown in the talks now looms large: La perspectiva de una ruptura total en las negociaciones cobra mucha importancia ahora.

lark

1 **lark about**: hacer travesuras, hacer el tonto, gastar bromas
You'll have to watch Tom – he's always larking about and does little work: Deberás vigilar a Tom. Siempre hace el tonto y poco trabaja.

2 **get up with the lark**: levantarse con el alba, levantarse con las gallinas
She gets up with the lark and finishes most of the housework before breakfast: Ella se levanta con las gallinas y termina la mayor parte de las tareas de casa antes del desayuno.

last

1 **as a/in the last resort**: como último recurso
Because they couldn't raise the money they needed, they sold their car as a last resort: Puesto que no pudieron recaudar el dinero que necesitaban, vendieron el coche como último recurso.

2 **at (long) last**: por fin, al fin y al cabo
Oh, there they are at last!: ¡Por fin están aquí!

3 **the last person**: última persona
Russell is the last person you should trust with the till: Russell es la última persona en la que deberías confiar con la caja.

4 **the last straw**: la última gota, el colmo, gota que colma el vaso
Everything was going wrong, and the news that he'd also lost his job was the last straw – she left him: Todo va al revés, y la noticia de que él ha perdido también el trabajo es la gota que colma el vaso.

5 **the last word**: (i)/(ii) decir la última palabra (iii) el último grito (en la moda)
(i) *Why do you always want to have the last word?*: ¿Por qué siempre quieres decir la última palabra?
(ii) *The last word on the project rests with the manager*: La última palabra sobre el proyecto la tiene el director.
(iii) *Her hat was the last word in elegance*: Su sombrero era el último grito de la moda.

late

1 **at the latest**: a más tardar, a lo más tardar
We'll expect you at our place at seven at the latest: Te esperamos en casa a las siete a más tardar.

2 **late in the day**: tarde
It's rather late in the day to make any alterations to the manuscript – it's with the printers now: Es más bien tarde para hacer algunas modificaciones en el manuscrito. Ya está en la imprenta.

laugh

1 **a laughing-stock**: hazmerreír
You'll be the laughing-stock of this village, if you go out dressed like that: Serás el hazmerreír del pueblo si sales vestida de esta manera.

2 **laugh (something) off**: tomar algo a risa
We were impressed by the way he laughed off the difficulties of being handicapped: Nos impresionó la manera de tomarse a risa el hecho de ser minusválido.

3 **no laughing matter**: no ser cosa de risa
To have to pay a fine for not driving fast enough is no laughing matter: Pagar una multa por no conducir lo suficientemente rápido no es cosa de risa.

law

1 **be a law unto oneself**: dictar sus propias leyes
Towards the end of his life Pat was a law unto himself and delighted in defying the normal conventions of dress and behaviour: Hacia el final de su vida Pat dictaba sus propias leyes y gozaba desafiando las convenciones normales en el vestir y la conducta.

2 **lay down the law**: dictar la ley
When he first joined the department he tried to lay down the law but soon gave it up when he found he was ignored: Cuando se unió al departamento por primera vez, intentó dictar leyes, pero desistió tan pronto se dio cuenta que le ignoraban.

3 **take the law into one's own hands**: tomarse la justicia por su mano
In the wild West it was not uncommon for the mob to take the law into its own hands and lynch a suspected criminal: En el salvaje oeste no era raro el que una multitud se tomara la justicia por su mano y linchara a un sospechoso.

lay

1 **lay about one**: repartir (golpes) a diestro y siniestro
He lost his temper and suddenly laid about him with a curtain rod: Perdió su compostura y de repente empezó a repartir a diestro y siniestro con la barra de las cortinas.

2 **lay into (someone)**: dar una paliza a
When his secretary came into work late for the third day running, he laid into her without waiting for her to make an excuse: Cuando su secretaria llegó tarde al trabajo por tercer día consecutivo, él le dio un paliza sin darle tiempo a que se disculpara.

3 **lay (someone) low**: derribar, postrar
My brother was laid low with typhoid just before his university exam but recovered and was able to take the supplementary one six months later: Mi hermano se hallaba postrado con fiebre tifoidea justo antes de su examen universitario, pero se recuperó y pudo hacer el examen extraordinario seis meses después.

4 **lay off**: (i) despedir; (ii) dejar de
(i) *Because of a shortage of orders the firm has decided to lay off about half its workforce*: A causa de un recorte de los pedidos, la empresa ha decidido despedir a la mitad de su mano de obra.
(ii) *She told him to lay off teasing her or he'd be sorry*: Le dijo que dejara de molestarla o se arrepentiría.

5 **lay oneself open to**: exponerse a, dar pie a
You'll lay yourself open to suspicion, if you fail to keep a record of your income and expenses: Te expondrás a que sospechen de ti si no consigues llevar un registro de tus ingresos y gastos.

lead

1 **a leading question**: pregunta capciosa

It was a leading question to ask the witness if it was not the case that the man he saw was bald: Fue capcioso preguntar al testigo si no venía al caso que el hombre que vio era calvo.

2 **lead the way**: mostrar el camino, dar ejemplo, ser pionero
Britain once led the way in shipbuilding: Gran Bretaña fue una vez pionera en la construcción naval.

3 **lead up to (something)**: llevar, conducir, preparar el terreno
When he started to talk about the miserliness of some people, I knew it was leading up to a request for a loan: Cuando empezó a hablar de las miserias de algunas personas, supe que preparaba el terreno para pedir un préstamo.

league

in league with (someone): asociado con alguien
If the police had known he was in league with the thieves, he would have been questioned more closely: Si la policía hubiera sabido que él estaba asociado con los ladrones, le habrían interrogado más detenidamente.

lean

lean on (someone): (i) contar con el apoyo de; (ii) hacer presión, presionar a uno
(i) You can't lean on your father forever – you'll have to learn to be independent soon: No puedes contar siempre con el apoyo de tu padre. Pronto deberás aprender a ser independiente.
(ii) If she doesn't co-operate, you'll have to lean on her a bit: Si ella no colabora, deberás presionarla un poco.

least

1 **in the least**: en lo más mínimo
She was not in the least interested in my offer to replace the damaged vase: No estaba interesada, ni en lo más mínimo, en mi oferta de reemplazar la vasija rota.

2 **to say the least**: para no decir otra cosa peor, para no decir más
When I admitted that I'd forgotten we'd arranged to meet for lunch, he was rather annoyed, to say the least: Cuando admití que me había olvidado que habíamos quedado para comer, se enfadó bastante, por no decir otra cosa.

leave

1 **leave (someone) alone**: dejar (en paz) a alguien, dejar de molestar
Why can't you leave him alone?: ¿Por qué no puedes dejarle en paz?

2 **leave (someone) in the lurch**: dejar a uno en la estacada
Soon after their child was born, he disappeared – leaving her in the lurch: Poco después del nacimiento de su hijo, él desapareció dejándola a ella en la estacada.

3 **leave no stone unturned**: no dejar piedra por mover, remover Roma con Santiago
The police were determined to leave no stone unturned until they had brought the murderer to justice: La policía estaba dispuesta a no dejar piedra por mover hasta que llevaran al asesino a juicio.

4 **take it or leave it**: cógelo o déjalo, lo toma o lo deja
You can have the car for £300 – take it or leave it: Puede llevarse el coche por 300 libras. Lo toma o lo deja.

leg

1 **give (someone) a leg up**: echar una mano a alguien, ayudar a subir a alguien
He's on the Board of Directors today only because he was given a leg up by his uncle: Está en la

Junta de Directores hoy sólo porque su tío le ha echado una mano.

2 not to have leg to stand on: no tener en qué apoyarse, no tener razón alguna
If you had answered their letter immediately you received it, you wouldn't have been in trouble. You haven't got a leg to stand on now: Si hubieras contestado su carta inmediatamente después de recibirla, no te encontrarías con problemas. Ahora no hay solución.

3 pull (someone's) leg: tomar el pelo a uno
You're pulling my leg – she isn't really a princess, is she?: Me estás tomando el pelo. Ella no es un princesa real, ¿verdad?

4 shake a leg!: darse prisa
Shake a leg! We'll miss the last train home, if we don't hurry: ¡Date prisa! Perderemos el último tren para casa si no nos damos prisa.

5 stretch one's legs: estirar las piernas
After sitting at this desk for nearly five hours, I needed to stretch my legs a bit: Después de haberme sentado detrás de este escritorio durante casi cinco horas, necesito estirar las piernas un poquito.

let

1 let (someone) down: defraudar, fallar, abandonar, dejar mal
After arranging for Pat to be interviewed for the job, he let me down by pretending he'd sprained his ankle: Después de concertar la entrevista de Pat para el puesto de trabajo, me dejó mal, pues no se presentó, con la excusa de que se había torcido el tobillo.

2 let oneself go: abandonarse, descuidarse, despreocuparse de uno mismo
At one time she was very prim and proper; but, since her marriage

to that good-for-nothing she's let herself go: Hubo un tiempo que fue muy remilgada y acicalada, pero desde que se casó con ese inútil, se ha vuelto más despreocupada.

3 let go of (something): soltar, dejar (en libertad)
Will you let go of my skirt?: ¿Me vas a soltar la falda?

4 let (someone) in on (something): revelar algo a alguien
Because they trusted her, they let her in on the plans for the new bookshop: Puesto que confiaban en ella, le revelaron los planes de la nueva librería.

5 let off steam: desfogarse
Don't pay too much attention to his screaming – it's one of his ways of letting off steam: No hagáis mucho caso de sus gritos. Es una de las maneras que tiene para desfogarse.

6 let (something) slip: (i) dejar pasar; (ii) revelar
(i) *Unfortunately, I let the chance slip*: Desgraciadamente, dejé pasar la ocasión.
(ii) *She let slip some remark about the manager's wife*: reveló algunos comentarios sobre la esposa del director.

7 to let: en alquiler, se alquila
Their house is to let, so they must have moved away: Se alquila su casa, por lo que deben haberse marchado.

liberty

1 at liberty to (do something): estar en libertad de (hacer algo), no poder
I'm sorry I'm not at liberty to tell why you have failed your promotion board: Lo siento, pero no puedo decirte la causa por la que no has conseguido el ascenso.

2 take liberties with (someone or something): tomarse libertades,

tratar con demasiada familiaridad (a alguien)
He's known to take certain liberties with his female staff – so watch him!: Se le conoce por tomarse ciertas libertades con el personal femenino. Así que, ¡cuidado!

3 **take the liberty of (doing something)**: tomarse la libertad de
I've taken the liberty of turning down their invitation to dinner next Sunday, do you mind?: Me he tomado la libertad de no aceptar su invitación para cenar el próximo domingo. ¿Te importa?

lid

put the lid on (something): rematar, acabarse, ser el fin
When I finally missed my flight, it put the lid on an incredibly unfortunate holiday abroad: Cuando finalmente perdí mi vuelo, fue el final de unas vacaciones en el extranjero increíblemente desafortunadas.

lie

1 **give the lie to (something)**: dar el mentís a, desmentir, demostrar que algo es falso
Her pale face gave the lie to her assurance that she felt quite well: Su pálida cara desmintió su afirmación de que se encontraba bien.

2 **lie in wait (for someone or something)**: estar al acecho de
Pathan moneylenders used to lie in wait for their victims on payday in case the latter escaped without settling their dues: Los prestamistas pátan solían estar al acecho de sus víctimas en los días de paga para evitar que éstos se escaparan sin ajustar sus pagos.

life

1 **for dear life**: desesperadamente
When the thugs suddenly pounced on her, she thrust her purse into their hands and turned and ran for dear life: Cuando los criminales saltaron de repente sobre ella, les lanzó el monedero a sus manos y giró para correr desesperadamente.

2 **have the time of one's life**: pasárselo en grande
They usually have the time of their lives when they go abroad on holiday: Normalmente se lo pasan en grande cuando van de vacaciones al extranjero.

3 **the life and soul of the party**: el alma de la fiesta
He sings, tells jokes, and dances with all the girls – he's the life and soul of the party: El canta, cuenta chistes y baila con las chicas. Es el alma de la fiesta.

4 **a matter of life and/or death**: cuestión de vida o muerte
Get the doctor quickly – tell him it's a matter of life and death!: Llama al médico rápidamente. ¡Dile que es cuestión de vida o muerte!

5 **that's life!**: ¡la vida es así!
Susanna got the job because she was the manager's niece and not because she was the most qualified – but, that's life!: Susana consiguió el empleo porque es la sobrina del director y no porque fuera la más adecuada; pero, ¡la vida es así!

light

1 **bring to light**: sacar a la luz, descubrir
The complicity of corrupt officials in a recent scandal was brought to light only through the efforts of an inquisitive journalist: La complicidad de oficiales corruptos en un reciente escándalo, salió a la luz sólo por los esfuerzos de un periodista inquisitivo.

2 **light-fingered**: largo de manos
Hang on to your handbag – this place is crawling with light-fingered

people!: Agarra tu bolso. Este lugar está poblado de gente con manos largas.

lightning

as quick as lightning: como un rayo

The thief grabbed the necklace from the counter and was out of the shop as quick as lightning: El ladrón agarró el collar del mostrador y salió de la tienda como un rayo.

limit

the limit: el colmo

That firm is the limit! They've sent me the same invoice three times already!: ¡Esa empresa es el colmo! Me han enviado tres veces la misma factura.

line

1 **draw the line**: no ir más allá de

No, there I definitely draw the line – I'm not inviting her to my party!: No, definitivamente no voy más allá y no pienso invitarla a la fiesta.

2 **in line for (something)**: siguiente

Mendez is next in line for promotion: Méndez es el que sigue en la lista para ascensos.

3 **line one's pockets**: llenarse los bolsillos, forrarse

He was sacked when it was discovered that he'd been lining his pockets for a number of years: Le despidieron cuando se descubrió que se había estado forrando descaradamente durante unos cuantos años.

4 **read between the lines**: leer entre líneas

He wrote to say that he was managing all right – but, reading between the lines, I could tell that he was in some sort of trouble: Escribió para decir que las cosas le iban bien, pero, leyendo entre líneas podía decir que se

encontraba en alguna clase de problema.

5 **shoot a line**: darse bombo

He told us how much the company relied on his skill and expertise, but we knew that he was just shooting a line: Nos contó cuánta confianza depositaba su empresa en su habilidad y experiencia, pero sabíamos que sólo estaba dándose bombo.

6 **step out of line**: salirse de las normas

The military commander was ordered to quell the riots by any reasonable means whatever, but threatened with court martial if he stepped out of line: Se ordenó al comandante que sofocara/dominara los disturbios mediante cualquier método razonable, pero se le amenazó con un consejo de guerra si se salía de las normas.

7 **toe the line**: conformarse

In this firm you'll toe the line and not do as you please!: En esta empresa tienes que conformarte y no hacer lo que tú quieras.

little

make little of (something): (i) hacer poco caso; (ii) sacar poco en claro

(i) *He made little of his injuries*: Hizo poco caso de sus heridas.

(ii) *I could make little of his instructions*: Saqué poca cosa en claro de sus instrucciones.

live

1 **live and let live**: vive y deja vivir

Although their opinions were different about most things, they worked together most amicably on the principle of live and let live: Aunque sus opiniones eran diferentes en la mayoría de los casos, trabajaron juntos amigablemente bajo el principio de vive y deja vivir.

2 **live by one's wits**: vivir de expedientes, vivir del cuento, ser caballero de industria
I've never known him to work – he seems to live by his wits: Nunca he sabido que trabajara, parece vivir del cuento.

3 **live it up**: pasarlo en grande, correr las grandes juergas
When I came across Bunty in Barcelona she was living it up in the night clubs: Cuando tropecé con Bunty en Barcelona, se lo pasaba en grande en los night clubs.

4 **live like a lord**: vivir como un señor
The Brigadier found it difficult to adjust to life in England, after living like a lord in India for nearly thirty years: El general de brigada encontró difícil amoldarse a la vida en Inglaterra después de haber vivido como un señor en India durante casi treinta años.

lock

under lock and key: bajo llave
All medicines should be kept under lock and key so that children can't get hold of them: Todas las medicinas deberían guardarse bajo llave para que los niños no puedan alcanzarlas/cogerlas.

long

1 **in the long run**: a la larga
By switching your heating system on and off you're likely to consume more electricity in the long run: Encendiendo y apagando la calefacción, vas a consumir más electricidad a la larga.

2 **the long and the short of it**: lo fundamental, en resumidas cuentas, los pormenores
The long and the short of it is that he has wasted his inheritance: En resumidas cuentas, ha desperdiciado/gastado su herencia.

look

1 **by the look(s) of (someone or something)**: según las apariencias, según parece
By the looks of him, he won't last much longer: Por su apariencia, no durará mucho.

2 **look after (someone or something)**: cuidar
You were paid to look after the children – not to leave them to look after themselves!: ¡Te pagábamos para que cuidaras de los niños, no para que los dejaras solos cuidándose ellos mismos!

3 **look down on (someone or something)**: despreciar, mirar por encima del hombro, mirar despectivamente
Because he comes from a rich family, he tends to look down on his companions: Como proviene de una familia rica, suele mirar por encima del hombro a sus compañeros.

4 **look in on (someone)**: pasar por casa de
I decided to look in on Sabitha on my way home: Decidí pasar por casa de Sabitha camino de casa.

5 **look sharp**: rápido, pronto
Bring me the ledger and look sharp (about it)!: ¡Tráeme el libro mayor y pronto!

6 **look sharp**: ¡date prisa!
I want an answer, and look sharp about it!: ¡Quiero una respuesta y rápida!

7 **look the other way**: mirar para el otro lado, hacer la vista gorda
As long as she was discreet in her love affairs, he was prepared to look the other way: Mientras fuera discreta con sus líos amorosos, él estaba dispuesto a hacer la vista gorda.

8 **look up**: (i) ponerse mejor, mejorar; (ii) venir a ver, visitar
(i) *Things have been looking up lately and most of our worries*

have disappeared: Las cosas se han puesto mejor últimamente y ya no tenemos las mismas preocupaciones.

(ii) *We hadn't visited our cousins for some months so we decided it was time to look them up*: No habíamos visitado a nuestros primos desde hacía varios meses y por ello decidimos ir a verles.

9 **look up to (someone)**: respetar a uno, apreciar
He has always looked up to his father: Siempre respetó a su padre.

lose

1 **lose oneself in (something)**: perderse
It's fairly easy to lose myself in a book: Para mí es muy fácil perderme en un libro.

2 **lose sleep over (something)**: perder el sueño por algo
Don't lose sleep over the problem -it'll sort itself out: No pierdas el sueño por el problema; se resolverá por sí solo.

3 **lose one's temper**: perder los estribos, enfadarse
She lost her temper when she realized that they were teasing her: Perdió los estribos cuando se percató de que la estaban molestando/fastidiando.

4 **lose the thread**: perder el hilo
I'm sorry, but I seem to have lost the thread of what you were saying: Lo siento, pero creo haber perdido el hilo de lo que usted estaba diciendo.

5 **lose track of (someone or something)**: perder la pista de
I've lost track of what's happening: He perdido la pista de lo que está ocurriendo.

6 **lose one's way**: perderse, extraviarse
The child lost its way in the woods: El niño se perdió en el bosque.

love

not for love or money: por nada del mundo, ni por todo el oro del mundo
We couldn't get a taxi home from the party for love or money: No podíamos conseguir un taxi para ir a casa ni por todo el oro del mundo.

luck

1 **push one's luck**: tentar la suerte
I think she's pushing her luck to ask for another salary advance this month: Creo que está tentando a la suerte al pedir otro anticipo este mes.

2 **strike (it) lucky**: tener suerte
They certainly struck it lucky buying that cottage in Greece: Verdaderamente tuvieron suerte al comprar esa casita de campo en Grecia.

3 **thank one's lucky stars**: bendecir a la buena estrella, dar gracias al ángel de la guarda
You can thank your lucky stars they didn't realize you were Italian: Ya puedes bendecir a tu buena estrella porque no se hayan dado cuenta de que eres italiano.

4 **tough luck**: ¡mala suerte!
That was tough luck – losing in the finals!: ¡Eso fue mala suerte! ¡Mira que perder en la final!

5 **try one's luck at (something)**: probar fortuna
He wasn't sure he'd get the job, but he decided to try his luck anyway: No estaba seguro de poder conseguir el empleo, pero decidió probar fortuna.

M

mad

like mad: como un loco
The naughty boys rapped on the old lady's door and then ran like mad: Los traviesos niños aporrearon la puerta de la anciana y luego corrieron como locos.

made

be made for (someone or something): estar hecho para
Juan and Maria seem made for each other: Juan y María parecen estar hechos uno para el otro.

main

1 **in the main**: en general, en su mayoría
Most modern poetry, in the main, is a re-hash of T S Eliot: La poesía moderna es, en su mayoría, una refundición de la de T S Eliot.

2 **with might and main**: con todas las fuerzas
We struggled with might and main to get the car out of the ditch: Forcejeamos con todas nuestras fuerzas para sacar el coche de la cuneta.

make

1 **be on the make**: intentar prosperar por todos los medios
Don't trust him to give you a bargain – he's always on the make: No esperes que él te haga una rebaja. Intenta prosperar de cualquier manera.

2 **be the making of (someone)**: ser la fortuna de alguien, ser la causa del éxito
Eton and Harrow were the making of several British statesmen in the past: Eton y Harrow fueron la causa del éxito de varios estadistas británicos en el pasado.

3 **have the makings of**: tener las cualidades de
Their son has the makings of a fine musician: Su hijo tiene cualidades de músico.

4 **in the making**: en vías de (formarse/hacerse)
A revolution is already in the making – we must take care: Está surgiendo una revolución. Deberíamos tener cuidado.

5 **make a meal of (something)**: comer, exagerar, dilatar
Don't give him that job to do – he's so slow he'll make a meal of it: No le des ese trabajo a hacer. Es tan lento que lo va a prolongar demasiado.

6 **make a pass at (someone)**: intentar conquistar
You'll have to watch that young lady – she'll make a pass at anything in trousers!: Deberías vigilar a esa jovencita. Intentará conquistar a cualquiera que lleve pantalones.

7 **make a point of**: hacer una observación, llamar la atención sobre un punto
He makes a point of reminding everyone that he's the oldest serving member on the executive committee of the association: Tiene cuidado de dejarle bien claro a cada uno que él es el miembro activo más antiguo del comité ejecutivo de la asociación.

8 **make a stand against**: oponerse, alzarse
Teachers are afraid to make a stand against the frequently changing educational policies of this country: Los profesores temen alzarse contra los constantes cambios de la política educativa de este país.

9 **make it up**: reconciliarse
It's time you made it up with your estranged cousins: Ya es hora de que te reconcilies con esos primos con los que estás reñido.

10 **make one's mark**: distinguirse
He's beginning to make his mark as an astute politician: Empieza a distinguirse como un político avispado/astuto.

11 **make merry**: pasarlo bien, divertirse
By the time we arrived, a group of young people were making merry at the bar: Cuando llegamos había un grupo de jóvenes que se divertían en el bar.

12 **make off with (something)**: llevarse, alzarse con, hacerse con
The thieves made off with money and jewellery worth thousands of pounds and were never caught: Los ladrones se hicieron con dinero y joyas por valor de miles de libras y nunca se les cogió.

13 **make one's peace with (someone)**: hacer las paces
It's gratifying to know that you were able to make your peace with your father before he died: Es grato saber que pudiste hacer las paces con tu padre antes de su muerte.

14 **make up**: inventar
I didn't believe her story because I felt she had made it up: No creí la historia que ella contó porque me pareció que se la inventaba.

15 **make up for (something)**: recuperar, compensar
Next week we'll try to make up for lost time: La semana que viene intentaremos recuperar el tiempo perdido.

man

1 **be one's own man**: ser dueño de sí mismo, hacer lo que uno quiere
He's not his own man now that his mother-in-law has come to stay: Ahora que su suegra ha venido a vivir, él ya no es dueño de sí mismo.

2 **a man-about-town**: hombre de mundo
He has become quite a man-about-town, since he inherited a fortune from his uncle: Se ha convertido en un hombre de mundo desde que heredó la fortuna de su abuelo.

3 **the man in the street**: el hombre de la calle
The man in the street has no real interest in politics: El hombre de la calle no siente verdadero interés por la política.

4 **a man of his word**: un hombre de palabra
Don't expect Smith to sign that contract – he's not a man of his word: No esperes que Smith vaya a firmar el contrato. No es hombre de palabra.

5 **a man of the world**: un hombre de mundo
You can speak freely in front of him – he's a man of the world: Puedes hablar con toda libertad delante de él. Es un hombre de mundo.

6 **man to man**: de hombre a hombre
They talked man to man about their problems: Hablaron de sus problemas de hombre a hombre.

manner

1 **all manner of**: toda clase de
All manner of quacks and charlatans set up stalls at country fairs in the past: Toda clase de charlatanes instalaban, en el pasado, tenderetes en las ferias rurales.

2 **in a manner of speaking**: por así decirlo, como si dijéramos
I suppose, in a manner of speaking, you could call him an executive: Supongo, por así

decirlo, que podrías llamarle
ejecutivo.

march

1 **get one's marching orders**: ser
despedido
*Last Friday Bridget got her
marching orders and they told her
never to come back*: El viernes
pasado despidieron a Bridget y le
dijeron que no volviera más.

2 **steal a march on (someone)**:
tomar la delantera, aventajar
*They stole a march on their
competitors by putting their
product on the market a week
before the others*: Tomaron la
delantera a sus competidores
poniendo el producto en el
mercado una semana antes que los
otros.

mark

1 **be up to the mark**: estar a la
altura de las circunstancias
*She was dismissed because her
work wasn't up to the mark*: La
despidieron porque su trabajo
no estaba a la altura de las
circunstancias.

2 **mark (something) down/up**:
rebajar/aumentar
*This overcoat was marked down
from £90 to £30 in the winter
sale*: Este abrigo fue rebajado de
90 libras a 30 libras en las rebajas
de invierno.

market

1 **be in the market for
(something)**: estar dispuesto a
comprar
*Jones is always in the market for
junk*: Jones siempre está dispuesto
a comprar baratijas/chatarra.

2 **be on the market**: estar en venta
*Our house had been on the market
for well over a year before it was
finally sold*: Nuestra casa estuvo
en venta por más de un año antes
de que finalmente la compraran.

mass

the masses: la(s) masa(s)
*There's no telling how the masses
will finally vote*: No se sabe lo que
las masas votarán finalmente.

match

be a match for (someone):
poder competir con uno
*When it came to gambling on
the stock market, George was a
match for his father*: A la hora de jugar a
la bolsa, George podía muy bien
competir con su padre.

means

1 **by all means**: no faltaría más,
por supuesto
*Yes, by all means, do call whenever
you come up to Cambridge*: Sí, no
faltaría más. Visítanos siempre que
vengas a Cambridge.

2 **by no means**: (i) en absoluto;
(ii) de ningún modo, de ninguna
manera
(i) *He's by no means the best
choice for the post*: El no es, en
absoluto, la mejor elección para el
puesto.
(ii) *"Can I go home now?" "By no
means!"*: – ¿Puedo irme a casa
ahora? – ¡De ningún modo!

measure

1 **made to measure**: hecho a la
medida
*I can only buy jackets that are
made to measure*: Sólo puedo
comprar chaquetas hechas a la
medida.

2 **measure up (to something)**:
estar a la altura de
*Cathy's performance doesn't
measure up (to the others) I'm
afraid*: Me temo que la actuación
de Cathy no está a la altura (de los
otros).

mend

1 **be on the mend**: estar
mejorando
*He was quite ill recently but is on
the mend now*: Recientemente

había estado muy enfermo, pero ahora está mejorado.

2 **mend one's ways**: enmendarse
A good beating is what will help him mend his ways: Unos buenos golpes es lo que le ayudará a enmendarse.

middle

1 **be in the middle of (doing) (something)**: estar haciendo
I was in the middle of writing a letter, when the doorbell rang: Estaba escribiendo una carta cuando sonó el timbre de la puerta.

2 **middle-of-the-road**: moderado (política)
Clarke's middle-of-the-road policies do not appeal to the extremists of his party: La política moderada de Clarke no convence a los extremistas de su partido.

mile

1 **a milestone**: hito
The discovery of penicillin was a milestone in medical history: El descubrimiento de la penicilina fue un hito en la historia de la medicina.

2 **stand/stick out a mile**: verse a la legua
The fact that he was nervous stuck out a mile: Se veía a la legua que era nervioso.

mill

1 **a millstone round (someone's) neck**: llevar una cruz a cuestas
That unmarried daughter of his is a millstone round his neck: Su hija soltera es como llevar una cruz a cuestas.

2 **put (someone) through the mill**: someter a duras pruebas, pasar por la piedra
She was really put through the mill when she was asked a lot of difficult questions during the

inquiry: Realmente la sometieron a duras pruebas cuando le hicieron muchas preguntas difíciles en el interrogatorio.

3 **run-of-the-mill**: corriente y moliente, ordinario
Last night's film on television was quite run-of-the-mill: La película de ayer noche en la televisión fue bastante corriente.

mind

1 **bring to mind**: recordar
I had forgotten all about him; but, seeing his brother brought him to mind: Olvidé todo sobre él, pero cuando vi a su hermano, lo recordé.

2 **give (someone) a piece of one's mind**: decir a uno cuatro verdades
If she does that again, I'll give her a piece of my mind: Si lo vuelve a hacer, le diré cuatro verdades.

3 **have a good mind to (do something)**: tener ganas de hacer algo, proponerse
I've a good mind to tell your parents how naughty you are!: ¡Tengo ganas de decir a tus padres lo malo que eres!

4 **have half a mind to (do something)**: tener ciertas ganas de hacer algo, hacerse por poco
I've half a mind to go in for sheep-farming in Australia: Tengo ciertas ganas de ir a Australia a las granjas de ovejas.

5 **in two minds**: estar indeciso
He's in two minds about emigrating: Está indeciso acerca de si emigrar o no.

6 **keep an open mind**: tener amplitud de ideas, tener mente abierta, con espíritu amplio, sin prejuicios.
It doesn't seem to be a good plan; but I promise to keep an open mind about it for the moment: No parece ser un buen plan; pero prometo

estudiarlo sin prejuicios por el momento.

7 **keep one's mind on (something)**: prestar atención a algo

Keep your mind on what you're doing: Prestad atención a lo que estáis haciendo.

8 **peace of mind**: tranquilidad de espíritu

For her continued peace of mind, she agreed to allow her husband access to the children whenever he liked: Para su tranquilidad de espíritu, acordó permitir a su esposo ver a los niños siempre que quisiera.

9 **presence of mind**: presencia de ánimo

When the little child suddenly ran into the road, the motorist had the presence of mind to apply his brakes: Cuando de repente el niño saltó a la carretera, el conductor tuvo la suficiente presencia de ánimo como para apretar los frenos.

10 **slip one's mind**: írsele de la cabeza/memoria, olvidarse

She meant to ask him if he would like to come to the party, but it slipped her mind: Quería haberle pedido que fuera con ella a la fiesta, pero se le fue de la cabeza.

11 **speak one's mind**: hablar sin rodeos, decir lo que se piensa

If you'll allow me to speak my mind, I think your suggestion is quite preposterous!: Si me permites que hable sin rodeos, creo que tu sugerencia es bastante absurda.

12 **to my mind**: en mi opinión

To my mind, you're better off working on your own: En mi opinión, es mejor que trabajes por tu cuenta.

mine

a mine of information: una mina/fuente de información

He's a mine of information about insects: Es una mina de información sobre insectos.

mint

in mint condition: en perfecto estado, sin estrenar

His typewriter is about two years old but it's still in mint condition: Su máquina de escribir tiene unos dos años pero sigue estando en perfecto estado.

minute

up to the minute: a la última moda

Her clothes are always up to the minute: Sus vestidos están siempre a la última moda/Sus vestidos son siempre de última moda.

mischief

1 **do (someone/oneself) a mischief**: causar daño a uno, hacer mal a uno

I almost did myself a mischief when I tried to climb the wall: Casi me hice daño cuando intenté escalar la pared.

2 **make mischief**: armar líos

Little children think nothing of making mischief by complaining to the teacher about their classmates: Los niños pequeños sólo piensan en armar líos quejándose al profesor de sus compañeros de clase.

miss

1 **give (something) a miss**: prescindir de algo, no ir, no visitar, no asistir

She thought she'd give the party a miss: Ella decidió no ir a la fiesta.

2 **never miss a trick**: siempre acierta

He's an astute businessman who never misses a trick: El es un hombre de negocios listo que siempre acierta.

moment

1 **have one's moments**: tener
buenos momentos
*He's not a genius but he has his
moments*: No es un genio, pero
tiene sus buenos momentos.

2 **the moment of truth**: la hora de
la verdad
*She claimed to know karate but
the moment of truth came when
she was asked to prove it against
an expert*: Dijo que sabía karate,
pero la hora de la verdad llegó
cuando se le pidió que probara sus
habilidades con un experto.

3 **on the spur of the moment**: sin
pensarlo
*He bought his wife an eternity
ring on the spur of the moment*:
Compró un anillo de diamantes a
su esposa sin pensarlo.

4 **a weak moment**: un momento
de debilidad
*In a weak moment she agreed to
take him back*: En un momento
de debilidad aceptó llevarle de
vuelta.

money

1 **be in the money**: ser rico
*They're in the money now, since
her great-uncle died*: Son ricos
desde que murió su tío abuelo.

2 **spend money like water**: tirar el
dinero por la ventana
*She doesn't earn very much, but
she spends money like water – I
wonder where she gets it from*: No
gana mucho, pero tira el dinero
por la ventana. Me pregunto por
donde lo sacará.

3 **throw good money after bad**:
echar la soga tras el caldero.
*Spending millions on trying to
make that factory profitable is
just throwing good money after
bad*: Gastar millones en intentar
que esa fábrica sea provechosa es
como echar la soga tras el caldero.

monkey

1 **make a monkey out of
(someone)**: poner a uno en
ridículo
*Because he's good at figures, he
likes to make a monkey out of
the boss*: Como él es bueno con
los números, le gusta poner en
ridículo al jefe.

2 **monkey business**: trampas,
tejemanejes
*Alf is always involved in some
sort of monkey business*: Alf se
ve siempre envuelto en cualquier
clase de tejemanejes.

month

a month of Sundays: nunca
(jamás amén)
*Don't ask her to do that job –
she'll never finish it in a month of
Sundays*: No le pidas que haga
eso. Jamás lo terminaría.

moral

moral support: apoyo moral
*You don't need to do or say
anything – just be there to give me
moral support*: No necesitas hacer
o decir nada; sólo estate allí para
darme (apoyo) moral.

more

more or less: más o menos
We've more or less finished the job:
Hemos terminado más o menos el
trabajo.

mouth

1 **by word of mouth**: de viva voz
*She gets her information from
newspapers and by word of mouth*:
Ella consigue la información por
medio de los periódicos y de viva
voz.

2 **shoot one's mouth off**:
hablar más de la cuenta, hablar
inoportunamente
*Alf was in the pub again, shooting
his mouth off about what he'd tell
Perkins to do with his job, if he
was asked to come in on Saturdays*

again: Alf estaba otra vez en el pub hablando más de la cuenta acerca de lo que le diría a Perkins sobre el trabajo si le volvía a pedir trabajar los sábados.

move

on the move: (i) en movimiento, de viaje, no parar; (ii) estar en camino
(i) *With his kind of job, he's always on the move*: Con este tipo de trabajo, anda siempre de viaje.
(ii) *We've heard nothing about your application for weeks, but I think things are on the move at last*: No hemos sabido nada de tu solicitud desde hace semanas, pero creo que las cosas ya están finalmente en camino.

much

1 **be much of a muchness**: viene a ser lo mismo, ser poco más o menos lo mismo
The candidates were all much of a muchness – none of them were suitable for the job: Todos los candidatos venían a ser lo mismo. Ninguno era adecuado para el puesto de trabajo.

2 **be too much for (someone)**: ser demasiado para
I think working in an office as well as running a home is too much for her: Creo que el hecho de trabajar en una oficina y llevar la casa es demasiado para ella.

3 **not much of a**: saber poco, entender poco, distar mucho de ser algo

Pelly Noronha wasn't much of a dancer: Pelly Noronha distaba mucho de ser un (buen) bailarín.

4 **too much**: demasiado
We can put up with his ignorance, but his insolence is too much!: ¡Podemos aguantar su ignorancia, pero su insolencia es demasiado!

5 **without so much as**: sin ni siquiera
He took another of my books yesterday without so much as asking: Ayer se llevó otro de mis libros sin ni siquiera pedirlo.

mud

1 **sling/throw mud at (someone or something)**: calumniar a alguien, vilipendiar, arrastrar a alguien por los suelos, tirar por el suelo
Ever since his fall from power, people have been slinging mud at his achievements: Desde su caída del poder, la gente ha tirado por el suelo todos sus logros.

2 **a stick-in-the-mud**: atascado, persona chapada a la antigua
Marriage has turned him into a regular stick-in-the-mud: El matrimonio le ha convertido en una persona chapada a la antigua.

mule

as stubborn as a mule: testarudo como una mula
Nothing and no-one will ever persuade him to change his mind – he's as stubborn as a mule: Nada y nadie le persuadirá para cambiar sus ideas. Es más testarudo que una mula.

N

nail

1 **as hard as nails**: tener muchísima resistencia, tener corazón de piedra
Don't look to him for sympathy – he's as hard as nails: No busques su compasión; tiene el corazón de piedra.

2 **hit the nail on the head**: dar en el clavo, acertar
You hit the nail (right) on the head when you said he was quite perverse: Diste en el clavo cuando dijiste que era algo perverso/terco.

3 **on the nail**: a tocateja
The garage from which we bought our car paid us cash on the nail for it when we resold it to them a year later: El garaje donde compramos el coche nos pagó a tocateja cuando lo volvimos a vender al cabo de un año.

4 **tooth and nail**: a brazo partido
They fought tooth and nail: Se pelearon a brazo partido.

name

1 **call (someone) names**: poner verde a uno
She was very unhappy at school because they kept calling her names: Ella era muy desdichada en el colegio porque la ponían verde.

2 **in the name of (someone)**: en nombre de
Stop, in the name of the law!: ¡Alto en nombre de la ley!

3 **not to have a penny to one's name**: no tener un céntimo/real
The Cookes didn't want their daughter to marry Walter because he didn't have a penny to his name: Los Cookes no querían que su hija se casara con Walter porque éste no tenía ni un céntimo.

nature

1 **in the nature of (something)**: algo así como, del género de
His words were in the nature of a threat: Sus palabras sonaron algo así como una amenaza.

2 **second nature**: segunda naturaleza
It was second nature with Young to examine every coin he received in his change before he put it into his wallet: Era algo instintivo en Young el revisar cada moneda que recibía en el cambio antes de guardarlas en su billetero.

near

1 **a near thing**: por los pelos
The boys managed to scale the garden wall before the dog got to them, but it was a near thing: Los chicos se las arreglaron para escalar por encima del muro del jardín antes de que los perros les alcanzaran. ¡Pero fue por los pelos!

2 **nowhere near**: nada cerca, lejos de
We've nowhere near enough money to buy a house just yet: Estamos muy lejos de la cantidad de dinero que necesitamos para comprar una casa.

neck

1 **be in (something) up to one's neck**: estar metido hasta el cuello
He denied being involved in the burglary, but I'm sure he's in it up to his neck: Negó estar complicado en el robo, pero estoy segura que está metido hasta el cuello.

2 **neck and neck**: parejos, iguales
The two major political parties were running neck and neck at the polls right up to the very end: Los

dos partidos políticos iban parejos
en las votaciones justo hasta el
último momento.

3 **a pain in the neck**: ser un
pesado, ser una lata
*I find her continuous complaining
a pain in the neck*: Encuentro que
sus constantes quejas son una lata.

4 **risk one's neck**: jugarse el tipo
*I prefer not to risk my neck on the
pillion of a motorbike*: Prefiero
no jugarme el tipo en el asiento de
atrás de una moto.

5 **stick one's neck out**: jugarse el
tipo, arriesgarse, dar la cara
*Should I stick my neck out and
demand an inquiry into the affair?*:
¿Debería dar la cara y solicitar una
investigación del asunto?

nerve

1 **get on (someone's) nerves**:
fastidiar, crispar los nervios a uno,
poner nervioso a uno
*Tale-telling gets on that teacher's
nerves*: El chismorreo pone
nervioso a ese profesor.

2 **have a nerve**: tener
cara/caradura
*Joanna has a nerve asking for yet
another advance on her salary
when she hasn't repaid the first
two!*: Joanna tiene mucha cara
pidiendo otro anticipo cuando aún
no ha devuelto los dos primeros.

3 **lose one's nerve**: ponerse
nervioso
*Because the young bullfighter lost
his nerve at the last moment, the
bull gored him to death*: Debido
a que el joven torero se puso
nervioso en el último momento, el
toro le corneó a muerte.

nest

a nest-egg: unos ahorrillos
*They have quite a tidy nest-egg in
the bank!*: ¡Tienen unos ahorrillos
majos en el banco!

next

1 **next door to**: rayar en, paso
anterior a
*Using office stationery for one's
private correspondence is next door
to stealing*: Utilizar el material de
papelería de la oficina para uso
privado raya en el robo.

2 **next to no time**: en segundos, en
un periquete
*If you don't mind waiting a bit, I'll
be with you in next to no time*: Si
no te importa esperar un poquitín,
estaré contigo en un periquete.

nick

1 **in good nick**: en buen estado
*I say, that car of yours is still in
quite good nick!*: Como digo,
vuestro coche está aún en buen
estado.

2 **in the nick of time**: en el
momento crítico/oportuno, justo a
tiempo
*They arrived at the station in the
nick of time to catch their train*:
Llegaron a la estación justo a
tiempo de coger el tren.

none

1 **none of (something)**: ninguno,
nada
I'll have none of your insolence!:
¡No permitiré tu insolencia!

2 **none other than**: nada menos
que
*The man who had gone up in
the lift with him was none other
than the chairman of his interview
board*: El hombre que subió con él
en el ascensor era nada menos que
el presidente del tribunal que le
iba a entrevistar.

3 **none the wiser**: seguir sin
entenderlo, entenderlo menos
*I went to the meeting not knowing
what it was about – and, I'm none
the wiser now!*: Fui a la reunión
sin saber lo que se trataba y ahora,
¡sigo sin entenderlo!

4 **none the worse for (something)**: no estar peor por ello
The baby's none the worse for being left out in the cold: El bebé no está peor por haberlo dejado en el exterior.

5 **none too**: nada
I'm afraid Liz is none too virtuous: Me temo que Liz no tiene nada de virtuosa.

nonsense

stuff and nonsense!: ¡tonterías!
You're too old to remarry? Stuff and nonsense!: ¿Que eres demasiado viejo para volverte a casar? ¡Tonterías!

nose

1 **no skin off one's nose**: no ser asunto de, no ser de su incumbencia
You can sit in his office and wait for him if you like – it's no skin off my nose: Puedes sentarte en su oficina y esperarle allí si quieres. En eso no me entrometo.

2 **pay through the nose**: pagar un dineral, valer un ojo de la cara
Because they insisted on having a good car, they had to pay through the nose for it: Puesto que insistieron en tener un buen coche, tuvieron que pagar un dineral por él.

3 **poke one's nose into**: meterse en algo
Sally's always poking her nose into other people's affairs: Sally siempre se mete en los asuntos de las otras personas.

4 **put (someone's) nose out of joint**: enfadar a alguien, quitar el sueño
Their three-year old is very spoilt – the new baby will certainly put her nose out of joint: Su hijo, que tiene ahora tres años, está realmente muy mimado. El nuevo bebé le quitará el sueño con toda seguridad.

5 **turn up one's nose at (something)**: hacer mueca, despreciar
We hope you won't turn up your nose at this little token of our esteem for you: Esperamos que no despreciarás este pequeño obsequio como señal de nuestra estima/aprecio.

6 **under (someone's) (very) nose**: (i)/(ii) delante de las narices, más allá de las narices
(i) *The book I was looking for was right under my very nose*: El libro que buscaba estaba justo delante de mis narices. (ii) *The thief stole her watch from under her very nose*: El ladrón le robó su reloj delante de sus narices.

note

strike the right note: acertar, hacer/decir lo apropiado
The Prime Minister's public statements never seem to strike the right note these days: Las declaraciones públicas del Primer Ministro nunca parecen acertar estos días.

nothing

1 **be/have nothing to do with (someone)**: no tener nada que ver con
This report has nothing to do with you: Este informe no tiene nada que ver con contigo.

2 **have nothing to do with (someone)**: no tener nada que ver con
After his dismissal for fraud, many of his former friends would have nothing to do with him: Después de su despido por fraude, muchos de sus amigos no quieren tener nada que ver con él.

3 **nothing but**: sólo
You're nothing but a rogue!: ¡Sólo eres un canalla!

4 **nothing if not**: más que todo, antes que nada
His life in the Australian bush has been nothing if not exciting: Su vida en el monte australiano ha sido, más que nada, emocionante.

5 **nothing short of**: nada menos que, nada fuera de
If you ask him to pay something for that useless machine, it would be nothing short of robbery: Si le pides que pague algo por esa inútil máquina, no sería menos que un robo.

6 **think nothing of (something)**: no suponer nada
When we were at school, we would think nothing of spending our bus fare on sweets and walking the five miles back home: Cuando íbamos a la escuela, no pensábamos nada más que en gastar el dinero del billete del autobús en golosinas y andar cinco millas de vuelta a casa.

7 **think nothing of it**: no hay de qué
"Thank you for your help" "Think nothing of it!": – Gracias por tu ayuda. – No hay de qué.

8 **to say nothing of (something)**: por no hablar de
When her mother comes to stay with us, she brings all her jewellery, to say nothing of her three fur coats: Cuando su madre viene a visitarnos, se trae todas sus joyas, por no hablar de sus tres abrigos de pieles.

notice
at short notice: a corto plazo
A meeting of the board was called at short notice to discuss the unexpected resignation of its managing director: Se convocó una reunión de la junta con carácter urgente para discutir la inesperada dimisión del director ejecutivo.

number
number one: número uno, primero, el menda, uno mismo
Her policy has always been to look after number one: Su política siempre ha consistido en cuidarse de sí misma.

nut
1 **be nuts about (something or someone)**: estar chiflado por
Jerry is nuts about Jane: Jerry está chiflado por Jane.

2 **in a nutshell**: en pocas palabras
It would take hours to describe exactly what happened; but, in a nutshell, he tried to make us look silly and failed: Nos llevaría horas explicar lo que ocurrió; pero, en pocas palabras, él intentó que pareciéramos tontas y no le salió bien.

O

oar

1 **put/stick one's oar in**: meter la cuchara, meter baza, entrometerse
Pat would never leave people to have a friendly argument amongst themselves but was always sticking his oar in: Pat nunca podría permitir que la gente tuviera una discusión amigable porque siempre se entromete entre ellos.

2 **rest on one's oars**: dormirse en los laureles
After the exhausting work we've been engaged in over the last two months, I think we're entitled to rest on our oars: Después de estos dos meses de trabajo agotador, creo que podemos dormirnos en los laureles.

oats

off one's oats: haber perdido el apetito, estar indispuesto
He's been off his oats since he had the 'flu: Ha perdido el apetito desde que ha tenido la gripe.

occasion

1 **have occasion to**: verse en el caso de, tener ocasión
This is the third time I've had occasion to remind Maite that she's being paid to work regular hours: Esta es la tercera vez que tengo que decirle a Maite que cobra para que trabaje unas horas determinadas.

2 **on occasion**: de vez en cuando
Anna's known to favour a Mickey Finn on occasion: Se sabe que Anna se toma alguna tableta medio drogada de vez en cuando.

3 **rise to the occasion**: ponerse a la altura de las circunstancias
Steve had never been asked to chair a meeting of the association before, but he rose to the occasion magnificently last Tuesday: Con anterioridad, nunca se le había pedido a Steve que presidiera una reunión de la asociación, pero el pasado martes se puso a la altura de las circunstancias con toda dignidad.

4 **take the occasion to**: aprovechar la oportunidad
The ruling political party took the occasion of its low performance in the public opinion poll to blame its opponents for maligning them: El partido político dirigente aprovechó la ocasión, después del mal resultado en los sondeos, para acusar a sus oponentes de haberles difamado.

odd

1 **be at odds with (someone)**: estar peleado con uno, estar reñidos
Ever since their parents' death, Joe's been at odds with his brothers over the division of the family property: Desde la muerte de sus padres, Joe ha estado reñido con sus hermanos a causa del reparto de las posesiones de la familia.

2 **make no odds**: ser igual, ser indiferente, no importar
It makes no odds to me whether you stay or leave: Me da igual que os quedéis o que os marchéis.

3 **odds and ends**: retazos, pedazos, materiales, sobrantes, baratijas, cosas, cosillas
My mother was an avid collector of odds and ends for several years: Mi madre ha sido una coleccionista empedernida de baratijas durante varios años.

4 **over the odds**: en demasía
I know you dislike Pedro, but some of the things you say to me about

him are rather over the odds: Ya se que no te gusta Pedro, pero algunas de las cosas que me dices acerca de él son demasiado.

off

1 **in the offing**: en perspectiva
The weatherman has warned of storms in the offing: El hombre del tiempo ha anunciado tormentas en perspectiva.

2 **off and on/on and off**: de vez en cuando
We see him off and on at the Graduate Centre: Le vemos de vez en cuando en el Centro de Licenciados.

3 **the off season**: la temporada baja
It's easier to obtain cheap flights during the off season: Es fácil conseguir vuelos baratos en la temporada baja.

4 **off the record**: confidencialmente, oficiosamente, extraoficial
The shop stewards have admitted, off the record, that their demands for higher wages are rather unrealistic: Los enlaces sindicales han admitido, extraoficialmente, que sus peticiones de salarios más altos son poco realistas.

5 **on the off-chance**: por si acaso, posibilidad remota
He called to see me on the off-chance that I might agree to writing a preface to his next book: Me llamó para ver si, por si acaso, aceptaba escribir el prólogo de su próximo libro.

6 **put (someone or something) off**: quitarse de encima, aplazar
Bob's always putting off visiting us because he's got more important matters to attend to: Bob siempre aplaza el visitarnos porque tiene cosas más importantes que atender.

7 **put (someone) off (something)**: quitarle a uno las ganas
The gruesome pictures on television of dead bodies piled high in the streets put him off his dinner: Las horripilantes imágenes en televisión de los cuerpos inertes apilados en las calles, le quitaron las ganas de comer.

oil

pour oil on troubled waters: calmar la tempestad
He has a reputation for arguing and so his wife spends most of her time pouring oil on troubled waters: Tiene fama de pelearse y por eso, su esposa se pasa la mayoría del tiempo calmando la tempestad.

old

1 **the old boy network**: amiguismo, enchufe
It's true to say that the old boy network is very much alive today, especially in certain government departments: Es verdaderamente cierto el que el enchufe está hoy día muy vivo, especialmente en ciertos ministerios gubernamentales.

2 **the old school**: la vieja escuela
My father was a member of the old school who believed in the importance of obedience to one's parents: Mi padre pertenecía a la vieja escuela; la que creía en la importancia de la obediencia a los (propios) padres.

3 **an old timer**: veterano, anciano
The ones who most detest change are the old timers: Los que más odian los cambios son los veteranos.

on

1 **be on to (someone)**: meterse con uno, estar detrás de
As soon as he realized that the drugs squad were on to him, he decided to flee the country: Tan

pronto se dio cuenta de que la brigada antidrogas estaba detrás de él, decidió marcharse del país.

2 **on and on**: sin cesar, sin parar
Our assistant parish priest was famous for sermons that dragged on and on: El párroco asistente era famoso por sus interminables sermones/sus sermones, que duraban sin parar.

once

1 **once and for all**: de una vez para siempre
I'm telling you, once and for all, leave me alone!: ¡Te lo digo de una vez para siempre, déjame!

2 **once in a while**: de vez en cuando
Once in a while he goes off to Sitges to spend a quiet weekend there: De vez en cuando se va a Sitges a pasar allí un tranquilo fin de semana.

one

1 **one and all**: todo el mundo
The proposal to introduce flexitime was agreed by one and all: La propuesta de introducir el horario flexible fue acordada por todo el mundo.

2 **one by one**: (i) uno a uno; (ii) uno por uno
(i) *The witnesses were examined by the police one by one*: La policía examinó a los testigos uno a uno.
(ii) *We went through the documents one by one*: Examinamos los documentos uno por uno.

3 **one way or another**: de alguna manera, de una manera u otra
Don't worry, I'll get there one way or another: No te preocupes, llegaré allí de una manera u otra.

open

1 **an open secret**: un secreto a voces
It's an open secret that he makes a living peddling pornography: Es

un secreto a voces el que vive de la pornografía.

2 **with open arms**: con los brazos abiertos
They received their visitors with open arms: Recibieron a sus visitantes con los brazos abiertos.

order

1 **in (good) running/working order**: en buen funcionamiento
I'm glad to say that our car is still in good running order: Me complace decir que nuestro coche sigue funcionando bien.

2 **in short order**: en seguida
When the demonstrators saw the riot police arrive, they dispersed in short order: Cuando los manifestantes vieron llegar a la policía antidisturbios, se dispersaron en seguida.

3 **on order**: pedido
We haven't any copies of the book in stock, but there are more on order: No tenemos ninguna copia más del libro en almacén, pero hemos pedido más.

4 **the order of the day**: orden del día, moda
Mini-skirts and see-through blouses were the order of the day in the early sixties: Las minifaldas y blusas transparentes estuvieron a la orden del día a principio de los sesenta.

5 **out of order**: sin funcionar
This machine is out of order; use the one over there: Esta máquina no funciona. Utilice lade más allí.

6 **a tall order**: cosa de mucho pedir, exigencia exagerada
Finding thirty, one-armed, English-speaking, South Koreans to act in this film is rather a tall order!: Encontrar a treinta sudcoreanos mancos y que hablen inglés es cosa de mucho pedir.

ordinary

out of the ordinary: fuera de lo común, extraordinario
I don't consider her behaviour at all out of the ordinary: No considero que su comportamiento sea nada fuera de lo común.

out

1 **out-and-out**: completamente, de tomo y lomo, acérrimo
John Brown is an out-and-out rogue and an unconscionable liar!: John Brown es un granuja de tomo y lomo y un embustero desmesurado.

2 **out for (something)**: buscar
When Edna agrees with you whole-heartedly, you suspect she's out for something: Cuando Edna se muestra completamente de acuerdo contigo, tú sospechas que anda buscando algo.

3 **out of touch**: haber perdido contacto con, no estar al tanto
You're out of touch with what's happening in the world, because you insist on living in this godforsaken place!: No estás al tanto de lo que ocurre en el mundo porque sigues insistiendo en vivir en este lugar remoto.

over

1 **be all over (someone)**: deshacerse en atenciones, tener grandes atenciones con alguien
As soon as the manageress realized that it was Poirot himself at the desk, she was all over him: Tan pronto la directora se dio cuenta de que quien estaba en el mostrador era Poirot en persona, ésta se deshizo en atenciones.

2 **over and done with**: acabarse
Tessa's little affair with Giles is over and done with, I'm told: Me dicen que el pequeño lío amoroso entre Tessa y Giles se ha acabado.

3 **over and over (again)**: una y otra vez
There's nothing so boring as a tune that's played over and over again: No hay nada tan aburrido como oír tocar una melodía una y otra vez.

own

own up to (something): confesar
Because the real culprit refused to own up to breaking the window, the whole class was punished: Como el verdadero culpable rehusó confesar haber roto la ventana, se castigó a toda la clase.

P

pace

1 **keep pace with (someone or something)**: seguir el mismo ritmo, correr parejas con
Computer technology is making such rapid progress that it's difficult to keep pace with it: La tecnología de ordenadores hace tales progresos, que es difícil seguir su mismo ritmo.

2 **put (someone or something) through his/her/its paces**: poner a prueba, entrenar
Because he had a free afternoon and it was fine, he was able to put his new car through its paces: Como tuvo tuvo la tarde libre y el tiempo le acompañó, pudo poner a prueba su nuevo coche.

pack

1 **pack it in**: dejarlo
You're always moaning about something or the other. Why don't you pack it in?: Siempre te quejas de alguna cosa. ¿Por qué no lo dejas de una vez?

2 **packed like sardines**: como sardinas en lata
The train was so full, we were packed like sardines: El tren iba tan lleno que parecíamos sardinas enlatadas.

3 **packed out**: abarrotado, a rebosar
On the night of the première, the theatre was packed out: El teatro estaba a rebosar la noche del estreno.

4 **pack up**: averiarse, estropearse
After giving us good service for over twelve months, our second-hand car finally packed up last January: Después de darnos un buen rendimiento durante doce meses, nuestro coche se estropeó

finalmente el pasado mes de enero.

paper

on paper: sobre el papel, por escrito
Your idea seems good on paper, but it won't work: Tu idea parece buena sobre el papel, pero no funcionará.

par

1 **below par/not up to par**: (i) estar por debajo del nivel; (ii) no estar en forma, sentirse mal
(i) *Your work isn't up to par this week*: Tu trabajo está por debajo de lo normal esta semana.
(ii) *She had a cold and was feeling below par*: Ella tuvo un resfriado y no estaba en forma.

2 **on a par with (something)**: correr parejas con, ser equivalente a, no estar a la altura de
Janet's standard of work isn't on a par with Sue's: La calidad de trabajo de Janet no está a la altura del de Sue.

pardon

beg (someone's) pardon: pedir perdón a alguien
He came to beg her pardon for having been rude to her the day before: Le pidió perdón por haber estado descortés con ella el día anterior.

part

1 **part and parcel**: parte esencial, parte integrante
Doing this is part and parcel of my work: El hacer esto es parte integrante de mi trabajo.

2 **part company**: separarse
Dean Martin and Jerry Lewis finally parted company because one was essentially a singer and the other a comedian: Dean

Martin y Jerry Lewis se separaron finalmente porque uno era, fundamentalmente, un cantante y el otro un cómico.

3 **the parting of the ways**: el momento de la separación
After ten years of collaboration, I'm afraid we've come to the parting of the ways: Después de diez años de colaboración, me temo que ha llegado el momento de la separación.

4 **take (something) in good part**: tomar (algo) a bien
He seemed to take their jokes in good part: Parecía tomar sus chistes a bien.

party

the party's over: se acabó la fiesta
The party's over, now that the boss is back from his holidays: Ahora que ha vuelto el jefe de sus vacaciones, se acabó la fiesta.

pass

1 **in passing**: de paso
She repeated the gossip she'd heard, but added, in passing, that she didn't really believe it: Repitió el chismorreo que había oído, pero de paso añadió que ella no lo creía realmente.

2 **pass away**: fallecer, morirse
My grandmother passed away at the age of ninety-four: Mi abuela se murió a los noventa y cuatro años.

3 **pass out**: caer redondo, desvanecer, perder el conocimiento
I've been known to pass out every time I've been for a blood test: Muchos saben que me caigo redondo cada vez que me hacen un análisis de sangre.

4 **pass (someone) over**: omitir, pasar por alto, no tener en cuenta
Hendricks has been passed over for promotion for the third time in five years: Por tercera vez en cinco

años, han pasado por alto/no han tenido en cuenta a Hendricks para el ascenso.

5 **a pretty pass**: situación crítica
Things have come to a pretty pass when you can't trust your friends any more: Las cosas llegan a una situación crítica cuando ya no puedes confiar más en los amigos.

patch

1 **not to be a patch on**: no tener ni punto de comparación
Her singing is not a patch on her sister's: Cuando canta, no tiene ni punto de comparación con su hermana.

2 **patch (something) up**: arreglar, componer de forma provisional
After a number of years of not speaking to each other, they have finally patched up their quarrel: Después de varios años de no hablarse se han arreglado las cosas/han hecho las paces.

pave

pave the way for (something): preparar el terreno para
The discovery of the microchip has paved the way for rapid advance in computer technology: El descubrimiento del microchip ha preparado el terreno para un rápido avance en la tecnología de los ordenadores.

pay

1 **in (someone's) pay**: al servicio de
Fred was believed to have been in the pay of the Mafia when he first started practising law: Se cree que Fred estuvo al servicio de la mafia cuando empezó a practicar la abogacía.

2 **pay one's respects (to someone)**: presentar sus respetos a
We've come to pay our respects to your father: Venimos a presentar nuestros respetos a su padre.

3 **pay one's way**: pagar la parte de uno
If you decide to join the excursion, you'll be expected to pay your own way: Si decides unirte a la excursión, se supone que pagarás tu parte.

4 **rob Peter to pay Paul**: desnudar a un santo para vestir a otro
Because he was always robbing Peter to pay Paul, he was finally forced to close down the business: Siempre iba desnudando a un santo para vestir a otro, y al final se vio forzado a cerrar el negocio.

pea

as alike as two peas (in a pod): parecerse como dos gotas de agua
The twins, Althea and Andrea, were as alike as two peas: Las dos mellizas, Althea y Andrea, eran tan parecidas como dos gotas de agua.

peace

peace of mind: tranquilidad de espíritu, tranquilidad de ánimo
He was never able to regain his peace of mind after that last unpleasant argument with his mother: Después de la desagradable discusión mantenida con su madre, él nunca volvió a tener esa tranquilidad de espíritu que siempre había tenido.

pedestal

put (someone) on a pedestal: poner sobre un pedestal
Because she's been put on a pedestal for so long, it's difficult for her to accept her inadequacies: Como siempre se la ha puesto sobre un pedestal, ahora le es difícil aceptar sus incapacidades.

penny

1 **not to cost a penny**: no costar ni un céntimo
It won't cost you a penny to have that bike repaired: No te costará ni un céntimo reparar la bicicleta.

2 **turn an honest penny**: ganarse honradamente la vida
You've never been known to turn an honest penny in your life: Nunca se te ha conocido por ganarte honradamente la vida.

peril

at one's peril: por cuenta y riesgo
That's an unsound venture and you'd be investing in it at your peril: Eso es una empresa arriesgada e invertirás, por tanto, a tu cuenta y riesgo.

person

in person: en persona, personalmente
He promised to attend to the matter in person: Prometió encargarse personalmente del asunto.

pick

pick and choose: tardar en decidirse, escoger con sumo cuidado
Since he's a successful writer now, he can afford to pick and choose his publishers: Puesto que se ha convertido en un escritor famoso, puede permitirse el lujo de escoger a sus editores.

picture

put (someone)/be in the picture: poner a uno al corriente
Can you put me in the picture about what happened at the last meeting?: ¿Puedes ponerme al corriente de lo que ocurrió en la última reunión?

pigeon

a stool-pigeon: chivato, soplón
The bank robbers were betrayed to the police by a stool-pigeon: Un soplón delató a los atracadores del banco a la policía.

pikestaff

as plain as a pikestaff: clarísimo
It's as plain as a pikestaff that he's lying: Está clarísimo que miente.

pillar

1 **from pillar to post**: de la Ceca a la Meca, ni a sol ni a sombra
He was driven from pillar to post in search of a job: Le llevaron de la Ceca a la Meca en busca de un empleo.

2 **a pillar of society**: puntal de la sociedad
Smith was regarded as a pillar of society until it was discovered he'd had a criminal past: Se consideraba a Smith como el puntal de la sociedad hasta que se descubrió su pasado delictivo/criminal.

pin

1 **for two pins**: un poco más y, por poco, por menos de nada
She'd strip for two pins, since she's no lover of virtue: Se desnudaría por nada, pues no es amante de las virtudes.

2 **pin (someone) down**: precisar, concretar, fijar
Can I pin you down to a definite date for the meeting?: ¿Puedo fijar un día concreto para la reunión?

3 **pin (something) on (someone)**: colgar, prender
The police couldn't pin the burglary on Bill because he had a cast-iron alibi: La policía no pudo colgarle el robo a Bill porque éste tenía una coartada convincente/perfecta.

4 **you could hear a pin drop**: oírse el vuelo de una mosca
You could have heard a pin drop when he announced his resignation – no-one wanted to say the wrong thing: Podías oír el vuelo de una mosca cuando él anunció su dimisión. Nadie quería decir nada inapropiado.

pinch

1 **at a pinch**: en caso de necesidad
At a pinch, you could get home on foot: En caso de necesidad podrías volver andando a casa.

2 **pinch and scrape**: hacer muchas economías
They've had to pinch and scrape ever since he lost his job at Vauxhall's: Han tenido que economizar mucho desde que él perdió el empleo en Vauxhall.

3 **take (something) with a pinch of salt**: admitir algo con reservas
Take everything he says with a pinch of salt, since he tends to exaggerate quite a bit: Tómate todo lo que él dice con (ciertas) reservas, pues suele exagerar mucho.

pink

1 **be tickled pink**: estar encantado, gustar mucho, reírse mucho con algo
She was tickled pink to be asked to open the garden fête: Estaba encantada de que le hubieran pedido inaugurar la fiesta al aire libre.

2 **in the pink (of health)**: rebosar salud
He'd been ill for several weeks but has recovered and is now in the pink of health: Ha estado enfermo durante varias semanas, pero se ha recuperado y ahora rebosa de salud.

pipe

1 **in the pipeline**: estar en trámite
The new orders we received are still in the pipeline: Los últimos encargos recibidos están en trámite todavía.

2 **pipe down**: callarse
Will you pipe down, I can't hear what your father's saying!: ¡Quieres callarte! No puedo oír lo que dice tu padre.

pitch

pitch in: ¡empezad!, ¡manos a la obra!, ¡a ello!, ¡vamos allá!
There's plenty of food for everyone, so pitch in: Hay un

montón de comida para todos, así que ¡vamos allá!

place

1 **put (someone) in his/her place**: poner a alguien en su sitio
He tried to tell her what to do, but she soon put him in his place: Intentó decirle cómo debía hacer las cosas, pero ella pronto le puso en su sitio.

2 **put oneself in (someone's) place**: ponerse en lugar de alguien
Put yourself in his place, before you condemn his behaviour as reprehensible: Ponte en su lugar antes de tachar su comportamiento de censurable.

3 **take place**: ocurrir, suceder, acontecer, ser, tener lugar
Sarah's wedding finally took place last Sunday: La boda de Sarah fue, finalmente, el sábado pasado.

4 **take the place of (something)**: sustituir a
Do you think that television will ultimately take the place of books?: ¿Crees que la televisión sustituirá al final/a la larga a los libros?

plain

1 **plain sailing**: cosa de coser y cantar
Once we've got the money, it'll be plain sailing: Una vez tengamos el dinero, será cosa de coser y cantar.

2 **plain speaking**: franqueza
It needs a bit of plain speaking to clear the air of mutual suspicion: Se necesita un poco de franqueza para evitar un ambiente de mutua sospecha.

plan

according to plan: de acuerdo con el plan
Arrangements for the trip went according to plan: Los preparativos del viaje salieron de acuerdo con el plan.

plate

on one's plate: tener tela de que cortar
I'd love to help you, but I've got too much on my plate at the moment: Me encantaría ayudarte, pero tengo tela que cortar por el momento.

play

1 **play along with (someone or something)**: seguir el humor de uno, ajustarse a
I've agreed to play along with his demands for the moment to give me an opportunity to find a replacement: He aceptado ajustarme a sus demandas por el momento hasta que tenga la oportunidad de encontrar un sustituto.

2 **play for time**: hacer tiempo
He's been playing for time by offering various excuses for delaying publication of the book: El ha ido haciendo tiempo ofreciendo varias excusas para retrasar en la publicación del libro.

3 **play (someone) off against (someone else)**: oponer a dos personas
She's a wicked child who delights in playing her parents off against each other: Es una niña malvada que disfruta oponiendo a sus padres entre sí.

4 **play safe**: jugar seguro
Why don't you just play safe by putting off the sale for a few more months?: ¿Por qué no juegas seguro posponiendo la venta unos meses más?

5 **play up**: (i) dar guerra; (i) (ii) causar molestias
(i) *Children usually play up when it's time to go to school*: Los niños suelen dar guerra a la hora de ir a la escuela.
(ii) *I hurt my back two years ago and it still plays me up*

occasionally: Me dañé la espalda hace dos años y, de vez en cuando, todavía me causa molestias.

6 **play up to (someone)**: hacer la pelotilla/pelota, adular
Why do you always have to play up to the bosses?: ¿Por qué siempre tienes que hacer la pelota a los jefes?

please

1 **as pleased as Punch**: como unas Pascuas
She was as pleased as Punch when they all praised her cooking: Ella se puso como unas Pascuas cuando todo el mundo alabó su arte culinario.

2 **if you please**: si te parece, tenga la amabilidad, por favor
Come this way, if you please!: Por aquí, por favor.

3 **please yourself**: haga lo que quiera
We don't think you should agree to their proposal, but please yourself: Nosotros pensamos que no deberías aceptar su propuesta, pero haz lo que quieras.

pleasure

take pleasure in: disfrutar
Why does Anna take pleasure in annoying her mother?: ¿Por qué Anna disfruta molestando a su madre?

plough

plough (something) back: reinvertir
A successful business is one in which the profits are ploughed back regularly: Un negocio rentable es aquel cuyos beneficios se reinvierten con regularidad.

plunge

take the plunge: aventurarse, dar un paso decisivo, jugarse el todo
Fletcher had never considered marriage until his late thirties when he finally decided to take the plunge: Fletcher nunca había

pensado en el matrimonio hasta muy entrados los treinta, que es cuando decidió aventurarse.

point

1 **be beside the point**: no venir al caso, no tener nada que ver
She will have to go. Whether she wants to go is beside the point: Ella tendrá que marcharse. Si quiero o no quiere irse, no viene al caso.

2 **be on the point of (doing something)**: estar a punto de
I was on the point of writing to you when I received your letter: Estaba a punto de escribirte cuando recibí tu carta.

3 **be to the point**: venir al caso, hacer al caso
His observations are very much more to the point than your own: Sus observaciones vienen más al caso que las tuyas.

4 **a point of view**: punto de vista
It'd be more generous of you if you stopped to consider your wife's point of view: Sería muy de agradecer si hicieras un alto para pensar en el punto de vista de tu esposa.

5 **a sore point**: un asunto escabroso/espinoso, tema delicado
Gambling has been a sore point with him since he lost a fortune on the horses: Tocar el tema del juego delante de él es un asunto delicado desde que perdió una fortuna en las carreras.

6 **stretch a point**: hacer una excepción
You're only allowed to take your holidays during the summer; but I'm prepared to stretch a point and allow you to take them at Easter instead: Sólo se te permite coger tus vacaciones durante el verano, pero estoy dispuesto a hacer una excepción y permitirte que las coges en Semana Santa, en su lugar.

7 **(someone's) strong point**: el
punto fuerte
*Arithmetic has never been his
strong point*: La aritmética nunca
ha sido su (punto) fuerte.

8 **up to a point**: hasta cierto punto
*Your allegations are true up to a
point*: Tus alegaciones son ciertas
hasta cierto punto.

pop

pop up: aparecer, surgir
*Smithers keeps popping up in
the most unexpected places*:
Smithers aparece en los lugares
más inesperados.

potato

a hot potato: carbón ardiente,
asunto delicado
*The subject of police brutality
is a hot potato*: El tema de la
brutalidad policial es un asunto
delicado.

power

1 **in one's power**: en manos de
*I've got you in my power and you'll
do as I say!*: ¡Estás en mis manos y
harás lo que te diga!

2 **the powers that be**: las
autoridades
*He was sacked because the powers
that be decided that he was too
lazy*: Le despidieron porque las
autoridades decidieron que era
demasiado vago.

practice

1 **make a practice of (doing
something)**: acostumbrar a
*She makes it a practice of ringing
her friends every morning before
she begins work*: Acostumbra a
llamar a todos sus amigos, cada
mañana, antes de empezar el
trabajo.

2 **put (something) into practice**:
poner algo en obra/marcha, llevar
a la práctica
*He's brimming with ideas that
he doesn't seem to be able to put
into practice*: El rebosa de ideas
que no suele poder llevar a la
práctica/poner en marcha.

praise

1 **praise (someone) to the skies**:
poner por las nubes
*I wouldn't trust a reference
from him – he's always praising
everyone to the skies*: No me fiaría
de una referencia que provenga de
él, siempre pone a todo el mundo
por las nubes.

2 **sing (someone's) praises**:
cantar las alabanzas de uno,
elogiar a uno
*When you've stopped singing her
praises, we could perhaps see what
she's really like!*: ¡Cuando dejes
de cantar sus alabanzas, quizás
podamos comprobar cómo es
realmente!

prejudice

**without prejudice (to
something)**: sin perjuicio de
*I ought to be allowed to criticize
the system without prejudice to my
chances of advancement*: Debería
permitírseme criticar el sistema sin
perjuicio de mis posibilidades de
ascenso.

premium

be at a premium: tener mucha
demanda, ser muy solicitado
*Tickets to the Beatles' concerts
were at a premium in the sixties
because of the group's popularity*:
Las entradas para los recitales de
los Beatles estaban muy solicitadas
en los (años) sesenta, a causa de la
popularidad del grupo.

prepare

be prepared for: estar preparado
para
*Good news is the sweeter, if you're
always prepared for the worst*:
Las buenas noticias son mucho
mejores, si se está preparado para
lo peor.

press

1 **be pressed for**: andar escaso de
*I'm rather pressed for time just now
and can't read your manuscript*:
Ahora ando más bien escaso
de tiempo y no puedo leer el
manuscrito.

2 **pressgang (someone) into
doing (something)**: obligar a
uno a hacer algo en contra de su
voluntad
*He was pressganged into helping
them*: Le obligaron a ayudarles.

prey

1 **be prey to (something)**: ser
víctima de, ser presa de
He is a prey to suspicion: Es presa
fácil de la desconfianza.

2 **prey on/upon (someone's)
mind**: afectar, atormentar,
preocupar
*His unkindness towards his mother
preyed upon his mind for several
years*: El trato descortés que le
daba a su madre le atormentó
durante varios años.

price

1 **at a price**: a precio caro, a precio
de oro
*Of course you can get a good meal
over there – at a price!*: Claro que
puedes conseguir una comida allí,
pero ¡a precio de oro!

2 **beyond price**: sin precio
Good health is beyond price: La
salud no tiene precio.

pride

1 **swallow one's pride**: tragarse el
orgullo, tragarse el amor propio
*She'll just have to swallow her
pride and accept anything they
offer her*: Ella deberá tragarse el
amor propio y aceptar cualquier
cosa que le ofrezcan/lo que le
ofrezcan.

2 **take pride in (something)**:
enorgullecerse de algo
*She takes great pride in her
appearance*: Ella se enorgullece
mucho de su apariencia.

principle

1 **in principle**: en (un) principio, de
entrada
*It's a good idea in principle, but I
must have your proposal in writing
before I agree*: De entrada es
una buena idea, pero antes de
aceptar, he de tener tu propuesta
por escrito.

2 **on principle**: por principio
*They are refusing to pay the new
tax on principle*: Rehúsan pagar el
nuevo impuesto por principio.

print

small print: tipo menudo, letra
pequeña
*Before you sign any contract make
sure to read the small print*: Antes
de firmar cualquier contrato,
asegúrate de leer la letra pequeña.

probable

in all probability: sin duda
*In all probability the meeting
will be postponed because of the
threatened rail strike*: Sin duda se
suspenderá la reunión a causa de
la amenaza de huelga ferroviaria.

proportion

1 **be/get out of (all) proportion
to (something)**: no guardar
proporción con, salirse de lo
normal
*This affair has been allowed to get
out of proportion*: Se ha permitido
que este asunto se salga (fuera) de
lo normal.

2 **a sense of proportion**: sentido
de la medida
*She's got no sense of proportion
whatever and allows trivial matters
to bother her*: No tiene ningún
sentido de la medida y deja que las
cosas pequeñas/insignificantes le
preocupen.

pull

1 **pull out**: retirar
*His wife advised him to pull out
of the deal before it was too late*:
Su esposa le aconsejó retirarse

del trato antes de que fuera demasiado tarde.

2 **pull out all the stops**: tocar todos los registros, desplegar todos los recursos
He pulled out all the stops to make his story as pathetic as he could: Desplegó todos los recursos (habidos y por haber) para conseguir que su historia sonara lo más patética posible.

3 **pull one's socks up**: hacer un esfuerzo, intentar hacerlo mejor
He was told to pull his socks up if he wanted to continue to work for the firm: Se le pidió que intentara hacerlo mejor si quería continuar trabajando para la empresa.

4 **pull strings**: mover los hilos
He didn't get the job on his own merit – his father pulled strings: El no consiguió el empleo por sus propios méritos. Su padre movió los hilos.

5 **pull oneself together**: sobreponerse, recobrar la calma, serenarse
When she began the course, she was extremely nervous; but she soon pulled herself together and completed it successfully: Cuando ella empezó el curso, estaba muy nerviosa; pero, pronto se sobrepuso y lo terminó con gran éxito.

6 **pull up**: parar(se), detener(se)
The driver of the coach ahead of us pulled up without warning so that we almost collided with him: El conductor del coche que nos precedía/iba delante nuestro, se detuvo sin avisar y casi colisionamos con él.

punch

1 **pull one's punches**: andarse con rodeos
He doesn't believe in pulling his punches when he's asked to report on the performance of his subordinates: No le gusta

andarse con rodeos a la hora de informar sobre la actuación de sus subordinados.

2 **a punch-up**: riña, pelea, pendencia
During the sixties the Mods and Rockers were always having punch-ups: Durante los sesenta, los "Mods" y los "Rockers" estaban siempre peleando.

purpose

1 **serve a purpose**: ser útil de alguna manera, utilizarse para algo
Don't throw that bag away – it may still serve a purpose: No tires ese bolso, a lo mejor puede utilizarse para algo.

2 **to no purpose**: en vano, para nada, inutilmente, en balde
We discussed the problem several times to no purpose: Discutimos varias veces el problema para nada.

3 **to the purpose**: a propósito, que viene al caso
It'd be more to the purpose if you confined yourself to describing what happened rather than how you felt: Vendría más al caso que te centraras en explicar lo que ocurrió, en lugar de explicar cómo te sentías tú.

push

1 **at a push**: en caso de necesidad
I suppose that at a push we could fit you in for an appointment on Tuesday morning: Supongo que, en caso de necesidad, podríamos conseguir que te visitaran el martes por la mañana.

2 **be pushed for (something)**: andar muy escaso de
He's always pushed for money: Anda muy escaso de dinero.

3 **a push-over**: cosa tirada
If you think that that job's going to be a push-over, you're wrong: Si piensas que ese trabajo va a ser cosa tirada, estás equivocado.

put

1 **put (something) across**:
explicar
*He's full of bright ideas but can't
put them across very well*: El está
lleno de ideas brillantes, pero no
sabe cómo explicarlas bien.

2 **put a stop to (something)**:
poner fin a algo, acabar con algo
*Her father put a stop to her inviting
friends over to spend the night,
because they insisted on playing
loud music and disturbing the
household*: El padre puso fin a
las invitaciones de los amigos
para que pasaran la noche en
casa, porque insistían en poner
la música alta y molestaba a la
familia.

3 **put (something) down to
(something)**: atribuir
*We put his rudeness down to his
upbringing*: Atribuimos su falta de
delicadeza a la educación recibida.

4 **put (something) on**: exagerar
*Do you think she was really ill,
or was she putting it on?*: ¿Crees
que estaba realmente enferma, o
exageraba?

5 **put (something) right**: (i)
reparar, arreglar; (ii) arreglar el
asunto
(i) *There's something wrong with
this machine – do you think you
could put it right?*: Hay algo que va
mal con esta máquina. ¿Crees que
podrías repararla?
(ii) *They hadn't been paid for their
last job, but the matter was soon
put right*: No les habían pagado
por su último trabajo, pero pronto
se arregló el asunto.

6 **put upon (someone)**: engañar,
molestar, incomodar
*Because he's good-natured, he
tends to be put upon by those who
know him*: Debido a que es muy
amable, los que le conocen suelen
engañarle.

7 **put (someone) up to (doing
something)**: incitar a hacer algo
*Who put you up to spreading
that rumour?*: ¿Quién te incitó a
extender ese rumor?

8 **put up with (something)**:
aguantar, resignarse, soportar
*He couldn't put up with the
noise and so he left the room*: No
podía aguantar el ruido y dejó la
habitación.

9 **stay put**: no moverse,
permanecer en el mismo sitio
*You stay put here while I go
back for help*: Tú te quedas aquí
(quieto) mientras yo voy por
ayuda.

Q

quantity
an unknown quantity: incógnita
As far as they were concerned,
Anna was an unknown quantity
and could not be relied upon: Por
lo que a ellos se refería, Anna era
una incógnita y no se podía confiar
en ella.

question
in question: en cuestión
As long as his integrity is in
question, he shouldn't be
appointed to this committee:
Mientras su integridad se halle
en cuestión, no debería tener un
cargo en este comité.

quick
1 **a quick one**: (tomar) una copa
(rápidamente)
They were just in time for a quick
one before the pubs closed:
Llegaron justo a tiempo para
tomarse una copa antes de que los
pubs cerraran.

2 **be quick on the uptake**: ser
rápido de coger, verlas venir
You'll have to be careful about
what you say in that child's
presence – he's rather quick on the
uptake: Deberás tener cuidado con
lo que dices delante de ese niño.
Las coge rápidamente.

quits
be quits with (someone): estar
en paz con uno, estar desquitado
con uno
Stop quarreling! You hit her and
she hit you – you're quits!: ¡Dejad
de pelear! Tú le pegas a ella y ella
te pega a ti, ¡estáis en paz!

quite
quite something: algo
extraordinario
Cathy's paella is quite something!:
La paella de Cathy es algo
extraordinario

R

rack

    go to rack and ruin: venirse abajo
*The manor house has gone to
rack and ruin ever since the squire
left*: La casa señorial se ha venido
abajo desde que se marchó el
propietario.

rag

    like a red rag to a bull: no hay
nada que más le enfurezca
*Laughing at Felipe's brand of
socialism in front of her is like a
red rag to a bull*: No hay nada que
más enfurezca a ella, que el que se
rían de la clase de socialismo que
Felipe tiene.

rage

    all the rage: en voga
*Jeans are all the rage with both
sexes*: Los pantalones tejanos
están en voga en ambos sexos.

rain

    1 **as right as rain**: estar
perfectamente bien
*If he has a cold, keep him in bed
and he'll be right as rain in a
few days*: Si tiene un resfriado,
mantenlo en cama y estará
perfectamente bien en unos días.

    2 **rain or shine**: contra viento y
marea, pase lo que pase
*During his stay with us, Oriol went
jogging every day, rain or shine*:
Durante su estancia con nosotros,
Oriol se fue a correr cada día,
pasara lo que pasara.

raise

    1 **raise a stink**: armar un
escándalo, organizar un follón
*Janet's father raised a stink when
he found out that she'd crashed
his car into a tree*: El padre de
Janet organizó un escándalo

cuando descubrió que ella había
colisionado con su coche contra un
árbol.

    2 **raise one's voice**: levantar la
voz, gritar
*He can never exchange an opinion
without raising his voice*: Nunca
puede intercambiar una opinión
sin levantar la voz.

rally

    rally round: cooperar, unir
fuerzas
*When Mary lost her husband,
her friends rallied round to help
her*: Cuando Mary perdió a su
marido, sus amigas se unieron
para ayudarla.

random

    at random: al azar
*The Gestapo often picked hostages
at random and had them shot*: La
Gestapo, a menudo, cogía rehenes
al azar y luego los ejecutaba.

raring

    raring to go: con ganas/deseoso
de empezar
*Our new boss always arrives early,
brimming with energy and raring
to go*: Nuestro nuevo jefe siempre
llega temprano, rebosante de
energía y con ganas de empezar.

rat

    1 **rat on**: chivarse, soplar, delatar,
abandonar a uno
*Most of the Great Train Robbers
were caught because someone
in the underworld had ratted
on them*: Se cogió a la mayoría
delosladrones del robo del tren de
Glasgowporquealguienles delató.

    2 **smell a rat**: sospechar algo
*The police set a trap , but the
thieves smelt a rat and drove away*:
La policía tendió una trampa, pero

los ladrones sospecharon algo y huyeron.

rate

1 **at any rate**: de todas formas, en todo caso, por lo menos
She's a very good singer, at any rate, for someone who hasn't had her voice trained: Ella es una cantante muy buena, por lo menos si se piensa que no tiene la voz educada.

2 **at this/that rate**: si continuamos así, de ese modo, a este paso
We haven't had payment for our work yet. At that rate we might as well not work at all!: Todavía no nos han pagado por nuestro trabajo. ¡A este paso/Si continuamos así, es mejor que no trabajemos más!

read

1 **read (something) into (something)**: leer más de lo que hay
Why read more into his letter than he's written?: ¿Por qué lees en su carta más de lo que hay escrito?

2 **read the riot act**: leerle la cartilla a alguien, echar un rapapolvo a alguien
The headmaster read the riot act when he found out that the sixth form boys had been bullying those in the junior school: El director de la escuela leyó la cartilla a los (chicos) mayores cuando descubrió que éstos habían estado intimidando a los más jóvenes de la escuela.

3 **read up on (something)**: leer bibliografía sobre
You can't expect to pass your history paper unless you read up on the subject: ¡No esperarás aprobar tus exámenes de historia sin haberte leído primero la bibliografía sobre el tema!

real

1 **for real**: de verdad
It's for real – she's got another boyfriend: De verdad, tiene otro novio.

2 **in reality**: en realidad, de hecho
She pretends to be quite busy – in reality she has hardly anything to do: Aparenta estar muy ocupada, pero en realidad, apenas tiene nada que hacer.

3 **not really**: no del todo
"Do you think I'm slim enough for that dress?" "Not really":
– ¿Crees que estoy lo suficientemente delgada como para ponerme ese vestido? – No del todo.

4 **oh really?**: ¿de verdad?, ¿de veras?
"I've been offered a Fellowship at Corpus Christi" "Oh really?":
– Me han dado un plaza de miembro de la junta de Corpus Christi. – ¿De veras?

5 **the real McCoy**: lo realmente genuino, lo auténtico
I've been to many so-called "Chinese restaurants" but this one is the real McCoy: He estado en muchos restaurantes de los llamados "chinos", pero éste es genuino.

rear

bring up the rear: cerrar la marcha
The troop marched in good order with the scouts at the head of the column and the cubs bringing up the rear: La tropa marchó en orden con los exploradores mayores/scouts delante y los pequeños cerrando la marcha.

reason

1 **it stands to reason (that)**: ser evidente
If you continue to indulge in promiscuity, it stands to reason that

you'll pay the consequences one day: Si continúas abandonándote a la promiscuidad, es evidente que un día pagarás las consecuencias.

2 **listen to reason**: avenirse a razones, ponerse en razón
He refused to listen to reason because he was quite angry over the affair: No quiso avenirse a razones porque estaba demasiado enfadado por el asunto.

3 **lose one's reason**: perder la razón
George III was thought to have lost his reason and so his son was appointed Regent: Se creyó que George III había perdido la razón y por ello se nombró a su hijo como regente.

4 **within reason**: dentro de lo razonable
He'll do anything for anyone within reason: Dentro de lo razonable, él hará lo que haga falta por cualquiera.

recall
beyond recall: irrevocable
The matter is beyond recall: El asunto es irrevocable.

reckon
1 **reckon on (something)**: contar con, incluir
She was reckoning on receiving her bonus in her pay packet this month: Ella contaba con recibir su paga extra con el salario de este mes.

2 **reckon with**: tener en cuenta, contar con
Smith's a man to be reckoned with: Smith es un hombre con el que se puede contar.

record
set the record straight: corregir lo dicho
We've grossly misjudged Tom and I think it's time we set the record straight: Hemos juzgado muy mal

a Tom, y creo que es hora de que corrijamos lo dicho.

red
1 **red-blooded**: fuerte, vigoroso
Rasputin was a red-blooded male with an insatiable appetite for good food and robust women: Rasputín fue un hombre fuerte, con un apetito insaciable para la comida y las mujeres robustas.

2 **a red herring**: pista falsa
A good Agatha Christie novel is bound to include at least one plausible red herring: Una buena novela de Agatha Christie seguro que incluye, por lo menos, una pista falsa verosímil.

3 **red tape**: trámites, papeleo burocrático
Because of all the red tape at Immigration, he missed his connecting flight to Belgrade: Debido al papeleo burocrático en Inmigración, él perdió el vuelo de conexión a Belgrado.

4 **see red**: ponerse furioso, sulfurarse, salirse de las casillas
Whenever Molly hears Tessa criticizing the boss she sees red: Siempre que Molly oye a Tessa criticar al jefe, ésta se pone furiosa.

redeem
a redeeming feature: rasgo bueno
This article is totally biased and there isn't a single redeeming feature about it: Este artículo es totalmente parcial y no sobresale ningún rasgo bueno en él.

redress
redress the balance: reajustar, rectificar
Because of overspending by the previous government, the Chancellor has decided to redress the balance by increasing taxation: Como el anterior gobierno

gastó demasiado, el Ministro
ha decidido reajustar el balance
aumentando los impuestos.

reel

   reel off (something): enumerar
   rápidamente, recitar de un tirón
   Timothy reeled off a list of names
   of people in show business whose
   autographs he had: Timothy
   recitó de un tirón la lista de
   nombres de personas del mundo
   del espectáculo que le han firmado
   un autógrafo.

refresh

   refresh one's /(someone's)
   memory: refrescar la memoria de
   uno
   I've quite forgotten how this
   argument began, so can you
   now refresh my memory?: He
   olvidado, ciertamente, cómo
   empezó esta discusión, así que
   ¿podrías refrescarme la memoria?

regard

   1 **as regards (something)**: con
   respecto a, en cuanto a
   You may keep the radio. As
   regards the TV, I'd like your sister
   to have it: Puedes quedarte con
   la radio. En cuanto al televisor,
   me gustaría que se lo quedara tu
   hermana.

   2 **with regard to (something)**:
   con respecto a, en cuanto a, por lo
   que se refiere
   We've had no complaints with
   regard to his behaviour at
   school: Por lo que se refiere a su
   comportamiento, no hemos tenido
   ninguna queja del colegio.

region

   in the region of: alrededor de
   The cost of renovation and repairs
   will be in the region of £500,000:
   El coste por la renovación y
   reparación andará alrededor de las
   500.000 libras.

repeat

   repeat oneself: repetirse
   Listen carefully because I don't
   want to repeat myself: Escucha
   con atención porque no quiero
   repetirme.

repute

   of repute: de reputación, de fama
   Hendricks is a man of some repute
   in this town: Hendricks es un
   hombre de fama en este pueblo.

respect

   1 **in respect of (something)**:
   respecto a, respecto de
   This report is fine in respect of
   details, but the spelling is awful:
   Este informe está bien respecto a
   los puntos, pero la ortografía es
   horrible.

   2 **with respect to (something)**:
   con respecto a
   With respect to your claim for
   child maintenance, we regret
   to inform you that you are not
   eligible: Con respecto a la petición
   de ayuda complementaria para
   mantenimiento de hijos, sentimos
   informarle que usted no cumple
   con los requisitos para ello.

rest

   1 **for the rest**: por lo demás
   He ensures that his family has
   food, clothing and shelter, and
   for the rest he doesn't really care:
   Asegura que su familia tiene
   comida, ropa y vivienda, y por lo
   demás, no se preocupa realmente.

   2 **rest assured**: tener la seguridad
   You may rest assured that we shall
   look into the matter immediately:
   Puede quedarse tranquila con la
   seguridad de que estudiaremos su
   problema inmediatamente.

return

   1 **by return (of post)**: a vuelta de
   (correo)
   We look forward to receiving
   your cheque by return of post:

Esperamos recibir su cheque a vuelta de correo.

2 **in return (for something)**: en cambio
They'll send us books and we'll send them journals in return: Ellos nos enviarán libros y nosotros, a cambio, enviaremos periódicos.

ride

1 **ride out (something)**: aguantar
With a bit of luck we'll ride out this crisis: Con un poco de suerte aguantaremos esta crisis.

2 **riding for a fall**: ir a la ruina, correr un peligro
If he doesn't stop making sarcastic remarks about the bosses in their presence, he's riding for a fall: Si no deja de hacer comentarios sarcásticos sobre los jefes cuando éstos se hallan en su presencia, corre peligro.

3 **take (someone) for a ride**: dar gato por liebre
Benito was a slick salesman who didn't hesitate to take his clients for a ride: Benito era un vendedor hábil que no dudaba en dar gato por liebre a sus clientes.

right

1 **serve (someone) right**: estar bien empleado, estar bien merecido
It served him right to lose all those ill-gotten gains in the stock market crash: Le está bien merecido/empleado el que haya perdido todas esas ganancias mal adquiridas en la quiebra de la bolsa.

2 **take (something) in the right spirit**: tomar algo a bien, tomar algo como es debido
He takes their jokes in the right spirit and so he's always welcome: Se toma los chistes a bien y, de esta forma, siempre es bien recibido.

ring

ring true: parecer verdad
Somehow, his story doesn't ring true: En cierta manera, su historia no parece verdad.

riot

run riot: desmandarse, desenfrenarse
The children ran riot as soon as the teacher left the room: Los niños se desmandaron tan pronto el profesor salió de la clase.

ripe

a ripe old age: la avanzada edad de
GBS lived to the ripe old age of ninety-eight: GBS vivió hasta la avanzada edad de noventa y ocho años.

rise

1 **give rise to (something)**: provocar, originar, causar
This plan has given rise to problems: Este plan ha causado problemas.

2 **take a rise out of (someone)**: tomar el pelo a alguien, poner a uno en ridículo
Because Maria is good-natured, her friends are always taking a rise out of her: Como María es muy amable, sus amigos le toman siempre el pelo.

risk

1 **at (someone's) own risk**: por cuenta y riesgo propios
You lend him money at your own risk of course: Le prestas dinero a tu cuenta y riesgo, por supuesto.

2 **run/take the risk (of doing something)**: correr el riesgo de
I've taken the risk of buying you another tie – I hope you'll like it: He corrido el riesgo de comprarte otra corbata. Espero que te guste.

river

sell (someone) down the river: traicionar a uno
The gang found that they'd been sold down the river by one of their

associates: La banda descubrió que habían sido traicionados por uno de sus cómplices.

road

on the road to recovery: estar en vías de recuperación
She was in bed for two weeks with the 'flu, but is well on the road to recovery now: Ha estado en cama durante dos semanas a causa de la gripe, pero ahora está en vías de recuperación.

roar

do a roaring trade: hacer negocios formidables, hacer un negocio tremendo
They're doing a roaring trade in home-made pickles and jams: Hacen un negocio formidable con el comercio de encurtidos y mermeladas.

roll

1 **roll in**: entrar a raudales, llegar en abundancia
Since they set up as freelance translators the money has been rolling in: Desde que se han instalado como traductores (autónomos), el dinero llega en abundancia.

2 **roll up**: (i). presentarse, aparecer; (ii) ¡vengan todos!
(i) *As usual, Elena rolled up ten minutes late*: Como siempre, Elena se presentó diez minutos tarde.
(ii) *Roll up! Roll up! Come and see the two-headed monster!*: ¡Venga todos! ¡Venid a ver el monstruo de dos cabezas!

3 **to be rolling in (something)**: nadar en (la abundancia)
Christina Onassis didn't have to worry about money – she was rolling in it till the day she died: Christina Onassis no tuvo que preocuparse mucho del dinero; nadaba en la abundancia hasta el día de su muerte.

romp

romp home: ganar con facilidad, *Red Rum romped home to another easy victory last Saturday*: Red Rum tuvo/consiguió otra victoria fácil el sábado pasado.

roost

1 **(chickens) come home to roost**: ser contraproducente, volverse en contra de uno
All her sins have come home to roost: Todos sus pecados se vuelven en contra suya.

2 **rule the roost**: llevar la voz cantante, llevar la batuta
My grandmother tried hard, but was never able, to rule the roost in our family: Aunque mi abuela se esforzó en llevar la voz cantante de nuestra familia, nunca lo consiguió.

root

1 **root and branch**: de raíz, del todo
This evil system must be destroyed root and branch!: ¡Este sistema endiablado debe destruirse del todo!

2 **rooted to the spot**: inmovilizado
They shouted to her to run, but she seemed rooted to the spot: Le gritaban para que corriera, pero ella parecía haberse quedado inmovilizada.

3 **root (something) out**: desarraigar, arrancar de raíz
Disease and poverty in the Third World can never be rooted out: Nunca podrá desarraigarse la enfermedad y pobreza en el Tercer Mundo.

4 **take root**: echar raíces, arraigar
The belief that interest rates will fall as soon as Labour come to power seems to have taken root in the minds of some people: La creencia de que los tipos de interés bajarán cuando los laboristas suban al poder, ha arraigado en la mente de algunas personas.

rope

1 **rope (someone) in**: enganchar a uno
They roped Sam in to help with the concert: Engancharon a Sam para ayudar en el concierto.

2 **know the ropes**: conocer un negocio a fondo, estar al tanto
Now that you know the ropes, we intend to leave you to handle the business here: Ahora que conoces el negocio a fondo, vamos a intentar dejarte manejar el negocio aquí.

rough

1 **be rough on (someone)**: ser duro para alguien
It's rough on him to have to look after an aged mother and an ailing wife without outside help: Es duro para él tener que cuidar de una madre anciana y una esposa enferma, sin ningún tipo de ayuda.

2 **ride roughshod over (someone)**: pisotear
Mrs C has ridden roughshod over others to get to where she is today: La Sra. C. ha pisoteado a otros para conseguir llegar a donde se halla ahora.

3 **rough-and-tumble**: pelea, agitación
The children are having a rough-and-tumble in the garden: Los niños se están peleando en el jardín.

4 **sleep rough**: dormir a la intemperie/descubierto, pasar la noche al raso
Tramps are used to sleeping rough: Los vagabundos están acostumbrados a dormir a la intemperie.

5 **take the rough with the smooth**: estar a las duras y a las maduras, tomar las duras con las maduras
If you live in Cambridge and work in London you must be prepared

to take the rough with the smooth: Si se vive en Cambridge y se trabaja en Londres, se debe estar preparado a tomar las duras con las maduras/tomarlo con filosofía.

round

1 **get round to (something)**: encontrar tiempo para hacer algo
When will you get round to mowing the lawn?: ¿Cuándo vais a encontrar tiempo para cortar el césped (del jardín)?

2 **in the round**: en conjunto, globalmente, en su totalidad
Sculpture should be seen in the round: La escultura debería verse en su totalidad.

3 **round figures**: números redondos
Give me a quotation in round figures: Dame un presupuesto en números redondos.

4 **round (something) off**: completar, redondear, perfeccionar
They had brandy and cigars to round off the meal: Tenían coñac y puros para completar/redondear la comida.

5 **round the twist**: estar chiflado
If you expect me to help, you must be round the twist: Si esperas que yo ayude, debes estar chiflado.

6 **a round trip**: ida y vuelta, viaje circular
She used to drive to Colchester and back, at least once a week, a round trip of 110 miles: Solía conducir hasta Colchester y regresar por lo menos una vez a lasemana.Un viaje de ida y vuelta de 110 millas.

7 **round (something) up**: (1) rodear, acorralar; (ii) redondear
(i) *Collies are generally used to round up sheep*: Los perros pastores escoceses suelen utilizarse para acorralar a las ovejas.
(ii) *The total came to £2.89, which we rounded up to £3.00*

and divided among the six of us: El total fue 2, 89 libras, que redondeamos a 3, 00 libras y lo dividimos entre nosotros seis.

rub

1 **rub (something) in**: insistir en
I know I've married a waster, but you don't have to keep rubbing it in!: ¡Sé que me he casado con un despilfarrador, pero no tienes por qué insistir en ello!

2 **rub off on (to) (someone)**: influir
I sincerely hope that Ryan's bad manners don't rub off on to Marc: Sinceramente espero que los malos modales de Ryan no influyan en Marc.

3 **rub shoulders with (someone)**: codearse con uno
During the course of a long and varied career, he's rubbed shoulders with many strange but interesting characters: Durante el transcuso de una larga y variada carrera, se ha codeado con muchos personajes extraños pero interesantes.

4 **rub (someone) up the wrong way**: coger a contrapelo
If you rub your father up the wrong way, he'll punish you: Si coges a tu padre a contrapelo, te castigará.

rule

1 **as a rule**: por regla general, en general
We only drink wine at the weekend as a rule: Sólo bebemos vino los fines de semana, por regla general.

2 **rule of thumb**: por rutina, por experiencia
She usually works by rule of thumb: Normalmente hace su trabajo de modo rutinario.

3 **rule out (something)**: descartar algo, excluir algo
The government did not rule out the use of force to restore order in the troubled province: El gobierno no descartó la posibilidad de utilizar la fuerza para restaurar el orden en la problemática provincia.

run

1 **on the run**: huido, escapado, fugado
Biggs is no longer on the run from the police: Biggs ya no es un fugitivo de la policía.

2 **run across (someone)**: toparse con, tropezar con
On the way to the station I ran across David: Camino de la estación, tropecé con David./Tropecé con David camino de la estación.

3 **run along**: ¡anda ya!
Run along now, children!: ¡Anda, fuera niños!

4 **run away with (something)**: ganar facilmente
Siva Shankar was so brilliant that he ran away with most of the prizes at university: Siva Shankar era tan brillante/genial, que ganó facilmente casi todos los premios de la universidad.

5 **run down**: agotado
Because he was so run down, the doctor prescribed a tonic and a complete rest: A causa de su agotamiento, el médico le recetó un tónico y reposo absoluto.

6 **run (someone or something) in**: (i) tener en rodaje; (ii) detener, arrestar
(i) *We bought the car only last month, so we're still running it in*: Sólo hace un mes que compramos el coche, así es que aún sigue en rodaje.
(ii) *The policeman ran John in for speeding*: La policía detuvo a John por exceso de velocidad.

7 **run out**: acabarse, agotarse
We've run out of milk again – could you fetch some from the

supermarket?: Se ha vuelto a acabar la leche. ¿Podrías ir a buscar más al supermercado?

8 **run over**: atropellar
The distracted driver ran over a child that was crossing the road: El distraído conductor atropelló al niño que cruzaba la carretera.

9 **run the show**: llevar la voz cantante, tener la sartén por el mango
What are you doing over here? I thought we were supposed to be running the show: ¿Qué haces aquí? Creí que debíamos llevar la voz cantante del espectáculo.

10 **run through (something)**: hojear, repasar
I promise to run through the contract and return it to you with my comments as soon as possible: Te prometo hojear el contrato y devolvértelo con mis comentarios tan pronto me sea posible.

11 **run to (something)**: extender, tener
I'm sorry, but we can't run to two holidays this year: Lo siento, pero no podemos tener dos vacaciones este año.

12 **run wild**: crecer en estado salvaje, vivir como salvajes
The garden has run wild yet again. What we need is a gardener!: El jardín ha vuelto a crecer como una selva. Lo que necesitamos es un jardinero.

13 **a trial run**: prueba
Don't ever buy a secondhand car without taking it out on a trial run first: Nunca compres un coche de segunda mano sin probarlo primero.

rustle
rustle up: buscar, conseguir
He rustled up some food and clean clothes: Buscó algo de comida y ropa limpia.

rut
(in)to a rut: ser esclavo de la rutina, estar encallado en la rutina
Because Trudy felt she was getting into a rut, she decided to change her job: Trudy decidió cambiar de empleo porque le pareció que se estaba encallando en la rutina.

S

sack

1 **get the sack**: ser despedido
*You'll get the sack if you
continue to come late to work*: Te
despedirán si continúas llegando
tarde al trabajo.

2 **give (someone) the sack**:
despedir a uno, poner de patitas
en la calle
*McCarthy was given the sack for
being drunk on duty*: Despidieron
a Mccarthy por estar bebido
estando de servicio.

saddle

**saddle (someone) with
(something)**: echar la culpa,
cargar con la responsabilidad
*Although Anna is not sufficiently
experienced, she's been saddled
with preparing the brief for the
chairman's visit to China*: Aunque
Anna no tiene la suficiente
experiencia, se la ha cargado con
la responsabilidad de preparar la
documentación para la visita del
presidente a China.

safe

1 **be on the safe side**: estar
tranquilo, mayor seguridad
*I think I've got enough money
on me, but I'll take my cheque-
book along just to be on the safe
side*: Creo que llevo suficiente
dinero, pero llevaré el talonario
de cheques conmigo para estar
tranquila.

2 **safe and sound**: sano y salvo
*The child was found, safe and
sound, fast asleep under a tree*:
Encontraron al niño, sano y salvo,
profundamente dormido bajo un
árbol.

salt

1 **salt (something) away**: ahorrar
*Noel believes in salting his money
away and starving himself in the*

meantime: Noel prefiere ahorrar
todo su dinero y mientras, pasar
hambre.

2 **the salt of the earth**: la sal de la
tierra
*She believes in helping anyone in
trouble – people like that are the
salt of the earth*: A ella le gusta
ayudar a cualquier persona con
problemas. Personas como ésta
son la sal de la tierra.

3 **worth one's salt**: valer gran
cosa, merecer el pan que se come
*If he can't even do that, he isn't
worth his salt*: Si no puede hacer
ni eso, no se merece el pan que se
come/no vale gran cosa.

same

1 **all/just the same**: sin embargo,
de todas formas
*I'm sure I locked the door, but, all
the same, I think I'll go and check*:
Estoy segura que cerré la puerta
con llave, pero, de todas formas,
creo que voy a ir a comprobarlo.

2 **be all the same to (someone)**:
dar igual a uno
*I'll leave you now, if it's all the
same to you*: Te dejaré ahora si te
da igual.

3 **much the same**: más o menos
igual, más o menos lo mismo, más
o menos idénticos
*"How's the job?" "Much the
same"*: – ¿Cómo es el trabajo? –
Más o menos igual.

4 **same here**: ¡yo también!
*"I'm exhausted after last night's
party" "Same here"*: – Estoy
agotada después de la fiesta de
ayer noche. – ¡Yo también!

sausage

not a sausage: ni un céntimo
*"Did you get anything out of the
Insurance Company, then?"*

"Not a sausage": – ¿Conseguiste algo de la compañía de seguros, entonces? – ¡Ni un céntimo!

say

1 **I say!**: ¡oiga!, ¡oye!, ¡caramba!
I say! Look who's here!:
¡Caramba! ¡Mira quién está aquí!

2 **I wouldn't say no to**: no diría que no, me apetecería
I wouldn't say no to another cup of tea: No diría que no a otra taza de té.

3 **that is to say**: es decir, o sea
She's to sit her exam next Friday, that's to say the 2nd of April: Tiene su examen el próximo viernes; es decir, el día 2 de abril.

4 **there's no saying**: es imposible decir
There's no saying what she'll do next: Nadie puede decir qué hará ella después.

5 **what would you say to (something)**: ¿qué te parece?
"What would you say to dinner in a Chinese restaurant on Sunday?" "Splendid!": ¿Qué te parece ir a cenar a un restaurante chino el domingo? – ¡Espléndido!

6 **you can say that again!**: ¡dímelo a mí!
"She's silly" "You can say that again!": – Es tonta. – ¡Dímelo a mí!

scarce

make oneself scarce: esfumarse, no aparecer
He always makes himself scarce when his brother calls: Siempre que su hermano le llama, él se esfuma.

scare

1 **scare/frighten (someone) out of his/her wits**: dar un miedo espantoso
The sight of the brandished gun scared the shop assistant out of her wits: La visión de la pistola en

ristre dio un miedo espantoso a la dependienta.

2 **scare (someone) stiff**: muerto de miedo
My cousin's driving scares me stiff: Me muero de miedo con la manera de conducir de mi primo.

schedule

1 **according to schedule**: según el plan, conforme al plan
The construction of the new library is going according to schedule: La construcción de la nueva biblioteca marcha conforme al plan.

2 **ahead of/behind schedule**: puntual/retrasado
The plane is two hours behind schedule: El avión lleva dos horas de retraso.

score

1 **know the score**: conocer el percal, conocer las posibilidades
The operation is rather risky and I think you ought to know the score – if the patient is opened up, the cancer will spread: Creo que la operación es algo arriesgada y deberías conocer las posibilidades. Si se abre al paciente se extenderá el cáncer.

2 **on that score**: a ese respecto, por lo que se refiere a eso
Your child's perfectly healthy, so you don't have to worry on that score: Su niño está perfectamente sano, así que, por lo que se refiere a eso, no debe preocuparse.

3 **score off (someone)**: reírse, hacer chistes a costa de uno
It's rather embarrassing to see the younger sister scoring off the elder one in public: Es avergonzante ver cómo la hermana menor se ríe de su hermana mayor en público.

4 **settle old scores**: ajustar cuentas con uno
Because the convict had some old scores to settle with his former

*cellmate, he waylaid him and
broke a few of his ribs*: Ya que el
convicto tenía algunas cuentas
que ajustar con su compañero
de celda, le acechó y le rompió
algunas costillas.

scot

scot-free: impune, sin castigo
*Six of the gang were sent to prison,
but the leader and his brother got
off scot-free*: Enviaron a prisión a
seis de la banda, pero al líder y a
su hermano les dejaron sin castigo.

scratch

1 **scratch the surface**: no
profundizar
*What Oxfam is doing to relieve
famine in the Third World
only scratches the surface of an
insurmountable problem*: Lo que
Oxfam hace para aliviar/mitigar
el hambre en el Tercer Mundo,
es tocar superficialmente un
problema insuperable.

2 **start from scratch**: empezar sin
nada, empezar desde el principio
*Because he wasn't satisfied with
what he'd written, he threw it into
the wastepaper basket and started
from scratch*: Como no estaba
satisfecho con lo que había escrito,
lo tiró a la papelera y empezó
desde el principio.

screw

put the screws on (someone):
apretar las clavijas a uno, apretar
los tornillos a uno
*If he doesn't pay up, we'll have to
put the screws on him*: Si no paga
lo que debe, deberemos apretarle
las clavijas.

scrimp

scrimp and save: apretarse el
cinturón
*Their parents had to scrimp and
save to send them to university*:
Sus padres tuvieron que apretarse

el cinturón para enviarles a la
universidad.

sea

at sea: en un mar de confusiones,
despistado
*Can I help you? You seem to
be completely at sea*: ¿Puedo
ayudarte? Pareces estar
totalmente despistado.

search

search me!: ¡a mí que me
registren!, ¡yo qué se!
*"Why does the boss want to see
me?" "Search me!"*: – ¿Por qué
quiere verme el jefe? – ¡Yo qué se!

seat

take a seat: sentarse
Please take a seat!: Siéntese, por
favor.

second

1 **second nature**: segunda
naturaleza
*It's second nature to him to think
carefully before agreeing to
anything*: Es típico en él el pensar
cuidadosamente algo antes de
estar de acuerdo con ello.

2 **second-rate**: de segunda
clase/categoría
*A number of TV comedies in
the eighties were rather second-
rate*: Gran cantidad de comedias
televisivas de los años ochenta
fueron de segunda clase.

3 **second sight**: clarividencia
*Does she really have the power
of second sight, or is she a
charlatan?*: ¿Tiene realmente
poderes clarividentes o es sólo una
charlatana?

4 **a split second**: fracción de
segundo, en un momento, en un
dos por tres
*For a split second she thought she
saw a face at the window, and then
it vanished*: En un momento pensó
que había visto una cara en la
ventana y que luego desapareció.

see

1 **let me see**: a ver, vamos a ver
I think we could let you have the £1526 we owe you in – let me see – three weeks: Creo que podríamos devolverte las 1526 libras que te debemos en, vamos a ver, tres semanas.

2 **see about (something)**: encargar, ocuparse
Will you see about collecting our son from school this afternoon?: ¿Te encargarás de recoger a nuestro niño de la escuela esta tarde?

3 **see here!**: ¡oiga!, ¡mire!
See here! When I ask for coffee, I don't expect to be given tea!: ¡Oiga! ¡Cuando pido un café no espero recibir un té!

4 **see (someone) off**: despedir
His wife always goes to the airport to see him off: Su esposa siempre le acompaña al aeropuerto para despedirle.

5 **see (someone) out**: (i) acompañar hasta la puerta;(ii) vivir más que nada o nadie/mucho
(i) *Maria, please give the gentleman his coat and see him out!*: María, dale por favor el abrigo al señor y le acompañas hasta la puerta.
(ii) *These old trees will see us all out*: Estos viejos árboles vivirán más que nosotros.

6 **see over (something)**: visitar
Can we see over the house on Friday evening?: ¿Podemos visitar la casa el viernes por la tarde?

7 **see things**: ver visiones
Don't be silly, you're seeing things!: ¡No seas tonta, estás viendo visiones!

8 **see (something) through**: ayudar a uno a salir de un apuro
She had a lot of problems at university, but her friends saw her through: Ella tenía muchos problemas en la universidad, pero sus amigos la ayudaron a salir del paso.

9 **see to (someone or something)**: atender, encargarse
Will you see to the baby while I go down to the shops?: ¿Te encargarás del bebé mientras bajo de compras?

10 **see to it that**: procurar que, asegurarse de que
See to it that this job is completed before you go home!: ¡Asegúrate de que este trabajo esté terminado antes de que te vayas a casa!

seize

seize up: agarrotarse
The car engine seized up because it had overheated: El motor del coche se agarrotó porque estaba demasiado caliente.

self

1 **self-possessed**: sereno, dueño de sí mismo
She was so calm and self-possessed that we never suspected she was nervous: Era tan calmada y dueña de sí misma, que nunca sospechamos que fuera nerviosa.

2 **self-righteous**: santurrón
"I never miss church on Sundays!" she exclaimed self-righteously: ¡Nunca dejo de asistir a misa los domingos!, exclamó santurronamente.

3 **self-willed**: obstinado, terco, voluntarioso
You can't get him to accept advice – he's quite self-willed: No conseguirás que te acepte un consejo, es demasiado terco.

send

1 **send away/off for (something)**: pedir/encargar por correo
I've sent away for a new coat for you: He encargado por correo un nuevo abrigo para ti.

2 **send (someone) down**: expulsar
During the student unrest in the seventies, it is surprising that none of the students who caused damage in the Law School at Cambridge were sent down: Es sorprendente que durante el desorden estudiantil de los (años) setenta, ninguno de los estudiantes que provocaron daños en la Escuela de Leyes de Cambridge fuera expulsado.

3 **send (something) up**: parodiar, satirizar
In the famous live TV series of the early sixties, TWTWTW, Frost and his team were constantly sending up politicians: En la famosa serie televisiva en directo de principios de los (años) sesenta, TWTWTW, Frost y su equipo parodiaban constantemente a los políticos.

sense

1 **bring (someone) to his senses**: hacer sentar la cabeza a uno, hacer entrar en razón a uno
I hope the huge fine and the suspended sentence for drunken driving will bring Smith to his senses: Espero que la elevada multa y la libertad condicional por conducir borracho, hará sentar la cabeza a Smith.

2 **come to one's senses**: sentar la cabeza
You'll have squandered all your father's money before you finally come to your senses!: ¡Habrás malgastado todo el dinero de tu padre antes de que sientes finalmente la cabeza!

3 **a sixth sense**: sexto sentido
He could neither hear nor see anything, but a sixth sense told him that he was being followed: No podía ni oír ni ver nada, pero un sexto sentido le dijo que le estaban siguiendo.

service

1 **at your service**: a sus órdenes, a su disposición
I'm at your service if you need help: Si me necesita, estoy a su disposición.

2 **be of service to (someone)**: servir de algo, poder ayudar a uno
Can I be of service to you?: ¿Puedo ayudarle?/¿Puedo servirle de algo?

set

1 **all set (to)**: listo
Are we all set? Let's go, then!: ¿Listos? ¡Pues, vayámonos entonces!

2 **be set on (something)**: estar empeñado en algo
What a pity! She was so set on getting married before she was thirty!: ¡Qué pena! ¡Estaba tan empeñada en casarse antes de los treinta!

3 **set in**: comenzar, empezar, hacer mella
At the end of term, boredom always sets in among the children: Al finalizar el trimestre, el aburrimiento suele hacer mella entre los niños.

4 **set (something or someone) on (someone)**: atacar, instigar contra
The angry farmer set his dogs on the intruders: El enfadado granjero instigó a los perros contra los intrusos.

5 **set to**: ponerse a trabajar
The boys set to, and finished papering their bedroom before the end of the day: Los chicos se pusieron a trabajar y finalizaron el empapelado de su habitación antes de acabar el día.

6 **a set-to**: bronca, pelea, agarrada
There was an ugly set-to between the cook and the maid last week: La semana pasada hubo una pelea

violenta entre el cocinero y la
camarera.

7 **set to work**: empezar a trabajar,
iniciar una tarea/labor
The forensic experts set to work to
establish the identity of the killer:
Los expertos forenses iniciaron
las labores para establecer la
identidad del asesino.

settle

1 **settle down**: sentar cabeza,
casarse
Maria's been flirting for years.
Isn't it time she married and
settled down?: María ha estado
flirteando/coqueteando durante
años. ¿No es hora ya de que siente
cabeza?

2 **settle for (something)**:
contentarse con
Svend refused payment of the
whole invoice, so we settled for
half: Svend se negó a pagar toda
la factura, por lo que tuvimos que
contentarnos con la mitad del
importe.

3 **settle (something) on**
(someone): asignar
Jo's parents have settled the
family house on her after their
death: Los padres de Jo le han
legado/asignado la casa de la
familia después de que ellos
mueran.

4 **settle up (with someone)**:
arreglar/ajustar cuentas con uno
Why don't you settle up with the
hotel and come and stay with us?:
¿Por qué no arreglas las cuentas
con el hotel y te vienes a casa con
nosotros?

sew

sewn up: arreglado
(definitivamente)
And so, you've got the contract all
sewn up?: Así que, ¿has arreglado
definitivamente el contrato?

shade

put (someone or something)
in the shade: hacer sombra a
(algo/alguien), eclipsar a alguien
Gavin's artwork puts that of his
friends in the shade: El material
artístico de Gavin ensombrece al
de sus amigos.

shadow

worn to a shadow: agotado,
extenuado, cansado
He was worn to a shadow after
six months of caring for his sick
wife: Quedó extenuado después
de cuidar durante seis meses a su
esposa enferma.

shake

1 **no great shakes**: no valer gran
cosa
She's written a novel, but it's no
great shakes: Ella ha escrito una
novela, pero no vale gran cosa.

2 **shake off (someone or**
something): deshacerse, quitarse
de encima
He tried to shake off his pursuers
by running down a side alley:
Intentó quitarse encima a sus
perseguidores corriendo por un
callejón.

shame

1 **put (someone or something) to**
shame: avergonzar
My mother worked so hard that it
put her sisters to shame: Mi madre
trabajó tan duro que avergonzó a
sus hermanas.

2 **shame on you!**: ¡qué vergüenza!
You mean you don't know how to
cook? Shame on you!: ¿Dices que
no sabes cocinar? ¡Qué vergüenza!

shape

1 **in any shape or form**: de ningún
modo, en absoluto
Be careful not to upset him. He
doesn't accept rewards in any shape
or form: Ten cuidado no vayas a
molestarle. No acepta en absoluto
regalos/recompensas.

shape

2 **in the shape of**: en forma de
Help arrived in the shape of an advance on his next book: La ayuda llegó en forma de adelanto sobre el próximo libro.

3 **take shape**: tomar forma, irse perfilando
His book on wild mushrooms is gradually taking shape: Su libro sobre setas está tomando forma poco a poco.

share

1 **go shares with (someone)**: dividir con, o a medias con
She went shares with her friend on the cost of a present for their teacher: Dividieron a medias el importe del regalo de su profesor.

2 **share and share alike**: pagar a escote, compartir los gastos
The children divided the cake between them, share and share alike: Los niños dividieron el pastel entre ellos y compartieron los gastos.

sharp

1 **sharp practice**: trampa, maña
He's noted for sharp practice in the contracts he draws up: Se le conoce por la maña que tiene al redactar contratos.

2 **a sharp tongue**: lengua viperina
Because she couldn't bear her mother's sharp tongue any longer, she left home: Se marchó de casa porque no podía aguantar más la lengua viperina de su madre.

sheet

as white as a sheet: blanco como la nieve
She was as white as a sheet after the accident: Estaba tan blanca como la nieve después del accidente.

shelf

on the shelf: quedarse para vestir santos
Because she doesn't try hard enough, Carmen is likely to remain on the shelf: Carmen se quedará

para vestir santos porque no lo intenta lo bastante.

shell

1 **come out of one's shell**: salir de su concha
Some children take longer than others to come out of their shell, when they first go to school: A algunos niños les cuesta más que a otros salir de su concha cuando van al colegio por primera vez.

2 **shell out**: soltar, aflojar
He shelled out a lot of money on a project that finally failed: Soltó un montón de dinero para un proyecto que al final falló.

shift

1 **shift for oneself**: valerse por sí mismo, arreglárselas solo
My mother's too old now to shift for herself: Ahora, mi madre es demasiado anciana para valerse por sí misma.

2 **shift one's ground**: cambiar de táctica
It's impossible to get him to commit himself to publishing the book because he keeps shifting his ground: Es imposible conseguir que se comprometa a publicar el libro, porque va cambiando de táctica todo el tiempo.

shine

take a shine to: coger cariño a, tomar simpatía por
The teacher took a shine to his latest pupil and offered to give her extra classes at the weekend: El profesor cogió cariño a su alumna más nueva y se ofreció a darle clases extras durante el fin de semana.

shiver

give (someone) the shivers: hacer temblar, dar miedo
The thought of working for Big Betty gave Anna the shivers: A Anna le dio miedo el pensar que iba a trabajar para Big Betty.

shoe

1 in (someone's) shoes: en el pellejo de uno
If I were in your shoes, I'd demand a refund immediately: Si me encontrara/estuviera en tu pellejo, pediría la devolución del dinero inmediatamente.

2 on a shoestring: con cuatro cuartos
Hitchcock's early films were generally produced on a shoestring: Las primeras películas de Hitchcok se producían generalmente con cuatro cuartos.

shop

1 all over the shop: patas arriba, en desorden
Jean's office was always untidy – letters and files all over the shop: La oficina de Jean estaba siempre desordenada: cartas y expedientes patas arriba.

2 set up shop: abrir/poner una tienda
Mercedes set up shop as an independent masseuse because she was unhappy with Rosa's conditions of employment: Mercedes puso un consultorio como masajista porque no estaba contenta con las condiciones de trabajo que Rosa le ofrecía.

3 shop around: comparar precios de un mismo producto en diferentes tiendas
Why don't you shop around first, before you buy another TV?: ¿Por qué no vas a comparar precios a otras tiendas antes de comprar otro televisor?

4 shut up shop: dar por terminado un asunto, cerrar la tienda
We've been working non-stop for nearly twelve hours. Come on, let's shut up shop!: Hemos estado trabajando casi doce horas sin parar. ¡Vamos, demos por terminado el asunto!

5 talk shop: hablar de negocios, hablar de asuntos profesionales
Civil servants have the annoying habit of talking shop even at parties!: Los funcionarios tienen la desagradable costumbre/mala costumbre de hablar de los asuntos profesionales incluso en las fiestas.

short

1 be in short supply: escasear
Teachers are now in short supply and have to be recruited from abroad: Los profesores escasean ahora, y se han de reclutar otros en el extranjero.

2 for short: para abreviar
Her name is Maria Isabel, but she's called Mabel for short: Se llama María Isabel, pero para abreviar la llaman Mabel.

3 give (someone or something) short shrift: despachar a alguien
He came along with another crazy idea, but I soon gave him short shrift: Apareció con otra idea rara, pero pronto le despaché.

4 go short: verse escaso/privado/falto
If you can lend me a bottle of milk, I'd be grateful; but I don't want you to go short: Si pudieras prestarme una botella de leche, te lo agradecería mucho; aunque no querría que luego te faltara a ti.

5 in short: en unos momentos, en poco rato, en unos instantes
In short, the meeting was a shambles: En unos instantes la reunión se convirtió en un caos.

6 short and sweet: corto y bueno
His reply was short and sweet. "Get out!" he shouted: Su respuesta fue corta y buena. Gritó: ¡Fuera!

7 short on (something): tener poco
The book is rather short on illustrations, but has some useful information: El libro tiene pocas ilustraciones, pero posee alguna información útil.

8 **short-tempered**: de mal genio, de genio vivo
Because he doesn't sleep well at night, he's rather short-tempered these days: Estos días tiene algo de mal genio porque no duerme bien por la noche.

9 **stop short of (something)**: detenerse antes de llegar a, vacilar en
She wouldn't stop short of stealing, if her family were starving: Ella no vacilaría en robar si su familia se estuviera muriendo de hambre.

shoulder

shoulder to shoulder: hombro a/con hombro
Your father and his fought shoulder to shoulder in the last war: Tu padre y el suyo lucharon hombro con hombro en la última guerra.

show

1 **for show**: para impresionar
His sword is just for show – it's quite blunt: Su espada es sólo para impresionar; está desafilada.

2 **good show!**: ¡muy bien!
So you've got yourself another boyfriend already! Good show!: ¡Así que ya tienes otro novio! ¡Muy bien!

3 **on show**: expuesto, en exposición
We'd like to put some of your paintings on show: Nos gustaría exponer algunos de tus cuadros.

4 **show up**: (i) poner en evidencia; (ii) aparecer
(i) *This kind of light really shows up the places where I've mended this coat*: Este tipo de luz pone realmente en evidencia los lugares en donde se ha cosido el abrigo.
(ii) *We waited for hours but they never showed up*: Esperamos durante cuatro horas, pero ellos no aparecieron.

5 **steal the show**: llevarse todos los aplausos
Although the actress looked ravishingly beautiful, it was her daughter that really stole the show: Aunque la actriz estaba encantadoramente hermosa, su hija se llevó todos los aplausos.

6 **to show for (something)**: sacar provecho
You've worked hard for nearly thirty years and what've you got to show for it? Nothing!: Has trabajado duro durante casi treinta años y ¿qué has sacado de provecho? ¡Nada!

shrug

shrug (something) off: minimizar, no dejarse impresionar, negar importancia, no hacer caso de
He shrugged off all advice and walked straight into a trap: No se hizo caso de ningún consejo y fue directo hacia la trampa.

shut

shut up: callarse
Tell them to shut up!: ¡Diles que se callen!

sick

1 **make (someone) sick**: poner enfermo a uno
It makes me sick to see so much food thrown away: Me pone enfermo ver tanta comida desperdiciada.

2 **sick and tired (of something)**: estar harto de, estar hasta las narices de
I'm sick and tired of your bullying: Estoy harta/hasta las narices de que me intimides.

3 **worried sick**: estar muy preocupado
Where have you been all this time? Your mother's worried sick about you!: ¿Dónde has estado todo este tiempo? ¡Tu madre ha estado muy preocupada por ti!

side

1 **get on the wrong side of (someone)**: tomar a uno a contrapelo, ponerse a malas con uno
If you get on the wrong side of your father, he'll punish you: Si te pones a malas con tu padre, te castigará.

2 **let the side down**: dejar mal a los suyos, hacer algo que desmerece de su partido
His friends felt that he'd let the side down by appearing drunk at the office party: A sus amigos les pareció que les había dejado mal al aparecer borracho en la fiesta de la oficina.

3 **on the side**: por añadidura, además
He's a policeman who earns money on the side by running a bar: Es un policía que gana dinero, además, llevando un bar.

4 **pick/choose sides**: seleccionar un partido
Let's pick sides and start the game: Seleccionemos el equipo y empecemos el partido.

5 **put (something) on one side**: poner a un lado, poner aparte
He's been so busy that he's had to put his thesis on one side for the moment: Ha estado tan ocupado que, por el momento, ha tenido que poner su tesis a un lado.

6 **take sides**: tomar partido
I don't believe in taking sides. You'll have to sort it out among yourselves: No me gusta tomar partido. Debereis arreglarlo entre vosotros.

sight

not be able to stand the sight of (someone): no poder aguantar/soportar a alguien
She's quite nice, but I can't stand the sight of her sister: Ella es bastante amable, pero no puedo aguantar/soportar a su hermana.

sin

as ugly as sin: más feo que un pecado
Fred's quite pleasant, but he's as ugly as sin!: Fred es muy agradable, pero ¡más feo que un pecado!

single

1 **not a single**: ninguno
There wasn't a single policeman in sight when the holdup occurred!: No había ningún policía por los alrededores cuando ocurrió el atraco.

2 **single-handed**: sin ayuda, por sí solo
He runs the restaurant single-handed: Lleva el restaurante sin ninguna ayuda/por sí solo.

3 **single-minded**: resuelto, firme, tenaz
He's single-minded about his work: Es tenaz en su trabajo.

4 **single (someone or something) out**: singularizar, escoger
The headmaster singled Tubby out for punishment: El director de la escuela escogió a Tubby para el castigo.

sink

be sunk: estar perdido
You're sunk if he discovers it was you who turned off the generator: Estás perdido si descubre que fuiste tú quien apagó el generador.

sit

1 **sit back**: recostarse, sentarse cómodamente
How can you just sit back and allow them to take the blame?: ¿Cómo puedes sentarte cómodamente y permitir que ellos carguen con la culpa?

2 **sit (something) out**: aguantar (hasta el final)
This government is trying to sit out the crisis of increased inflation: Este gobierno intenta aguantar la crisis del aumento de inflación.

3 **a sitting target**: presa fácil,
blanco fácil
*Mary's a sitting target for all Jane's
criticism of incompetent people*:
María es el blanco fácil de todas
las críticas que Jane hace acerca de
personas incompetentes.

4 **sit up**: (i) no acostarse; (ii)
prestar atención, aguzar el oído
(i) *Sue's mother sat up till 3.00
a.m. waiting for her to come home
from the dance*: La madre de
Sue no se acostó hasta las 3 de
la mañana, esperando que ella
regresara (a casa) del baile.
(ii) *That'll make you sit up and
take notice!*: ¡Esto hará que prestes
más atención y hagas caso!

size

1 **of a size**: igual, del mismo
tamaño, misma medida
*Your dress should fit her – the two
of you are very much of a size*: Tu
vestido debería irle bien a ella. Las
dos teneis más o menos la misma
medida.

2 **the size of it**: así es, es más o
menos eso
*"Do you mean we're trapped?"
"That's about the size of it!"*:
– ¿Quieres decir que estamos
atrapados? – ¡Más o menos eso!

3 **size up (someone or
something)**: juzgar, evaluar
*My father was very good at sizing
up people*: Mi padre era muy
bueno juzgando a las personas.

skate

get one's skates on: ¡darse
prisa!, ¡apurarse!
*You'd better get your skates on if
you want to catch the 9.00 o'clock
train!*: Mejor será que te apures si
quieres coger el tren de las nueve.

skin

1 **by the skin of one's teeth**: por
los pelos
*She escaped being run over by the
skin of her teeth*: Se escapó por los
pelos que no la atropellaran.

2 **get under (someone's) skin**:
irritarle a uno, afectarle a uno
*Don't let her criticism get under
your skin*: No dejes que sus críticas
te afecten.

3 **save one's skin**: salvar el pellejo
*In order to save his own skin, the
thief betrayed his companions*: El
ladrón traicionó a sus compañeros
para poder salvar su pellejo.

4 **skin and bone**: piel y huesos, en
los huesos
*Before she died she'd been reduced
to mere skin and bone*: Antes de
morir se había quedado en los y
huesos.

5 **skin-deep**: superficial
Beauty is skin-deep: La belleza es
superficial.

6 **thick-skinned**: insensible, duro
*Pat's never upset by adverse
comments – he's quite thick-
skinned*: Pat nunca se ofende por
los comentarios adversos; es muy
insensible/duro.

sky

sky-high: muy alto, por las nubes
*Under the present government
house prices are sky-high*: Con este
gobierno, el precio de las casas se
ha puesto por las nubes.

slate

on the slate: a la cuenta de uno
*He ordered two whiskies and
asked the barman to put it on the
slate*: Pidió dos whiskies y le dijo
al camarero que lo pusiera a su
cuenta.

sleep

1 **sleep in**: dormir en casa, dormir
tarde
*On Saturdays we generally sleep
in because we work quite hard
during the week, going to bed
late and getting up early every
day*: Por lo general, los sábados
dormimos hasta tarde, porque
durante la semana trabajamos
muy duro, yendo tarde a la cama

y levantándonos temprano por la mañana.

2 sleep (something) off: dormir la mona, dormir para que desaparezca

She's in bed sleeping off the effects of last night's party: Ella está en cama durmiendo la mona de la fiesta de anoche.

3 sleep on (something): consultar con la almohada

I don't need an answer now – sleep on it and let me know something tomorrow: No necesito que me contestes ahora/No necesito una respuesta ahora. Consúltalo con la almohada y me lo haces saber mañana.

slight

not in the slightest: en lo más mínimo, ni mucho menos

"Am I disturbing you?" "Not in the slightest": – ¿Molesto? – En lo más mínimo.

slip

1 slip (someone) (something): pasar

Henry slipped the guide a fiver because he was extremely pleased with the tour: Henry le pasó un billete de cinco libras al guía porque estaba realmente satisfecho del tour.

2 a slip of the tongue: lapsus (linguae)

I didn't mean to call you a fool – it was only a slip of the tongue: No quería llamarla idiota. Solo fue un lapsus (linguae).

3 slip up: equivocarse, meter la pata

They certainly slipped up in appointing him Deputy Chairman: Desde luego metieron la pata al nombrarle vicepresidente.

slope

slope off: largarse

If you're looking for Jim, he's probably sloped off as usual: Si

buscas a Jim, probablemente se ha largado como es normal.

sly

on the sly: a hurtadillas, a escondidas

Anna's been seeing Pedro on the sly: Anna se ha visto con Pedro a escondidas.

small

1 in a small way: (i) en pequeña escala; (ii) manera modesta

(i) *Seamus is a publisher in a small way, although he likes to give you the impression that he isn't*: Seamus es un editor a pequeña escala, aunque le gusta dar la impresión de lo contrario.

(ii) *They celebrated their anniversary in a small way at home*: Celebraron su aniversario de manera modesta, en casa.

2 small talk: charla, palique, cháchara

He disliked small talk and so avoided meeting people in pubs: No le gustaban las charlas sin sentido y por eso evitaba encontrarse con la gente en los pubs.

3 small-time: de poca monta, de escasa importancia, de poca categoría

Gerry was only a small-time crook and so they let him go: Gerry era un ladrón de poca monta y por eso le dejaron ir.

snap

1 snap out of it: animarse

He was getting quite depressed with the way things were going so he decided to snap out of it and take a short holiday: Tal y como iban las cosas se sentía bastante deprimido, por lo que decidió animarse y se tomó unas cortas vacaciones.

2 snap (something) up: agarrar

Whenever you see a bargain it's best to snap it up straight away:

Siempre que veas una ganga, es mejor que la agarres.

sneeze

    not to be sneezed at: (cosa que) no es de despreciar/que no debe despreciarse

    Their conditions of employment are not to be sneezed at: Las condiciones de trabajo que tienen no deberían despreciarse.

snow

    snowed under: estar abrumado, estar agobiado

    Don't ask me to come out. I'm snowed under with work just now: No me pidas que salga. Por ahora estoy abrumado de trabajo.

sob

    sob-story: historia sentimental, dramón

    He came to me with another sob-story about losing his job, and not having anything to eat, and could I lend him a fiver?: Ha venido a verme con otro dramón acerca de su pérdida del trabajo, de que no tiene nada que comer, y que si le podía prestar cinco libras.

sold

    1 **be sold on (something):** estar entusiasmado por, convencer a uno una cosa

    They were quite easily sold on the idea of employing a home help: Estaban entusiasmados con la idea de emplear una ayuda doméstica.

    2 **be sold out:** haberse agotado

    We're sold out of that particular edition of the book: Se ha agotado esa edición en concreto del libro.

soldier

    soldier on: seguir adelante/continuar a pesar de todo

    Despite the many financial setbacks that the company has had this year, it is determined to soldier on: A pesar de los muchos contratiempos financieros que la compañía ha

sufrido este año, están decididos a continuar adelante sea como sea.

some

    1 **be/have something to do with (something):** tener algo que ver

    Boyle's Law has something to do with Physics, hasn't it?: La ley de Boyle tiene algo que ver con la física, ¿verdad?

    2 **make something of oneself:** llegar a ser algo

    She's very talented – I hope she'll make something of herself one day: Ella es muy inteligente. Espero que llegue a ser algo un día.

    3 **or something:** algo así

    He's a tutor, or an auxiliary teacher, or something!: Es un tutor, auxiliar, o algo así.

    4 **something tells me:** algo me dice que

    Something tells me she's about to resign her job: Algo me dice que está a punto de dimitir de su puesto de trabajo.

song

    for a song: muy barato, regalado

    That set of prints you wanted so much went for a song at the auction: Ese juego de heliograbados que querías se vendió a precio regalado en la subasta.

soon

    1 **no sooner said than done:** dicho y hecho

    He asked her to fetch him warm water and a clean towel. This was no sooner said than done: Le pidió que le fuera a buscar un poco de agua templada y una toalla limpia. Fue dicho y hecho.

    2 **sooner or later:** tarde o temprano

    She'll find out sooner or later that he's been lying: Tarde o temprano ella se se enterará de que él le ha estado mintiendo.

3 **the sooner the better**: cuanto
antes mejor, cuanto más pronto
mejor
*"When do you suppose we should
tell him?" "The sooner the
better!"*: – ¿Cuándo crees que
deberíamos decírselo? – ¡Cuanto
antes mejor!

sort

1 **not a bad sort**: no ser una mala
persona
*Mabel's not a bad sort when you
really get to know her*: Mabel no es
una mala persona cuando la llegas
a conocer.

2 **of a sort/of sorts**: una especie de
*They served a lunch of sorts: just
sandwiches and lukewarm tea!*:
Sirven una especie de almuerzo:
sólo bocadillos y té tibio.

3 **sort of**: algo parecido, en cierto
modo
*I feel sort of worried about what
he'll do next*: Estaba preocupada
en cierto modo pensando en lo que
él haría después.

4 **sort (something or someone)
out**: (i) clasificar, separar; (ii)
arreglar, solucionar, ordenar; (iii)
ajustar las cuentas a uno
(i) *I'll try to sort out some old
clothes for the jumble sale*:
Intentaré separar algunas prendas
viejas para la tómbola de la
parroquia.
(ii) *Seamus will have to sort out his
business affairs before he's forced
to close down*: Seamus tendrá que
solucionar sus asuntos comerciales
antes de verse forzado a cerrar el
negocio.
(iii) *She'll soon sort him out, the
cheap philanderer!*: ¡Pronto ajustó
cuentas al tenorio de pacotilla!

sound

1 **sound off**: protestar, quejarse,
poner el grito en el cielo
*The old man in the supermarket
was sounding off about the price of*
biscuits: El anciano se quejaba en
el supermercado acerca del precio
de las galletas.

2 **sound (someone) out**: sondear
a alguien, tantear
*Before the meeting was called, the
secretary sounded out some of the
members in order to know how
they would vote*: Antes de que se
llamara a reunión, el secretario
tanteó a algunos miembros para
averiguar cómo iría la votación.

soup

in the soup: estar en un apuro,
estar en un aprieto
*If the headmaster finds out, you're
in the soup*: Te meterás en un
apuro/Estarás en un aprieto si se
entera el director.

speak

1 **generally speaking**: hablando
en términos generales
*Generally speaking, women can
endure pain better than men*:
Hablando en términos generales,
las mujeres pueden soportar el
dolor mejor que los hombres.

2 **so to speak**: por decirlo así, por
así decirlo, como quien dice
*Our dog is a member of the family,
so to speak*: Nuestro perro es un
miembro de la familia, como quien
dice.

3 **speak for (someone)**: hablar en
nombre de
*I myself have no objections to the
scheme, but I can't speak for the
others*: Yo, personalmente, no
tengo objecciones al proyecto,
pero no puedo hablar en nombre
de los otros.

4 **speak for itself/themselves**:
(los hechos) hablan
The facts speak for themselves: Los
hechos hablan por sí solos.

5 **speak out**: hablar claro
*If you feel you can't agree, speak
out*: Si te parece que no puedes

estar de acuerdo, habla claro/dilo claramente.

6 **speak up**: hablar más fuerte
Speak up! We can't hear you!:
¡Habla más fuerte! ¡No se te oye!

spell

spell (something) out: deletrear, explicar
He's a bit stupid – you'll have to spell it out for him: Es un poco tonto. Tendrás que explicarle todo.

spick

spick and span: flamante, impecable, pulcro, aseado
In less than an hour she had the place spick and span: En menos de una hora tuvo el sitio limpio y aseado.

spin

1 **spin a yarn**: contar una historia
He spun us a yarn about his experiences in a POW camp:
Nos contó una historia sobre sus experiencias en un campo de prisioneros de guerra.

2 **spin (something) out**: alargar, estirar, prolongar
He spun out his speech for an extra five minutes: Alargó su discurso unos cinco minutos más.

spirit

spirit (someone or something) away: hacer desaparecer
The President was spirited away before the terrorists had a chance to assassinate him: Se hizo desaparecer al Presidente antes de que los terroristas tuvieran la oportunidad de asesinarle.

splash

1 **make a splash**: causar sensación, impresionar
Boy George made quite a splash when he first appeared in public: Boy George impresionó notablemente la primera vez que apareció en público.

2 **splash down**: amerizar
After an abortive space flight, Apollo 13 splashed down safely in the Atlantic: Después de un vuelo espacial fracasado, el Apolo 13 amerizó sin peligro en el Atlántico.

3 **splash out on (something)**: derrochar, tirar el dinero
Maria's always splashing out on new clothes because she doesn't know what to do with her money: María siempre derrocha en ropa porque no sabe qué hacer con su dinero.

spot

1 **in a spot**: en un aprieto, en un apuro
His failure to return the loan by the date he had promised put her in a spot with her bank: La imposibilidad de devolver el préstamo en la fecha que había prometido, la puso en un apuro con su banco.

2 **on the spot**: (i) en el momento, en el acto; (ii) en el lugar, allí mismo
(i) *He liked the picture so much that he bought it on the spot*: Le gustó tanto el cuadro, que lo compró en el acto.
(ii) *Every good journalist likes to be on the spot when there is something sensational to report*: A cualquier buen reportero le gusta estar en el lugar de la acción cuando hay algo excepcional de que informar.

square

1 **square up with (someone)**: ajustar cuentas con uno
I'll buy the tickets and you can square up with me afterwards: Yo compro los billetes y después ajustaremos cuentas.

2 **square up to (something)**: enfrentarse
We've got to square up to the problem of overspending:

Tenemos que enfrentarnos al problema de los gastos excesivos.

stab

1 **stab (someone) in the back**: darle a uno una puñalada por la espalda, darle a uno una puñalada trapera
If you trust Pat overmuch, he's bound to stab you in the back: Si confías demasiado en Pat, podría darte una puñalada por la espalda.

2 **stab in the back**: puñalada por la espalda, puñalada trapera
The management's refusal to discuss better working conditions is a stab in the back: La negativa de la administración de discutir acerca de mejores condiciones de trabajo es una puñalada trapera/como una puñalada por la espalda.

stake

1 **at stake**: (i) en juego; (ii) en peligro
(i) *There's a great deal of money at stake*: Hay una gran cantidad de dinero en juego.
(ii) *Our future and that of our children is at stake*: Nuestro futuro y el de nuestros hijos está en peligro.

2 **stake a claim**: hacer una reclamación
You ought to stake your claim to the estate before it's too late: Deberías reclamar tus bienes antes de que sea demasiado tarde.

3 **stake (someone or something) out**: cercar
The police staked out the gang's headquarters and waited for them to appear: La policía cercó el cuartel general de la banda y aguardó a que aparecieran.

stamp

stamp out: acabar con, terminar con, desarraigar
Stalin stamped out all effective opposition to his rule by imprisonment, torture and death: Stalin acabó con toda oposición a sus leyes mediante el encarcelamiento, tortura y muerte.

stand

1 **on stand-by**: de reserva
Large companies that use a lot of electricity generally have an auxiliary generator on stand-by, in case of a power failure: Las grandes compañías que consumen gran cantidad de electricidad tienen, por lo general, un generador auxiliar de reserva por si hubiera un fallo en el suministro.

2 **stand by**: (i) quedarse sin hacer nada, estar de mirón; (ii) estar preparado ; (iii) apoyar, sostener
(i) *The crowd just stood by and watched the thugs beat the old man about the head*: La multitud se quedó sin hacer nada, sólo mirando como los gángsters/asesinos/gorilas pegaban brutalmente al anciano en la cabeza.
(ii) *The fire service is standing by in case of an emergency*: El servicio de bomberos está preparado para un caso de emergencia.
(iii) *His wife stood by him throughout his trial for treason*: Su esposa le apoyó en todo momento mientras duró el juicio por traición.

3 **stand down**: retirarse, ceder
Mutt stood down so that Jeff could be elected unopposed: Mutt se retiró de manera que se pudiera elegir/votar a Jeff sin ninguna oposición.

4 **stand for (something)**: aguantar, consentir
I won't stand for your insolence any longer: No consentiré más tu insolencia.

5 **stand-offish**: distante, reservado, frío
When the Patels first moved into their house their neighbours were rather stand-offish: Cuando los Patels se trasladaron a su nueva casa, sus vecinos estuvieron algo distantes/fríos.

6 **stand out**: destacarse, sobresalir
They were all pretty, but she stood out among them: Todas eran bonitas, pero ella destacaba de entre las demás.

7 **stand (someone) up**: dar plantón, dejar plantado
He's stood his girlfriend up three times this week: Esta semana ha dado plantón a su novia tres veces.

8 **stand up for (someone or something)**: defender
Lincoln stood up more for the maintenance of the Union than for the emancipation of slaves: Lincoln defendió más el mantenimineto/la conservación de la Unión que la emancipación de los esclavos.

9 **stand up to (someone or something)**: resistir, hacer frente
These chairs have stood up to very hard wear: Estas sillas han resistido a todo.

start

1 **for a start**: para empezar
You can't have another coat this winter because for a start we can't afford one: No puedes tener otro abrigo este invierno porque, para empezar, no nos lo podemos permitir.

2 **for starters**: entrantes, (de) entremeses
We had cream of chicken soup for starters: Como entrante tomamos/comimos sopa de crema de pollo.

3 **get off to a good start**: empezar con buen pie, empezar bien
The scheme got off to a good start with the mayor giving us a large

donation: El plan empezó con buen pie al recibirse una gran donación del alcalde.

4 **get started on (something)**: empezar
You'd better get started on that essay if you want to hand it in before the end of next week: Mejor sería que empezaras tu composición si tienes que entregarla antes de la próxima semana.

steady

steady on!: ¡quieto!, ¡despacio!, ¡cálmate!
Steady on! He's only a child and can't be expected to behave like an adult!: ¡Cálmate! Sólo es un niño y no puedes esperar que se comporte como un adulto.

step

1 **step down**: renunciar, ceder el puesto
May we ask you to step down and allow someone else to take charge of the proceedings?: ¿Podríamos pedirle que cediera el puesto a otro y le permitiera hacerse cargo de los procedimientos?

2 **step on it**: darse prisa, acelerar
The dinner's at seven and we'll be late if we don't step on it!: ¡La cena es a las siete y vamos a llegar tarde si no nos damos prisa.

3 **step (something) up**: aumentar
Japanese firms have stepped up car production this year and are now challenging the European market: Las firmas japonesas han aumentado la producción automovilística este año y ahora están retando al mercado europeo.

4 **take steps**: tomar medidas
The police have taken steps to see that motorists who drink and drive are apprehended and punished: La policía ha tomado medidas para que se coja y castigue a los conductores que beben y conducen.

5 **watch one's step**: ir con cuidado, ir con precaución
You'll have to watch your step, now that she's taken charge!: Deberías ir con cuidado ahora que ella está al cargo.

stick

1 **stick around**: quedarse
Stick around for a while – things may get interesting: Quédate un rato, las cosas pueden ponerse interesantes.

2 **stick out for (something)**: obstinarse en pedir
The car workers are sticking out for a twelve per cent rise: Los trabajadores del sector automovilístico se obstinan en pedir un aumento del doce por ciento.

3 **stick up for (someone)**: defender, sacar/dar la cara por
My brother was always sticking up for me when we were children: Mi hermano siempre daba la cara por mí/me defendía cuando éramos pequeños.

sticky

1 **come to a sticky end**: acabar mal
That lad is sure to come to a sticky end if he isn't careful!: Ese chico acabará mal si no tiene cuidado.

2 **sticky-fingered**: dedos largos
Sticky-fingered employees can ruin a good business: Los empleados con dedos largos pueden arruinar un buen negocio.

stir

stir one's stumps: menearse, moverse
Stir your stumps! We're fifteen minutes late already!: ¡Moveos! ¡Ya llevamos quince minutos de retraso!

stock

1 **(someone's) stock-in-trade**: repertorio
Sarcasm is too often a teacher's stock-in-trade: Con demasiada

frecuencia, el sarcasmo es parte del repertorio de un profesor.

2 **stock up on (something)**: proveer, abastecer de, surtir
Whenever a food crisis is threatened, people believe in stocking up: Siempre que existe la amenaza de una escasez alimentaria, la gente trata de abastecerse.

3 **take stock**: hacer (el) inventario
Good leaders generally take stock of the political situation before deciding on a particular course of action: Los buenos líderes/políticos suelen hacer siempre inventario de la situación política antes de decidir qué medidas van a tomar.

stomach

1 **have a strong stomach**: tener un estómago de piedra
Police surgeons must have strong stomachs to deal with the kinds of cases they handle: Los cirujanos de la policía han de tener estómagos de piedra para tratar con los casos que suelen tener entre manos.

2 **have no stomach for (something)**: no tener valor para
He had no stomach for a fight against overwhelming odds and offered to surrender: No tuvo valor para luchar contra obstáculos insalvables y decidió renunciar.

3 **turn (someone's) stomach**: revolver el estómago de uno
The indiscriminate slaughter of wild animals turns my stomach: La matanza indiscriminada de animales salvajes me revuelve el estómago.

store

1 **in store**: en reserva, en depósito, guardada
We've got a surprise in store for you when you come home for Christmas: Tenemos guardada una

sorpresa para ti cuando vengas a casa por Navidad.

2 **set great store by (something)**: conceder mucha importancia a algo, valorar en mucho
He sets great store by his father's approval: Da mucha importancia a la aprobación de su padre.

storm

1 **storm in a teacup**: mucho ruido y pocas nueces, una tempestad en un vaso de agua
We all thought the wedding was off, but their quarrel was only a storm in a teacup: Todos pensamos que no se celebría la boda, pero su pelea fue como una tempestad en un vaso de agua.

2 **take (someone or something) by storm**: tomar a alguien por asalto
The actors took the house by storm: Los actores impresionaron mucho al público.

3 **weather the storm**: capear el temporal, aguantar las tempestades
These are difficult times, but we can weather the storm, with good sense and caution: (Estos) Son tiempos difíciles, pero podemos capear el temporal con buen sentido y precaución.

straight

1 **get (something) straight**: poner las cosas claras, entenderlo de una vez
Get this straight – you're working for me, not for him!: ¡Entiéndelo de de una vez; trabajas para mí, no para él!

2 **go straight**: enmendarse, hacer nueva vida
Very few prisoners go straight when they come out of prison: Muy pocos prisioneros son los que se enmiendan cuando salen de prisión.

3 **straight away**: en seguida, inmediatamente
Do it straight away – in case you forget!: ¡Hazlo inmediatamente, por si te olvidas!

strength

1 **in strength**: en gran número
The protesters turned out in strength to show the government they were serious about political reform: Los manifestantes aparecieron en gran número para mostrar al gobierno que hablaban en serio cuando se referían a la reforma política.

2 **a tower of strength**: una ayuda muy valiosa
In times of distress our local pastor is a tower of strength: En tiempos de desgracias/miserias, nuestro pastor (local) es una ayuda muy valiosa.

strike

1 **strike (someone) off**: borrar, tachar
His name has been struck off the register for malpractice: Su nombre ha sido borrado del registro/la lista por negligencia.

2 **strike up**: (i) entonar, empezar a tocar; (ii) entablar, iniciar
(i) *The band struck up "The Star-spangled Banner"*: La orquesta empezó a tocar "The Star-spangled Banner".
(ii) *Hazel struck up an acquaintance with Roy when they met at an office party*: Hazel empezó a tratarse con Roy cuando se encontraron en una fiesta de la oficina.

string

1 **string (someone) along**: tomar el pelo a uno
He's just stringing her along until he finds someone better: Sólo está tomándole el pelo a ella hasta que encuentre a alguien mejor.

2 **string (someone) up**: ahorcar, linchar, colgar

It was not unusual in the Wild West for a suspected horsethief to be strung up by an angry mob: Era muy normal en el lejano oeste el que una multitud exasperada colgara a un presunto ladrón de caballos.

stuck

1 **be stuck with (something)**: tener que cargar con algo

She's been stuck with looking after her mother ever since her father died: Ha tenido que cargar con el cuidado de su madre desde que su padre falleció.

2 **stuck for (something)**: quedarse atascado a causa de algo

They wanted to expand their business but were stuck for money: Querían ampliar su negocio pero se vieron atascados a causa del dinero.

stuff

that's the stuff! ¡muy bien!

Come on – show us what you're made of! That's the stuff!: ¡Vamos, muéstranos cómo eres! ¡Muy bien!

sure

1 **be sure of oneself**: estar seguro de sí mismo

He's never sure of himself among people he doesn't know: Nunca está seguro de sí mismo cuando

se encuentra entre personas desconocidas.

2 **for sure**: con seguridad

How can you know for sure he'll come?: ¿Cómo puedes decir con toda seguridad que vendrá?/¿Cómo puedes asegurar que vendrá?

3 **sure enough**: efectivamente, en efecto

I thought it would rain, and sure enough it did: Pensé que iba a llover y, en efecto, llovió.

4 **to be sure**: claro, efectivamente

She's a nice person, to be sure, but can she be trusted?: Claro que es una bella persona/persona encantadora, pero, ¿podemos confiar en ella?

sweat

sweat it out: pasarlo mal, aguantarlo todo, armarse de paciencia, sudar mucho

She sweated it out in an Indian prison for five years before she was released: Ella lo pasó muy mal en una prisión india durante cinco años antes de que la soltaran.

system

get (something) out of one's system: quitarse algo de encima

Tell me all about your problem – if it'll help to get it out of your system: Dime todo lo referente a tu problema, si ello puede ayudarte en algo/quitarte un peso de encima

T

table

turn the tables on (someone): volverle a uno las tornas, devolver la pelota a uno
He's her boss now and the tables are turned: Él es su jefe ahora y le ha devuelto la pelota.

take

1 **take after**: parecerse
She takes after her father rather than her mother: Ella se parece más a su padre que a su madre.

2 **take (someone) for (someone or something)**: tomar por, tener por
I took you for an intelligent person: Te tenía por una persona inteligente.

3 **take (someone) in**: estafar, dar gato por liebre, embaucar
The old lady was taken in by the tramp's story: A la anciana señora le dieron gato por libre con la historia del vagabundo.

4 **take it from there**: ver lo que ocurre
I think we can offer her a salary of £8000 and take it from there: Creo que le podemos ofrecer un sueldo de 8.000 libras y ver lo que ocurre.

5 **take one's time**: tomarse tiempo, hacer las cosas con calma
You've taken your time! We needed these figures last Friday!: ¡Sí que te has tomado tu tiempo! ¡Necesitábamos estas cuentas/estos números el viernes pasado!

6 **take (someone) up on (something)**: aceptar
"Why don't you come to our place for dinner one day?" "I think I might just take you up on that": – ¿Por qué no te vienes un día a cenar a casa? – Pues creo que voy a aceptar.

7 **take (something) upon oneself**: encargarse de algo
He took it upon himself to give her the bad news: Él se encargó de darle a ella la mala noticia.

8 **take (something) up with (someone)**: llevar a manos de
If I cannot have an intelligent response, I shall have to take the matter up with my MP: Si no puedo tener una respuesta inteligente, deberé llevar este asunto a manos de mi representante en el parlamento.

talk

1 **talk about (something)**: ¡Dios mío!
Talk about bad manners! She left the party without even saying goodbye to her hostess: ¡Dios mío, qué modales! Se marchó de la fiesta sin ni siquiera despedirse de su anfitriona.

2 **a talking-shop**: lugar en donde se habla mucho y se trabaja poco o nada
He resigned from the Committee because he claimed it was only a talking-shop and did nothing for the members: Dimitió del comité porque decía que sólo se hablaba de cosas pero no se hacía nada para los miembros.

3 **the talk of the town**: la comidilla del pueblo
Their scandalous relationship has been the talk of the town: Su escandalosa relación ha sido la comidilla del pueblo.

task

take (someone) to task: reprender/regañar a uno
The boy was taken to task by the headmaster for assaulting the

teacher: El director de la escuela reprendió al niño por agredir a la profesora.

taste

1 **to taste**: a gusto, con discreción
Add salt and pepper to taste: Añada sal y pimienta a gusto.

2 **to one's taste**: a gusto de uno
The curtains she bought were exactly to her taste: Las cortinas que compró eran totalmente a su gusto.

tell

1 **all told**: mirándolo bien, en total
There were nine of us all told: En total éramos nueve.

2 **I told you so**: ¡ya te lo dije!, ¡ya lo decía yo!
"She's ruined the party!" "I told you so, but you insisted on inviting her": – ¡Ella ha arruinado la fiesta! – ¡Ya te lo dije! Pero tú insististe en invitarla.

3 **tell on (someone)**: afectar a uno
The strain of looking after five children while her husband's in hospital is telling on her: La tensión de cuidar de cinco niños mientras su esposo se halla en el hospital, le está afectando.

4 **you never can tell**: nunca se sabe
You might become the head of the Secret Service one day – you never can tell: Puede que un día te conviertas en el jefe del Servicio Secreto; nunca se sabe.

5 **you're telling me!**: ¡a mí me lo cuentas!
"It's cold today" "You're telling me!": – Hoy hace frío. – ¡A mí me lo cuentas!

test

put (someone or something) to the test: poner/someter algo a prueba
His honesty was put to the test by the offer of a bribe which he refused: Se puso a prueba su

honradez mediante un soborno, que él rechazó.

thank

1 **no thanks to**: no gracias a, no debido a
The fund raising was a success, no thanks to her continued interference in its management: La recaudación de fondos fue un éxito, y no gracias a su continua intromisión en la dirección de la misma.

2 **thanks to**: gracias a
Thanks to your unselfish devotion during her recent illness, she has managed to recover: Gracias a tu desinteresada/generosa devoción durante su reciente enfermedad, ha conseguido recuperarse.

3 **a vote of thanks**: palabras de agradecimiento
The chairman proposed a vote of thanks to the organisers of the conference: El presidente dirigió unas palabras de agradecimiento para los organizadores de la conferencia.

that

1 **at that**: además
Bergman was an actress, and an exceptionally gifted one at that: Bergman fue una actriz y, además, excepcionalmente talentosa.

2 **that's that**: ¡eso es todo!
That's that! I'm not paying a single penny more on repairs to this car: ¡Eso es todo! No pago un solo penique más en reparaciones para este coche.

thick

1 **as thick as thieves**: uña y carne
They disliked each other at first, but now they're as thick as thieves: Primero se odiaban, pero ahora son como uña y carne.

2 **thick and fast**: llover algo
When we entered the living room they were quarrelling bitterly and

the insults were flying thick and fast: Cuando entramos en la salita de estar, ellos estaban peleándose y llovían insultos.

3 **through thick and thin**: contra viento y marea, pase lo que pase, incondicionalmente
They went through thick and thin and remained friends to the end: Fueron contra viento y marea y siguieron siendo amigos hasta el final.

thin

thin air: en el aire, en nada
We ran after the thief, who turned a corner and then suddenly disappeared into thin air: Corrimos detrás del ladrón, que dobló la esquina y entonces, de repente, se esfumó en el aire.

thing

1 **no such thing**: (i) no ser tal cosa; (ii) ¡ni hablar!
(i) *She claimed to be an artiste, but it turned out to be no such thing – she was only a stripper!*: Afirmaba ser una artista, pero no resultó ser tal cosa; ¡era una estriptista!
(ii) *We expected the waiter to bring us the change , but no such thing – he disappeared into the kitchen and stayed there until we left the restaurant*: Esperábamos que el camarero nos trajera el cambio, pero ¡ni hablar! se metió en la cocina y allí permaneció hasta que nos marchamos del restaurante.

2 **the thing is ...**: el caso es que ..., es que ...
The thing is, is he going to help us?: El caso es que ... ¿va a ayudarnos? / ¿Es que va a ayudarnos?

3 **think the world of (someone)**: tener muy buena opinión de alguien, tener muy buen concepto de alguien
He thought the world of his daughter and never really got over

her death: Tenía una opinión excelente de su hija y nunca pudo recuperarse realmente de su muerte.

4 **think twice**: pensarlo dos veces
The company didn't think twice about sacking the new assistant manager: La empresa no se pensó dos veces el despedir al nuevo subdirector.

5 **think (something) up**: imaginar, idear, elaborar, inventar
From an early age Bloom was always thinking up schemes that would make him a millionaire: Desde muy joven Bloom elaboraba siempre proyectos que le pudieran hacer millonario.

through

1 **through and through**: por los cuatro costados, hasta la médula
Titus Oates was a religious scoundrel through and through: Titus Oates fue un canalla religioso por los cuatro costados.

2 **through with (someone or something)**: terminar
I'm through with him and his lies: He terminado con él y sus mentiras/embustes.

throw

1 **throw (someone) over**: abandonar, dejar, romper con
She threw him over for a younger man: Le abandó por un hombre más joven.

2 **throw up**: (i) vomitar, devolver; (ii) renunciar, abandonar
(i) *He'd had too much to drink and threw up on the way home*: Había bebido demasiado y devolvió camino a casa.
(ii) *He's thrown up his second job in six months*: Ha renunciado a su segundo empleo en dos meses.

thumb

1 **thumb a lift**: hacer autostop
Maite thumbed a lift from Barcelona to Paris during the

winter of 1985: Maite hizo
autostop desde Barcelona hasta
París en el invierno de 1985.

2 **under (someone's) thumb**:
estar dominado por uno
*He's been under his wife's thumb
ever since they married*: Se ha visto
dominado por su esposa desde que
se casaron.

tide

tide (someone) over: sacar de
apuro a alguien
*He lent her £10 to tide her over
until she got to the bank*: Le prestó
10 libras para sacarla del apuro
hasta que fuera al banco.

tie

1 **be tied up**: (i) estar ocupado; (ii)
estar hecho un lío
(i) *He can't answer the phone just
yet – he's tied up with a customer*:
No puede contestar al teléfono
ahora. Está ocupado con otro
cliente.
(ii) *His state of depression isn't
just because of his job – it's tied
up with his home life*: Su estado
de depresión no es sólo por su
trabajo, también está hecho un lío
con su vida familiar.

2 **tie (someone) down**: (i) atar,
tener atado; (ii) tener amarrado
(i) *The twins tie her down a bit*: Los
mellizos la tienen un poco atada.
(ii) *We managed to tie the
telephone company down to a
definite date for the installation of a
fax machine*: Nos las compusimos
para obligar a la compañía
telefónica a instalar el fax en una
fecha determinada.

3 **tie in with (something)**:
relacionarse, asociarse
*This doesn't tie in with what
you said earlier*: Esto no se
relaciona con lo que has dicho
anteriormente.

time

1 **ahead of one's time**:
adelantarse a su tiempo,
anticiparse a su época
*Leonardo da Vinci was ahead of
his time in most of his scientific
theories*: Leonardo da Vinci se
adelantó a su tiempo en la mayoría
de las teorías científicas.

2 **at one time**: en un tiempo, en
cierta época, en cierto momento
*At one time there was a castle
overlooking the city of Cambridge*:
En un tiempo, existía un castillo
que tenía vista sobre toda la
ciudad de Cambridge.

3 **for the time being**: de momento,
por ahora
*For the time being, you're to take
charge of the shop*: Por ahora
tienes que hacerte cargo tú de la
tienda.

4 **from time to time**: de vez en
cuando
*From time to time Gumby
Roachclip would go off into the
hills to shoot partridge or quail
for his weekend guests*: De vez
en cuando, Gumby Roachclip
salía hacia las colinas para cazar
perdices o codornices para sus
invitados.

5 **in good time**: a tiempo, a su
debido tiempo, con anticipación
*All the candidates arrived in good
time for their interviews*: Todos los
candidatos llegaron a su debido
tiempo para la entrevista.

6 **in (someone's) own good time**:
cuando uno quiera, cuando le
parezca bien a uno
*If I know him well, he'll return the
money he borrowed in his own
good time*: Si no estoy equivocado,
devolverá el dinero que pidió
prestado cuando él quiera.

7 **in one's time**: en su tiempo
In his time he was a renowned poet,
but a life of retirement has meant
that very few people today know
him in the street: En su tiempo
fue un poeta famoso, pero la vida
retirada ha hecho que sólo muy
pocos le conozcan hoy día por la
calle.

8 **in time**: a tiempo
Will you be in time for your dental
appointment?: ¿Llegarás a tiempo
para la visita al dentista?

9 **on time**: a la hora, puntualmente
Spanish trains, in the past, very
seldom left on time: Los trenes
españoles, hace un tiempo, raras
veces solían salir puntualmente.

tip

1 **on the tip of one's tongue**: en la
punta de la lengua
The writer's name is on the tip of
my tongue: Tengo el nombre del
escritor en la punta de la lengua.

2 **tip (someone) off**: dar una
información a la policía
The Customs were tipped off
about the attempt to smuggle a
large consignment of cannabis
into Britain: La policía de la
aduana recibió información
sobre el intento de pasar un gran
contrabando de cannabis hacia
Gran Bretaña.

tone

tone (something) down:
suavizar, moderar
Don't you think you ought to tone
down this letter? It sounds a bit
harsh: ¿No crees que deberías
suavizar un poco esta carta? Suena
algo fuerte/dura.

top

top (something) up: llenar de
nuevo
Let me top up your glasses!:
¡Dejadme llenar de nuevo vuestros
vasos!

toss

1 **argue the toss**: discutir, andar
en dimes y diretes
I won't argue the toss: No
discutiré/No me andaré en dimes
y diretes.

2 **toss (something) off**: (i)
beber de un trago; (ii) escribir
rápidamente
(i) *He tossed off a pint of beer*: Se
bebió de un trago una pinta de
cerveza.
(ii) *He tossed off a few verses of*
poetry: Escribió rápidamente unos
cuantos poemas.

touch

1 **be/keep in touch**: mantener
relaciones, tener contactos con
We've kept in touch for nearly
thirty years: Hemos tenido
contacto desde hace casi treinta
años./Nos hemos relacionado
desde hace casi treinta años.

2 **it's touch-and-go whether**: es
difícil decidir si, es arriesgado
It's touch-and-go whether she'll
survive the operation: Es difícil
decir si sobrevivirá o no a la
operación.

3 **touch down**: aterrizar, tocar
tierra
The plane touched down at exactly
7.00 p.m.: El avión tocó tierra a
las 7 en punto.

4 **touch (something) off**:
provocar, desencadenar
Her remark about the generosity
of some people touched off an
argument: Su comentario acerca
de la generosidad de algunas
personas provocó una discusión.

5 **touch (something) up**: retocar,
dar los últimos toques
The painting has been touched up
so that it looks quite fresh: Se ha
retocado el cuadro de manera que
parezca fresco.

town

1 **go out on the town**: salir de juerga
Jim and the lads went out on the town last night: Jim y los chicos fueron al pueblo ayer noche.

2 **go to town on**: entregarse de lleno, hacer con toda su alma
She really went to town on the party: Ella se entregó de lleno en la fiesta.

trice

in a trice: en un santiamén, en un abrir y cerrar de ojos
She promised not to keep us waiting and returned in a trice: Nos prometió que no nos haría esperar y volvió en un periquete/abrir y cerrar de ojos.

trick

1 **do the trick**: servir para el caso, resolver el problema
If you've still got a bad headache, take an aspirin – it'll do the trick: Si todavía tienes un fuerte dolor de cabeza, tómate una aspirirna. Servirá para el caso.

2 **how's tricks?**: ¿cómo van las cosas?, ¿cómo te va?
Hello sunshine! How's tricks?: ¡Hola cielo! ¿Cómo te va?

3 **a trick of the trade**: trucos del oficio, triquiñuelas
Remembering customers' names is an important trick of the trade: Acordarse de los nombres de los clientes es un truco profesional en el mundo del comercio.

4 **up to one's tricks**: hacer de las suyas
He's up to his old tricks again – he's been selling bottled seaside air to unsuspecting foreigners: Ya vuelve a hacer de las suyas. Ha estado vendiendo aire de mar embotellado a extranjeros confiados.

trot

1 **on the trot**: (i) seguido; (ii) mantener ocupado, no me deja parado
(i) *He's had four winners at Sandown on the trot*: Ha ganado cuatro veces seguidas en Sandown.
(ii) *Sheila's job keeps her on the trot*: El trabajo no deja parar a Sheila.

2 **trot (something) out**: sacar a relucir, ensartar excusas
He's always trotting out the same excuse for being late: Siempre saca a relucir la misma excusa por llegar tarde.

true

come true: realizarse
Her dreams of marrying a dark, handsome stranger have finally come true: Al fin se han vuelto realidad sus sueños de casarse con un extranjero guapo y moreno.

try

1 **try it on**: embaucar, engañar
Take no notice of that child's behaviour – he's only trying it on: No hagas caso del comportamiento de ese niño sólo quiere embaucar.

2 **try (something) on**: probar
She never buys a dress without first trying it on: Nunca se compra un vestido sin probárselo primero.

3 **try (something) out**: probar, poner a prueba
She tried out the car before she paid for it: Probó el coche antes de pagar por él.

tune

1 **be in tune with (someone or something)**: concordar con, armonizar con
Bright sunshine, blue skies, a clear sea – everything was in tune with his cheerful mood!: Un sol esplendoroso, cielo azul y mar clara. Todo armonizaba con su alegre ánimo/espíritu.

2 **to the tune of**: por la friolera de, por la cantidad de
Furs and jewellery to the tune of £50,000 were stolen from a Mayfair flat at the weekend: Robaron abrigos de pieles y joyas por la friolera de 50.000 libras en un piso de Mayfair durante el fin de semana.

3 **tune in**: sintonizar
Tune in to the BBC on Wednesdays for "English by Radio": Sintonice la BBC los miércoles para "English by Radio".

turn

1 **at every turn**: a cada paso
He has experienced problems at every turn: Se ha encontrado con problemas a cada paso./Ha experimentado problemas a cada paso.

2 **do (someone) a good turn**: hacer un favor, hacer una acción
He did me several good turns while I was living in Italy: Me hizo varios favores grandes mientras residía en Italia.

3 **out of turn**: cuando no le toca, en desorden
The teacher told the children not to answer out of turn: La profesora les dijo que no contestaran cuando no les tocara.

4 **take a turn for the better/worse**: mejorar/empeorar
After the operation, her health took a turn for the worse: Después de la operación su salud empeoró.

5 **take turns**: turnarse e, alternar en
We always take turns to do the washing up: Siempre nos turnamos para lavar los platos.

6 **turn (and turn) about**: por turno
They operated the switchboard, turn and turn about: Manejaron la centralita por turnos./Hicieron funcionar la centralita por turnos.

7 **turn (something) down**: rechazar
She turned down several offers of marriage and died a spinster: Ella rechazó varias ofertas de matrimonio y murió soltera.

8 **turn in**: acostarse, recogerse
We usually turn in quite late: Normalmente nos acostamos bastante tarde.

9 **the turn of the month/year/century**: al final de mes/año/siglo
By the turn of the century, mankind will have effected its own destruction!: A finales de siglo, el hombre habrá llevado a cabo su propia destrucción.

10 **turn out**: (i) salir a la calle; (ii) resultar
(i) *Large crowds turned out to welcome Mandela on his release from prison*: Grandes multitudes salieron a la calle para recibir a Mandela cuando le soltaron de la prisión.
(ii) *It turned out that we were right about the weather*: Resultó que estábamos en lo cierto con respecto al tiempo.

11 **turn up**: (i) presentarse; (ii) aparecer
(i) *She finally turned up at our house – around midnight!*: Al fin apareció por nuestra casa. ¡Alrededor de medianoche!
(ii) *Don't worry – it'll turn up again!*: No te preocupes, ya aparecerá de nuevo.

U

umbrage

    take umbrage: ofenderse por, resentirse de
    She took umbrage because he didn't introduce her to his sister: Se ofendió porque no la había presentado a su hermana

under

    1 **take (someone) under one's wing**: acoger en su regazo, tomar a uno bajo protección
    The older girl took the younger one under her wing and looked after her at school: La chica mayor acogió a la chica menor y la cuidó en la escuela.

    2 **under the weather**: borracho, con una turca, indispuesto, mal
    Anna's feeling a bit under the weather this week: Anna se siente algo indispuesta esta semana.

understand

    give (someone) to understand: dar a entender
    I was given to understand that you would be bringing the information we needed: Se me dio a entender que te traerías la información que necesitábamos.

unsound

    of unsound mind: no estar en su sano juicio
    The coroner's verdict was that he had committed suicide while of unsound mind: El veredicto del coronel es que él se había suicidado en un momento de enajenación.

up

    1 **be/come up against (something)**: enfrentarse con
    You're likely to come up against some rather stiff opposition: Es muy probable que te enfrentes con alguna oposición dura.

    2 **be (well) up in/on something**: ser un experto en
    He's well up on local politics: El es un experto en política local.

    3 **up-and-coming**: joven y prometedor, que promete mucho
    He's an up-and-coming young politician: Es un joven y prometedor político.

    4 **ups and downs**: altibajos, vicisitudes
    Life has not always been kind to them. They've had their ups and downs: La vida no les ha sonreído siempre/ha sido fácil siempre. Han tenido sus altibajos.

    5 **the upshot**: resultado
    The upshot of the parliamentary inquiry is that the member in question is in contempt of the House: El resultado de la encuesta parlamentaria es que el miembro en cuestión es despreciado por el Parlamento.

    6 **upstage**: lograr captar la atención de otros, atraer la atención de
    Maite upstaged all the other women at the party in her sleek leather suit: Maite atrajo la atención de las demás mujeres en la fiesta con su traje de piel.

upper

    1 **on one's uppers**: sin un céntimo/cuarto
    He's been out of work for a long time now – he must really be on his uppers: El ha estado sin trabajo desde hace un tiempo.

Verdaderamente debe estar sin un céntimo.

2 **upper-crust**: de categoría superior
Peregrine's upper-crust manner and accent made him many enemies at Cambridge: Los modales y acento superiores de Peregrine le crearon muchos enemigos en Cambridge.

upside

turn (something) upside down: poner boca abajo/arriba, poner patas arriba, poner al revés
The burglars turned the house upside down but didn't take anything of importance or value: Los ladrones pusieron la casa patas arriba pero no se llevaron nada de importancia o valor.

V

vengeance

>**with a vengeance**: de verdad, con creces, severamente
>*The neighbourhood has been redeveloped with a vengeance*: Se ha reconstruido el barrio de verdad.

vent

>**give vent to (something)**: desahogar
>*Jackson gives vent to his hatred of the Town Council by scribbling graffiti on every available wall in the town*: Jackson desahoga su odio hacia el ayuntamiento garabateando pintadas en cualquier pared disponible del pueblo.

view

>1 **in view of (something)**: en vista de
>*In view of your hostile attitude towards me, I think it best I resign*: En vista de tu actitud tan hostil hacia mí, creo que es mejor que dimita.
>
>2 **with a view to (something)**: con vistas a, con miras a, con el propósito de
>*He switched off the central heating with a view to saving on electricity*: Apagó la calefacción central con miras a economizar un poco de electricidad.

villain

>**the villain of the piece**: el responsable, el que debe cargar con la culpa
>*The real villain of the piece is the estranged husband*: El responsable es el marido separado.

virtue

>**by virtue of (something)**: debido a, en virtud de
>*By virtue of his position as secretary of the Association, he's able to control its affairs to a remarkable degree*: Debido a su posición como secretario de la Asociación, puede controlar/llevar sus asuntos a gran nivel.

voice

>1 **in good voice**: estar en voz
>*The choir was in good voice tonight*: El coro estaba en voz esta noche.
>
>2 **with one voice**: por unanimidad, al unísono
>*With one voice, the Roman legions proclaimed him their Emperor*: Las Legiones romanas le proclamaron al unísono como emperador.

W

wade

wade in/into (someone or something): meterse en
He waded into the discussion without thinking: Se metió en la conversación sin pensar.

wake

in the wake of (something): como consecuencia de, a raíz de, después de
In the wake of his success with his first book of poetry, he has received several invitations to poetry readings up and down the country: A raíz de su éxito con el primer libro de poesía, recibió varias invitaciones para varios recitales de poesía por todo el país.

walk

1 **walk all over (someone):** atropellar a uno, tratar a uno a patadas
If you let him, he'll walk all over you: Si se lo permites, te tratará a patadas.

2 **walk away/off with (something):** llevarse
Siva Shankar walked away with every single prize at univeristy: Siva Shankar se llevó todos los premios habidos y por haber de la universidad.

3 **a walk of life:** profesión, posición/esfera social
People from all walks of life attended the protest meeting: Gentes de todas las clases sociales asistieron a la reunión de protesta.

4 **walk out on (someone):** abandonar a, dejar plantado a uno
She walked out on her husband ten years ago but came to his funeral in the hope that her children would forgive her: Hace diez años abandonó a su marido, pero volvió para su funeral en espera de que los hijos la perdonaran.

want

1 **be found wanting in:** falto de
You won't find him wanting in charity: No le encontrarás falto de caridad.

2 **want for:** necesitar, carecer de
Because her parents are rich, she's never wanted for anything: Como sus padres son ricos, ella nunca ha carecido de nada.

watch

1 **watch it!:** ¡cuidado!, ¡ojo!
Watch it! The next time you do that you'll be sacked!: ¡Ojo! La próxima vez que hagas eso serás despedido!

2 **watch out:** ¡cuidado!, ¡ojo!
Watch out! The boss is coming!: ¡Cuidado, que viene el jefe!

wave

on the same wavelength: en la misma onda
We never seem to be able to understand one another – we're just not on the same wavelength: No parece que nunca podamos entendernos. Lo que ocurre es que no estamos en la misma onda.

way

1 **by way of (something):** por, pasando por, por vía de
They did it by way of helping us: Lo hicieron por ayudarnos.

2 **come (someone's) way:** presentársele a uno
He takes every opportunity that comes his way: Toma cualquier oportunidad que se le presenta.

3 **go out of one's way:** tomarse la molestia
They went out of their way to help the Patels: Se tomaron la molestia de ir a ayudar a los Patels.

4 **go one's own way**: obrar al
antojo de uno, seguir su camino
*Their parents allowed them to
go their own way when they
reached sixteen*: Sus padres les
permitieron seguir sus caminos
cuando tuvieron dieciseis años de
edad.

5 **have a way with (someone or
something)**: saber coger a, tener
don de gentes, saber llevar/tratar a
She has a way with children: Sabe
cómo llevar a los niños.

6 **in a way**: en cierto modo, hasta
cierto punto, en cierta medida
*In a way you're right – we can only
think of more modern equipment
if the business improves*: En
cierto modo tienes razón. Solo
podemos contar con un equipo
más moderno si el negocio mejora.

7 **one way and another**: de algún
modo, por unas cosas u otras
*One way and another, we've had a
difficult month*: Por unas cosas u
otras, hemos tenido un mes difícil.

8 **on the way**: en camino
*The Met Office has forecast
another storm on the way*: La
oficina meteorológica anunció otra
tormenta en camino.

wear

wear off: desaparecer
The pain is wearing off: El dolor
está desapareciendo.

weed

weed (something) out: suprimir,
eliminar
*They weeded out the least qualified
candidates and interviewed the rest*:
Eliminaron a los candidatos menos
capacitados y entrevistaron a los
demás.

weigh

1 **weigh (something) up**:
considerar, pesar, ponderar
*She always weighs up the pros
and the cons before she decides
on a course of action*: Siempre

considera los pros y contras antes
de decidirse a tomar una acción.

2 **worth its/one's weight in gold**:
vale su peso en oro
*She's an excellent au pair and
worth her weight in gold*: Ella es
una au pair excelente y vale su
peso en oro.

welcome

**be welcome to (do/have)
(something)**: ser dueño de, poder
probarlo
*You're welcome to have it – I don't
want it!*: Puedes probarlo, yo no lo
quiero.

well

1 **all very well**: todo muy bien
*What you say is all very well, but
you still haven't answered my
question*: Todo lo que dices está
muy bien, pero todavía no has
contestado a mi pregunta.

2 **as well**: también
*If you sign the petition, I'll do so
as well*: Si firmas la petición, yo
también lo haré.

3 **be as well (to)**: convenir, ser
necesario
*It would be as well to send him a
telegram in case he doesn't receive
your letter in time*: Es conveniente
que le enviemos un telegrama en
caso de que no reciba a tiempo tu
carta.

4 **do well out of (something)**:
salir bien
*As we expected, Bill did well
out of the deal*: Tal y como
esperábamos, Bill salió bien del
trato.

5 **well off**: (i) adinerado,
acomodado, rico; (ii) saber los
beneficios que se tiene
(i) *The Suttons are very well
off*: Los Sutton son muy
adinerados/ricos.
(ii) *I'm not changing my job in
a hurry – I know when I'm well
off!*: No voy a cambiar mi trabajo

precipitadamente; sé donde tengo
los beneficios.

6 well up (in/on something):
conocer un tema muy bien, ser un
experto en
That lad's quite well up in maths:
Ese chaval es un experto en
matemáticas.

west

go west: estropearse, romperse
I'm afraid this jacket's gone west:
Me temo que se ha estropeado
esta chaqueta.

what

1 give (someone) what for: dar a
alguien su merecido
*If I catch you smoking cigarettes
in bed again, I'll give you what
for!*: ¡Si te vuelvo a pillar fumando
cigarrillos en la cama, te daré tu
merecido!

2 what with: entre ... y
*What with having to continue
working at home after she'd
finished in the shop, she soon
collapsed with exhaustion*: Entre
tener que trabajar en casa y
después de terminar el trabajo
en la tienda, pronto cayó por
agotamiento.

while

worth (someone's) while: que
vale la pena
*It isn't worth her while employing
a babysitter because she earns so
little herself*: No le vale la pena
contratar a una canguro porque
ella misma gana muy poco.

whip

a whipping-boy: cabeza de turco
*Must you always need a whipping-
boy for your mistakes?*: ¿Necesitas
siempre un cabeza de turco para
tus errores?

whistle

whistle for (something): esperar
sentado, pedir en vano
*If you want me to give you that
typewriter for nothing, you can*

whistle for it!: ¡Si esperas que te
dé esa máquina de escribir gratis,
puedes esperar sentado!

white

a white lie: mentira piadosa
*A white lie is never considered to
be serious, because, looking at it
from another angle, one is only
being economical with the truth!*:
Nunca se ha considerado que una
mentira piadosa sea algo serio
porque, mirándolo desde otro
ángulo/punto de vista, uno sólo
oculta la verdad.

whole

on the whole: en general
*On the whole the expedition was a
success*: En general, la expedición
fue un éxito.

why

the whys and wherefores: el
cómo y el por qué, los detalles
*I'm not interested in the whys and
wherefores. I only want to know
what has been decided*: No me
interesan los detalles; sólo quiero
saber lo que se ha decidido.

will

1 at will: a voluntad, a discreción
*The soldiers were ordered to fire at
will upon the mob that had started
to attack the palace*: Se ordenó a
los soldados disparar a discreción
sobre la muchedumbre que había
empezado a atacar el palacio.

2 with a will: de buena gana, con
entusiasmo
*The boy scouts set about doing
their various tasks with a will*:
Los exploradores/boy scouts se
dedicaron a sus tareas de buena
gana.

win

1 win (someone) over: ganarse,
atraerse, convencer
*He refused to help us at first but
Jenny soon won him over*: Primero

rehusó ayudarnos, pero Jenny le convenció pronto.

2 **win through**: triunfar, superar los obstáculos

Life is a perpetual struggle but we'll win through in the end: La vida es una lucha constante, pero nosotros superaremos los obstáculos.

wind

1 **get/have the wind up**: encongérsele a uno el ombligo, pasar mucho miedo

I got the wind up when the police stopped me on the coast road and asked to see my papers, because I'd left them at home: Pasé mucho miedo cuando la policía me paró en la carretera de la costa y me pidió ver mis papeles, pues los había dejado en casa.

2 **get/have wind of (something)**: enterarse, descubrir

The Secret Service got wind of a plot to assassinate the President, so they doubled his personal bodyguard and screened everyone who attended the reception: El Servicio Secreto descubrió un complot para asesinar al Presidente, así que doblaron el número de guardaespaldas y controlaron a cada uno de los que asistía a la recepción.

3 **put the wind up (someone)**: asustar a alguien, dar miedo a alguien

They put the wind up Seamus by sending him a wreath as well as an assortment of advertisements from funeral directors!: ¡Asustaron a Seamus enviándole una corona de flores además de una colección de anuncios sobre funerarias.

wine

wine and dine (someone): agasajar, festejar

He owes his success to the fact that he wines and dines his clients before discussing business with them: Debe su éxito al hecho de que agasaja a sus clientes antes de hablar de negocios con ellos.

wise

a wise guy: sabelotodo, vivo

All right, wise guy, if you know how to do it, the job's yours!: ¡Muy bien, sabelotodo.¡Si sabes cómo hacerlo, el trabajo es tuyo!

wonder

no wonder: ¡no me extraña!

No wonder he hasn't any pocket money left – he's been entertaining his friends!: No me extraña que no le quede dinero. ¡Ha estado invitando a los amigos!

word

1 **have a word with (someone)**: hablar con

May I have a quick word with you before you leave?: ¿Puedo hablar contigo antes de que te vayas?

2 **have words**: tenerse unas palabras, reñir

The partnership seems to have turned sour recently because they're always having words: El socio parece haberse vuelto recientemente algo serio porque siempre están riñendo.

3 **in a word**: en una palabra

In a word, she's intolerable!: En una palabra, ¡ella es intolerable!

4 **in so many words**: textualmente, claramente

"Did she tell you it was all over between you?" "Not in so many words, but she handed me back my ring": – ¿Te dijo que todo había terminado entre vosotros? – No textualmente, pero me devolvió mi anillo.

5 **take (someone's) word for it**: creer lo que alguien dice, creer en la palabra de alguien

I've mislaid my timetable and must take your word for it that my last

train leaves just after midnight: He perdido mi horario y he de creer, como dices, que el último tren sale justo después de la medianoche.

6 **word for word**: palabra por palabra, literalmente, al pie de la letra
The servant repeated his master's message word for word: El sirviente repitió el mensaje de su señor palabra por palabra.

7 **words fail me**: no encuentro palabras
Words fail me when I think of your ingratitude!: ¡No encuentro palabras cuando pienso lo ingrato que eres!

work

1 **get worked-up**: excitar(se)
The old man got quite worked-up when he was told that the stock market had crashed and his entire investment was lost: El anciano se excitó bastante cuando le dijeron que la bolsa se había venido abajo y que había perdido toda su inversión.

2 **work (something) off**: quitarse
Because she thinks she's overweight, she tries to work it off by doing strenuous physical exercise every day: Como ella piensa que pesa demasiado, intenta quitarse los quilos haciendo agotadores ejercicios de gimnasia cada día.

3 **work out**: resolver(se), solucionar(se)
If you're patient, things will work out in the end: Si tienes paciencia, las cosas se solucionarán al final.

4 **work (something) out**: resolver, averiguar
She looked at the bill and all through her shopping and tried to work out what each item cost: Miró la factura y luego toda la compra intentando averiguar lo que valía cada artículo.

worst

1 **if the worst comes to the worst**: en el peor de los casos
If the worst comes to the worst and you need the money, sell your books!: En el peor de los casos, si necesitas dinero, vende los libros.

2 **the worst of it is (that)**: lo peor es
It's a terrible situation but the worst of it is, I didn't even know she was married!: Es una situación terrible, pero lo peor es que ¡yo no sabía que estaba casada!

worth

1 **for all one is worth**: con todas sus fuerzas
The terrorist threw the home-made bomb over the fence and then ran for all he was worth: El terrorista lanzó la bomba casera por encima de la tapia y luego salió corriendo con todas sus fuerzas.

2 **for what it is worth**: por si sirve de algo
For what it's worth, I like her even if no-one else does!: Por si sirve de algo, me gusta a pesar de que no guste a nadie más.

wrap

be wrapped up in (something): dedicarse completamente, estar absorto
Ken's quite wrapped up in his work these days: Ken está absorto en su trabajo estos días.

write

write (something) off: (i) dar por perdido; (ii) destrozar
(i) He's written off all the money he's spent on setting up his business in Barcelona: El ha dado por perdido todo el dinero gastado en la creación de su negocio en Barcelona.

(ii) *His car was completely written off in that last accident*: Su coche quedó totalmente destrozado en el último accidente.

wrong

1 **go wrong**: (i) ir mal; (ii) no funcionar bien, funcionar mal; (iii) equivocarse
(i) *Everything has gone wrong with their marriage*: Todo ha ido mal en su matrimonio.

(ii) *This machine's gone wrong again*: Esta máquina vuelve a funcionar mal.
(iii) *Where did I go wrong in that sum?*: ¿Dónde me equivoqué en esa suma?

2 **in the wrong**: equivocado
You're definitely in the wrong and must apologize to her: estás realmente equivocado y debes disculparte con ella.

Y

year

year in, year out: año tras año
*Year in, year out, we're given the
same excuse for not receiving a
Christmas bonus – the firm's on the
verge of collapse and we should be
thankful we've still got jobs!*: Año
tras año nos dan la misma excusa
por no tener la paga de Navidad.
La empresa se está viniendo abajo
y deberíamos estar agradecidos de
seguir aún en el trabajo.

yesterday

not born yesterday: no ser un
niño
*Surely you don't expect me to
believe that rubbish? I wasn't
born yesterday, you know!*: ¿No
esperarás que me crea eso? ¡No
soy un niño, sabes!

Z

zero

1 **zero hour**: hora cero, momento decisivo
   Take note – Zero hour is at midnight!: Toma nota. La hora cero es a medianoche.

2 **zero in on (something)**: apuntar hacia

As Zsa Zsa Gabor swept into view, the impatient journalists zeroed in on her to find out more about her latest husband: Mientras Zsa Zsa Gabor pasaba, los impacientes reporteros apuntaban hacia ella para averiguar más cosas sobre su último marido.

PART TWO

ESPAÑOL – INGLES

A

a

1 **a beneficio de**: for the benefit of
*Se creó una asociación a beneficio
de los enfermos de cáncer*:
An association was set up for the
benefit of cancer sufferers.

2 **a callar tocan**: mum's the word
*Vimos como leían las cartas de la
tía, pero como son sus sobrinas
preferidas, a callar tocan*: We saw
them reading their aunt's letters;
but because they are her favoured
nieces, mum's the word.

3 **a costa nuestra**: at our expense
*Se celebró un gran banquete, todo
a costa nuestra*: They held a big
dinner entirely at our expense.

4 **a diestro y siniestro**: right and
left
*Repartieron lotes de Navidad
a diestro y siniestro*: They
distributed Christmas hampers
right and left.

5 **a falta de pan, buenas son
tortas**: something is better than
nothing
*Ayer encontramos las tiendas
cerradas por lo que tuvimos que
contentarnos con unos bocadillos.
A falta de pan buenas son tortas*:
Yesterday we found the shops
closed, so we had to be satisfied
with sandwiches. Something is
better than nothing.

6 **a la chita callando**: secretly, in
an underhand fashion
*Vamos a comprar el regalo
mañana por la tarde; o sea que
invéntate una excusa y a la chita
callando*: We're going to buy the
present tomorrow afternoon; so
invent an excuse to do it secretly.

7 **a la desesperada**: as a last resort
*Tomó aquella decisión a la
desesperada*: He took that decision
as a last resort.

8 **a la larga**: in the long run
*Ahora trabaja mucho, pero a la
larga se verá recompensado*: He
works a lot now, but in the long
run he'll be rewarded.

9 **a las primeras de cambio**: at the
first opportunity
*El es de izquierdas, pero a las
primeras de cambio será de
derechas*: He's left wing but at
the first opportunity he'll become
right wing

10 **a la tercera va la vencida**: third
time lucky
*No te desanimes e inténtalo otra
vez, ya sabes que a la tercera va la
vencida*: Don't be disappointed;
try again. As you know, third time
lucky.

11 **a la vejez, viruelas**: Fancy that
(happening) at his (etc) age!
*Desde que cumplió los sesenta
se viste como una jovencita.¡A la
vejez, viruelas!*: Since she turned
seventy, she's been dressing like a
young girl. Fancy that at her age!

12 **a lo hecho, pecho**: It's no use
crying over spilt milk
*No te lamentes de las notas. A lo
hecho, pecho y la próxima vez
estudias más*: Don't moan about
your marks. It's no use crying over
spilt milk, and, next time, study
more.

13 **a mal tiempo buena cara**: make
the best of a bad job
*No te dejes dominar por los
problemas. A mal tiempo buena
cara*: Don't let problems get you
down. One must make the best of
a bad job.

14 **a mano armada**: armed
*Han atracado el banco de la
esquina a mano armada*: There

was an armed attack on the bank at the corner.

15 **a ojo de buen cubero**: at a guess
Había unas 50 personas a ojo de buen cubero: There were some 50 persons at a guess

16 **a otro perro con ese hueso**:
Tell that to the marines
A otro perro con ese hueso y la próxima vez invéntate una excusa más verosímil: Tell that to the marines; and, the next time invent a more plausible excuse!

17 **a palo seco**: with nothing else
Se comió los garbanzos a palo seco: He ate the chickpeas on their own.

18 **a prueba de bomba**:
bombproof, very sturdy
Ya puedes tirar el reloj al suelo tantas veces como quieras, está hecho a prueba de bomba: You can throw the watch on the floor as often as you want; it's very sturdy.

19 **a tocateja**: cash down/on the spot
Pagó el coche nuevo a tocateja: He paid cash down for the car.

20 **a todo correr**: at full speed
La ambulancia llegó al lugar del accidente a todo correr: The ambulance rushed to the (scene of the) accident at full speed.

21 **a tontas y a locas**: by fits and starts
Es muy alocada, siempre hace las cosas a tontas y a locas: She's quite crazy, always doing things by fits and starts.

abarcar

quien mucho abarca, poco aprieta: grasp all, lose all.
Quiere hacerlo todo y no consigue hacerlo totalmente bien. Quien mucho abarca, poco aprieta: He wants to do everything and doesn't succeed in doing anything

completely well. It's (a case of) grasp all, lose all.

abasto

no dar abasto: be unable to keep up/pace (with)
Espero terminar el pastel a tiempo, no doy abasto a todas las comidas que he de preparar: I hope to finish the cake in time; I'm unable to keep pace with the number of meals I have to prepare.

abierto

1 **a pecho abierto**: frankly
Es conocido por su honestidad, contesta a todo lo que se le pregunta con el pecho abierto: He's known for his honesty and will answer frankly everything he's asked/whatever you ask him.

2 **libro abierto**: open book
Es como un libro abierto, se sabe lo que hará antes de empezar con ello: He's like an open book, you know what he'll do even before he begins.

abrasar

1 **abrasar de amor**: be passionately in love with (someone)
María está abrasada de amor por el idiota de Pedro: Maria is passionately in love with that fool Pedro.

2 **abrasar en deseos**: become full of desire, be desirous of
Juan abrasaba en deseos de ganar el concurso: Juan wanted very much to win the competition.

abrigo

al abrigo de: (be) sheltered from
El ciclista se escondió en el cobertizo de la granja al abrigo de la tormenta que estalló cuando se encontraba de paseo por el campo: The cyclist sheltered in the farm outhouse from the storm that broke when he was riding through the countryside.

abrir

en un abrir y cerrar de ojos: in
the twinkling of an eye
*Todo cambió en un abrir y cerrar
de ojos*: Everything changed in the
twinkling of an eye.

abuela

no tener abuela: blow one's own
trumpet
*Nos has hablado de tu éxito como
una docena de veces. Se nota que
no tienes abuela*: You've told us all
about your success a dozen times.
Stop blowing your own trumpet!

aburrirse

**aburrirse soberanamente/como
una ostra**: be bored stiff/to death
*La película le aburrió
soberanamente*: The film bored
him to death./He was bored stiff
with the film.

acceso

acceso de tos: fit of coughing
*Le cogió un acceso de tos cuando
oyó que a Marta le había tocado
el gordo de Navidad*: He had a
(sudden) fit of coughing when he
heard that Marta had won the first
prize in the Christmas Lottery.

acomodar

acomodarse al tiempo: adapt
oneself to the times
*A pesar de tener setenta años,
Juan es un hombre que se entiende
con la juventud pues, se acomoda
a los tiempos*: Juan is seventy
(years old); but, because he
adapts himself to the times he
understands the young.

acostar

acostarse con las gallinas: go to
bed early
*Los ingleses tienen unos horarios
muy extraños, se acuestan con las
gallinas*: The English keep some
very strange hours, going to bed
early (for example).

acribillar

acribillar a preguntas: pester
with questions
*Los periodistas acribillaron a
preguntas al presidente del país
vecino*: The journalists pestered
the President of the neighbouring
country with questions.

adelantar

adelantar dinero: advance money
*Como yo le siga adelantando
dinero, también deberé pedir
prestado*: As long as I continue to
advance him money, I'll have to
borrow too.

agachar

1 **agachar las orejas**: to look very
humble
*Agachó las orejas cuando se dio
cuenta de que no había conseguido
lo que deseaba*: He looked very
humble when he reported that he
hadn't got what he wanted.

2 **aguzar las orejas**: prick up one's
ears
*Aguza las orejas y aprenderás
pronto la lección*: Prick up your
ears and you'll soon learn the
lesson.

agalla

tener agallas: be courageous
*Tuvo muchas agallas al enfrentarse
él solo a los dos atracadores*: He
was quite courageous standing up
alone against two attackers./He
was quite courageous to stand up
to two attackers by himself.

agua

1 **agua pasada no mueve molino**:
It's no use crying over spilt milk.
*Olvídate de lo ocurrido. Agua
pasada no mueve molino*: Forget
what (has) happened. It's no use
crying over spilt milk.

2 **del agua mansa que me libre
Dios**: still waters run deep
*Elisa parece muy modosilla, pero
¡del agua mansa que me libre
Dios!*: Elisa looks quiet; but, still
waters run deep!

3 **echar a uno un jarro de agua
fría**: discourage (someone)
*A Carlos le echaron un jarro
de agua fría cuando le dijeron
que había suspendido el examen
de matemáticas*: Carlos was
discouraged, when he was told
that he had failed his maths exam.

4 **estar con el agua al cuello**: be
up to one's neck
*Está con el agua al cuello de
deudas*: He's up to his neck in
debt.

5 **hacérsele a uno la boca agua**:
make one's mouth water
*Se le hizo la boca agua cuando vio
la gran comilona que le habían
preparado*: It made his mouth
water to see the big meal they had
prepared for him.

6 **llevar el agua a su molino**: turn
something to one's advantage
*Se las arregló para llevar el agua a
su molino*: He managed to turn it
to his advantage.

7 **más claro que el agua**: crystal
clear
*Estaba más claro que el agua que
Ramón iba a pedir en matrimonio
a Mónica*: It was crystal clear that
Ramon was going to ask Monica to
marry him.

8 **(nadar) entre dos aguas**: sit
on the fence, be undecided, be in
doubt
*Me da la impresión que la
presidenta del país está nadando
entre dos aguas*: I have the
impression that the president of
this country is sitting on the fence.

9 **No decir de este agua no
beberé**: Don't say, I will not drink
this water.
*No digas que nunca viajarás en
avión; no se puede decir de este
agua no beberé*: Don't say you'll
never travel by plane; the thing
you swear you'll never do is what

you wake up to find yourself
doing.

aguafiestas

ser un aguafiestas: be a wet
blanket/a spoilsport/a killjoy
*La fiesta se suspendió a causa de
los comentarios que Pablo propagó
en contra del organizador. ¡Es
un aguafiestas!*: The party was
called off because of the gossip
that Pedro spread about the
organizer. He's a (proper)
spoilsport/killjoy/wet blanket!

aguantar

aguantar mecha: resign oneself
to
*Aguantó mecha durante dos horas
escuchando el aburrido discurso
del Ministro de Asuntos Exteriores*:
He resigned himself to listening
for two hours to the boring speech
of the Minister for External
Affairs.

aguja

buscar una aguja en un pajar:
look for a needle in a haystack
*No esperes encontrar a los vecinos
en la feria, es como buscar una
aguja en un pajar*: Don't expect to
find your neighbours at the fair;
it's like looking for a needle in a
haystack.

aire

1 **castillos en el aire**: castles in the
air
*Tomás quiere comprarse el
apartamento en la playa además
de la lancha y un coche nuevo.
Siempre está construyendo castillos
en el aire*: Tomás wants to buy
a seaside apartment as well as a
speedboat and a new car. He's
always building castles in the air.

2 **darse aires**: give oneself airs
*Rosario me cae muy mal
porque siempre se da aires de
superioridad*: I don't like Rosario
very much because she's always
giving herself airs.

3 tomar el aire: take/go for a walk
No vayas a casa de Antonio ahora, a estas horas sale a tomar el aire: Don't go to Antonio's (house) now; he (usually) goes for a walk around this time.

ajo

1 echar ajos y cebollas: swear, curse
Cuando los niños le rompieron la cámara empezó a echar ajos y cebollas: He began to swear when the children broke the camera.

2 estar en el ajo: be in the know
Puedes hablar delante de él, está en el ajo: You can speak in front of him; he's in the know.

ala

cortarle a uno las alas: clip one's wings
Quería escribir una nueva novela, pero los comentarios de los críticos literarios le cortaron las alas: He wanted to write a new novel, but the comments of the literary critics clipped his wings.

aldaba

tener buenas aldabas: have a friend at court, have influence
A ella no le preocupa mucho el veredicto, tiene buenas aldabas: She's not too worried over the verdict; she has friends at court/in high places.

alfiler

no caber ni un alfiler: There isn't room (enough) to swing a cat in.
La sala está totalmente llena, no cabe ni un alfiler: The hall is completely full; there isn't room (enough) in which to swing a cat.

algodón

ser criado entre algodones: be brought up in comfort
No comprende que otros niños no tengan lo que piden, ella está criada entre algodones: She doesn't understand that other children don't have what they ask for; she's brought up in comfort.

alma

1 caerse/venirse el alma a los pies: be bitterly disappointed
Se me vino el alma a los pies cuando recibí la noticia: I was bitterly disappointed when I received the news.

2 dar el alma al diablo: sacrifice everything to one's desires
¡Daría el alma al diablo por poder comer esos pasteles!: I'd give anything to be able to eat those cakes!

3 estar con el alma en un vilo: have one's heart in one's mouth, be anxious
Estoy con el alma en vilo esperando los resultados de mi graduación: I'm anxiously awaiting my graduation results.

4 ni un alma: not a soul, no-one
No asistió ni un alma a la inauguración de la exposición de Rafael: No-one attended the inauguration of Rafael's exhibition.

5 partirse el alma: take (very much) to heart
Se le partió el alma al enterarse que su primo se murió en un accidente ferroviario: He took it very much to heart when he learned of his cousin's death in a railway accident.

6 pesarle a uno en el alma: weigh on/upon (someone's) mind
Le pesaba en el alma los problemas que había causado con su comportamiento: The problems he had caused by his behaviour weighed on/upon his mind.

almohada

consultar con la almohada: sleep on it
Es mejor que lo consultes con la almohada y mañana una respuesta a tu jefe: It's better to sleep on it and give your boss an answer tomorrow.

alto

1 **pasar por alto**: overlook
   Aunque no esperaba este trabajo tan flojo, lo pasaré por alto esta vez: Although I didn't expect (you to do) such a bad job I'll overlook it this time.

2 **por todo lo alto**: in style
   Celebraron las bodas de plata por todo lo alto: They celebrated their silver wedding in style.

alumno

   alumno de las musas: poet
   Ricardo no para de escribir poemas desde que le concedieron el título honorífico de alumno de las musas: Richard hasn't stopped writing poems since he was given the honorific title of poet.

amor

1 **De/con mil amores**: with the greatest pleasure
   Ana pidió a Dolores que le cuidara los niños esa noche hasta que ella y su marido volvieran del cine, y ella lo hizo de mil amores: Ana asked Dolores whether she would look after the children that night until she and her husband returned from the cinema, and she did it with the greatest (of) pleasure.

ancho

   ancho de conciencia: indulgent; self-indulgent; lax
   Manuel va a misa y a ver a sus amantes sin ningún problema. A mi parecer es un poco ancho de conciencia: Manuel sees no problem in going to Mass and going to see his mistresses. He seems a bit lax to me.

andar

1 **andar con la cara descubierta**: act openly
   Montserrat es una persona maravillosa, siempre anda con la cara descubierta: Montserrat is marvellous; she always acts openly.

2 **andarse por las ramas**: beat around the bush
   No le preguntes nada acerca del nuevo diseño del parque, no conseguirás nada pues siempre se anda por las ramas: Don't ask him anything about the new park; you won't succeed/get anything out of him because he always beats about the bush.

anillo

   como anillo al dedo: in the nick of time
   Este nuevo billetero me viene como anillo al dedo, el otro estaba muy gastado: This new wallet/pocketbook has come in the nick of time; the other was quite worn out.

año

   año de maricastaña: the year dot
   Este coche es del año de maricastaña, tiene por lo menos sesenta años: This car dates from the year dot; it's almost sixty years old.

apariencia

1 **guardar las apariencias**: keep up appearances
   Después de todo lo ocurrido, el gobierno intentó guardar las apariencias con falsas promesas: After all that (had) happened, the government tried to keep up appearances with false promises.

2 **las apariencias engañan**: appearances are deceptive
   No te fíes de la amabilidad de Isabel, las apariencias engañan: Don't trust Isabel's amiability/affability; appearances are deceptive.

apogeo

   en pleno apogeo: in full swing
   A medianoche, la fiesta estaba en pleno apogeo: By midnight, the party was in full swing.

apretar

apretar a uno las clavijas: put pressure on (someone)
Deberemos apretar las clavijas a Cecilia, su bajo rendimiento en el trabajo empieza a ser acusado: We shall have to put pressure on Cecilia; her low output of/at work is becoming noticeable.

apurar

apurar la paciencia a uno: try/exhaust one's patience
¡Deja de saltar por el sofá, me estás apurando la paciencia!: Stop jumping on the sofa, you're trying my patience!

apuro

1 **estar en apuros/aprieto**: be in a spot/a jam/a fix/trouble
Se que Jaime está en un apuro, pero no se cómo ayudarle: I know that Jaime is in trouble but I don't know how to help him.

2 **poner a alguien en apuros/aprieto**: put someone in a spot
Con tus estúpidos comentarios me has puesto en apuros con mi jefe: Your stupid remarks have put me in a spot with the boss.

3 **sacar de apuros**: get (someone) out of trouble
No te preocupes, yo hablaré con el abogado nuestro e intentaremos sacarte del apuro: Don't worry! I'll speak with our lawyer and we'll try to get you out of trouble.

arder

arder en deseos de hacer una cosa: burn with desire to
Carolina ardía en deseos de poder ir a Estados Unidos para estudiar, y al final lo consiguió: Carolina was burning with desire to (be able to) go to the United States to study and finally she was able to.

arma

1 **alzarse en armas**: rise up in arms
Ante la tiranía del presidente, el pueblo se alzó en armas: The country rose up in arms against the tyranny of the President.

2 **de armas tomar**: mischievous
¡Ese niño es de armas tomar! Vete con cuidado cuando le veas esta tarde: That child is mischievous! Be careful when you see/meet him this afternoon.

3 **es un arma de doble filo**: cuts both ways
Esta discusión es un arma de doble filo: That argument cuts both ways.

arrastre

estar para el arrastre: be worn out
He trabajado tanto en los últimos meses que ahora estoy para el arrastre: I've worked so much (during/over) the last few months that I'm (quite) worn out.

arrimar

arrimar el hombro: put one's shoulder to the wheel
Arrimemos el hombro para terminar el proyecto a tiempo: Let's put our shoulders to the wheel in order to finish the project in time.

arte

1 **no tener arte ni parte en**: have nothing to do with (something)
No sé por qué pregunta tantas cosas; él no tiene arte ni parte en el asunto: I don't know why he asks so many questions. He has nothing to do with the matter.

2 **por arte de birlibirloque**: as if by magic
Consiguió hacerse millonario por arte de birlibirloque: He became a millionaire as if by magic.

asco

1 **dar asco**: make sick, disgust
No quiero ir a esa casa. Me da asco toda la suciedad que se almacena en ella: I don't like going to that house. It's so filthy, it makes me sick.

2 **estar hecho un asco**: be
disgustingly filthy
*¡Ve a lavarte! Estás hecho un asco
después de trabajar en el jardín*:
Go and wash yourself! You're
disgustingly filthy after working in
the garden!

3 **hacer ascos de** : pull a face, turn
one's nose up at
*El niño hizo ascos de la comida
del colegio*: The child turned up
his nose/pulled a face at the school
dinner.

ascua
estar en ascuas: be on
tenterhooks
*El niño estaba en ascuas en espera
de la venida de Papá Noel*: The
child was on tenterhooks awaiting
the arrival of Santa Claus.

asno
ser un asno: be an ass/a fool
El nuevo director es un asno: The
new director is an ass!

astilla
de tal palo, tal astilla: like father,
like son
*Aunque el hijo parezca más
amable, no te fíes. De tal palo, tal
astilla*: Although the son appears
to be friendly, don't trust him.
Like father, like son!

atajo
un atajo: a short cut
*Tomaremos el atajo para llegar
más pronto a la ciudad*: We'll take
a short cut so as to get to town
more quickly.

avestruz
**Hacer como el avestruz,
esconder la cabeza bajo el ala**:
Behave like an ostrich by hiding
one's head in the sand
*Trata de tomar una decisión en
vez de hacer como el avestruz,
esconder la cabeza bajo el ala*:
Try to make a decision instead of
hiding your head in the sand like
an ostrich.

ayudar
a quien madruga, Dios le ayuda:
the early bird catches the worm
*Levántate temprano y así
terminarás el trabajo a tiempo. A
quien madruga, Dios le ayuda*: Get
up early and that way you'll finish
the job on time. The early bird
catches the worm.

azogado
temblar como un azogado/flan:
shake like a leaf
*El pobre chico tembló como un
azogado/flan cuando el profesor le
riñó*: The poor boy trembled like a
leaf when the teacher scolded him.

B

baba

1 **caerse la baba**: slaver at the mouth, drool (over)
Estaba literalmente con la baba caída: He was literally slavering at the mouth.

2 **caérsele la baba a uno**: dote on
Al joven abuelo se le caía la baba con su nieto: The young grandfather doted on his grandchild.

babia

estar en babia: be absent-minded
No le digas nada a Nuria, siempre está en babia: Don't say anything to Nuria, she's always absent-minded.

bacalao

cortar el bacalao: be (a) master
Aunque Pedro parece ser el mejor orador, Juan es quien corta el bacalao: Although Pedro appears to be the best orator, Juan's (his) master/better than he is.

bailar

1 **bailar en el extremo de la cuerda**: be hanged
En esa película de indios y vaqueros todos terminan bailando en el extremo de la cuerda: In that Cowboys and Indians film everyone ends up (being) hanged.

2 **bailar uno al son que le tocan**: adapt oneself to circumstances, swim with the tide
Aunque a veces sea muy desagradable, ella siempre baila al son que le tocan: She swims with the tide although it may be disagreeable at times.

bajar

1 **bajar la sangre a los talones/pies**: get scared/the shivers
Cuando vió aquella casa tan tenebrosa, se le bajó la sangre a

los talones: When he saw such a dark/gloomy house, he got the shivers.

2 **bajar(le) a uno los humos**: take someone down a peg
Deberemos bajarle los humos a Santiago; el que haya ganado el premio no le da derecho a comportarse tan orgullosamente: We shall have to take Santiago down a peg; he may have won the prize but he has no right to behave so arrogantly.

balde

1 **de balde**: gratis, free
Me dieron todos aquellos discos de cantantes sudamericanos de balde: All these records of South American singers were given to me gratis.

2 **en balde**: in vain
Todo lo que se hizo por salvarle la vida fue en balde: Everything was done to save his life (but) in vain.

balsa

balsa de aceite: quiet place or meeting
La reunión de los dos partidos fue, increíblemente, como una balsa de aceite: Incredibly, the meeting of the two teams was peaceful/went off peacefully.

bandeja

poner en bandeja: on a plate, on a silver platter
El examen no fue muy difícil, en realidad, me lo pusieron en bandeja: The exam wasn't very difficult; in fact, it was handed to me on a plate.

bandera

ser una mujer de bandera: a dish
Todos los chicos de la oficina quieren relacionarse con Carmen. Es realmente una mujer de

bandera: All the lads in the office want to get acquainted with Carmen. She's a real dish!

barato

lo barato es caro: buy cheap, buy dear.
Vigila con lo que te compras en las rebajas, recuerda que lo barato es caro: Be careful about what you buy at (the) Sales. Remember, buying cheap can cost you dearly.

barba

1 **andar con la barba por el suelo**: be very old/as old as Methuselah
No le pidáis nada a ese señor, ¿no veis que anda con la barba por el suelo?: You can't ask that (gentle)man anything. Can't you see he's as old as Methuselah?

2 **por barba**: per person
Tocan tres trozos de pastel por barba: That'll be three pieces of cake per person.

3 **subirse a las barbas**: lose respect for (someone)
Veo que los niños se le suben por las barbas: I see that the children are losing respect for him.

4 **temblarle a uno la barba**: be afraid
Le empezó a temblar la barba al enterarse de que el director de la empresa conocía sus negocios escondidos: He grew afraid when he learned that the director of the firm knew about his secret transactions.

bártulos

1 **liar los bártulos**: collect/remove one's belongings
Lió los bártulos y se marchó de casa sin dar ninguna explicación: He collected his belongings and marched out of the house without giving any explanation (whatever).

2 **preparar los bártulos**: get everything ready
He de darme prisa y preparar todos los bártulos para la conferencia que

he de dar dentro de dos horas: I have to hurry and get everything ready for the lecture which I have to give in two hours.

batalla

1 **batalla campal**: pitched battle
Se organizó una batalla campal cuando el conferenciante insultó al público: A pitched battle ensued when the speaker insulted the public.

2 **dar batalla**: battle
Los padres adoptivos están dispuestos a dar la batalla por conservar la custodia de la niña: The foster parents are prepared to battle to keep custody of the little girl.

3 **librar batalla**: do/join battle
No creáis que se deje vencer fácilmente, piensa librar batalla contra todos si hace falta: Don't you believe he'll give in/up easily; he'll think of doing battle with everyone if necessary.

beber

1 **beber como una cuba/un cosaco**: drink like a fish/Cossack
Si sigue bebiendo como un cosaco acabará destrozándose el hígado: If he continues drinking like a fish, he'll end up destroying his liver.

2 **beber en/de buenas fuentes**: have reliable sources of information
No te preocupes sobre los detalles de la reunión, los traerá Jorge y éste bebe de buenas fuentes: Don't worry about the details of the meeting. Jorge will bring them along and he has reliable sources of information.

beneficio

no tener oficio ni beneficio: have no job/ be out of work
Me da mucha pena esa mujer, ella está enferma y el marido no tiene oficio ni beneficio: That woman causes me a lot of anxiety; she's ill

and her husband has no job/is out of work.

beso

cubrir de/comerse a besos: smother with kisses/kiss each other passionately

Cuando él regresó a casa después de un año de ausencia, ella le cubrió a besos: When he returned home after a year's absence, she smothered him with kisses.

bicho

1 **bicho viviente**: living soul

La conferencia fue un desastre, no había bicho viviente: The meeting was a disaster – there wasn't a living soul (there).

2 **mal bicho**: rogue, swine, nasty bit of work

No te fies de los consejos de Andrés, es un mal bicho: Don't trust/place much faith in Andrés's advice; he's a rogue.

3 **ser un bicho raro**: be a queer/an odd fish

Nunca he entendido la forma de comportarse públicamente de esa chica, realmente es un bicho raro: I've never understood the way that girl behaves in public; she's a queer fish!

bien

1 **bien está lo que bien acaba**: All's well that ends well

Parecía que iba a ser un desastre, pero bien está lo que bien acaba: It looked as if it was going to be a disaster, but all's well that ends well.

2 **de bien en mejor**: better and better

Después de pasar una dura temporada las cosas parecen ir de bien en mejor: After going through a bad patch things appear to be getting better and better.

3 **no encontrarse bien (de salud)**: be ill

No parece que te encuentres bien. Deberías ir al médico: You don't

appear to be well. You should go to the doctor.

4 **quedar bien**: make a good impression

Siempre sabe quedar bien delante de las personas: He always knows how to make a good impression on people.

birlibirloque

por arte de birlibirloque: as if by magic

¡Que te creas tú eso! Las cosas no se consiguen por arte de birlibirloque; deberías esforzarte un poco más: You think so! Things don't happen as if by magic, you must force yourself a bit more.

blanco

1 **blanco como la pared/cera**: as white as a sheet

Cuando se mareó se quedó tan blanca como la cera: When she became giddy, she turned as white as a sheet.

2 **blanco de España**: whiting

Utiliza blanco de España para limpiar mejor esas sábanas: Use whiting to get those sheets cleaner.

3 **dar en el blanco**: hit the mark/the bull's eye

Dio en el blanco cuando empezó a cantar la canción preferida del abuelo: He hit the mark/scored a bull when he began to sing his grandfather's favourite song.

4 **en blanco**: blank, without funds, broke

Está en blanco y no puede afrontar el alquiler de la casa: He's broke and can't pay his rent.

5 **quedarse en blanco**: fail to grasp the point

Se quedó en blanco a la hora de empezar el examen y tuvo que abandonarlo: He failed to grasp the point at the beginning of the exam and had to give it up.

bledo

> **importar un bledo a uno**: not care two hoots
> *Me importa un bledo lo que hagas, yo ya no pienso continuar aguantando tus tonterías*: I don't care two hoots what you do. I don't think I can continue to put up with your nonsense.

boca

> 1 **a pedir de boca**: to one's heart's content, for the asking
> *Todo salió a pedir de boca*: Everything turned out to his heart's content.

> 2 **cerrar la boca**: be silent
> *Cierra la boca y así no cometerás ningún error*: Shut up, and then you won't make a mistake!

> 3 **decir uno lo que se le viene a la boca**: say whatever comes to one's mind
> *Ir de visitas con la niña resulta un poco embarazoso a veces, siempre dice lo que se le viene a la boca*: Visiting people with that little girl can be a bit embarrassing at times. She always says whatever comes to her mind.

> 4 **en boca cerrada no entran moscas**: The least said the better.
> *No hables demasiado, ya sabes que en boca cerrada no entran moscas*: Don't speak too much; you know, the least said the better.

> 5 **hablar por boca de ganso**: say what one is told to say
> *El pobre Ramón no tiene personalidad, siempre habla por boca de ganso*: Poor Ramon has no personality (whatever); he always says what he's told to say.

> 6 **hacerse la boca agua**: make one's mouth water
> *Se le hizo la boca agua cuando vio los deliciosos manjares*:
> It made his mouth water to see the delicious titbits./His mouth began

> to water when he saw the delicious titbits.

> 7 **meterse en la boca del lobo**: put one's head in the lion's mouth
> *Juan se metió en la boca del lobo cuando se juntó con aquel grupo de sinvergüenzas*: Juan was asking for trouble when he joined that group of scoundrels.

> 8 **no decir esta boca es mía**: not to say a word
> *Es mejor no decir esta boca es mía cuando no sepas de qué asunto están hablando*: It's better not to say a word when you don't know what is being discussed.

> 9 **tener a alguien sentado a la boca del estómago**: not be able to stand (someone)
> *Lucía tiene a Rosario sentada a la boca del estómago desde el día que Rosario la dejó plantada para ir al cine con Ricardo*: Lucia can't stand Rosario since the day she stood her up and went to the cinema with Ricardo.

bocado

> **'boccato di cardinale'**: 'caviar to the general', excellent
> *Esta Merluza a la Vasca sabe a 'boccato di cardinale'*: This Merluza a la Vasca tastes excellent!

bola

> **no dar pie con bola**: not to be able to do a thing right
> *Creo que sería mejor que lo dejara. No da pie con bola*: I believe it would be better for him to drop it. He can't do a thing right.

bomba

> **a prueba de bomba(s)**: sturdy
> *Este reloj ha caído al suelo cuatro veces y sigue funcionando, parece que esté hecho a prueba de bomba*: This watch has fallen on the floor four times and (still) continues to function. It seems (to be) sturdy.

bombo

1 **darse mucho bombo**: boast, blow one's own trumpet
Siempre se ha dado mucho bombo y creo que no tiene méritos para ello: He's always much given to boasting/blowing his own trumpet and he has no reason to.

2 **pregonar/anunciar a bombo y platillo**: beat the big drum, announce with a lot of ballyhoo
Me carcajeé sin esconderme cuando vi el nuevo coche que habían anunciado a bombo y platillo: I laughed out loud when I saw the new car which they had made such a fuss about.

borda

arrojar por la borda: throw overboard, give up
Lo arrojó todo por la borda cuando vio que la tesis se le ponía difícil y se puso a trabajar de simple botones: When he saw that the thesis was becoming difficult he gave it up and got a job as a simple bellboy.

borracho

estar borracho como una cuba/estar más borracho que una cuba: be drunk as a lord/blind drunk
Estaba más borracho que una cuba y tuvo que tumbarse en el sofá de la salita y pasar la noche allí antes de coger el volante y conducir hasta su casa: He was blind drunk and had to spend the night on the sofa in the sitting-room before he could drive home.

borrar

borrar de la memoria: forget
Es mejor que borres de la memoria todo lo acontecido, de lo contrario enfermarás: It's better to forget all that happened, otherwise you'll make yourself ill.

borrón

borrón y cuenta nueva: Let's forget about it/wipe the slate clean/start afresh
Borrón y cuenta nueva. Olvidemos lo pasado y empecemos con nuevas ideas: Let's wipe the slate clean. Let's forget the past and begin afresh.

bota

1 **morir con las botas puestas**: die with one's boots on/in harness
La mina se hundió y pilló a cuatro mineros. ¡Los pobres murieron con las botas puestas!: The mine caved in and trapped four miners. The poor fellows died with their boots on!

2 **ponerse las botas**: make a fortune
Se puso las botas cuando jugó con las máquinas tragaperras del casino: He made a fortune playing the fruit machines in the club.

bote

estar en el bote: be in the bag
No te preocupes; está en el bote: Don't worry; it's in the bag!

brazo

1 **a brazo partido**: for all one is worth
Trabajaron a brazo partido para conseguir lo que tienen: They worked for all they were worth to get what they have.

2 **con los brazos abiertos**: with open arms
Recibieron a sus huéspedes con los brazos abiertos: They received their guests with open arms.

3 **estarse de brazos cruzados**: be idle, twiddle one's thumbs
Estos jóvenes son unos gandules; siempre están de brazos cruzados: These youngsters are lazy; they're always twiddling their thumbs.

4 **no dar brazo a torcer**: not to give up/in
Cuando Elvira decide algo, no da brazo a torcer a pesar de que se

haya equivocado: When Elvira decides something, she doesn't give up even if she's wrong/even though she may be wrong.

brecha

estar siempre en la brecha: be always at it
El negocio ha prosperado con rapidez porque el dueño ha estado siempre en la brecha: The business has prospered rapidly because the owner has always been at it/worked hard.

brindar

brindar a uno con una cosa: offer someone something
Le brindaron con una fiesta por el éxito obtenido en los exámenes: They gave him a party because of his success in his exams.

brocha

pintor de brocha gorda: a house painter
No me entendiste bien. Te dije que era pintor, pero me refería a pintor de brocha gorda: You haven't understood me. I told you he was a painter, but I meant a house painter.

broma

gastar una broma a alguien: play a trick on (someone)
Sus amigos le gastaron una broma el día de su boda: His friends played a trick on him on his wedding day.

bronca

1 **armar una bronca**: start a row
Armó una bronca en el bar y la policía tuvo que encerrarle durante toda la noche: He started a row in the bar and the police had to/were forced to lock him up for the night.

2 **echar/armar una bronca a alguien**: tell (someone) off, have/put (someone) on the carpet
El jefe le echó una bronca porque había mecanografiado dos informes incorrectamente: The

boss told him off because he had typed out two reports incorrectly.

3 **llevarse una bronca**: be on the carpet
Se llevó una bronca porque no había regresado a casa a la hora que le habían dicho: He was on the carpet because he didn't return home at the time he was told to.

buen

estar de buen parecer: be good-looking
A pesar de su edad y todas las desgracias vividas, sigue estando de buen parecer: Despite his age and all his misfortunes he continues to be good-looking.

bueno/a

1 **de buenas a primeras**: suddenly, from the beginning
Decidió abandonar los estudios de buenas a primeras y nadie pudo sacarle una explicación: He decided suddenly to give up his studies and no-one could get an explanation out of him.

2 **estar de buenas**: be in a good mood
Hoy puedes preguntar lo que quieras a Antonio, está de buenas: Today you can ask Antonio for whatever you want; he's in a good mood.

3 **lo bueno es que**: the strange thing is
Me pareció entender que no había venido porque se le había estropeado el coche y lo bueno es que le vi esa misma tarde en el coche y muy bien acompañado: I had the impression that he hadn't come because his car had broken down; but the strange thing is that I saw him that very evening in the car and very well accompanied!

4 **por las buenas**: by fair means or foul
Haz lo que te he pedido por las buenas, si no, será peor para ti: Do

what I have asked you to do, by
fair means or foul. Otherwise it
will be the worse for you.

bulto

escurrir el bulto: dodge the issue
*No le preguntes nada de esa chica,
siempre trata de escurrir el bulto*:
Don't ask (him) anything about
that girl; he always tries to dodge
the issue.

burla

hacer burla: mock at, make fun of
Esa niña te está haciendo burla:
That little girl is making fun of
you.

burro

1 **no ver tres en un burro**: be as
blind as a bat
*Está tan mal de la vista que no ve
tres en un burro*: His sight is so bad
that he's as blind as a bat.

2 **apearse del burro**: come down
off one's high horse
*No le tocó otro remedio que
apearse del burro y ser un poco
más modesta*: She had no other
choice than to come down off her
high horse and be a little more
modest.

buscar

1 **buscar tres pies al gato**: pick a
quarrel
*Procura obedecer y no busques tres
pies al gato*: Try to do as you're
told/obey and not pick a quarrel.

2 **buscar una aguja en un pajar**:
look for a needle in a haystack
*Nunca encontrarás su carta entre
todo ese desorden: es como buscar
una aguja en un pajar*: You'll
never find his letter in all that
mess: it's like looking for a needle
in a haystack.

C

cabal

no estar en sus cabales: be out of one's mind, not to be in one's right mind

Me parece que toda la familia tiene el mismo problema: no hay nadie que esté en sus cabales: I think the whole family suffers with the same problem; they're not in their right minds.

caballo

1 **a caballo**: on horseback

Siempre hace este recorrido a caballo: That route is always covered on horseback.

2 **a mata caballo**: at breakneck speed

Luis parece un loco con el coche, siempre va a mata caballo: Luis always drives his car at breakneck speed like a madman.

3 **a caballo regalado no le mires el diente**: Don't look a gift horse in the mouth

¿Dices que no estás contenta porque te han regalado un televisor de 14 pulgadas y lo querías de 16? Pues la verdad, yo estaría contenta, a caballo regalado no le mires el diente: You say you aren't satisfied with a 14" television set and would like a 16" one. Well, frankly, I'd be satisfied; one doesn't look a gift horse in the mouth!

4 **caballo de batalla**: main occupation

Trabajar en la tienda como dependiente es su caballo de batalla: She is primarily a shop assistant.

cabe

1 **dar un cabe a**: hurt, harm

Le dió un cabe cuando le dijo que no lo aceptaba como socio en el negocio: He hurt him when

he told him that he couldn't take him on as his partner in the business/business associate.

2 **dar un cabe al bolsillo**: hurt one's business

Lo peor que Juan hizo es aceptar a Pedro como socio en el negocio, pues éste le dio un cabe al bolsillo y ahora ha tenido que cerrar el negocio: The worst thing that Juan did was to take Pedro on as his business partner, because he hurt the business and now he (Juan) has had to close it down.

cabecera

1 **estar a la cabecera de un enfermo**: be in constant attendance on a sick person

María es un persona maravillosa. No duda en estar a la cabecera de cualquier enfermo para confortarle y ayudarle: María is marvellous; she doesn't hesitate to be in constant attendance on anyone who is sick in order to comfort and help them.

2 **médico de cabecera**: family doctor

¿Quién es tu médico de cabecera? El mío es el Doctor Sánchez: Who is your family doctor? Mine is Doctor Sánchez.

cabello

1 **poner los pelos de punta**: make one's hair stand on end

Se le pusieron los pelos de punta cuando oyó el espantoso grito de una mujer: A woman's terrifying scream made his hair stand on end.

2 **tomar la ocasión por los cabellos/pelos**: take Time by the forelock

Fue una suerte el que decidiera hacer aquello aquel día, fue tomar

la ocasión por los cabellos: It was lucky she should decide to do that that day; she took Time by the forelock.

caber

1 **no cabe duda**: there's no doubt
No cabe duda que el dibujo es de Carmen, el estilo es inconfundible: There's no doubt that the drawing is Carmen's; the style is unmistakable.

2 **no cabe más**: nothing more is needed/necessary/required
La cosa ha salido tan bien que no cabe más: The business has gone off so well that nothing more is needed/nothing more needs to be done.

3 **no caber de**: be bursting with
Juan no cabe de alegría desde que ha sido padre de mellizos: Juan's bursting with joy since becoming the father of twins.

4 **no caber de pie**: have no room to stand
Hay tanta porquería amontonada en esa habitación que no se cabe ni de pie: There's so much rubbish piled up in this apartment that there isn't room to stand.

cabeza

1 **bajar la cabeza**: bow to the inevitable
Bajó la cabeza ante los acontecimientos que tenían lugar: He bowed to the inevitable, concerning the events that had occured.

2 **cabeza de chorlito**: scatterbrain
Pedro es un cabeza de chorlito, aún va por la lección 5 cuando los demás ya han llegado a la 8: Pedro's a scatterbrain; he's still on lesson 5 when/whereas the others have already come to/started lesson 8.

3 **cabeza de turco**: scapegoat
Están buscando una cabeza de turco para echarle la culpa:

They're looking for a scapegoat to take the blame.

4 **cargársele (a uno) la cabeza**: feel heavy/drowsy
Voy a descansar un poco, la cabeza se me está cargando: I'm going to rest a while/a little; I'm feeling drowsy.

5 **estar tocado de la cabeza/ala**: be touched in the head/mentally unbalanced
Desde que se le murieron los dos hijos ahogados delante de él, está tocado de la cabeza: Since the death of his two children by drowning before him (very) eyes, he's been touched in the head/mentally unbalanced.

6 **ir cabeza abajo**: be on the decline/going downhill
Me da pena el pobre Enrique, el negocio va de cabeza abajo: I'm sorry for poor Enrique; his business is going downhill.

7 **levantar cabeza**: recover, get one's feet again
Si el pobre Pedro levantara cabeza no lo creeríamos: If poor Pedro gets on his feet again, it'll be unbelievable.

8 **llevarse las manos a la cabeza**: throw up one's hands
Se llevó las manos a la cabeza horrorizada cuando se enteró de que su vecina se había suicidado: She threw up her hands in horror when she realized that her neighbour had committed suicide.

9 **metérsele a uno algo en la cabeza**: take into one's head
Se le metió en la cabeza casarse con el viejo: She took it into her head to marry the old man.

10 **meterse de cabeza**: plunge headlong (into something)
Se metió de cabeza en el desgraciado asunto a pesar de que se le había avisado del peligro:

He plunged headlong into the disgraceful affair in spite of being advised of the danger.

11 **no encontrar (a algo que tenga) ni pies ni cabeza**: not to make head or tail of something?
Si he de ser sincera, no encuentro que tu comentario tenga ni pies ni cabeza: Quite sincerely, I can't make head or tail of your remark.

12 **no estar bien de la cabeza**: (i) be off one's head/rocker; (ii) not to be quite all there
(i) *Debes estar mal de la cabeza si piensas que puedes escaparte así como así*: You must be off your rocker if you think you can get out of it just like that!
(ii) *La pobre chica no está bien de la cabeza*: The poor girl is not quite all there.

13 **pasarle a uno por la cabeza**: come into one's head, occur
Se le pasó por la cabeza que podríamos ir de excursión el domingo: It came into his head/occurred to him that we could go on a picnic on Sunday.

14 **perder la cabeza**: lose one's head
Perdió la cabeza y pegó un tiro al profesor: He lost his head and shot the teacher.

15 **sentar la cabeza**: settle down
Ya tienes edad para que sientes la cabeza: You're old enough to settle down.

16 **subirse a la cabeza**: go to one's head
El éxito se le debe haber subido a la cabeza: His success must have gone to his head.

17 **tener la cabeza sobre los hombros**: have one's head on one's shoulders
Siempre ha demostrado tener la cabeza sobre los hombros por sus

sabias decisiones: He has always shown he had his head on his shoulders by his wise decisions.

18 **trastornar la cabeza**: turn one's head
Veo que ese chico te ha trastornado la cabeza: I see that that boy/lad has turned your head.

cabezada
dar una cabezada/cabezadita: have forty winks
Necesito diez minutos cada día para dar una cabezadita y poder continuar con el trabajo: I need ten minutes every day to have forty winks so as to be able to continue my work.

cabo
llevar a cabo: complete, conclude
A los treinta años había llevado a cabo todos sus proyectos: By (the age of) thirty, he had completed most of his projects.

cabra
estar como una cabra: be as mad as a March hare
No prestes atención a lo que dice, está como una cabra: Don't pay attention to what he says; he's as mad as a March hare.

cadáver
por encima de mi cadáver: over my dead body!
Si vuelves a esta casa, será por encima de mi cadáver: If you return to this house, it'll (have to) be over my dead body!

caer
1 **ahora que caigo**: come to think of it
Ahora que caigo, creo que sólo dieron dos premios: Come to think of it, I believe they only awarded/gave (away) two prizes.

2 **caer bien**: be favourably received, create a good impression
Ricardo siempre cae bien, vaya donde vaya: Ricardo is always

received favourably wherever he goes.

3 **caer en cama/enfermo**: become sick/fall ill
Cayó en cama el día antes de la boda, por lo que tuvo que aplazarse: He fell ill the day before the wedding so it had to be postponed.

4 **caer en desgracia**: lose favour, be in disgrace
Cayó en desgracia desde el día que hizo aquel estúpido comentario ante el jefe: He lost favour from the day he made that stupid remark in front of his boss.

5 **caer mal**: be disliked
Este hombre siempre me ha caído mal: I have always disliked that man.

6 **caerse de sueño**: fall (fast) asleep
El pequeño se cayó de sueño en la salita mientras los mayores seguían la conversación: The child/little one fell asleep in the sitting-room while the adults were engaged in /continued their conversation.

7 **caérsele a uno la cara de vergüenza**: blush deeply (with shame)
Se le cayó la cara de vergüenza al saber las barbaridades cometidas por su hijo: She blushed deeply (with shame) on learning about the outrages committed by her son.

8 **no caer**: (i) not to remember something; (ii) not to understand/get something
(i) *No insistas más, ahora no caigo. Si lo recuerdo ya te lo diré*: Don't insist; I can't remember. If I remember later I'll tell you.
(ii) *No caigo. ¿Me lo puedes volver a explicar?*: I don't get it. Can you explain it to me again?

Caín
ser más malo que Caín: be perverse
No aguanto a ese niño, es más malo que Caín: I can't stand that child; he's perverse.

calabaza
dar calabazas: jilt
Le he dado calabazas dos veces y aún sigue molestándome: I've jilted him twice and he still continues to pester me.

calar
calarse hasta los huesos: be soaked to the skin
El repentino chaparrón le caló hasta los huesos: The sudden shower soaked him to the skin.

calentar
calentar(se) la cabeza/sesos: rack one's brains
Se calienta los sesos con la más mínima preocupación: He racks his brains with the slightest worry.

calor
1 **asarse uno de calor**: be roasting, feel very hot
Los turistas ingleses, cuando van a España, se asan de calor: When English tourists go to Spain, they roast (with the heat).

2 **entrar en calor**: warm up, get warm
Haremos unos ejercicios de precalentamiento para entrar en calor: Let's do some warming-up exercises to get warm/our circulation going.

3 **no dar ni frío ni calor**: be indifferent to
La triste noticia de la muerte de su sobrina no le dio ni frío ni calor: He was indifferent to the sad news of his niece's death.

4 **hablar con calor**: speak fervently
Hablaba con tanto calor que no les quedó otra solución que creerle: He spoke so fervently that he left

them no alternative but to believe him.

5 **hacer calor**: be hot (of the weather)

En España hace mucho calor, especialmente en verano: It's very hot in Spain, especially in summer.

6 **tener calor**: feel warm/hot (of a person)

Tengo un calor insoportable; de seguir así me meteré en el baño y no me moveré: I feel quite/unbearably hot; if this continues I'll get into the bath and won't move (from there).

callar

1 **a callar tocan**: Mum's the word

Sepas lo que sepas sobre el asunto, ya sabes, a callar tocan: Whatever you know about the affair, as you know, it's mum's the word.

2 **quien calla, otorga**: Silence is consent!

¿No contestas? Pues, quien calla, otorga: se te culpará del robo: You won't answer? Well, silence is consent: you'll be accused of the robbery.

calle

1 **dejar a uno en la calle**: leave someone destitute

Le han dejado en la calle, sin casa, familia, ni trabajo: He was left destitute – without home, family, or work.

2 **echar a uno en la calle**: dismiss someone

El jefe le echó a la calle la semana pasada; ya no podía aguantar más sus impertinencias: His boss dismissed him last week; he couldn't stand his impertinence any longer.

3 **poner de patitas en la calle**: order out, expel

A Carmen la pusieron de patitas en la calle cuando la encontraron copiando en el examen: Carmen

was ordered out expelled when they found her copying during the exam.

cambiar

cambiar la peseta: be seasick

Se pasó todo el crucero cambiando la peseta: She was seasick during the entire cruise.

caminar

caminar/andar con pies de plomo: act prudently

Andate con pies de plomo cuando hables del aumento de sueldo: Act prudently when you speak about/mention the salary increase.

camino

1 **estar de camino**: be travelling

Juan está de camino, salió esta mañana temprano y espera llegar sobre las tres: Juan's travelling; he left early this morning and hopes to arrive at about three.

2 **ir cada cual por su camino**: go one's own way

Mis hijos ya son mayores y cada cual va por su camino: My children are adults now and each goes his own way.

3 **ponerse en camino**: set out, take off

Se puso en camino hace dos días y aún no ha llegado: He set off two days ago and hasn't arrived yet.

4 **traer a uno a buen camino**: bring (someone) to reason, put (someone) on the right track

Era un perdido y lo han traído a buen camino: He was a lost cause and they have put him back on the right track.

camisa

1 **cambiar de camisa**: change one's colours, turn one's coat

Es sorprendente como estos políticos se cambian de camisa en estos tiempos: It's surprising how often politicians nowadays change their colours.

2 **dejar sin camisa**: ruin
*A su mujer sólo le interesaba
comprarse joyas y coches nuevos
y al final le dejó sin camisa*: His
wife was only interested in buying
jewellery and new cars and in the
end ruined him.

3 **meterse en camisa de once
varas**: be meddlesome
*Siempre se mete en camisa de
once varas y luego no sabe cómo
salir del asunto*: She's always
meddlesome and then doesn't
know how to get out of the affair.

4 **no llegarle a uno la camisa al
cuerpo**: be terrified/anxious
*No le llegaba la camisa al cuerpo
pensando en la operación*:
He was getting anxious thinking
about the operation.

camorra

1 **armar camorra**: pick a quarrel
*Armó una camorra en medio de
la fiesta cuando vió a su novia
bailando con un desconocido*: He
picked a quarrel in the middle
of the party when he saw his girl
friend dancing with a stranger.

2 **buscar camorra**: look for trouble
*Andrés es un chico demasiado
violento, busca camorra en la
más mínima ocasión*: Andrés is
too violent a boy; he's always
looking for trouble on the slightest
occasion.

cana

echar una cana al aire: drive dull
care away
*Cada vez que su mujer visita a su
madre, él echa una cana al aire*:
Every time his wife visits her
mother, he drives his care away (in
enjoyment).

canal

abrir en canal: cut from top to
bottom
*Le abrieron en canal y le dejaron
morir desangrado*: He was

cut/slashed from top to bottom
and left bleeding to die.

cantar

1 **cantar de lleno/plano**: make a
full confession
*Cantó de lleno delante de la
policía*: He made a full confession
to the police.

2 **en menos que canta un gallo**:
in a flash
*Encontraron la solución del
crucigrama en menos que canta
un gallo*: They solved/found the
solution to the crossword in a
flash.

3 **no cantar victoria**: not to shout
until one is out of the woods
*No cantes victoria, pues aún no
sabes el resultado del examen*:
Don't shout till you're out of the
woods as you don't know the
results of the exam yet.

4 **ser otro cantar**: be another story
*Ella contó lo que había ocurrido
en el matrimonio, pero ahora que
oigo tu versión me parece que es
otro cantar*: She related what had
occurred in her marriage, but now
that I hear your version it seems to
me to be a different story.

canto

el canto de un duro: a close
shave
*Faltó el canto de un duro para
que un coche atropellara a David*:
David had a close shave when a
car almost ran him down.

capa

1 **andar de capa caída**: be out of
sorts
*No sé lo que le ocurre, pero estos
días anda de capa caída*: I don't
know what's happening, but these
days he's out of sorts.

2 **defender a capa y espada**:
defend with all one's might
*La quiere tanto que la defendería
a capa y espada en cualquier
circunstancia*: He wants her

so much that he'll defend her with all his might whatever the circumstance(s).

3 echar la capa al toro: risk all for one last effort

Echó la capa al toro y le salió bien, el negocio resurgió: He risked everything on one last effort and it went off well; the business revived.

4 ir de capa caída: suffer a decline

El negocio va de capa caída y tendrá que cerrarlo: The business is suffering a decline and he will have to close it down.

capear

capear el temporal: weather the storm

Lo único que podemos hacer ahora es capear el temporal: The only thing we can do now is (to) weather the storm.

capilla

estar en capilla: be sentenced to death

Está en capilla esperando el día de la ejecución: He is sentenced to death and is awaiting the day of execution.

capirote

tonto de capirote: blockhead, ignorant fool

¡Eres un tonto de capirote! ¡Siempre haces las cosas al revés!: You're a blockhead! You always do things the wrong way round!

capote

echar un capote/la mano: lend someone a hand

No te preocupes, le echaremos un capote por ser tu hermano: Don't worry, we'll lend him a hand as he is your brother.

cara

1 cruzar la cara a uno: smack someone's face

Le cruzó la cara delante de todo el público que asistía a la conferencia: She slapped his face in the

presence of the entire audience at the conference.

2 dar la cara: face the consequences of one's actions

Tendrás que dar la cara al director y explicarle lo ocurrido: You'll have to face the consequences of your actions and explain to the director what happened.

3 dar la cara por otro: answer for someone else

No seas imbécil y des la cara por Angel, no es problema tuyo: Don't be stupid and answer for Angel; it's not your problem!

4 echar a cara o cruz: flip a coin

Echaremos a cara o cruz el lugar donde pasaremos nuestras próximas vacaciones: Let's flip a coin about where we should spend our next vacation.

5 echar en cara: reproach, upbraid

Le echó en cara su falta de responsabilidad: He reproached her for her lack of responsibility.

6 no tener cara para: not have courage for

No tiene cara para enfrentarse con su padre y pedirle perdón por lo ocurrido: He doesn't have the courage to face his father and ask forgiveness for what occurred.

7 partir la cara: smash someone's face in

Como lo hagas otra vez, te parto la cara: If you do it again, I'll smash your face in!

8 por su cara bonita: for one's pretty face

Siempre piensa que todo el mundo hará lo que ella dice por su cara bonita: She always thinks that everyone will do what she says because of her pretty face.

9 tener la cara dura de: have a nerve/cheek

Tiene la cara dura de negar lo que ha hecho: He has the nerve to deny what he has done.

10 **tener mucha cara (dura)**: have
a cheek
¡Qué cara más dura que tiene!:
What a cheek he has!

cargar

1 **cargar con**: (i) take upon
oneself/shoulder: (ii) carry/pick up
(i) *Siempre me toca cargar con
la responsabilidad del trabajo*: I
always take upon myself/shoulder
the responsibility of work.
(ii) *Pilar siempre carga los libros
más pesados*: Pilar always carries
the heaviest books.

3 **cargarse a alguien**: knock off,
do someone in
*El vecino se cargó al amante de su
esposa*: The neighbour knocked
off his wife's lover.

carne

echar carnes: put on weight, get
fat
*Carmen está echando carnes.
Seguro que es a causa de los
pasteles que come*: Carmen is
putting on weight. It's certainly
due to the cakes she eats.

carrillos

comer a dos carrillos:
(i) gorge/stuff oneself: (ii) work
both sides of the street
(i) *Ahí le tienes, comiendo a dos
carrillos como si no lo hubiera
hecho en tres días*: There he is,
gorging himself as if he hadn't
(eaten) for three days.
(ii) *Come a dos carrillos; es jefe
administrativo de una empresa,
profesor de la Facultad y escribe
libros que venden mucho*: He's
working both sides of the street;
he's administrative director in a
firm, professor in the Faculty, and
he writes books that sell well/in
large numbers.

carta

tomar cartas: intervene
*Esos dos se pelearán si Carlos no
toma cartas en el asunto*: Those

two will fight if Carlos doesn't
intervene.

casa

1 **empezar la casa por el tejado**:
put the cart before the horse
*Empezó la casa por el tejado: se
compró un coche sin tener carnet
de conducir*: He put the cart
before the horse; he bought a car
without having a driving licence.

2 **tirar la casa por la ventana**:
waste, squander
*Cuando se casó su hija tiró la casa
por la ventana*: He wasted money
when his daughter married.

cinturón

apretarse el cinturón: tighten
one's belt
*La familia Rupérez se ha tenido
que apretar el cinturón desde que
el padre se quedó sin trabajo*: The
Rupérez's had to tighten their
belts when the father was left
without a job/lost his job.

clavo

dar en el clavo: hit the nail on the
head
*Dio en el clavo cuando dijo que no
encontraríamos billete de avión*:
He hit the nail on the head when
he said we wouldn't get a plane
ticket.

cola

hacer cola: stand in line, queue
*He tenido que hacer dos horas
de cola para poder comprar las
entradas del recital de música
clásica*: I had to stand in the queue
for two hours to buy a ticket to the
classical music recital.

color

sacar los colores: make blush
*Le sacó los colores cuando le dijo
que la había visto semidesnuda en
la playa*: He made her blush when
he told her that he had seen her
half-naked on the beach.

compras

ir de compras: go shopping
Fuí de compras con mi madre, pero no encontré lo que estaba buscando: I went shopping with my mother but I didn't find what I was looking for.

contra

llevar la contra/contraria: be contrary
Es imposible hacer razonar a Juan, siempre lleva la contra: It's impossible to reason with Juan; he's always contrary.

copete

de alto copete: noble, of great importance/high standing
Si te esperas aquí, verás salir de la ópera a todas las damas de alto copete: If you wait here, you'll see all the high society women leaving the opera.

coronilla

estar hasta la coronilla: be fed up
Estoy hasta la coronilla de Andrés y de sus excusas: I'm fed up of Andrés and his excuses.

corriente

1 **llevar/seguir la corriente**: swim with the tide
Síguele siempre la corriente y luego haz lo que te parezca mejor: Swim with the tide and then do what appears best (to you).

2 **ponerse/quedar al corriente**: be informed about, get acquainted with
Me quedo al corriente de todos los acontecimientos del barrio cuando voy a la peluquería: I am informed about all the events in the area when I go to the hairdresser's.

cosecha

ser de propia cosecha: be one's own invention/creation
Aunque parezca imposible, ese diseño es de su propia cosecha:

Although it seems impossible, that design is his own creation.

cosquillas

buscar las cosquillas: tease someone
Siempre buscas las cosquillas a las personas menos adecuadas y un día te saldrá mal: You're always teasing people you shouldn't tease, and one day you'll come unstuck!

cristiano

hablar en cristiano: speak in plain/simple language
Hablando en cristiano, eso quiere decir que has vuelto a suspender el examen: To speak plainly, this means that you've failed your exam again.

cuarenta

cantar las cuarenta: tell someone a few home truths
Desde que canté las cuarenta al tendero, éste ya no me molesta más: Ever since I told the shopkeeper a few home truths, he has never bothered/annoyed me again.

cuenta

1 **ajustar/arreglar cuentas**: (i) pick a bone with; (ii) settle accounts with
(i) *Rosa quiere ajustar cuentas con Enriqueta a causa de la calumnia que ha extendido por el pueblo*: Rosa has a bone to pick with Enriqueta because of the calumny she's spread (about her) through the village.
(ii) *Mi madre ajusta cuentas con la farmacéutica cada tres o cuatro meses*: My mother settles accounts with the chemist's every three ot four months.

2 **hacer cuenta**: remember
Haga cuenta de que las vacaciones empiezan hoy y no mañana: Remember that the holidays begin today and not tomorrow.

3 **tener en cuenta**: bear in mind,
 take into account
 *Tenga en cuenta que el lunes
 es fiesta y los bancos estarán
 cerrados*: Bear in mind that
 Monday is a holiday and that the
 banks will be closed.

cuernos
2 **poner cuernos**: cuckold
 *Estaba seguro de que José ponía
 cuernos a su esposa, y no me
 equivoqué*: I was certain that José
 was cuckolding his wife and I
 wasn't mistaken.

CH

chasco

llevarse un chasco: be disappointed

Se llevó un gran chasco cuando él no apareció en la fiesta: She was very disappointed when he didn't turn up at the party.

chicha

ni chicha ni limonada: neither fish nor fowl

No sé que has podido ver en ese hombre, no es ni chicha ni limonada: I don't know what you see in that man; he's neither fish nor fowl.

chispa

estar que se echa chispas: be hopping mad

Está que echa chispas. Se le ha estropeado el ordenador por tercera vez en cuatro meses: He is hopping mad. The computer has broken down for the third time in four months.

chupado

estar chupado: (i) be very easy; (ii) be very thin

(i) *El examen estuvo chupado y lo aprobó todo el mundo*: The exam was very easy and everyone passed.

(ii) *Mi marido solía estar muy chupado*: My husband used to be very thin.

D

dar

1 **dar a**: face, look out on
Mi habitación da al patio: My room looks out onto the patio.

2 **dar(se) a conocer**: make (oneself) known
Se dio a conocer con mucha publicidad: He made himself known with a lot of publicity.

3 **dar a entender**: hint, insinuate
Dio a entender que dejó el trabajo porque no le gustaba la política de la empresa: He insinuated that he had quit his job because of the policy of the firm.

4 **dar calor**: make (someone) feel hot
Este jersey tan grueso me da mucho calor: A thick pullover like this makes me feel very/quite hot.

5 **dar con**: meet, find, come upon
A las seis de la mañana y camino de la estación, Juan dio con un billetero lleno de dinero: At six in the morning on the/his way to the station, Juan found a wallet full of money.

6 **dar de comer**: feed, maintain, sustain
Lo único que quiero es ganar lo suficiente para poder dar de comer a mi familia: The only thing I want is to earn enough to (be able to) feed my family.

7 **dar frío**: make (someone) feel cold
Me da frío cada vez que se abre la puerta de la calle: I feel cold every time the front door/the door to the street is opened.

8 **dar hambre**: make (someone) feel hungry
Le dio hambre cuando vio aquellos jamones colgando del techo: It made him feel hungry to see/he felt hungry when he saw those hams hanging from the ceiling.

9 **dar las (horas)**: strike …
Dieron las cuatro cuando pasamos por delante del reloj de la iglesia: It was striking four as we passed (in front of) the church clock.

10 **dar miedo**: frighten
A Carmen le dan miedo las arañas: Spiders frighten Carmen./ Carmen is afraid of spiders.

11 **dar que decir**: cause criticism/gossip
El comportamiento de esas chicas da mucho que decir: The behaviour of those girls has given rise to criticism/gossip.

12 **dar sueño**: feel sleepy/drowsy
Al niño le dio sueño en medio de la ceremonia y se quedó dormido en el banco de la iglesia: The little boy felt sleepy/drowsy in the middle of the ceremony and fell asleep on a pew in the church.

13 **dar vergüenza**: feel ashamed
Me da vergüenza llevar el sombrero que me regaló mi tía: I feel ashamed to wear the hat my aunt gave me as a present.

14 **darse a**: devote oneself to, take to, begin
Se ha dado por completo a su trabajo: He (has) devoted himself completely to his job.

15 **no darse por entendido**: pretend not to understand (someone), turn a deaf ear
La abuela le riñó, pero él no se dio por entendido y siguió molestando al gato: His grandmother scolded him but he pretended not to understand her and continued teasing the cat.

16 **qué más da**: What difference
   does it make?
   *¿Qué más da donde vamos? La
   cuestión es tomarnos unos días de
   descanso*: What difference does it
   make where we go. The question
   is shouldn't we have a few days'
   rest?

decidir

    estar decidido a: be determined
    to
    *Estoy decidido a ayudar a Louis
    en todo lo que haga falta*: I'm
    determined to help Louis with
    whatever he needs.

decir

1 **como quien dice**: as if to say, as
   it were, so to speak
   *El impuesto comunitario es, como
   quien dice, una contribución,
   no una imposición*: The
   Community Charge is, as it were,
   a contribution not an imposition!

2 **como quien no dice nada**: as if
   it were unimportant /a trifle
   *Habla de comprarse una casa de 40
   millones de pesetas como quien no
   dice nada*: He speaks about buying
   a house worth 40 million Pesetas
   as if it were a trifle.

3 **dicho y hecho**: no sooner said
   than done
   *Habló de comprarse una barca y
   dicho y hecho, al día siguiente tenía
   una*: He spoke about buying a boat
   and, no sooner said than done, he
   had one the following day.

4 **es decir**: that is (to say), in other
   words, that means
   *Solo seremos cuatro en el
   tribunal; es decir, el presidente,
   el vicepresidente y nosotros dos
   como vocales*: We shall be only
   four on the panel; that is to say,
   the president, the vice-president,
   and ourselves as two members.

5 **no decir ni pío**: not to say a
   word, to say nothing
   *No digas ni pío sobre las salidas
   nocturnas de Juan. Ya llegará

*el momento en que su esposa se
entere*: Say nothing about Juan's
nocturnal exits/nightly escapades.
The time will come when his wife
gets to know (about them).

decisión

    tomar una decisión: make a
    decision
    *Toma una decisión antes de que
    sea tarde*: Decide/Make a decision
    before it's too late.

dedicar

1 **dedicar a**: dedicate
   *Dedicó su primer libro a su esposa
   e hijo*: He dedicated his first book
   to his wife and son.

2 **dedicarse a**: dedicate oneself to
   *Se dedica a la enseñanza desde
   hace veinticinco años*: For (the
   past) twenty-five years he has
   dedicated himself to teaching.

dedillo

    saber al dedillo: have at one's
    fingertips, know perfectly
    *Ha oído tantas veces la canción que
    se la sabe al dedillo*: He's heard the
    song so many times that he knows
    it perfectly.

dedo

1 **cogerse/pillarse los dedos**:
   burn one's fingers
   *Te vas a pillar los dedos si
   sigues gastando estas cantidades
   tan elevadas*: You're going
   to burn your fingers if you
   continue spending such large
   amounts/sums.

2 **chuparse el dedo**: suck one's
   thumb, be silly
   *Que digan lo que quieran de las
   elecciones, pero yo no me chupo el
   dedo*: Let them say what they wish
   about the elections but they can't
   fool me/I'm not silly.

3 **chuparse los dedos**: eat with
   relish, enjoy greatly
   *Todos los platos estaban para
   chuparse los dedos*: All the dishes
   were enjoyed greatly.

4 **escurrirse de entre los dedos**:
slip through one's fingers
*Cuando sacaba el polvo se me
escurrió el jarrón de porcelana
china de entre los dedos y se
rompió en mil pedazos*: While I
was dusting, the porcelain vase
slipped through my fingers and
smashed to smithereens.

5 **no tener dos dedos de frente**:
be as thick as two short planks
*Este joven no tiene dos dedos de
frente. Ha cogido el coche de su
padre sin tener carnet de conducir*:
This young chap's as thick as two
short planks. He took his father's
car without (having) a driving
licence.

6 **poner el dedo en la llaga**: touch
on a sore point
*Puso el dedo en la llaga
cuando habló de los problemas
económicos de la empresa*: He
touched on a sore point when
he mentioned/spoke about the
financial/economic problems of
the firm/company.

delantera
tomar la delantera: take the lead
*No era muy inteligente, pero
estudió tanto que tomó la delantera
a toda la clase*: He wasn't very
intelligent, but he studied hard
so that he took the lead over the
entire class.

desgracia
por desgracia: unfortunately
*Por desgracia las vacaciones
fallaron y tuvieron que quedarse
en la ciudad*: Unfortunately their
holiday plans misfired and they
had to remain in the city.

deshacer
deshacerse de: get rid of
*Antes de que venga mi abuela voy
a deshacerme de este viejo cuadro*:
Before my grandmother comes,

I'm going to get rid of this old
picture.

desprender
desprenderse de: give up
*Se desprendió de su fortuna porque
no quería dejarla a sus parientes
lejanos*: He gave up his fortune
because he didn't wish to leave it
to his distant relatives.

destino
con destino a: bound for
*El tren partió con destino a
Ginebra*: The train left bound for
Geneva.

desvivir
desvivirse por: strive, do one's
utmost
*Los vecinos se han desvivido
siempre por ayudarnos*: Our
neighbours have always
striven/done their utmost to help
us.

detalle
ahí está el detalle: there's the
rub, that's the secret
*Quiere comprarse un coche
deportivo, pero no tiene dinero; ahí
está el detalle*: He wants to buy a
sports car, but he doesn't have the
money; there's the rub.

día
1 **al otro día**: on the next/following
day
*Compramos una barca nueva el
viernes y la estrenamos al otro día*:
We bought a new boat on Friday
and used it for the first time the
next/following day.

2 **día entre semana**: weekday
*Iremos al cine un día entre semana,
los sábados está demasiado lleno*:
We'll go to the cinema on a
weekday; on Saturdays it's too
crowded.

3 **día sí, día no**: every other day
*Tengo clases de inglés día sí, día
no*: I have/have got English classes
every other day.

4 **el día menos pensado**: one of these days, when one least expects it
Muchas veces las personas se enamoran el día menos pensado: People often find love when they least expect it.

5 **en pleno día**: in broad daylight
Robaron en la casa de mi vecino en pleno día: My neighbour's house was robbed in broad daylight.

6 **en su día**: in due time/course
Ten paciencia, en su día contestarán a tu carta: Be patient. Your letter will be answered in due course

7 **estar/poner al día**: be up to date
Después de mucho esfuerzo me he puesto al día con mis deberes de clase: After a great effort I have brought my classwork up to date.

8 **hoy (en) día**: nowadays, today, at the present time
Hoy día las cosas cuestan más y los salarios son más bajos: Nowadays things cost more and salaries/wages are lower.

9 **poner al día (alguien, algo)**: bring (someone/something) up to date
Dolores me puso al día de todos los cambios que se habían producido en la oficina durante mi ausencia: Dolores (has) brought me up to date concerning all the changes (they) made in the office during my absence.

10 **todo el (santo) día**: the whole day, all day long
Pasé todo el santo día en el aeropuerto esperando que llegara tu avión retrasado: I spent the whole day at the airport waiting for your plane, which was late.

11 **vivir al día**: live from hand to mouth
Hay gente que le gusta vivir al día, yo prefiero ahorrar un poco para el futuro: There are people who like to live from hand to mouth but I prefer to save something for the future.

diario
a diario: daily, every day
Maite llama a su novio a diario: Maite rings her boyfriend every day.

diente
1 **dar diente con diente**: shiver with cold/fear
Me daba diente con diente mientras esperaba el autobús en esa fría mañana de diciembre: I shivered with cold as I waited for the bus on that cold December morning.

2 **enseñar los dientes**: bare one's teeth, show one's hostility
El pueblo enseñó los dientes a su presidente y éste dimitió: The village showed its hostility to the new president and he resigned.

3 **hablar/decir entre dientes**: mumble, mutter
No entiendo lo que dice porque siempre habla entre dientes: I don't understand what you're saying because you're always mumbling.

diestro
a diestro y siniestro: right-and-left, wildly, without moderation
Desde que se ha vuelto millonaria compra joyas a diestro y siniestro: Since she became a millionairess she's been buying jewels right-and-left.

diferencia
a diferencia de: unlike
A diferencia de su hermana, ella es muy torpe: Unlike her sister, she's very dim/slow-witted.

difícil
ser difícil que: be unlikely
Es difícil que vengan a vernos el próximo sábado: It's unlikely that they'll come to see us next Saturday.

dinero

nadar en dinero: be rolling in money/rich

Deben estar nadando en dinero, pues se han comprado una casa nueva, un yate y dos coches: They must be rolling in money since they've bought a new house, a yacht and two cars.

Dios

1 **a Dios gracias**: Thank God!

A Dios gracias nadie se hirió en el accidente: Thank God, no one was wounded in the accident.

2 **a la buena de Dios**: any old way

Eligieron los libros a la buena de Dios: They chose the books any old way.

3 **como Dios manda**: as God ordains

Mi marido trabaja en casa y por la noche en vez de hacerlo durante el día, como Dios manda: My husband works at home and at night instead of during the day, as God ordains.

4 **¡Dios mío!**: Good heavens!

¡Dios mío! ¿Pero, qué ha ocurrido aquí con este desorden?: Good heavens! What's happened here – with/why all this mess?

5 **sabe Dios**: heaven only knows, there's no telling

Estos viejos libros están aquí desde sabe Dios cuando: These old books have been here since heaven knows when.

6 **¡válgame Dios!**: Good heavens!

¿Han llegado ya los invitados? ¡Válgame Dios! ¡Y yo sin vestir!: Have the guests already arrived? Good heavens! (And) I'm not dressed!

disgusto

1 **a disgusto**: against one's will

Hice lo que me ordenaron, pero a disgusto: I did what I was ordered to (do) but against my will.

2 **estar a disgusto**: be/feel ill at ease/uncomfortable

Me encuentro a disgusto entre tanta gente desconocida: I was/felt ill at ease/uncomfortable among people I didn't know.

3 **tener un disgusto**: be upset

Laura tuvo un disgusto muy grande cuando supo que no habían aceptado su solicitud de entrada en la universidad extranjera: Laura was greatly upset when she knew that her application for entrance to a foreign university had not been accepted.

disponer

1 **disponer de**: have at one's disposal

No disponen del dinero necesario para reparar la casa: They don't have the money they need to repair the house at their disposal.

2 **disponerse a**: get ready/prepare

Fuimos a visitar a los Rodríguez y llegamos cuando se disponían a comer: We went to visit/on a visit to the Rodríguez's and arrived (just) when they were preparing/getting ready to have dinner.

3 **estar dispuesto a**: be ready/prepared to

María está siempre dispuesta a ayudar: María is always ready to help.

don

tener don de mando: be a natural leader

Manuel solía ser el organizador de todos los viajes en grupos porque tenía don de mando: Manuel used to be the organiser of all the group trips because he was a natural leader.

dormir

1 **dormir como un lirón/tronco**: sleep like a log

Ya puede caer una bomba que no me entero; duermo como un tronco: A bomb can fall but it won't register with me; I sleep like a log.

2 dormirse en los laureles: rest on one's laurels
Se duerme en los laureles y luego no puede terminar su trabajo a tiempo: He rests on his laurels and then can't finish his job on time.

3 dormir a pierna suelta: be fast asleep, sleep soundly
Estaba tan rendido que, cuando pillé la cama, dormí a pierna suelta: I was so exhausted that as soon as I lay down in bed I slept soundly.

4 dormir la siesta: take a nap after dinner
Es una maravilla poder dormir la siesta a la hora del calor y levantarte con el fresco: It's marvellous to be able to take a nap when it's hot and wake up when it's cool.

5 dormir la mona: sleep it off
Cristóbal llegó totalmente borracho y ahora está durmiendo la mona: Cristóbal arrived/came back totally drunk and now he's sleeping it off.

dos

1 de dos en dos: two by two
Los niños entraron en la escuela de dos en dos: The children went into school two by two.

2 en un dos por tres: in a flash/a second
Terminó el informe en un dos por tres: He finished the report in a flash.

3 los dos: both, both of them
Los dos comieron sopa y pescado: Both of them had soup and fish.

duda

1 estar en duda: be in doubt
Aun están en duda de quién se llevará el premio: They're still in doubt as to who will win the prize.

2 no cabe duda de que: there's no doubt that
No cabe duda de que Jorge ganará el primer premio: There's no doubt that Jorge will win the first prize.

3 poner en duda: cast doubt on (something), call (something) into question
El jefe puso en duda la idea aportada por su subordinado: The boss cast doubt on the idea put forward by his subordinate.

4 sin duda: no doubt, undoubtedly, without a doubt
Sin duda González ganará las elecciones generales: González will win the general elections without a doubt.

dudar

no dudar: not to hesitate
No dude en llamarnos si tiene algún problema: Don't hesitate to call us if you have any problem.

dueño

hacerse dueño de: take possession of, master
Los rebeldes se hicieron dueños de la situación: The rebels made themselves masters of the situation.

E

echar

1 **echar(se) a llorar/reir; correr**: burst out crying/laughing, break into a run
Se echó a llorar cuando se le rompió el muñeco de madera: She burst out crying when she broke the wooden doll.

2 **echar a perder**: ruin, corrupt, spoil
Con este calor, la comida se echará a perder si no la guardas en la nevera: In this heat the food will get spoilt if you don't keep it in the fridge.

3 **echar a rodar**: spoil
Su visita echó a rodar nuestros planes para el fin de semana: Her visit spoiled our plans for the weekend.

4 **echar chispas**: be hopping mad
Echaba chispas porque era al único de la familia a quien no le había tocado el gordo de Navidad: He was hopping mad because he was the only one in the family who hadn't a share in the big prize in the Christmas Lottery.

5 **echar de menos**: miss
Echaré de menos a Maite cuando se vaya a vivir al extranjero: I'll miss Maite when she goes to live abroad.

6 **echar en falta**: miss
El niño echa en falta a sus primos: The child misses his cousins.

7 **echarse atrás**: back out, withdraw
Se echó atrás en el último momento y tuvimos que buscar otro guía para el viaje: She backed out at the last moment and we had to find another guide for the trip.

edad

1 **de corta edad**: of tender years, very young
Los García tienen un niño de corta edad: The Garcias have a very young child.

2 **de cierta edad**: of uncertain age, quite old
Aunque no lo parezca, Mónica es una persona de cierta edad: Although she doesn't look it, Monica's quite old.

3 **mayor de edad**: of age
En España, uno es mayor de edad a los dieciocho años: In Spain one is of age at eighteen.

4 **menor de edad**: minor
Los menores de edad no pueden entrar en las discotecas: Minors can't go into discotheques.

ejemplo

servir de ejemplo: serve as an example
Que te sirva de ejemplo lo que le ha ocurrido a Luis: Let what happened to Luis serve as an example to you.

elefante

tener memoria de elefante: have a memory like an elephant
A pesar de su avanzada edad, tiene una memoria de elefante: Despite his advanced age, he has a memory like an elephant.

elemento

estar en su elemento: be in one's element
Ignacio visitó la pinacoteca y se encontró en su elemento: Ignacio visited the art gallery and was in his element.

encarar

encararse con: (i) face, stand up to; (ii) face (up to)
(i) *Cuando encontró a Javier, que le debe dinero, se encaró con él*:

When he met Javier, who owes him money, he challenged him (for it).

(ii) *Nunca ha sabido encararse con la realidad*: He's never known how to face up to reality.

encuentro

salir al encuentro: go out to meet/receive

Salió al encuentro de los turistas con una banda de música: He went out to meet the tourists with a band of musicians.

enfermo

caer enfermo: fall ill

David cayó enfermo de hepatitis y no se ha recuperado todavía: David fell ill with hepatitis and hasn't recovered from it yet.

enhorabuena

dar la enhorabuena: congratulate

Le di la enhorabuena por el nacimiento de los mellizos: I congratulated him on the birth of his twins.

entero

por entero: completely, entirely

Se agotaron las provisiones por entero: They used up the provisions/stores completely.

entonces

1 **de entonces**: of that time

Las costumbres de entonces eran muy diferentes a las de ahora: The customs of that time were different to those now/of today.

2 **desde entonces**: (ever) since then

Juan se marchó a vivir al extranjero hace dos años. Desde entonces no ha regresado a Calatayud: Juan went to live abroad two years ago. Since then he hasn't returned to Calatayud.

3 **por/en (aquel) entonces**: at that time

Por aquel entonces no había ni coches, ni aviones: At that time

they had/there were neither cars nor aeroplanes.

entrar

no entrarle: not understand (something)

No me entran las matemáticas: I can't understand mathematics.

equivocar

equivocarse de: be wrong/make a mistake about

Luisa se equivocó de despacho y fue a parar a un consultorio médico: Luisa mistook the office and (accidently) entered a doctor's surgery.

escala

1 **en gran escala**: on a large scale

Este coche se exporta en gran escala: This car is exported on a large scale.

2 **hacer escala**: put in, make a stop

El barco hace escala en Tynos antes de llegar a Mykonos: The ship put in at Tynos before arriving in Mykonos.

escena

1 **estar en escena**: be on stage

Julia no puede contestar al teléfono, está en escena en este momento: Julia can't answer the telephone; she's on stage at the moment.

2 **poner en escena**: (put on) stage

La nueva función de títeres se pone en escena la semana que viene: The new puppet show is being staged next week.

eso

1 **a eso de**: at about, around

La conferencia empieza a eso de las seis de la tarde: The meeting begins at about six in the evening.

2 **eso de**: that business/matter about

Juan cuenta a todo el mundo eso de la huelga: Juan told everyone about the strike.

3 **¡eso es!**: That's right!

¡Eso es! Yo te compro la bicicleta y tu me compras la radio: That's

right! I buy you the bicycle and
you buy me the radio.

espada

estar entre la espada y la pared:
between the devil and the deep
blue sea

*Estaba entre la espada y la
pared sin saber cómo resolver
el problema, cuando mi hijo me
dio la solución*: I was between
the devil and the deep blue sea
not knowing how to resolve the
problem when my son gave me the
solution.

espalda

1 **a espaldas de**: behind
(someone)'s back

*Cuando salen a bailar los sábados
por la tarde, lo hacen a espaldas
de sus padres*: When they go dancing
on Saturday evenings they do so
behind their parents' backs.

2 **dar la espalda a uno**: to turn
one's back on (someone)

*Es la segunda vez que Juan me da
la espalda y no sé por qué*: It's the
second time Juan has turned his
back on me and I don't know why.

3 **de espaldas**: (i) on one's back;
(ii) from behind

(i) *Le tiraron de espaldas*: They
threw him on his back.

(ii) *Sólo le vi de espaldas*: I only
saw him from behind.

4 **tener las espaldas anchas**: have
a broad back

*No te preocupes si le das un trabajo
desagradable o difícil. Tiene las
espaldas muy anchas*: Don't worry
yourself about whether the job is
disagreeable or difficult. He's got
a broad back.

espanto

estar curado de espantos: be
cooled by experience

*Con los años que llevo en la
profesión, estoy curado de espanto*:
With the years I've spent in

the job, I've been cooled by
experience.

espárrago

**mandar a freír espárragos a
alguien**: tell (someone) to go
jump in the lake/fly a kite

*Le mandaron a freír espárragos
porque no dejaba de molestarles*:
They told him to go jump in the
lake because he wouldn't stop
annoying them.

esperar

1 **esperar sentado**: have a long
wait, wait till the cows come home

*Ya puedes esperar sentado si
piensas que te voy a prestar el
dinero*: You'll have a long wait if
you think I'm going to lend you
(any) money!

2 **ser de esperar**: be to be hoped

*Es de esperar que mis tíos lleguen
en el tren de las diez*: It's to be
hoped that my uncles will arrive on
the ten o'clock train./Let's hope
my uncles arrive on the ten o'clock
train.

espina

dar mala espina: make
suspicious/anxious

*Vino un hombre vendiendo libros
y me dio tan mala espina que le dije
que era una invitada de la casa*: A
man came selling books and he
made me so suspicious that I told
him I was a guest in the house.

estacada

dejar en la estacada: leave
(someone) in the lurch

*Esta es la segunda vez que mi
amigo me deja en la estacada*: This
is the second time that my friend
has left me in the lurch.

1 **estar a**: (i) today is ... (ii) (the
price/cost) is/are

(i) *Estamos a quince de mayo*:
Today's the fifteenth of May.

(ii) *Las peras están a noventa
pesetas el kilo*: Pears are ninety
pesetas a kilo.

2 **estar bien**: (i) be all right; (ii) be comfortable

(i) *El trabajo que has hecho está bien*: The job you've done is all right.

(ii) *Estoy bien en este sofá*: I'm (quite) comfortable on this sofa.

3 **estar bien con**: be on good terms with

Marta está bien con su familia, pero no con la de su marido: Marta is on good terms with her family but not with her husband's/that of her husband.

4 **estar con**: (i) have, be down with; (ii) agree with

(i) *Los dos niños están con sarampión*: The two children have/are down with (the) measles.

(ii) *Estoy con usted, así que en la votación seremos dos contra uno*: I agree with you; so in the voting we'll be two against one.

5 **estar de más**: be in the way

Los niños, en la cocina, están de más: Children in the kitchen are in the way.

6 **estar en**: understand, believe, be convinced

Estoy en lo que dice, pero no le apoyo: I believe what you say but I don't support you.

7 **estar para**: be about to; be in the mood for

Vete con cuidado con tu padre, hoy no está para bromas: Be careful with your father; today he's in no mood for jokes.

8 **estar por**: be for

Estoy por comprarme el Range Rover en lugar del Ford: I'm for buying the Range Rover instead of the Ford.

estilo

algo por el estilo: something of the kind

Me dijeron que había sufrido un accidente o algo por el estilo: They told me that he had suffered an accident or something of the kind.

estómago

1 **no tener estómago para algo**: not to stand something

No tengo estómago para ver las imágenes del accidente en el televisor: I can't stand seeing pictures of the accident on TV.

2 **revolverle el estómago a uno**: turn one's stomach

Sinceramente, la violencia me revuelve el estómago: Frankly, violence turns my stomach.

estribo

perder los estribos: lose one's patience/temper, fly off the handle

Perdió los estribos cuando insultaron descaradamente a su marido: She lost her temper when they brazenly insulted her husband.

estrella

ver las estrellas: see stars

Le dieron una patada en la espinilla y vio las estrellas: They kicked him in the shin and he saw stars.

etiqueta

de etiqueta: formal dress

Nos han invitado a la fiesta en honor del director de la escuela y hemos de vestir de etiqueta: We've been invited to the party in honour of the director of the school and have to go formally dressed.

excepción

a excepción de: with the exception of

Todos los alumnos asistieron a la fiesta de despedida del director, a excepción de los hermanos Roig: With the exception of the Roig brothers, all the students attended the farewell party for the director.

extremo

1 **en extremo**: very much, a great deal

A mi marido le gusta este libro en extremo: My husband likes this book very much.

2 **llegar al extremo de**: be at the point of

Llegó al extremo de pegar al vecino por culpa de la dichosa valla del jardín: He was at the point of striking his neighbour because of the wretched garden fence.

F

fácil

lo más fácil es que: the most likely

Lo más fácil es que vengan en autobús desde el aeropuerto: It's most likely that they'll come from the airport by bus.

falda

estar pegado a las faldas de la madre: tied to one's mother's apron strings

Tan mayor y sigue estando pegado a las faldas de su madre: So old – and he's still tied to his mother's apron strings!

falta

1 **a falta de**: for lack of

Leyó un libro de recetas culinarias a falta de otro mejor: She read a cookery book for lack of something better.

2 **hacer falta**: be necessary/needed

Nos hace falta mucho dinero para poder comprar una casa: We need a lot of money to be able to buy a house.

3 **sin falta**: without fail, promptly

Juan me pidió que le despertara sin falta a las ocho: Juan asked me to wake him without fail at eight.

faltar

1 **faltar a**: fail to show up for

El profesor faltó a clase porque se encontró indispuesto: The teacher failed to show up for class because he was ill/indisposed.

2 **faltar a la palabra**: break one's word

Me dijo que me dejaría tres libros, pero faltó a su palabra: She told me she would leave me three books, but she broke her word.

3 **faltar ... para**: be ... off/away

Faltan tres días para ir de vacaciones: The holidays are three days off/away.

4 **no faltar quien**: be those who

No faltaba quien le consideraba orgullosa: There were some who considered her proud.

5 **no faltaría más**: (i) of course; (ii) that's the limit

(i) – *¿Puedo acompañarla al cine?* – *¡No faltaría más!*: "Can I accompany you to the cinema?" "Of course you can!"

(ii) *Hace una semana le dejé cinco mil pesetas, ayer le volví a dejar dos mil pesetas más y ahora quiere otras dos mil pesetas. ¡No faltaría más!*: A week ago I lent him five thousand pesetas; yesterday I lent him two thousand pesetas more; and now he wants another two thousand pesetas. That's the limit!

fama

1 **correr fama que**: be rumoured (that)

Corre fama que aprobó el examen por sus favores hacia el profesor: It's rumoured that she passed the exam due to the favours she'd done the teacher.

2 **tener fama de**: be known/considered as

Marcos tiene fama de ser el alumno más tremendo de la clase: Marcos has the reputation of being the most dreadful child in the class.

fe

1 **dar fe**: certify

Este documento da fe del nacimiento de nuestro hijo: This document certifies the birth of our son.

2 de buena/mala fe: in good/bad faith

No te enfades con ella, obraba de buena fe: Don't be/get angry with her; she acted in good faith.

Fernando

en el coche de San Fernando: (on/by) shanks's pony

– ¿Que cómo vamos a ir a la fiesta esta noche? – Pues muy fácil, en el coche de San Fernando: "How are you going to the party tonight?" "Well, that's easy – on shanks's pony!"

fiar

1 al fiado: on credit

En la tienda había un letrero que decía: Se vende al fiado mañana, hoy no: There's a sign in the shop which says: Tomorrow we'll sell on credit, not today!

2 fiarse de: trust (in), rely on

No te fíes de esa mujer, solo intenta sacar algún provecho para ella: Don't trust that woman; she's only out to get something for herself.

fiera

1 ponerse como una fiera: becomes wild (like an animal)

El gerente de la empresa se pone como una fiera cada vez que le hablamos de aumento de sueldo: The director of the firm gets wild every time we speak to him about/mention a pay rise.

2 ser una fiera: be a dab hand at (something)

Ella es una fiera para/en los trabajos manuales: She's a dab hand at handicraft.

3 trabajar como una fiera: work like a fiend

Este señor trabaja como una fiera para poder mantener a la familia: This gentleman works like a fiend to maintain his family.

fiesta

1 aguar la fiesta: spoil the fun, spoil it all

Se estaban divirtiendo con la película pero el apagón de luz aguó la fiesta: They were enjoying the film but the blackout spoilt the fun.

2 dar una fiesta: throw/give a party

Mis padres van a dar una fiesta para celebrar sus bodas de plata: My parents are going to throw/give a party to celebrate their silver wedding.

3 estar de fiesta: be in a festive mood/jubilant

Los vecinos estuvieron de fiesta porque les tocó un viaje a Disneyworld: Our neighbours were jubilant because they got a trip to Disneyworld.

4 no estar para fiestas: be in no mood for joking

El jefe no está para fiestas después de que han robado en la tienda por segunda vez en una semana: The boss is in no mood for joking after having had the shop robbed for the second time in one week.

5 hacer fiesta: take a day off

Marc hizo fiesta en el colegio para ir a despedir a su tía al aeropuerto: Marc got a day off school to see his aunt off at the airport.

fila

1 en fila india: in single/Indian file

Los niños de la guardería se pasearon por el pueblo en fila india: The children from the nursery went through the village in single file.

2 incorporarse a filas: join the army

Cuando los chicos cumplen los dieciocho, deben incorporarse a filas: When boys reach the age of eighteen, they must join the army.

3 **llamar a filas**: call to the colours
*Todos mis amigos han sido
llamados a filas recientemente*:
All my friends have recently been
called to the colours.

fin

1 **a fin de que**: in order that
*Viajamos en avión a fin de llegar
a nuestro destino lo antes posible*:
We flew in order to reach our
destination as early as possible.

2 **al fin**: at last, finally
*¡Al fin se marcharon! Ya
empezaba a estar un poco
cansada*: At last they've left! I was
beginning to feel a bit tired.

3 **al fin y al cabo**: when all is said
and done, after all
*¡Al fin y al cabo estamos hablando
de tu padre!*: After all, it's your
father we're talking about!

4 **dar fin a (algo)**: complete
(something)
Dio fin a su trabajo y se acostó: He
completed his work and went to
bed.

5 **poner fin a (algo)**: put a stop to
(something)
*Voy a poner fin a todas estas
habladurías*: I'm going to put a
stop to all these rumours.

6 **por fin**: at last
*Llevó a los niños al colegio, hizo
la compra, lavó la ropa, la tendió,
preparó la comida para la noche,
planchó la ropa y por fin se sentó
cinco minutos a descansar antes de
recoger a los niños del colegio*: She
took the children to school, did
the shopping, washed the clothes,
put them on the line, prepared
the evening meal, ironed the
clothes and at last sat down for five
minutes to rest before going to the
school to collect the children.

firme

1 **de firme**: constantly, regularly;
zealously
*Estudiaba en firme y se vio
compensada con unas excelentes*

notas: She studied constantly
and found herself rewarded with
excellent marks.

2 **en firme**: firmly, finally,
definitely
*Concertaron en firme la fecha de
la venta de la casa*: They finally
agreed on the date for the sale of
the house.

flor

1 **echar flores**: pay compliments,
flatter
*Echa flores a todas las chicas que
encuentra*: He flatters all the girls
he meets.

2 **flor y nata de**: the pick/cream of
*Aquí está la flor y nata de nuestro
colegio*: Here's the pick of our
school.

fondo

1 **a fondo**: thoroughly
*Conoce la historia de su región a
fondo*: He knows the history of his
region thoroughly.

2 **andar escaso de fondos**: be
short of money, be broke
*Pide dinero porque anda escaso
de fondos*: He asks for money
because he's broke.

3 **en el fondo**: at heart, by nature
*En el fondo no es un mal
muchacho*: He isn't a bad lad at
heart.

4 **entrar en el fondo del asunto**:
get to the bottom of the matter
*Si no entramos en el fondo del
asunto, nunca sabremos lo que
ocurrió*: If we don't get to the
bottom of the matter, we'll never
know what happened.

forma

1 **de todas formas**: in any case
*De todas formas recibiremos el
paquete en dos días*: In any case we
will receive the packet in two days.

2 **en forma de**: in the shape of
*Hizo un cenicero en forma de lata
de sardinas*: He made an ashtray in
the shape of a sardine tin.

fortuna

1 **por fortuna**: luckily, fortunately
Por fortuna solo fue un susto:
Luckily it was no more than a
scare.

2 **probar fortuna**: try one's luck,
take one's chances
*Se marchó a Alemania a probar
fortuna*: He went away to
Germany to try his luck.

freír

ir a freír espárragos/monas: Get
lost!
*Vete a freír espárragos. Estoy
cansada de tus impertinencias*:
Get lost! I'm tired of your
impertinence!

frente

1 **al frente de**: in charge of
*Pusieron a Carmen al frente de un
grupo de estudiantes que visitaba la
ciudad*: Carmen was put in charge
of a group of students who were
visiting the city.

2 **en frente de**: in front of
*Acordamos encontrarnos en frente
del quiosco de la plaza*: Let's agree
to meet in front of the kiosk in the
plaza.

3 **frente a**: (i) across from; (ii) in
the face of
(i) *Frente a nuestro colegio hay un
gran parque y un riachuelo que
lo cruza*: In front of our school
there's a big park with a stream
running through it.
(ii) *El niño pequeño se mostró muy
valiente frente a esos cuatro fieros
perros*: The little child showed
great bravery when faced by those
four fierce dogs.

4 **frente a frente**: face to face
*Varios meses después de haber roto
su compromiso se encontraron
frente a frente y no supieron qué
decirse*: Several months after they
had broken off their engagement,
they met face to face and didn't
know what to say (to each other).

5 **hacer frente a**: stand up to, resist
*Gavin hizo frente al ladrón que
intentaba robarle el reloj y el dinero
que llevaba*: Gavin stood up to
the thief who tried to rob him of
the watch he was wearing and the
money he was carrying.

fresco

1 **estás fresco**: you have (got)
another think coming
*Si crees que vas a conseguir más
dinero, estás fresco*: If you think
you're going to get more money,
you've got another think coming!

2 **quedarse tan fresco**: remain
unruffled
*Cuando le dijeron que había
suspendido el examen de
matemáticas por tercera vez,
se quedó tan fresco*: When he
was told that he had failed the
maths exam for the third time, he
remained unruffled.

3 **ser un fresco**: (i) be cheeky; (ii)
try to act fresh
(i) *Procura no ser tan fresco y
terminar el trabajo que se te ha
pedido*: Try not to be so cheeky
and finish the job you were asked
to do.
(ii) *No quiero que vayas con ese
chico, tiene fama de ser un fresco*:
I don't want you to go out with
that boy; he has the reputation of
trying to act fresh.

4 **tomar el fresco**: get a breath of
(fresh) air, take the air
*En los pueblos pequeños de ciertas
provincias españolas, se suele
tomar el fresco en la calle a la
puesta del sol*: In the little villages
of certain Spanish provinces, they
are accustomed to taking the air in
the street at sunset.

frío

1 **hacer frío**: be cold
Este invierno no ha hecho frío:
This winter hasn't been cold.

2 **tener frío**: feel cold
Debo estar enferma porque tengo frío y la temperatura de la calle es de 22 grados: I must be ill because I feel cold and the temperature in the street is 22 degrees.

fuego

1 **abrir fuego contra**: open fire
El capitán ordenó abrir fuego contra los manifestantes: The captain ordered the soldiers to open fire on the demonstrators.

2 **darle fuego**: give (someone) a light
Le di fuego con mi nuevo encendedor: I gave him a light with my new (cigarette) lighter.

3 **jugar con fuego**: play with fire
Te he dicho varias veces que no veas más a la mujer de tu jefe. ¡Estás jugando con fuego!: I've told you many times not to see the boss's wife any more. You're playing with fire!

4 **pegar/prender fuego a**: set fire to
Prendió fuego a la casa en un ataque de locura: He set fire to the house in a fit of rage.

fuera

1 **estar fuera de sí**: be beside oneself
La noticia le puso fuera de sí, y no se calmó hasta pasadas dos horas: The news put him out/He was beside himself with the news and he didn't calm down for two hours.

2 **fuera de**: apart from
Fuera de que puede haber goteras en el tejado, también hay grietas en las paredes de esa vieja casa: Apart from the possibility of leaks in the roof, there are also cracks in the walls of that old house.

fuerte

ser (un poco) fuerte: to be (pretty) intolerable
Es fuerte que no pueda descansar un poco ni en mi propia casa: It's (pretty) intolerable that I can't rest a little (while), even in my own home!

fuerza

1 **a fuerza de**: by dint/means of, because of
A fuerza de trabajar muchas horas durante muchos años ha conseguido todo lo que tiene ahora: By dint of working several hours (a day) over many years he has obtained all that he has now.

2 **a la fuerza**: against one's will
Su madre le ordenó limpiar la habitación y lo hizo a la fuerza: His mother ordered him to clean his room and he did it against his will.

3 **a viva fuerza**: violently
Le quitó el dinero a viva fuerza: He snatched the money violently.

4 **sacar fuerzas de flaqueza**: summon up one's courage; make a tremendous effort
Sacando fuerzas de flaqueza, Yolanda le dijo a su madre su hermano estaba grave después del accidente: Summoning up her courage, Yolanda told her mother that her brother was gravely injured after the accident.

G

gafe

ser un gafe: be jinxed, be a jinx
Luis es un gafe, todo lo que hace le sale mal: Luis is jinxed; everything he does turns out wrong.

gala

hacer gala de: boast, brag about
Sonia hacía gala de sus cuadros y cuando los expuso resultó un fracaso: Sonia bragged about her pictures and when she exhibited them the occasion was a failure.

gallina

1 **acostarse con las gallinas**: go to bed early
El viejo madruga mucho, pero se acuesta con las gallinas: The old man often rises early, but he retires to bed early (too).

2 **cantar la gallina**: confess
Le hicieron cantar la gallina a base de mentiras: By means of lies they got him to confess.

3 **matar a la gallina de los huevos de oro**: kill the goose that laid the golden eggs
Cuando despidieron a su mejor diseñador mataron a la gallina de los huevos de oro: When they sacked their best designer, they killed the goose that laid the golden eggs.

4 **ponerse la carne de gallina**: make one shiver/one's flesh crawl, give one goose-pimples
Se le puso la carne de gallina con aquel ventarrón inesperado: The sudden/unexpected (gust of) wind made him shiver.

5 **ser un gallina**: be chicken/a coward
Siempre se hace el valiente, pero a la hora de la verdad es un gallina: He always makes out he's brave, but in the moment of truth he's chicken/a coward.

gallito

1 **ser un gallito**: be a show-off
Ese niño es un gallito y me está acabando la paciencia: That little boy's a show-off and he's exhausting my patience.

2 **ser el gallito/gallo**: be cock of the roost/king of the walk
Ya veo quien es el gallito del grupo: I see right away who is the cock of the walk.

gana

1 **darle la gana**: feel like
No voy a (ir a) su fiesta, sólo porque no me da la gana: I'm not going to her party; I just don't feel like it.

2 **de buena/mala gana**: gladly, willingly (unwillingly, reluctantly)
Hizo el encargo que le pediste de buena gana: He carried out willingly the order you gave him.

3 **tener ganas de**: have a mind/desire to, feel like
No tengo ganas de trabajar hoy: I have no desire to work today./I don't feel like working today.

gancho

echar el gancho: ensnare, trap, lure, attract with craftiness
María le echó el gancho al director de la escuela: María ensnared the director of the school (with her charms).

ganso

hacerse el ganso: act silly/the goose
No te hagas el ganso y compórtate como es debido delante de los invitados: Don't act silly; behave yourself as you should in the presence of guests.

garra

1 **caer en las garras**: fall into the clutches of
Cayó en las garras de su enemigo: He fell into the clutches of his enemy.

2 **echar la garra**: seize/catch/arrest (someone)
Le echaron la garra porque salió antes de que anocheciera: They caught him because he came out before it turned dark.

gatas

a gatas: on all fours
El niño empezó a andar a gatas cuando tenía seis meses: The little boy began to crawl when he was six months old.

gato

1 **buscar tres pies al gato**: split hairs; pick a quarrel
No busques tres pies al gato, este asunto está muy claro: Don't split hairs; this matter is quite clear.

2 **dar gato por liebre**: cheat, deceive, misrepresent
Cuando vayas a esa tienda, vete con cuidado. Dan gato por liebre si no te das cuenta: When you go to that shop, be careful. They cheat you if you're not paying attention/when you don't realize it.

3 **haber gato encerrado**: there is something fishy/more than meets the eye
No sé por qué, pero me parece que hay gato encerrado en este asunto del colegio: I don't know why, but I think there's something fishy about that business of the school.

4 **poner el cascabel al gato**: bell the cat
Me parece muy justo decirle que no toca la guitarra lo suficientemente bien como para aceptarlo en el grupo, pero, ¿quién le pone el cascabel al gato?: It seems to me/I

think it quite just to tell him that he doesn't play the guitar well enough to be accepted in the group; but, who is to bell the cat?

5 **comerse la lengua el gato**: lose one's tongue
¿Por qué no contestas? ¿Se te ha comido la lengua el gato?: Why don't you answer? Have you lost your tongue?

general

en/por lo general: in general
En este país, por lo general, se come muy poco al mediodía y mucho por la noche: In this country, in general, one eats little at midday and a lot at night.

genio

tener mal/buen genio: be bad/good-tempered
Vete con cuidado con el vecino; tiene muy mal genio: Be careful/Tread carefully with the neighbour; he's very bad-tempered.

gloria

1 **estar en la gloria**: be over the moon, be in seventh heaven
Durante mis vacaciones estuve en la gloria, al regreso empezaron los problemas: I was extremely happy while on holiday; the problems started on my return.

2 **saber/oler a gloria**: taste/smell heavenly
Mi madre cocina unos platos que saben a gloria: My mother cooks some dishes that taste heavenly.

golpe

1 **al primer golpe de vista**: at first glance
Al primer golpe de vista parecen flores naturales, pero mira más de cerca: At first glance they seem to be real flowers, but look more closely.

2 **cerrar de golpe**: slam
Cerró de golpe la puerta porque estaba muy enfadada: She

slammed the door because she was
very angry.

3 **dar el golpe**: cause surprise, be
a hit

Dio el golpe con su traje nuevo:
Her new suit was a hit.

4 **de golpe**: all at once, suddenly
*De golpe se desplomó la estantería
y los libros quedaron esparcidos
por el suelo*: Suddenly the shelf
collapsed and the books were
scattered on the floor.

5 **no dar (ni) golpe**: not to do a
stroke (of work), be lazy
*El es un vago, se pasa el día
tumbando sin dar golpe*: He's
a layabout; he spends the day
lounging around without doing a
stroke of work.

gorda

1 **armarse la gorda**: be a
hulabaloo
*Se armó la gorda en la asamblea
cuando empezaron a insultarse
los dos bandos*: There was a
hulabaloo in the assembly when the
two factions/parties began to insult
each other.

2 **no tener una gorda**: not to have
a cent/bean/penny
*Se gastó todo el dinero con la casa
nueva y ahora no tiene ni una
gorda*: They spent all their money
on the new house and now they
don't have a penny.

gordo

caer gordo: rub (someone) up the
wrong way
*Lo siento mucho, pero Felipe me
cae gordo*: I'm sorry but Felipe has
rubbed me up the wrong way.

gorra

vivir de gorra: live by scrounging,
sponge off other people
*Conozco a varios jóvenes que
viven de gorra*: I know a number of
youngsters who live by scrounging.

gota

1 **gota a gota**: drop by drop
*El estropeó el grifo de la cocina y
el agua salió gota a gota durante
todo el fin de semana*: He damaged
the kitchen tap and the water kept
dripping throughout the weekend.

2 **no ver (ni) gota**: not be able to
see a thing
Con esta niebla no veo ni gota: In
this fog I can't see a thing.

3 **sudar la gota gorda**: sweat
blood, work one's head off
*John sudó la gota gorda para
terminar la tesis a tiempo*: John
sweated blood to finish his thesis
on time.

gotera

tener goteras: have aches and
pains
*Cuando uno alcanza cierta edad, se
tienen muchas goteras*: When one
gets old, one has many aches and
pains.

gozar

gozar de: enjoy
*Mis hijos gozan de muy buena
salud. Gracias*: My children are
in/enjoy good health. Thank you.

gracia

1 **caer en gracia**: make a hit
*La niña de mi prima cae siempre
en gracia*: My cousin's daughter
always makes a hit.

2 **causar gracia**: make laugh
*Los chistes de Miguel siempre
causan gracia*: Miguel's jokes
always make people laugh/cause
laughter.

3 **tener (mucha) gracia**: be (very)
funny
*Tiene mucha gracia lo que le
ocurrió a tu tío de América*:
What happened to your uncle in
America is very funny.

gracias

1 **dar las gracias**: thank
*Le dio las gracias por los favores
prestados*: He thanked him for
favours done/granted.

2 **gracias a**: thanks to
*Gracias a Pedro los niños se
salvaron de morir ahogados en el
río*: Thanks to Pedro the children
were saved from drowning in the
river.

grado
de buen/mal grado:
willingly/unwillingly
*Pídele lo que quieras, que te lo
hará de buen grado*: Ask him (to
do) whatever you want and he will
do it willingly.

grande
a lo grande: on a grand scale
*Los americanos tienen casas
grandes, coches grandes,
monumentos grandes. Vamos, que
les gusta tenerlo todo a lo grande*:
The Americans like to have big
houses, big cars, big monuments.
Well, they like everything on a
grand scale.

grano
ir al grano: come to the point
*No te andes con miramientos y ve
al grano*: Don't beat about the
bush; come to the point!

grito
poner el grito en el cielo:
complain bitterly, hit the ceiling
*Cuando supo lo que su marido
pagó por el coche nuevo, puso el
grito en el cielo*: When she knew
what her husband (had) paid for
the new car, she hit the ceiling.

guardia
1 **estar de guardia**: be on duty
*Mi marido está de guardia en el
hospital el próximo domingo*: Next
Sunday my husband is on duty at
the hospital.

2 **estar en guardia**: be on one's
guard
*Estoy en guardia cuando mis
padres vienen sin avisar*: I'm on
my guard when my parents come
(home) without warning.

guerra
dar guerra: make trouble, cause
difficulties
*No le gustan los niños porque
suelen dar mucha guerra*: He
doesn't like the children because
they usually make trouble (for
him).

gusto
1 **a gusto de**: to the taste/liking of
*Todo lo que hace lo hace a gusto
de su marido*: Everything she does
she does to her husband's liking.

2 **con mucho gusto**: with great
pleasure, gladly
*– ¿Podrías ayudarme a terminar
de hacer las camas? – ¡Con mucho
gusto!*: "Could you help me to
finish making the beds?" "With
pleasure!"

3 **dar gusto**: be a pleasure
*Da gusto verle tocar el piano.
Pronto será un experto*: It's a
pleasure to see him playing the
piano. Soon he'll be an expert.

4 **estar a gusto**: be comfortable
*Estoy a gusto en esta casa, son muy
amables*: I'm comfortable in this
house; they're very friendly.

5 **tener gusto**: have taste
Esta chica tiene gusto en el vestir:
This girl has taste in clothes.

6 **tomar gusto a**: take a liking to
*Le he tomado gusto a esta
mecedora*: He has taken a liking to
this rocking chair.

H

haber

1 **haber de**: be expected/obliged to
Hemos de asistir al baile de final de curso: We're expected to attend the dance at the end of the course.

2 **haber que**: be necessary/imperative that
Hay que comer para poder vivir: It's necessary to eat in order to live.

3 **habérselas con alguien**: argue with/have it out with (someone)
Es desagradable llegar a este punto, pero tendré que habérmelas con él: It's unpleasant to get to this stage, but I shall have to have it out with him.

4 **¿qué hay?**: What's the matter?
¿Qué hay, Pablo? ¿Todo bien?: What's the matter, Pedro? (Is) everything all right?

hablar

1 **al habla**: in touch/contact/communication
Las chicas se ponían al habla con ellos cada día: The girls kept in touch with them every day.

2 **hablar a tontas y locas**: talk nonsense
Estaba tan excitado con los resultados del examen que sólo hablaba a tontas y locas: He was so excited with the results of the exam that he only talked nonsense.

3 **hablar por los codos**: talk incessantly
Doña Dolores habla por los codos y no se cansa nunca: Doña Dolores talks incessantly and never gets tired.

4 **no hablarse**: not to be on speaking terms
Padre e hija no se hablan desde que ella se casó con un gitano: Father

and daughter have not spoken since she married a gipsy.

5 **perder el habla**: be speechless
Antonio perdió el habla al ver el gran incendio que tenía lugar en su tienda: Antonio was speechless on seeing/when he saw the big fire that had broken out in his shop.

6 **ponerse al habla con**: get in touch with
Me puse al habla con mi jefe esta mañana antes de que saliera del hotel donde se hospedaba: I got in touch with my boss this morning before he left the hotel where he was staying.

7 **ser mal hablado**: be foul-mouthed
No me gusta relacionarme con ese joven porque es un mal hablado: I don't want to have anything to do with that young man because he's foul-mouthed.

hacer

1 **hace poco**: a short time ago
Hace poco que compramos el nuevo coche: We bought a new car a short time ago.

2 **hacer buen/mal tiempo**: the weather is good/bad
El hombre del tiempo ha dicho que hará buen tiempo el próximo fin de semana, o sea que podremos salir al campo: The weatherman has said that it'll be good next weekend, that is to say we could go down to the country.

3 **hacer como si**: act as if, pretend that
Cuando hablas a Juan hace como si no te oyera: When you speak to Juan he acts as if he hasn't heard you.

4 **hacer de**: act/serve as, stand in for
Hacía de presidente cuando éste se ausentaba: He acted as president when the latter was absent.

5 **hacer de las suyas**: be up to one's (old) tricks
¡Ya ha vuelto a hacer de las suyas!: He's up to his old tricks again!

6 **hacer frío/calor**: be cold/hot
Hoy hace mucho frío, así que abrígate: It's very cold today, so cover (yourself) up well.

7 **hacerse**: become
Todos los chicos de esta casa se hicieron curas: All the boys in this house became priests.

8 **hacerse a**: get used to
Aunque le ha costado mucho, parece que ahora ya se hace a la idea de la muerte de su esposa: Although it took its toll on him, it seems that now he's getting used to the idea of his wife's death.

9 **hacerse con**: get hold of
El periodista se hizo con los papeles que comprometerían al presidente del estado: The journalist got hold of (the) papers that would compromise the president of the state.

10 **hacerse el**: act like, pretend to be
Cada vez que yo le pido que lleve algo se hace el tonto: Every time I ask him to carry something he pretends to be an invalid.

hambre

1 **morirse de hambre**: starve to death, die of starvation
El anciano se murió de hambre: The old man starved to death.

2 **pasar hambre**: go hungry
Estos niños pasan mucha hambre porque su padre no gana lo suficiente: Those children go hungry because their father doesn't earn enough.

3 **tener hambre**: be hungry
Esa niña tiene hambre a todas horas: That child's hungry all the time.

harina

ser harina de otro costal: be a horse of a different colour
Yo creía que debíamos pagar un dineral por el viaje, pero esto es harina de otro costal: I thought we ought to pay quite a lot of money for the trip, but this is a horse of a different colour.

harto

estar harto de: be fed up with/sick of
Estoy harto de decirte que hagas las cosas con cuidado: I'm sick of telling you to do things carefully.

hasta

hasta ahora: up to now, so far
Hasta ahora nunca había tenido suerte: Until now she's never been lucky.

hecho

1 **de hecho**: in fact
De hecho no tenía que pagar por los daños ocasionados en la tienda: In fact, he didn't have to pay for the damage caused in the shop.

2 **dicho y hecho**: No sooner said than done
Le pidió que hiciera el informe lo antes posible, y dicho y hecho, lo tuvo en media hora: She asked if he could do the report as soon as possible; and, no sooner said than done, she had it in half an hour.

3 **hecho y derecho**: fully mature, fully fledged, complete
Es una persona hecha y derecha: He's mature/He's a mature person.

hielo

1 **estar hecho un hielo**: be frozen/freezing cold
Después de haber esperado el autobús durante veinte minutos en medio de la nieve, estoy hecho un

hielo: Having waited for the bus for twenty minutes in the snow, I'm frozen.

2 **romper el hielo**: break the ice
Alguien habrá de romper el hielo o la fiesta parecerá un entierro: Someone will have to break the ice or the party will be like a funeral.

3 **ser más frío que el hielo**: be as cold as ice
No le pidas ninguna limosna al señor que se acerca por la esquina, es más frío que el hielo y no le conmoverás: Don't ask the gentleman who's coming round the corner for alms; he's as cold as ice and you'll not touch/move him.

hierba

1 **finas hierbas**: herbs for seasoning
Añádase al cocido unas finas hierbas y déjese hervir lentamente durante media hora: Add some herbs for seasoning to the stew and leave it to boil for half an hour.

2 **y otras hierbas**: and many other things
Tiene tres casas, cinco coches, un yate, una avioneta y otras hierbas: He has three houses, five cars, a yacht, a small plane and many other things.

higuera

estar en la higuera: be daydreaming/at a loss, not know what to do
Desde que le dieron la noticia de la enfermedad incurable de su mujer, que está todo el día en la higuera: Since they gave him the news of his wife's incurable illness, he spends the whole day not knowing what to do.

hijo

1 **hacerle a una un hijo**: get (someone) pregnant
Ramón es un degenerado, le ha hecho un hijo a la pobre María: Ramon's a degenerate; he's got poor Maria pregnant!

2 **ser hijo de papá**: be (a) daddy's boy
Roberto consigue todo lo que quiere de su padre porque es el hijo de papá: Roberto gets all he wants from his father because he's a daddy's boy.

3 **ser hijo único**: be an only child
Esta niña está muy mimada. Se nota que es hija única: This girl is very spoiled. You can tell she's an only child.

hilo

1 **coger el hilo**: pick up the thread
La reunión resultó algo pesada porque no pude coger el hilo de lo que se discutía: The meeting turned out to be rather boring because I couldn't pick up the thread of what was being discussed.

2 **cortar el hilo**: interrupt
Me cortaron el hilo cuando llegaba a lo mejor de la historia: They interrupted me/I was interrupted when I reached/got to the best part of the story.

3 **estar colgado/pender de un hilo**: hang by a thread
Su vida pende de un hilo: His life's hanging by a thread.

4 **hilo de voz**: thin/tiny voice
El niño recitó el poema delante del auditorio con un hilo de voz: The child recited the poem in a tiny voice in front of the audience.

5 **perder el hilo**: lose the thread
Habla más despacio, pues estoy perdiendo el hilo de lo que dices: Speak more slowly because I'm losing the thread of what you're saying.

hincapié

hacer hincapié (en): put special emphasis on, stress
Al despedirnos en el aeropuerto, mi madre hizo hincapié en escribirle lo antes posible: On bidding us farewell at the airport,

my mother stressed that we should write to her as soon as possible.

hito

mirar de hito en hito: stare at
El profesor me miró de hito en hito: The teacher stared at me.

hombro

1 **arrimar el hombro**: put one's nose to the grindstone
Entre todos decidieron arrimar el hombro y el trabajo salió a la perfección: They decided among themselves to put their noses to the grindstone and completed the job to perfection.

2 **encogerse de hombros**: shrug one's shoulders
Se encoge de hombros cada vez que le preguntamos una cosa por la que él no siente interés: He shrugs his shoulders each time we ask him anything because he's not interested.

3 **escurrir el hombro**: avoid, shirk
Cada vez que le pedimos que mecanografíe algo, escurre el hombro: Every time we ask her to type something she shirks doing it.

4 **mirar por encima del hombro**: look down upon
Desde que ha heredado que anda mirando a la gente por encima del hombro: Ever since he inherited (a fortune) he walks about looking down upon people.

5 **salir a hombros**: be carried out shoulder-high
Todo el equipo de baloncesto salió a hombros de la cancha después de ganar aquel difícil partido: The entire basketball team were carried out shoulder-high from the court after winning/having won that difficult game/match.

hora

1 **a buena hora**: opportunely, in good time
Los libros que necesitaba para el examen llegaron a buena hora: The

books she needed for the exam arrived in good time.

2 **a cualquier hora**: at any hour/time of the day
Ven a visitarnos a cualquier hora: Come to visit us at any time of the day.

3 **a estas horas**: now, by now
Le mandamos un telegrama y a estas horas debe haberlo recibido: We sent him a telegram and by now he must have received it.

4 **en buena/mala hora**: at the right/wrong time
En mala hora llegaron los García. ¡No pudimos irnos al cine!: The Garcías arrived at the wrong time. We couldn't go to the cinema!

5 **entre horas**: between meals
¡Claro que está gorda! ¡Siempre come entre horas!: It's obvious (why) she's fat! She's always eating between meals!

6 **horas muertas**: spare time
¿Qué haces en tus horas muertas? Yo veo la televisión: What do you do in your spare time? I watch television.

7 **no tener una hora libre**: have no time to oneself
David no puede venir el fin de semana al campo porque no tiene una hora libre. ¡Trabaja incluso los domingos!: David can't come down to the country at the weekend because he has no time to himself. He even works on Sundays!

8 **pasar las horas en blanco**: have a sleepless night
Mi marido se pasa casi todas las noches en blanco, y yo duermo como un tronco: Almost every night is a sleepless one for my husband whereas I sleep like a log.

9 **pedir hora**: request/make an appointment
Tendremos que pedir hora al médico para que vea ese grano tan

feo que tienes: We shall have to
make an appointment with the
doctor so he can look at that nasty
spot of yours.

10 **es hora de**: be time to
*Es hora de que el niño vaya a la
cama. Mañana tiene que levantarse
temprano*: It's time the child went
to bed. He's got to get up early
tomorrow.

11 **¡ya era hora!**: and about time
too!
¡Ya era hora que llegaras a casa!:
It's about time that you went
home!

horma

hallar la horma de su zapato:
meet one's match
*Halló la horma de su zapato en
el profesor de inglés*: She met her
match in the English teacher.

hoy

1 **de hoy a mañana**: any time now
*De hoy a mañana van a comprarse
un coche nuevo*: They're going to
buy a new car any time now.

2 **de hoy en adelante**: from now
one, henceforth
*De hoy en adelante iré cada día a la
piscina*: From now on I'll go to the
swimming pool every day.

3 **hoy (en) día**: nowadays
Hoy día es fácil viajar: It's easy to
travel nowadays.

4 **hoy mismo**: this very day
*Mándale el ramo de rosas hoy
mismo*: Send her a bunch of roses
this very day!

5 **hoy por hoy**: nowadays
*Hoy por hoy los socialistas son
más ricos que los capitalistas*:
Nowadays socialists are richer
than capitalists!

huella

1 **dejar huella**: leave one's mark
Es un hombre que deja huella:
He's a man who leaves his mark.

2 **seguir las huellas de**: follow in
the footsteps of (someone)
*Sigue las huellas de su padre y
espera llegar a ser tan bueno como
él*: He's following in his father's
footsteps and hopes to become as
good as he is.

hueso

1 **estar en los huesos**: be nothing
but skin and bone
*Creo que Lucía debe estar
enferma; si la vieras ahora, está en
los huesos*: I think that Lucía must
be ill; if you see her now she's
nothing but skin and bone.

2 **ser un hueso duro de roer**: be a
hard nut to crack
*La oposición pública a nuevas
ideas es siempre un hueso duro
de roer*: Public resistance to new
ideas is always a hard nut to crack.

3 **tener los huesos molidos**: be
exhausted
*Después de las dos primeras clases
de gimnasia, tengo los huesos
molidos*: After (only)the first two
gym classes, I'm exhausted.

humo

1 **bajarle a uno los humos**: take
down a peg (or two)
*Le bajaremos los humos dejándolo
en ridículo delante de los invitados*:
We'll take him down a peg and
make him look ridiculous in front
of the guests.

2 **tener humos**: have/give oneself
airs
*Susana tiene muchos humos
porque tiene dinero*: Susana
gives herself airs because she has
money.

I

i

poner los puntos sobre las íes: dot the i's and cross the t's

He leído mi trabajo por ultima vez, solo para asegurar poner los puntos sobre las íes: I read my essay one last time, just to dot the i's and cross the t's.

ida

(de) ida y vuelta: return

Compré un billete de tren de ida y vuelta: I bought a return train ticket.

idea

1 **cambiar de idea**: change one's mind

Lloyd dijo que nos ayudaría con el reparto de las invitaciones, pero al final cambió de idea: Lloyd said that he'd help us to distribute the invitations, but in the end he changed his mind.

2 **idea fija**: obsession, fixed idea

Tiene la idea fija de que le están envenenando poco a poco: He's convinced that he's being slowly poisoned.

3 **metérsele a uno una idea en la cabeza**: to get an idea into one's head

A nuestro profesor se le ha metido la idea hacer el examen en sólo dos horas: Our teacher has got the idea of (us) doing the exam in only two hours.

4 **no tener mucha idea**: not to have much idea

No tenemos mucha idea para arreglar el jardín: We don't have much idea of how to smarten up the garden.

5 **no tener ni (la más remota/ligera) idea**: not to have

a clue, not to have the remotest idea

No tengo ni la más remota idea de lo que haré con el dinero ganado en la lotería: I haven't the remotest idea about what I'll do with the money I won on the Lottery.

6 **tener idea de**: have the intention of, intend

Teníamos idea de comprarnos una furgoneta, pero nos quedaríamos con un turismo: We intended to buy a van but we'll get a car.

7 **tener mala idea**: be malicious/ill-intentioned

Este niño tiene muy mala idea: This child is very malicious.

igual

1 **al igual que**: like

Carmen, al igual que su hermana Rosa, se casó con un extranjero: Carmen, like her sister Rosa, is married to a foreigner.

2 **por igual**: equally, on an equal basis

Esta familia trata a todas sus visitas por igual: This family treats all visitors on an equal basis.

3 **ser igual**: be all the same

Haz lo que creas más oportuno, a mí me es igual: Do what you think (is) best. It's all the same to me.

4 **sin igual**: matchless

Sus cuadros son de una belleza sin igual: His pictures are of a matchless beauty.

ilusión

1 **hacerse/forjarse ilusiones**: fool oneself/indulge in wishful thinking

No te hagas ilusiones, no vamos a dejar derribar toda la calle sin enfrentarnos a ello: Don't fool yourself: we won't let our street be knocked down without a fight.

2 **¡qué ilusión!**: how thrilling!, how exciting!
¡Qué ilusión poder ir al teatro de la ópera esta noche!: How exciting to be able to go to the opera tonight!

3 **tener puestas las ilusiones**: set one's heart on
Tenía puestas las ilusiones en la carrera de derecho: He set his heart on a legal career.

4 **trabajar con ilusión**: work with a will
Trabajan con ilusión porque el trabajo es ameno y les pagan bien: They work with a will because the job is pleasant and pays well.

5 **vivir de ilusiones**: live on dreams
A pesar de tener cincuenta años sigue viviendo de ilusiones: Even at fifty he is still living on dreams.

impacto
causar impacto: cause an impact/a sensation
Causó impacto el gran escote del vestido que llevaba nuestra prima: The dress with the plunging neckline that our cousin was wearing caused a sensation.

imponer
imponerse a: dominate, get control of
Ella siempre se impone a sus compañeras de oficina: She always dominates her office colleagues.

importancia
darse importancia: show off
Le gusta darse importancia delante de sus compañeros de clase: She likes to show off in front of her classmates.

importar
1 **importar a uno un pepino/bledo/pito/comino**: Not to give a damn
Me importa un bledo lo que diga el médico, voy a tomarme una bebida: I don't give a damn what

the doctor says, I'm going to have a drink.

2 **no importar**: not matter to (someone)
A Juan nada le importa: Nothing matters to Juan.

imposible
hacer lo imposible: do one's utmost
El médico hizo lo imposible para salvar la vida del niño, pero resultó en vano: The doctor did his utmost to save the child's life, but in vain.

improviso
de improviso: suddenly, unexpectedly
De improviso, dejó la reunión sin ninguna explicación: He left the meeting suddenly, without any explanation.

inconveniente
1 **no ver inconveniente**: see no objection
No veo inconveniente en que vayas al cine el sábado por la noche: I see no objection to your going to the cinema on Saturday night.

2 **tener inconveniente**: object
Mis padres tienen inconveniente en que vaya a pasar unos días de vacaciones a Andalucía en casa de mi amiga: My parents object to my going to spend a few days' holiday in Andalusia in my friend's home.

indio
hacer el indio/ganso: play the fool
No hagas el indio cuando vengan los invitados: Don't play the fool when the guests come.

indirecta
tirar/echar indirectas: drop hints, make insinuations
Como no daban muestras de irse a casa, empezamos a tirar indirectas: As they showed no sign of going home, we started dropping hints.

infierno

en el quinto infierno: far, far away

No les visito muy a menudo porque viven en el quinto infierno: I don't visit them often because they live (too) far away.

inocente

hacerse el inocente: play innocent, pretend to be naïve

Siempre se hace el inocente, pero a decir verdad se entera de todo: He always pretends to be naïve, but the fact is that he gets to know about everything.

instancia

a instancias de: at someone's request

A instancias de la profesora solicité plaza en una Universidad inglesa: At my teacher's request I applied for a place at an English university.

instante

1 **a cada instante**: every single moment, all the time
La abuela no puede andar mucho, pero cuando lo hace se para a cada instante: Grandmother can't walk much; but, when she does, she stops all the time.

2 **al instante**: immediately, instantly, at once
Hubo un accidente en la carretera y al instante llegó la ambulancia: There was an accident on the highway and the ambulance arrived at once.

intención

1 **primera intención**: first idea
Su primera intención fue coger el teléfono y llamarte: His first idea was to pick up the telephone and call you.

2 **segundas intenciones**: ulterior motives
No me gustan sus comentarios porque siempre llevan/tienen segundas intenciones: I don't like his comments because they have ulterior motives.

3 **tener la intención de**: intend to
Teníamos la intención de ir a Grecia de vacaciones, pero hemos cambiado de opinión: We intended to go to Greece for our holidays, but we've changed our minds.

interés

1 **de interés**: of interest, interesting
Este programa será de interés para los dueños de perros: This programme will be of interest to all dog owners.

2 **mostrar interés**: to show interest
Este niño muestra gran interés por las matemáticas: This child shows a great interest in mathematics.

3 **tener interés en/por**: be interested in
Tiene gran interés por la música clásica: She has a great interest in classical music.

inversa

a la inversa: the other way round
Queríamos ir a Ely y luego a Saffron Walden, pero tuvimos que hacerlo a la inversa: We wanted to go to Ely and then to Saffron Walden, but we had to do it the other way round.

ir

1 **ir bien**: (i) do well; (ii) get well
(i) *Me va bien desde que llegaron los turistas a este pueblo*: I've been doing well since tourists have come to this village.
(ii) *Voy bien desde que tuve la operación*: I'm better since I had the operation.

2 **ir con uno**: agree
Estuve con él en el asunto de los préstamos: I agreed with him on the subject of loans.

3 **ir de perlas/maravilla/que ni pintado**: fit like a glove
El vestido le va de maravilla/que ni pintado: The dress fits like a glove.

4 **ir tirando**: get along, manage
¿Que cómo me va? Pues, voy tirando: How am I getting on? Well, I'm managing!

5 **irse al otro barrio**: pass away, die
Mi vecino se fue al otro barrio y dejó viuda y cinco hijos pequeños: My neighbour died and left (behind him) a widow and five little children.

6 **no ir ni venir a alguien**: be all the same to one, not to concern one in the least
Ni me va ni me viene lo que ella hace con su dinero: It's all the same to me what she does with her money.

8 **sin ir más lejos**: to take/pick an example close to home
Mucha gente se vuelve vegetariana estos días. Por ejemplo, tu hermana, sin ir más lejos: A lot of people are becoming vegetarians these days: your sister, to take an example close to home.

J

jabón

dar jabón/enjabonar a alguien: soft-soap (someone)
No me des jabón que no conseguirás lo que quieres por mucho que insistas: Don't soft-soap me because you won't get what you want however much you insist.

jarras

ponerse (con los brazos) en jarras: with arms akimbo
Muchas personas ponen los brazos en jarras cuando adoptan una actitud desafiante: Many people stand with arms akimbo when they adopt an attitude of defiance.

Jauja

ser Jauja: be the land of milk and honey
Un cocktail, una piscina, una maravillosa puesta del sol. ¡Esto parece Jauja!: A cocktail, a swimming pool, a lovely sunset! This is heaven!

Job

tener más paciencia que Job: have the patience of Job/a saint
No sé como puede aguantar a esos niños en clase; tiene más paciencia que Job: I don't know how he can put up with those children in class; he has the patience of Job.

jota

no entender/saber ni jota: not to understand in the least
Cuando me hablas de logaritmos, no entiendo ni jota: When you speak to me about logarithms, it's all Greek to me.

juego

1 **hacer juego con**: match, suit
Búscate una blusa que haga juego con la falda marrón: Look for a blouse that matches your brown skirt.

2 **no ser cosa de juego**: be serious/no laughing matter
Si mi madre nos pilla aquí, no será cosa de juego: If my mother catches us here, it will be no laughing matter.

3 **ver/conocer/adivinar el juego**: see through (someone)
Le vi el juego y no acepté su invitación: I saw through him and didn't accept his invitation.

juerga

ir(se) de juerga: go on a spree
Mañana por la noche salimos todos los chicos de la clase y nos vamos de juerga: Tomorrow night all of us boys in the class are going out together on a spree.

jugada

hacerle una mala jugada: play a dirty trick on (someone)
Le hizo una mala jugada y él nunca más la perdonó: She played a dirty trick on him and he never forgave her.

jugar

1 **jugar con fuego**: play with fire
Si sigues viendo a la mujer del jefe, te puede salir mal. Estás jugando con fuego: If you continue seeing the boss's wife, it could turn out badly for you. You're playing with fire.

2 **jugarse el todo por el todo**: stake/risk everything
Martínez se jugó el todo por el todo con este negocio y le salió bien: Martínez staked everything on this business and it has gone well.

3 **jugar limpio**: play fair
Puedes confiar en Carlos; le gusta jugar limpio: You can confide in Carlos; he likes to play fair.

juicio

1 **a juicio de**: in the opinion of

A juicio de los expertos, este tiempo tan caluroso en esta época del año no durará mucho: In the opinion of the experts, such hot weather at this time of the year will not last long.

2 **estar en su juicio**: be of sound mind

Estando en su juicio, escribió su testamento: Being of sound mind he wrote (out) his will.

3 **estar fuera de juicio**: be out of one's mind

¿Pagar esa cantidad? ¿Estás fuera de juicio?: Pay that amount? Are you out of your mind?

4 **poner en tela de juicio**: question, put in doubt

Puso en tela de juicio las explicaciones del profesor: He questioned the teacher's explanations.

L

labia

tener mucha labia: have the gift of the gab

Esa vecina tiene mucha labia: That neighbour has the gift of the gab.

labio

1 **cerrar los labios**: keep quiet

Decidió cerrar los labios y no decir nada del asunto: He decided to keep quiet and not say anything about the affair.

2 **hablar con el corazón en los labios**: speak frankly/with an open heart

Pregúntale lo que quieras, pues siempre te hablará con el corazón en los labios: Ask him what you like because he will always speak to you quite frankly.

3 **lamerse los labios**: lick one's lips

Se lamió los labios pensando en el gran banquete: He licked his lips thinking/when he thought of the great feast.

4 **morderse los labios/la lengua**: bite one's tongue

Se mordió los labios a pesar de querer dar explicaciones: He bit his tongue wanting/although he wanted to give an explanation.

5 **no despegar los labios**: not to utter a word

Los niños no despegaron los labios en toda la ceremonia: The children didn't utter a word during the entire ceremony.

lado

1 **al lado de**: beside, next to

La caja que quiero está al lado de la que tiene usted: The box I want is next to yours.

2 **al otro lado**: across, on the other side

A un lado se colocó el padre; al otro lado su suegro: He placed his father on one side; on the other, his father-in-law.

3 **dar de lado**: give (someone) the cold shoulder, avoid (someone)

Después de su deshonroso comportamiento, todo el mundo le dio de lado: After his dishonourable behaviour, everyone gave him the cold shoulder.

4 **de lado**: sideways

Si no poneis la mesa de lado, no pasará por la puerta: If you don't place the table sideways it won't pass through the doorway.

5 **de un lado a otro**: from one side to the other

Mi marido se pasea de un lado a otro de la habitación cuando está nervioso: My husband paces the room from one side to the other when he's nervous.

6 **echarse a un lado**: move to one side, step aside

Echense a un lado para que las bicicletas no les atropellen: Stand aside so that the bicycles won't run over you.

7 **lado flaco**: weak spot

Es horrible ver cómo los niños siempre descubren el lado flaco de su profesor: It's awful how children will always find their teacher's weak spot.

8 **mirar de lado**: look askance at

Desde que ha heredado mira de lado a todas sus amigos: Since coming into his inheritance he looks askance at his friends.

9 **por un lado**: on the one hand

Por un lado puede que él tenga razón, pero por el otro, puede estar equivocado: On the one hand he

could be right, but on the other he
could be wrong/mistaken.

10 **por ningún lado**: nowhere,
anywhere
*He perdido mi agenda y no
aparece por ningún lado*: I lost
my diary/notebook and it doesn't
appear to be anywhere.

11 **por todos lados**: everywhere
*Fui al aeropuerto a recoger a mi
tía y aunque la busqué por todos
lados, no pude encontrarla*: I went
to the airport to pick up my aunt
but although I searched for her
everywhere I couldn't find her.

12 **ver el lado bueno de las cosas**:
look on the bright side
*No te atormentes y procura ver el
lado bueno de este asunto*:
Don't torment yourself, but try to
look on the bright side of things.

lágrima

1 **deshacerse en lágrimas**: burst
into tears
*Se deshace en lágrimas cada vez
que ve Mujercitas*: She bursts into
tears every time she sees "Little
Women".

2 **estar bañado en lágrimas**: be
bathed in tears
*No sé lo que debe haber ocurrido,
pero cuando llegué al trabajo
encontré a Pilar bañada en
lágrimas*: I don't know what had
happened, but when I got to work
I found Pilar bathed in tears.

3 **llorar a lágrima viva**: weep
bitterly
*Ella lloró a lágrima viva cuando
oyó que su mejor amigo había
muerto*: She wept bitterly when
she heard that her best friend had
died.

lanza

ser una lanza: be clever/skillful
*Miguel es una lanza en reparar
televisores*: Miguel is clever at
repairing TVs.

lapa

pegarse como una lapa:
stick/cling to (someone) like a
leech
*Se pegan como lapas al guía y
nunca intentan mezclarse con la
gente del pueblo*: They cling to
their guide like leeches and never
try to meet the local population.

larga/o

1 **a la larga**: in the long run,
eventually, in the end
*A la larga te resultará más
económico comprarte el coche
caro*: In the long run it'll be more
economical to buy an expensive
car.

2 **a lo largo de**: along
*Paseemos a lo largo del paseo
marítimo*: Let's stroll along the
seafront.

3 **a lo largo y a lo ancho**:
throughout, all over
*Hubo manifestaciones en contra
del impuesto comunitario a lo
largo y a lo ancho del país*: There
were demonstrations against the
Community Charge throughout
the country.

4 **dar largas**: delay, postpone, put
off
*¿Cuándo me vas a pagar el dinero
que me debes? ¡Deja de darme
largas!*: When will you pay me the
money you owe me? Stop putting
me off!

5 **de largo a largo**: from one end to
the other
*Después de las tormentas se tuvo
que reparar la tapia de largo a
largo*: After the storms she had to
repair the garden wall from end to
end.

6 **ir para largo**: drag on
*Parece que la avería ferroviaria
va para largo y tendrán que
poner autocares para trasladar
a los viajeros a otra estación*: It
seems/looks as if that (repairing)

the railway breakdown is going to drag on and they'll have to lay on coaches to transfer the passengers to another/the next station.

7 **pasar de largo**: pass by, go past
Iba tan distraída hojeando la revista que pasó de largo de su casa: She was so preoccupied, leafing through the magazine, that she went straight past her house.

8 **poner(se)/vestir(se) de largo**: (i) make one's début in society; (ii) wear a long dress
(i) *Los Sres. Rodríguez pondrán/vestirán de largo a su hija la próxima semana*: Next week the Rodríguez's daughter will make her debut in society.
(ii) *Esta noche me vestiré de largo para ir a la ópera*: Tonight I'll wear a long dress to (go to) the opera.

9 **puesta de largo**: coming out
Le invitamos a la fiesta de puesta de largo de la Srta. Ruiz que se celebrará el próximo día 12 a las 8 de la noche en el Hotel Ritz: You are invited to the coming out of Srta. Ruiz to be celebrated on the 12th at 8.00 p.m at the Hotel Ritz.

10 **ser largo de contar**: be a long story
Si tienes tiempo te lo explicaré, pues es largo de contar: If you have time, I'll explain it to you; but, it's a long story.

11 **tener la cara larga**: have a long face
Vete con cuidado con el jefe. Hoy tiene la cara larga: Go/tread carefully with the boss. He's got a long face today.

lástima

1 **dar/hacer lástima**: inspire pity/compassion
Da lástima ver cómo los jóvenes se matan con las drogas: It's tragic to see how youngsters are killing themselves with drugs.

2 **estar hecho una lástima**: be a sorry sight
Desde que murió su marido que no se cuida y está hecha una lástima: Since her husband's death she's not looking after herself and is a sorry sight.

3 **tener/sentir lástima**: feel sorry
Le compré ropa de abrigo porque tenía lástima de su situación: I bought him (some) warm clothes because I felt sorry for him.

lata

dar (la) lata: bore, annoy, pester, bother
Cada día me da la lata para ir al cine: Every day he pesters me to go the cinema.

laurel

dormirse sobre los laureles: rest on one's laurels
¡No se duerma sobre los laureles y trabaje más! Necesito ese informe en media hora: Don't rest on your laurels but work a bit harder! I need that report in half an hour.

lejos

1 **a lo lejos**: in the distance
Subidos en aquella colina podíamos ver la catedral a lo lejos: From the top of that hill we could see the cathedral in the distance.

2 **desde lejos**: from a distance, from afar
Desde lejos vieron acercarse el tren: He saw the train approaching from a distance.

lengua

1 **atarle la lengua**: silence (someone), shut (someone) up
Deberíamos atarle la lengua con dinero, de lo contrario nos pondrá en un aprieto: We should shut him up with money or he'll put us in a tight spot.

2 **buscarle la lengua**: pick a quarrel with (someone)
Le gusta buscar la lengua a su vecina: She likes to pick quarrels with her neighbour.

3 **irse de la lengua**: let the cat out of the bag
La fiesta tenía que ser una sorpresa, pero Jaime se fue de la lengua: The party was supposed to be a surprise but Jaime let the cat out of the bag.

4 **morderse la lengua**: bite one's tongue
Como que él lo aguanta todo, se mordió la lengua y no replicó a los abusos de su contrincante: Because he tolerated everything he bit his tongue and didn't answer his opponent's abuse.

5 **no tener pelos en la lengua**: speak (out) frankly/freely
Ya sabes que no tengo pelos en la lengua y pienso decirlo todo tal como ocurrió: You already know that I speak frankly and that I believe in telling everything exactly as it happened.

6 **sacar la lengua**: stick one's tongue out at, make fun of
Esos chicos sacan la lengua a la anciana coja de la esquina: Those boys make fun of the crippled old woman at the corner.

7 **soltar la lengua**: loosen one's tongue
Se le suelta la lengua cuando bebe: When he drinks it loosens his tongue./His tongue gets loose when he drinks.

8 **tener algo en la punta de la lengua**: have (something) on the tip of one's tongue
Pronto me acordaré, lo tengo en la punta de la lengua: I'll remember it shortly; I have it on the tip of my tongue.

9 **tener mala lengua**: have a spiteful/wicked tongue
No me gusta la tía de tu novio, tiene fama de tener mala lengua y hablar mal de todos: I don't like your boyfriend's aunt; they say she has a spiteful tongue and speaks ill of everyone.

10 **tirar de la lengua a uno**: draw (someone) out, make (someone) talk
La policía le tiró de la lengua y le sacó la verdad de lo ocurrido en el robo: The police drew the truth out of him about the robbery.

11 **trabarse la lengua**: get tongue-tied
Se le trabó la lengua delante del Tribunal que le examinaba: He was tongue-tied in the presence of the Tribunal that examined him.

12 **tragarse la lengua**: bite one's lip, keep quiet/silent
Se tuvo que tragar la lengua a pesar de las muchas ganas que tenía de contar la verdad: Despite her great desire to tell the truth, she bit her lips/kept quiet.

leña

1 **echar leña al fuego**: add fuel to the fire, make things worse
Con sus comentarios no hace más que echar leña al fuego: With her comments she'll only be adding fuel to the fire.

2 **llevar leña al monte**: to carry coals to Newcastle
Es estúpido comprarle un libro cuando es propietario de una librería. Es como llevar leña al monte: It's silly to buy him a book when he has his own bookshop. That's really carrying coals to Newcastle.

letra

1 **al pie de la letra**: to the letter, literally, exactly
Hizo el régimen que el médico le ordenó al pie de la letra: She followed the diet the doctor ordered to the letter.

2 **de puño y letra**: in longhand, by hand
Escribió el testamento de puño y letra: He wrote (out) his will in longhand.

3 **escribir cuatro letras/rayas**: drop a line

Escribe cuatro letras a tu madre cuando llegues a Nueva York: Drop a line to your mother when you get to New York.

levantarse

levantarse con el pie/del lado izquierdo: get out of bed on the wrong side, be cross

Debe haberse levantado con el pie izquierdo esta mañana; está de un humor de mil demonios: He must have got out of bed on the wrong side; he's in a devilish bad humour.

ley

ley del embudo: one-sided law

La decisión tomada por el jurado no es correcta, han aplicado la ley del embudo: The decision taken by the jury is incorrect; it has applied a one-sided law.

ligera/o

1 **a la ligera**: hastily, hurriedly, without due care

Hicieron el proyecto a la ligera y no consiguieron la adjudicación de la construcción de la nueva urbanización: They executed the project hurriedly and (so) did not obtain the award of the construction of the new urban development.

2 **juzgar a la ligera**: judge hastily

No se puede juzgar a las personas a la ligera. Podríamos equivocarnos totalmente: One can't judge people hastily. We could be completely/totally wrong.

3 **ser ligero en conducta**: be frivolous

No me gusta que te juntes con ese chico, porque es muy ligero en su conducta: I don't like you to associate with that young chap because he's quite/very frivolous.

4 **tomar algo a la ligera**: take (something) lightly

El jefe ya la ha amonestado tres veces, pero ella sigue tomándoselo todo a la ligera: The boss has warned her three times, but she continues to treat/take it lightly.

lindo

de lo lindo: a lot, a great deal, wonderfully

Fuimos al parque de atracciones y nos divertimos de lo lindo: We went to the fun fair/fairground and enjoyed ourselves a great deal.

lío

1 **armar un lío**: start a fuss, cause a row

Armó un lío en la oficina de recaudación porque le parecían exagerados los nuevos impuestos: He caused a row in the Tax Collector's office because the new taxes appeared exaggerated to him.

2 **hacerse un lío**: get muddled/mixed up

Se hizo un lío con las combinaciones de autobuses que tenía que hacer y al final decidió coger un taxi: He got muddled up over the different buses he had to take and finally decided to get/take a taxi (instead).

lirón

dormir como un lirón/tronco: sleep like a log

El viejo duerme como un lirón toda la noche: The old man sleeps like a log all night.

lista

pasar lista: call the register

La maestra pasa lista cada mañana en la clase: The teacher calls the register every morning in class.

lobo

1 **meterse en la boca del lobo**: put one's head in the lion's mouth

Se metió en la boca del lobo con el nuevo proyecto y ahora no sabe

salir del atolladero: He put his
head in the lion's mouth with the
new project and now he doesn't
know how to get out of the mess.

2 **lobo de mar**: old salt, old sea dog
*Una vez esos dos lobos de mar
empiezan a hablar de sus vidas en
alta mar, no hay quien les haga
parar*: Once those old sea dogs
start talking about their lives at sea
you can't stop them.

loco/a

1 **estar loco por**: be mad on
Está loco por la música clásica:
He's mad on classical music.

2 **estar más loco que una cabra**:
be as mad as a hatter
*Desde que murió su esposa en un
accidente de tráfico, está más loco
que una cabra*: Since his wife's
death in a traffic accident he's
been as mad as a hatter.

3 **hacer el loco**: act the fool
*Siempre que organizamos una
fiesta, Juan hace el loco para
más diversión*: Whenever we
organize/have a party, Juan
acts the fool for (our) greater
amusement.

4 **tener una suerte loca**: be ever
so lucky
*Tengo una suerte loca; compré
un número de lotería y gané cinco
mil pesetas, que me gasté en dos
quinielas múltiples, y ahora, ¡he
sido el único acertante de catorce
resultados!*: I'm ever so lucky. I
bought a Lottery Ticket and won
five thousand Pesetas which I
spent on two tries on the Football
Pools. And now, I'm the only one
winner with fourteen points!

5 **volver loco a alguien**: drive
(someone) mad
*Me estás volviendo loca con tus
grandes ideas!*: You're driving me
mad with your big ideas!

locura

1 **gastar una locura**: spend a
fortune
*Cada temporada se gasta una
locura en vestidos y zapatos
nuevos*: Every so often she spends
a fortune on new clothes and
shoes.

2 **hacer locuras**: do foolish things
*Mi vecina está muy preocupada
con su hijo porque siempre hace
locuras*: My neighbour is very
worried/quite concerned about
her son because he's always doing
foolish things.

loro

estar al loro: be on the ball, be
with it
*¡Parece mentira que no conozcas
a este grupo musical! ¡No estás
al loro!*: It hardly seems possible
that you don't know this group!
¡You're not with it!

losa

ser una losa: have one's lips
sealed
*Di lo que quieras, que yo soy una
losa*: Say what you wish/ want to.
My lips are sealed

luego

1 **desde luego**: certainly, of
course, naturally
*¡Desde luego que nos han invitado
a la boda! Pero no se si podremos
asistir*: Of course/Naturally we've
been invited to the wedding! But
we don't know whether we'll be
able to attend.

2 **hasta luego**: see you later
*¡Que viene el autobús! ¡Hasta
luego!*: The bus is coming. See you
later!

lugar

1 **dar lugar a**: give rise to
*Los trágicos acontecimientos
dieron lugar a la guerra*: The tragic
events led to war.

2 **en primer lugar**: in the first place
*En primer lugar habéis de terminar
los deberes, luego podréis salir a*

jugar: First/In the first place, you have to finish your homework, then you can go out to play.

3 **hacer lugar**: make room for
Haz un lugar en la despensa para poder guardar lo que he comprado en el mercado: Make room in the pantry to store what I have bought in the market.

4 **poner a alguien en el lugar de uno**: put (someone) in (someone else)'s place
Ponte en el lugar de Rosa y dime lo que tú hubieras hecho entonces: Put yourself in Rosa's place and tell me what you'd have done.

5 **tener lugar**: (i) happen, take place; (ii) have time; (iii) have room
(i) *La entrega de premios tendrá lugar en el casino del pueblo*: The prize giving will take place in the village recreation hall.
(ii) *Si tiene lugar, te pintará el cuadro con mucho gusto*: If he has time he'll paint you a picture with great pleasure.
(iii) *Si tiene lugar en el sótano, te guardará todos los trastos viejos*: If he has room in his basement he'll store all your old junk for you.

lumbre

dar lumbre: give a light
Enrique dio lumbre a todos los que fumaban en la oficina para poder enseñar su nuevo encendedor: Enrique gave all the smokers in his office a light in order to show off his new (cigarette) lighter.

luna

1 **estar en la luna**: be daydreaming, have one's head in the clouds
Siempre está en la luna y no se entera de lo que ocurre en la clase:

She's always daydreaming and doesn't know what's happening in (the) class.

2 **luna de miel**: honeymoon
¿Dónde van de luna de miel?: Where are they going for their honeymoon?

3 **pedir la luna**: ask the earth/for the moon
¡No somos tan ricos para comprar todo lo que los niños quieren, y menos si éstos piden la luna!: We aren't so rich as to be able to buy everything that (the) children want, and much less if they want the moon!

4 **quedarse en la luna de Valencia**: leave/be left stranded
Se quedó en la luna de Valencia por no haber seguido los consejos de su madre: She was left stranded because she had not followed her mother's advice.

luz

1 **a la luz de**: by the light of
A la luz de dos velas pudo leer la carta que recibió de su hija: By the light of two candles she could read the letter she (had) received from her daughter.

2 **a todas luces**: obviously, evidently
Este proyecto es a todas luces irrealizable: This project is evidently unworkable/unrealizable.

3 **dar a luz**: give birth
Esther dio a luz una niña: Esther gave birth to a girl.

4 **ver la luz**: see the light of day
Está escribiendo un libro, pero me pregunto si algún día verá la luz: He's writing a book, but I wonder if it will ever see the light of day.

LL

llaga

    poner el dedo en la llaga: touch a sore spot

    Puso el dedo en la llaga cuando les dijo que no tenían suficiente dinero para la nueva casa: He touched a sore spot when he told them that they didn't have enough money for the new house.

llave

1. **bajo llave**: under lock and key

    Tengo guardados los nuevos discos bajo llave: I have the new records (safely) under lock and key.

2. **echar la llave**: lock up

    El echará la llave a la puerta de la calle antes de acostarse: He's going to close the street door before going to bed.

3. **encerrar con llave**: lock in

    La encerró con llave para que no pudiera salir por la noche: He locked her in so that she could not go out at night.

llenar

    llenar algo a uno: satisfy, convince

    El razonamiento que Luis dio en la reunión no me llena: The reasoning Luis used in the meeting doesn't convince me.

llevar

1. **llevar a cabo**: carry out, conclude

    Ana llevó a cabo su trabajo de investigación en menos tiempo del que había imaginado: Ana concluded her job of investigation in less time than she had imagined.

2. **llevar a cuestas**: carry on one's back

    Llevó a cuestas una gran mochila durante una hora y terminó rendido: He carried a heavy haversack on his back for an hour and finished up exhausted/was exhausted in the end.

3. **llevar adelante**: go ahead

    Llevamos adelante el trabajo sin pérdida de tiempo: The job went ahead without loss of time.

4. **llevar de la mano a uno**: lead (someone) by the hand

    Llevó de la mano a Maite porque ésta estaba asustada y no veía por donde pisaba: She led Maite by the hand because she was frightened and couldn't see where she was treading.

5. **llevar encima**: have on one

    No llevo suficiente dinero encima como para poder comprar esa mini cadena musical: I haven't got enough money on me to be able to buy that little music centre.

6. **llevar la cabeza alta**: hold one's head high

    A pesar de los problemas sufridos con su hija, Rosa sigue llevando la cabeza alta: Despite the problems she's had with her daughter, Rosa continues to hold her head high.

7. **llevar la casa**: run the house

    Además de trabajar en una tienda por la mañana y hacer traducciones por la tarde, también lleva la casa: As well as working in a shop in the morning and doing translations in the afternoon, she also runs the house.

8. **llevar las de ganar**: hold all the winning cards

    No discutas más con el Tribunal de la Universidad; ellos llevan las de ganar: Don't argue with the Tribunal any more; they hold all the winning cards.

9 **llevar los pantalones**: wear the trousers
Manolita lleva los pantalones de la casa: Manolita wears the trousers in that house.

10 **llevar puesto**: wear, have on
Hoy llevo puesto el vestido que me compré en París: Today I'm wearing the dress I bought (myself) in Paris.

11 **llevar un tiempo**: have been
Lleva tres meses en Inglaterra y creo que se quedará allí para siempre: He's been three months in England and I believe he'll stay there for ever.

12 **llevarse bien/mal con**: get on well/badly with
No se lleva bien con los compañeros de la oficina, excepto con el jefe: He doesn't get on well with his office colleagues, except for his boss.

13 **no llevarlas todas consigo**: have got the wind up, be anxious
Ahora voy a entrevistarme con el Tribunal de la Universidad, y me temo que no las llevo todas conmigo: I'm going for an interview with the University Board now and I'm afraid I'm really anxious.

llover

1 **como llovido del cielo**: like manna from heaven
Caes como llovido del cielo; necesitaba a alguien para cargar con estas cajas: You've come like manna from heaven; I needed someone to load these boxes onto.

2 **llover a cántaros**: rain cats and dogs
No podemos ir a paseo porque está lloviendo a cántaros: We can't go for a walk because it's raining cats and dogs.

3 **llover sobre mojado**: be superfluous
Intentar reparar la lavadora otra vez sería como llover sobre mojado: To try to repair the washing machine again would be superfluous.

M

madera

1 **tener buena madera para**: have the makings of
Isabel tiene buena madera para la cocina: Isabel has the makings of a (good) cook.

2 **tocar madera**: touch wood
Toquemos madera por si acaso: Touch wood, just in case!

madre

¡madre mía!: good heavens!
¡Madre mía! Pero, ¿qué habéis hecho en esta habitación?: Good heavens! What have you done in this room?

majo

ir (muy) majo: look very smart, be very well dressed
Cuando la niña hizo su Primera Comunión, iba muy maja: When the girl took her first communion, she was very well dressed/he looked very smart.

mal

1 **estar mal/a malas con**: be on bad terms with
Está a malas con casi todo el vecindario: He's on bad terms with everyone in the neighbourhood.

2 **echar mal de ojo a**: put the evil eye on
Esa vieja bruja le echó mal de ojo a mi padre y ahora todo le sale al revés: That old witch put the evil eye on my father and now everything is going wrong.

3 **hablar mal de uno**: speak badly of (someone)
En el pueblo se habla mal de la joven viuda, y no se por qué: They speak badly of the young widow in the village, and I don't know why.

4 **menos mal**: it's a good thing
Menos mal que hemos llegado ya a casa. Tengo los huesos entumecidos de tantas horas de viaje: It's a good thing we're home at last! My bones are aching with so many hours' travelling.

5 **tener mal color**: look off colour
¿Te encuentras bien? Es que tienes mal color: Are you (feeling) well? You look off colour.

6 **tomar a mal**: take badly
No digas nada contra su perro. Se lo toma muy mal: Don't say anything against her dog. She takes it very badly.

malo/a

1 **estar de malas**: (i) be in a bad mood, (ii) be down on one's luck
(i) *No molestes mucho al jefe hoy; está de malas*: Don't annoy the boss today; he's in a bad mood.
(ii) *El pobre Pedro está de malas. Se compró un coche nuevo porque el viejo se le estropeaba a cada momento y ayer un camión lo destrozó cuando perdió el control y fue a chocar contra el coche aparcado*: Poor Pedro's down on his luck. He bought a new car because the old one was breaking down all the time; then yesterday a lorry ran out of control and crashed into it writing it off completely.

2 **estar malo**: be sick/ill
La niña está mala y no podrá asistir a la fiesta de cumpleaños de su prima: The (little) girl is ill and can't attend her cousin's birthday party.

3 **lo malo consiste en/es que**: the trouble is
El es muy adecuado para el trabajo, pero lo malo es que no habla español: He's very suitable for the job, but the trouble is he doesn't speak Spanish.

mandar

mandar a la porra/paseo: send (someone) packing
Le mandó a la porra cuando le pidió otro aumento de sueldo en sólo dos meses: He was sent packing when he asked for another rise in salary in/after only two months.

mando

1 **estar al mando**: be in charge
Está al mando de un grupo de espeleólogos que se van a Francia: He's in command/charge of a group of potholers going to France.

2 **tener el mando de**: be in command of
Tiene el mando de ese batallón: He's in command of that battalion.

3 **tomar el mando**: take command
Roberto tomó el mando de la expedición al enfermar el capitán del grupo: Roberto took charge of the expedition when the captain of the group fell ill.

manera

1 **a la manera de (algo)**: in the manner of, like
Se hizo construir su nueva casa a la manera de un castillo: He built his new house like a castle.

2 **a la manera de uno**: in one's own way
No me gusta que me digan cómo hacer las cosas, prefiero hacerlas a mi manera: I don't like to be told how to do things. I prefer to do them in my own way.

3 **a la manera de ver de uno**: in (someone)'s view, according to (someone)
A mi manera de ver, este informe debería tener más ejemplos prácticos: In my view, this report should have/contain more practical examples.

4 **de cualquier manera**: (i) any old way, easily; (ii) anyway
(i) *Esto puedes hacerlo de cualquier manera*: You can do this easily.
(ii) *De cualquier manera, él hará lo que más le convenga*: Anyway, he'll do what suits him best.

5 **de esta manera**: in this manner, this way, like this
De esta manera se hacen los cántaros de barro cocido: Clay pitchers are baked like this.

6 **de la misma manera**: similarly, in the same way
Si tu decoras la habitación con este papel, el vecino lo hará de la misma manera: If you decorate your room with this paper, your neighbour will do the same.

7 **de mala manera**: (i) badly; (ii) rudely
(i) *Pintó la habitación de mala manera*: He painted the room badly.
(ii) *Me contestó de mala manera*: She answered me rudely.

8 **de manera que**: so that, so
¿De manera que se han comprado una casa nueva?: So, have they bought a new house?

9 **de ninguna manera**: no way!, by no means!
¿Salir de vacaciones cuando la ciudad se queda sola y tranquila? ¡De ninguna manera!: Go on holiday when the city is deserted and quiet? No way!

10 **de todas maneras**: at any rate, anyway
De todas maneras, iremos de vacaciones a Grecia: Anyway, we're going on holiday to Greece.

11 **en gran manera**: a lot, a great deal
D. Pascual contribuyó en gran manera al desarrollo de este pueblo: Don Pascual contributed a great deal to the development of this village.

manga

1 **en mangas de camisa**: in one's
   shirt sleeves
   *Aunque la empresa lo ha
   prohibido, sigue trabajando en
   mangas de camisa porque tiene
   calor*: Although the firm forbids
   it, he goes on working in his shirt
   sleeves because he feels hot.

2 **ser de manga ancha**: be easy-
   going/indulgent/lax/broad-minded
   *Sus hijos le toman el pelo porque
   es de manga ancha con ellos*: His
   children pull his leg because he's
   indulgent with them.

manifiesto

   poner de manifiesto: make
   clear/known
   *Ha puesto muy de manifiesto que
   no quiere tener nada que ver con
   nosotros*: She's made it clear that
   she wants nothing to do with us.

mano

1 **a mano**: (i) by hand; (ii) to hand,
   within reach
   (i) *Aunque no es costumbre de la
   empresa, escribió la carta a mano*:
   Although it isn't the practice of
   the firm, he wrote the letter (by
   hand).
   (ii) *Me gustaría tener los
   diccionarios a mano para terminar
   antes la traducción*: I'd like to have
   the dictionaries to hand so as to
   finish the translation soon.

2 **apretar/estrechar mano(s)**:
   shake hands
   Le estrechó la mano con firmeza:
   He shook his hand firmly.

3 **caer en manos de**: fall into the
   hands of
   *Estos jóvenes que a menudo llegan
   a la ciudad, caen en manos de los
   malvados*: These youngsters who
   come to the city often fall into the
   hands of villains.

4 **coger con las manos en la
   masa**: be caught red-handed
   *Aquella noche me quedé hasta muy
   tarde en la oficina y cogí al ladrón*

con las manos en la masa: That
night I stayed late at the office and
caught the thief red-handed.

5 **dar la mano a alguien**: shake
   (someone's) hand
   *Se dieron la mano en señal de
   acuerdo*: They shook hands as a
   sign of agreement.

6 **de mano en mano**: from hand to
   hand
   El escrito pasó de mano en mano:
   The letter/document passed from
   hand to hand.

7 **echar mano de**: grab, seize, take
   hold of
   *Los policías echaron mano al
   ladrón cuando estaba robando
   en la otra mansión*: The police
   grabbed the thief while he was
   robbing the other mansion.

8 **de primera mano**: first-hand
   *Las noticias que recibo son siempre
   de primera mano*: The news I
   receive is always first-hand.

9 **de segunda mano**: second hand
   *El coche que nos hemos comprado
   es de segunda mano*: The car we
   have bought is secondhand.

10 **echar una mano**: lend a hand
   *Échame una mano con (el fregado
   de) los platos*: Lend me a hand
   with the washing up.

11 **hecho a mano**: hand-made
   *Esta cristalería tiene mucho valor,
   está hecha a mano*: This glassware
   is very valuable; it's hand-made.

12 **irse la mano**: overdo it
   *Mi marido no sabe cocinar;
   siempre se le va la mano con la sal*:
   My husband doesn't know how to
   cook; he always overdoes it with
   the salt.

13 **lavarse uno las manos de un
   asunto**: wash one's hands of an
   affair
   *Si quieres salir esta noche sin el
   permiso de tu padre, allá tú. Yo me
   lavo las manos*: If you want to go
   out tonight without your father's

permission, it's up to you. I wash my hands of the matter.

14 **llegar a las manos**: (i) arrive, reach; (ii) come to blows
(i) *¡El manuscrito llegó a mis manos diez días después de haberlo enviado tú por correo!*: The manuscript reached me ten days after you'd posted it!
(ii) *Fue muy desagradable ver la pelea entre Carlos y Enrique, porque al final llegaron a las manos*: It was quite unpleasant to watch/witness the quarrel between Carlos and Enrique because they finally came to blows.

15 **mano a mano**: together
Mano a mano conseguirán terminar el proyecto a tiempo: Together they'll get to finish the project on time.

16 **pedir la mano de**: request the hand of
Los Sres. Llopart han pedido la mano de la Srta. Becerro para su hijo Andrés: Señor Llopart and his wife have requested the hand of Señorita Becerro for their son Andrés.

17 **tender la mano a alguien**: offer one's hand
Esta familia está siempre dispuesta a tender una mano a quien lo necesite: This family is always ready to offer a hand to anyone who needs it.

18 **tener las manos atadas**: have one's hands tied
Siento no poder ayudarte, estoy con otra cosa y por tanto tengo las manos atadas: I'm sorry I can't help you; I'm involved in something else and so my hands are tied.

19 **tener las manos largas**: have light fingers, be light-fingered
Siguen desapareciendo cosas de mi escritorio. Hay alguien por aquí que tiene las manos largas: Things keep going missing from my desk. Someone round here is light-fingered.

20 **tener mano izquierda**: have one's wits about one
Parece que el nuevo jefe tiene mano izquierda con los negocios. Las ventas mejoran en relación con el año anterior: The new boss seems to have his wits about him in business. Sales are better in comparison with the previous year.

mañana

1 **a partir de mañana**: as from tomorrow
A partir de mañana se prohibirá fumar en todo el edifio: Smoking will be forbidden throughout the building as from tomorrow.

2 **de la noche a la mañana**: overnight
Ha cambiado de opinión de la noche a la mañana: He (has) changed his opinion overnight.

3 **(muy) de mañana**: early in the morning
Cuando vamos de vacaciones en coche, nos gusta salir de mañana para evitar problemas de tráfico: When we go on holiday by car, we like to leave early in the morning to avoid the problems of traffic jams/congestion.

4 **de mañana en ... días/meses/años**: a week ... tomorrow
De mañana en ocho días nos vamos de vacaciones a Italia: A week tomorrow we're going on holiday to Italy.

manta

liarse la manta a la cabeza: go the whole hog
Se liaron la manta a la cabeza y decidieron pintar toda la casa en lugar del comedor y la salita únicamente: They went the whole hog and decided to paint the entire house instead of only the dining-room and the sitting-room.

manzana

ser la manzana de la discordia: be the apple of discord

Creo que Pedro es la manzana de la discordia y acabará peleándose con todo el mundo: I think Pedro is the apple of discord and will finish by quarrelling with everyone.

máquina

1 **a toda máquina**: at full speed, quickly

Hizo los deberes de clase a toda máquina para poder ver la película de la televisión: He did his homework quickly so as to be able to watch the film on TV.

2 **escribir a máquina**: type

He de escribir a máquina todo el informe: I have to type the entire report.

mar

1 **arar en el mar**: labour in vain

A pesar de lo mucho que trabaja, le parece que está arando en el mar: In spite of working hard, it seems that she's labouring in vain.

2 **correr a mares**: stream, flow

El sudor le corría a mares por la cara y espalda: The sweat streamed down his face and back.

3 **haber la mar de**: lots, loads, many

Había la mar de niños en el cine: There were lots of children in the cinema.

4 **un mar de lágrimas**: floods of tears

Estaba hecha un mar de lágrimas porque le dijeron que había suspendido el examen final: She shed floods of tears because she was told that she had failed her final exam.

5 **mar de sangre**: pool of blood

Encontrarón a Juan tendido en el suelo bañado en un mar de sangre: They found Juan stretched out on the floor and lying in a pool of blood.

Maricastaña

en tiempo de Maricastaña: long ago, in the olden days

¿Cómo quieres que recuerde esos viejos coches? Pertenecen al tiempo de Maricastaña: How do you expect me to remember those old cars? They belong to the good old days/the past.

marimorena

armar la marimorena: kick up a row

Armó la marimorena cuando supo que la agencia de viajes no había reservado el hotel que ellos habían pedido: He kicked up a row when he learned that the Travel Agency hadn't booked the hotel they'd asked for.

más

1 **a lo más**: at the most

Tenemos dos mil pesetas a lo más: We've got two thousand Pesetas at the most.

2 **a más (de)**: besides, in addition

Yolanda se compró dos pantalones a más de dos camisas y un par de zapatos: Yolanda bought two pairs of trousers, as well as two shirts and a pair of shoes.

3 **a más no poder**: as much

Están trabajando a más no poder para terminar la tienda a tiempo: They're working as hard as they can to finish the shop in time.

4 **a más tardar**: at the latest

Llegaremos, a más tardar, en el tren de las ocho: We'll arrive on the eight o'clock train, at the latest.

5 **haber sus más y sus menos**: be a clash of opinion

Hubo sus más y sus menos en la asamblea general, pero todo se solucionó amigablemente: There was a clash of opinion(s) in the General Assembly, but everything was resolved amicably.

6 **más bien**: rather
*Más bien es una persona
indeseable*: He's a rather
undeseable person.

7 **nadie más**: no-one else
*Mi marido sólo tuvo dos visitas en
el hospital; mis padres y sus hijos.
¡Nadie más!*: My husband had only
two (sets of) visitors in hospital:
my parents and his children.

8 **por más que**: no matter how
much
*Por más que lo intentó, no pudo
terminar el trabajo a tiempo*: No
matter how hard he tried, he
couldn't finish the job on time.

9 **sin más ni más**: without
more/further ado
*Pagó la cuenta y se marchó sin más
ni más*: He paid his bill and left
without further ado.

10 **valer más**: be better
*Vale más que lo intentes otra vez
antes de darlo por perdido*: It's
better to try another time before
giving it up for lost.

materia

 entrar en materia: get down to
business, get to the point
*¡Ya es hora! ¡Llevamos una hora
discutiendo de banalidades y por
fin vamos a entrar en materia!*:
At last! We've been discussing
banalities for an hour and we're
finally going to get down to
business

mediado

 a mediados: around the middle of
*A mediados de agosto querríamos
ir a Barcelona para arreglar unos
papeles*: Around the middle of
August we would like to go to
Barcelona to arrange some papers.

médico

 médico de cabecera: family
doctor
*Nuestro médico de cabecera en
España era el Dr. Jové*: Our family
doctor in Spain was Dr. Jové.

medida

1 **a medida**: to order, to measure
*Los tres vestidos nuevos están
hechos a medida*: The three new
dresses are made-to-measure.

2 **a (la) medida de**: according to
*La casa se ha construido a medida
de tus posibilidades*: The house has
been built according to what you
can afford.

3 **a medida que**: as, with, at the
same time as
*Yo escribiré a máquina tus notas
a medida que vayas dándome los
borradores*: I'll type your notes as
you give me the drafts.

mejor

1 **a lo mejor**: perhaps, maybe
*A lo mejor venimos a visitaros
la próxima semana, pero ya te lo
confirmaré*: We're coming to visit
you perhaps next week; but, I'll
confirm (that) with you later.

2 **estar mejor**: be better
*La madre de mi amiga está
mejor desde la operación*: My
friend's mother is better since her
operation.

memoria

1 **refrescar la memoria**: refresh
(someone)'s memory
*Creo que deberé refrescar la
memoria a Juan, me dijo que me
devolvería el dinero en una semana
y ya han pasado tres*: I think I shall
have to refresh Juan's memory.
He told me that he'd return the
money in a week and now three
weeks have passed/gone by.

2 **tener buena/mala memoria**:
have a good/bad memory
*Nunca me acuerdo de los encargos
de mi marido, tengo muy mala
memoria*: I never remember my
husband's commissions/what my
husband asks me to do; I have a
very bad memory.

menos

1 **a menos que**: unless
El trabajo se terminará este fin de semana a menos que vuelva a estropearse el ordenador: The work will be finished this weekend unless the computer breaks down again.

2 **echar de menos**: miss
Echo de menos a mi marido cada vez que sale de viaje: I miss my husband every time he goes on a trip.

3 **en menos de**: in less than
Comí en menos de quince minutos y luego me dolía el estómago: I ate in less than fifteen minutes and then had a stomach ache.

4 **tener menos años que**: be younger than
Tengo veinte años menos que mi marido: I'm twenty years younger than my husband.

mentira

parecer mentira: be hard to believe, seem incredible
Parece mentira que siempre te comportes tan mal delante de tus abuelos: It seems incredible that you always behave badly in the presence of your grandparents.

mérito

hacer méritos: make oneself worthy/deserving, deserve
Como que está ocupando una plaza provisionalmente, se queda muchas horas trabajando para hacer méritos: As he is on a provisional post, he keeps working long hours in order to be worthy of it.

mesa

1 **levantarse de la mesa**: get up from/leave the table
Pide permiso a tu padre cuando quieras levantarte de la mesa: Ask you father's permission when you wish/want to leave/get up from the table.

2 **poner la mesa**: lay/set the table
¿Puedes poner la mesa, por favor? La comida está lista: Can you please lay the table? The food's ready!

meter

1 **estar muy metido en**: be deeply involved in
Esta chica está muy metida en política: This girl is deeply involved in politics.

2 **meter la pata**: put one's foot in it
Procura no hablar mucho para no meter la pata: Try not to talk much so as not to put your foot in it.

3 **meter prisa**: hurry up
El jefe nos está metiendo prisa para que terminemos de limpiar antes de que llegue el presidente: The boss is hurrying us up to finish the cleaning before the president arrives.

4 **meterse con uno**: bother, pester
¡Niños, no os metáis más con esa anciana!: Children, don't pester/bother that old lady/woman!

5 **meterse de**: become
Se metió de aprendiz de panadero cuando sólo tenía catorce años: He became a baker's apprentice when he was fourteen (years old).

6 **meterse de cabeza**: plunge headlong
Se metió de cabeza en la conversación sin saber de lo que estaban hablando: He plunged headlong into the conversation without knowing what they were talking about.

7 **meterse donde no llaman a uno**: meddle in things that don't concern one
David es muy prudente y no le gusta meterse donde no le llaman: David is very prudent and doesn't like meddling in things that don't concern him.

miedo

1 **dar miedo a alguien**: frighten, scare
Le dio miedo aquella casa tan oscura: A dark house like that really scared him.

2 **de miedo**: terrific, fantastic
¡La fiesta fue de miedo!: The party was fantastic!

3 **meter miedo a alguien**: frighten, scare
Le metió miedo con aquellas historias absurdas: She frightened him with those absurd stories.

4 **por miedo a**: for fear of
Leí tres veces su carta por miedo a no haberla entendido: I re-read her letter three times for fear of having misunderstood it.

5 **tener miedo**: be frightened/scared
Tengo miedo de las películas de Drácula: I'm frightened by Dracula films.

migas

1 **hacer buenas/malas migas con**: get along well/badly with
Hace buenas migas con su compañera de oficina: She gets on well with her colleague at the office.

2 **hacer migas**: smash
Se le cayó el jarrón de porcelana china y quedó hecho migas: The porcelain jug fell and smashed.

3 **tener mucha miga**: be full of interest
Me gusta conversar con el Prof. Coll porque tiene mucha miga: I like conversing with Professor Coll because he's full of interest.

minuto

al minuto: right away, a moment later
Se marchó a comprar pan a la tienda de la esquina y volvió al minuto: She went out to buy bread from the corner shop and returned right away.

mirar

1 **bien mirado**: all in all, upon reflection
Bien mirado, el accidente podía haber sido más grave: Upon reflection, the accident could have been graver/more serious.

2 **de mírame y no me toques**: very fragile
Este juego de café es de mírame y no me toques: This coffee set is very fragile.

3 **mirar con buenos/malos ojos**: look favourably upon/frown upon
Miraba con buenos ojos todas las cosas que su hijo hacía: He looked favourably upon the things his son did.

misa

1 **cantar misa**: say (one's first) mass
Mi hijo cantará misa el día de su cumpleaños: My son will say his first mass on his birthday.

2 **misa del gallo**: Christmas Eve/midnight mass
Este año la misa del gallo será a las once en lugar de a las doce: This year mass on Christmas Eve will be/take place at eleven instead of twelve.

3 **no saber de la misa la media**: not to know a thing
Miguel no sabe de la misa la media. Se piensa que somos unos exagerados porque estamos buscando nuevo empleo: Miguel doesn't know a thing. He thinks we're exaggerating because we're looking for new jobs.

4 **oír misa**: hear or go to mass
No he oído misa desde que tenía quince años, por lo menos: I haven't been to mass since I was at least fifteen.

mismo

1 **ahora mismo**: right now
  *¡Quiero este informe aquí ahora
  mismo!*: I want this report right
  now!

2 **así mismo**: likewise, in the same
  way
  *María pidió una ensalada. Así
  mismo hizo Susana*: María asked
  for a salad. Susana did likewise.

modo

1 **a su modo**: in one's own way
  *El niño explicó el cuento a su
  modo*: The child explained the
  story in his own way.

2 **de este modo**: this way, in this
  manner
  *Hagamos las cosas por orden. De
  este modo terminaremos antes
  sin equivocarnos*: Let's do things
  in order. That way we will finish
  without making a mistake.

3 **de modo que**: so
  *De modo que decidimos irnos de
  vacaciones en octubre en lugar
  de julio*: So we decided to go on
  holiday in October instead of July.

4 **de todos modos**: at any rate, in
  any case
  *Creo que llegaré a las cinco. De
  todos modos, te llamaré desde la
  estación*: I think I'll arrive at five.
  In any case I'll ring you from the
  station.

mollera

  duro de mollera: stubborn,
  obstinate
  *No me gusta enseñar a alumnos
  que son duros de mollera*: I don't
  like teaching stubborn children.

momento

1 **al momento**: immediately
  *Llamamos pidiendo un taxi y llegó
  al momento*: We called for a taxi
  and one/it arrived immediately.

2 **en el momento que**: at the very
  moment, just when
  *Nos disponíamos ir a la cama
  en el momento en que llegaron*

inesperadamente mis suegros:
  My parents-in-law arrived
  unexpectedly at the very moment
  we were getting ready to go to
  bed.

3 **en este momento**: right now
  *Quiero que vengáis a casa en este
  momento*: I want you to come
  home right now!

mona

1 **dormir la mona**: sleep it off
  *Su esposo llegó borracho como
  una cuba y ahora está durmiendo
  la mona*: Her husband arrived
  dead drunk and is now sleeping it
  off.

2 **ser un(a) mono/a de imitación**:
  be a mimic/an aper/one who
  imitates everything
  *Mi nieta es una mona de
  imitación, pero con gracia*: My
  granddaughter is a mimic, but she
  does it with charm.

montón

1 **del montón**: ordinary,
  commonplace
  *La novia de Jaime no es ni guapa
  ni fea, más bien es del montón*:
  Jaime's girlfriend is neither
  pretty nor ugly – she's rather
  commonplace.

2 **tener montones de dinero**:
  have pots of money
  *No te dejes engañar por las
  apariencias. Ese viejo desarreglado
  tiene montones de dinero*: Don't be
  taken in/deceived by appearances.
  That dishevelled old man has pots
  of money.

morir

1 **morirse por (algo o alguien)**: be
  crazy about
  *Laura se muere por tu primo de
  Alemania*: Laura's crazy about
  your cousin in Germany.

2 **para morirse de risa**: absolutely
  hilarious
  *La nueva película de R.R. es para
  morirse de risa*: R.R.'s new film is
  absolutely hilarious.

moro

(no) hay moros en la costa: the coast is (not) clear
No hay moros en la costa, así que podemos seguir jugando a cartas: The coast's clear, so now we can go on playing cards.

morro

1 **beber a morro**: drink from the bottle
¿Cuantas veces he de decirte que no bebas a morro? ¡Hay otras personas que beberán de esta botella!: How many times have I told you not to drink from the bottle? There are other people who have got to drink out of it.

2 **de morros**: nose-dive
Iba corriendo por la calle sin prestar oído a las advertencias de su padre, cuando se cayó de morros: He went running down the street without paying attention to his father's warning(s), when he took a nose-dive.

3 **poner morros**: look cross, purse one's lips
Este matrimonio debe haberse peleado porque se ponen morros: This couple must have quarrelled because they look cross.

mosca

1 **aflojar la mosca**: Cough up!
Deberemos aflojar la mosca y comprarle la radio que nos pide: We'll have to cough up and buy him the radio that he asked for.

2 **como moscas a la miel**: like flies round a honeypot
Las jóvenes asistían a la clase del profesor de historia como moscas a la miel: The youngsters were drawn to the history teacher's class like flies round a honeypot.

3 **no oírse ni una mosca**: hear a pin drop
Durante la ceremonia no se oyó ni una mosca: During the ceremony one could hear a pin drop.

4 **ponerse mosca**: get annoyed
Se pone mosca cada vez que le hablan del suspenso de matemáticas: He gets annoyed whenever his failure in mathematics is mentioned.

mudo

mudo como una tumba: as close as a clam
Decid lo que queráis, que yo seré como una tumba: Say whatever you want/wish; I'll be as close as a clam.

muerto

1 **cargar con el muerto**: be punished for another's guilt, put the blame on
El es un desgraciado. Siempre que ocurre algún percance, carga con el muerto: He's unfortunate. Whenever something untoward occurs, he's blamed./He's blamed for every mishap.

2 **hacerse el muerto**: (i) play possum, pretend to be dead; (ii) keep quiet/still
(i) *Se hizo el muerto en medio de la carretera y más de uno se lo creyó*: He played possum in the middle of the road and more than one (person) believed it.
(ii) *Me gusta hacerme el muerto en la playa y relajarme con el agua y el sol*: I love to lie motionless on the beach and relax in the water and sun(shine).

3 **no tener donde caer muerto**: not to have a penny to one's name, be as poor as a church mouse
Ha perdido toda su herencia con el juego y no tiene ni donde caer muerto: He has gambled away his inheritance and he doesn't have a penny to his name.

mulo

1 **estar hecho un mulo**: be very strong
Déjale que cargue con las maletas grandes, pues está hecho un mulo: Let him carry the large suitcases

because he's very strong/as strong
as a mule.

2 **trabajar como un mulo**: work
like a slave
*Toda su vida ha trabajado como un
mulo para conseguir lo que tiene*:
All his life he's worked like a slave
in order to get what he has.

mundo

1 **el mundo es un pañuelo**: it's a
small world
¡El mundo es un pañuelo!
Paseando por un callejón de

*Madrás me tropecé con el doctor
que me operó hace dos meses*:
It's a small world! Strolling up an
alleyway in Madras, I bumped into
the doctor who operated on me
two months earlier.

2 **tener mundo**: have experience,
be experienced
*Esta señora tiene mucho mundo,
aunque no se enorgullece de ello*:
This lady is experienced/knows her
way around, although she doesn't
pride herself on it.

N

nacer

1 **nacer de pie**: to be born under a lucky star
Se nota que Silvia nació de pie; no hay nada que le salga mal: It's noticeable that Silvia was born under a lucky star; there's nothing that goes wrong for her.

2 **nacer para**: be a born
Julián nació para maestro: Julián was a born teacher.

3 **no nacer ayer**: not to be born yesterday
No me creo que haga todo ese trabajo gratis. No nací ayer: I don't believe she does all that work for nothing. I wasn't born yesterday.

4 **volver a nacer**: have a narrow escape
Nos volvimos a nacer, pero el coche de enfrente no tiene reparación: We had a narrow escape: the car in front of us was a write-off.

nada

1 **como si nada**: as if there were nothing to it
Levantó todo aquel peso como si nada: He lifted all that weight as if there were nothing to it.

2 **de nada**: You're welcome
– *Gracias por el libro.* – *De nada.*: "Thanks for the book". "You're welcome!"

3 **nada de nada**: nothing at all
– *¿Qué se sabe de los excursionistas desaparecidos en la cueva?* – *¡Nada de nada!*: "What is known of the missing hikers in the cave?" "Nothing at all!"

4 **nada de eso**: none of that/what
Nada de eso que se cuenta en el pueblo ocurrió. Todo fue muy diferente: None of what they relate in the village occurred. Everything was quite different.

5 **nada más**: (i) nothing more; (ii) only, just
(i) *No necesito nada más*: I need nothing more./I need no more (of something).
(ii) *Nada más estoy esperando que llegue el tren*: I'm only awaiting the arrival of the train./I'm only waiting for the train to arrive.

nadar

saber nadar y guardar la ropa/sin mojarse la ropa: know one's way around
No te preocupes por él, sabe nadar y guardar la ropa: Don't worry about him; he knows his way around.

naranja

media naranja: better half
Lucía está algo alarmada porque no le sale su media naranja: Lucía is somewhat alarmed because her better half is not coming out/has not appeared.

nariz

1 **dar con la puerta en las narices**: slam the door in someone's face
Cuando el vendedor se presentó por tercera vez en la casa, le dieron con la puerta en las narices: When the salesman came to the house for the third time, they slammed the door in his face.

2 **darle a uno en la nariz**: have a feeling
Me da en la nariz que, a pesar de habérnoslo asegurado tres veces, tus amigos no llegarán a tiempo: I have a feeling that, despite having assured us three times, your friends will not arrive on time.

3 **delante de las narices**: (right)
under one's nose
*No ve nada, está buscando los
bolígrafos y los tiene delante de
sus narices*: He's blind/can see
nothing. He was looking for his
pens and they were (all the time)
under his nose!

4 **estar hasta las narices**: be fed
up
*Estoy hasta las narices de los
vecinos de arriba; organizan una
fiesta cada noche*: I'm fed up of the
neighbours upstairs. They have a
party every night.

5 **hinchársele las narices a uno**:
flare up
*Cuando esta con este humor, la
cosa más insignificante le hincha
las narices*: When he's in this mood
the smallest thing will make him
flare up/he will flare up over the
smallest thing.

6 **meter las narices**: be a busybody
*La vecina del segundo mete las
narices en todas partes*: Our
neighbour on the second floor is a
busybody.

7 **¡narices!**: ¡rubbish!
*¿Dijo que fue un agente secreto?
¡Narices!*: He said he was a secret
agent? Rubbish!

8 **No ver más allá de las narices**:
see no further than the end of
one's nose
*No intentes razonar nada con
ella, no ve más allá de sus narices*:
Don't try to reason with her; she
sees/can see no further than the
end of her nose.

nata

La flor y nata: the cream, the pick
*Esta es la flor y nata de la sociedad
londinense*: This is the cream of
London society.

necesidad

1 **en caso de necesidad**: in case of
emergency
*En caso de necesidad, marca el
091*: In case of emergency dial 091.

2 **hacer sus necesidades**: answer
the call of nature, relieve oneself
*Nos tuvimos que parar en medio
de la campiña porque el niño tuvo
que hacer sus necesidades*: We
had to stop in the middle of the
countryside because the child
wanted to relieve himself.

negocio

1 **negocio redondo**: profitable
business
*Raúl prospera rápidamente porque
sabe hacer negocios redondos*:
Raúl is prospering rapidly because
he knows how to do profitable
business.

2 **poner un negocio**: set up a
business
*Al finalizar sus estudios, las dos
amigas pusieron un negocio*: On
completion of their studies, the
two friends set up a business.

negro

1 **estar negro con**: be mad with
*Mi marido está negro con los
vecinos porque cada noche, a las
diez, ponen el tocadiscos a toda
marcha*: My husband is mad with
the neighbours because every
night, at ten, they put the record-
player on full.

2 **más negro que el carbón**: as
black as soot
*Deja este traje de trabajo para
lavar, está más negro que el
carbón*: Leave that work(day) suit
to be washed/cleaned; it's as black
as soot.

3 **ponerse negro**: get mad, lose
one's temper
*Me pongo negro cada vez que
veo a mis vecinos dejar la basura
delante de mi puerta*: I get mad
every time I see my neighbours
leave their rubbish in front of my
door.

4 **verlo todo negro**: be pessimistic
*Lo ves todo negro. Creo que la
ciencia encontrará una solución*:

You're too pessimistic. I think
science will find a solution.

5 **vérselas negras para**: have a lot
of trouble
*Me las vi negras para sacar el coche
encallado en el barro. Suerte que
otro conductor me ayudó*: I had a
lot of trouble getting the car out of
the mud. Luckily another driver
helped me.

nervios

1 **crispársele a uno los nervios**:
have one's nerves put on edge, be
annoyed/irritated
*Se le crisparon los nervios al oir
los ruidos que producía el nuevo
motor del coche*: He was annoyed
on hearing/when he heard the
noise produced by the new car
engine.

2 **poner los nervios de punta**: get
on one's nerves
*Este hombre me pone los nervios
de punta*: That man gets on my
nerves.

3 **tener nervios de acero**: have
nerves of steel
*Ocurra lo que ocurra, mi cuñado
no se inmuta. Y es que tiene nervios
de acero*: Happen what may, my
brother-in-law doesn't bat an
eyelid. He has nerves of steel.

4 **tener los nervios de punta**: be
on edge
*Ten cuidado con el jefe, tiene los
nervios de punta hoy*: Be careful
with/Mind the boss! His nerves are
on edge today.

nieve

estar más blanco que la nieve:
become/turn pale
*Cuando se mareó se quedó más
blanca que la nieve*: When she
became giddy she turned pale.

niño/a

1 **como niño con zapatos
nuevos**: like a dog with two tails
*Cuando su esposa le regaló el
ordenador se puso como niño con*

zapatos nuevos: When his wife
presented him with the computer,
he was like a dog with two tails.

2 **ser la niña de los ojos**: the apple
of one's eye
*Estaba bien entrados los cincuenta
cuando nació su hija, así que ha
sido siempre la niña de los ojos*: He
was well into his fifties when his
daughter was born so she's always
been the apple of his eye.

noche

1 **cerrada la noche**: after nightfall
*Ya había cerrado la noche cuando
aparecieron los Rodríguez por
casa*: Night had fallen when the
Rodríguez turned up (at our
home)./The Rodríguez turned up
(at our home) after nightfall.

2 **dar las buenas noches**: say good
night
*Marc das las buenas noches a su
padre y luego se va a dormir*: Marc
says goodnight to his father and
then goes to sleep.

3 **de la noche a la mañana**:
overnight
*Se arruinó de la noche a la
mañana*: He was ruined overnight.

4 **hacer noche**: spend the night
*Hicieron noche en un motel a
mitad de camino*: They spent the
night in a motel halfway.

5 **hacerse de noche**: get dark
*Regresa a casa antes de que se haga
de noche*: Come back home before
it gets/turns dark.

6 **traje/vestido de noche**: evening
dress/gown
*En la fiesta de final de curso de la
Universidad, hemos de llevar un
vestido de noche*: For the party at
the end of the University course,
we have to wear (an) evening
dress.

nombre

1 **llamar las cosas por su
nombre**: call a spade a spade
*No me gusta disimular, prefiero
llamar las cosas por su nombre*: I

don't like to dissimulate. I prefer
to call a spade a spade.

2 **no tener nombre**: be
unspeakable
*Lo que ha hecho con su familia no
tiene nombre*: What he has done to
his family is unspeakable.

3 **nombre y apellidos**: full name
*Nombre y apellidos, por favor.
He de rellenar la ficha médica*:
(Your) full name please! I have to
fill in/complete the/your medical
card.

4 **poner el nombre de**: call, name
*Mis padres me pusieron el nombre
de Josefina en recuerdo de mi
abuela*: My parents called/named
me Josefina in memory of my
grandmother.

4 **responder al nombre de**:
answer to the name of
*Este perro responde al nombre de
Sultán*: This dog answers to the
name of Sultan.

nota

1 **dar la nota**: make oneself
conspicuous, attract attention to
oneself
*María dio la nota al emborracharse
en la fiesta*: María attracted
attention to herself by getting
tipsy/drunk at the party.

2 **tomar nota de**: make a note of
*Toma nota de todas las sugerencias
que oigas*: Make a note of all the
suggestions you hear.

novio

1 **quedarse compuesta y sin
novio**: be left in the lurch
*Lidia se quedó compuesta y sin
novio después de siete años de
noviazgo*: Lidia was left in the
lurch without a boyfriend after six
years of courtship.

2 **ser novios formales**: be engaged
*Son novios formales desde hace
unos meses*: They've been enaged
for some months now.

3 **viaje de novios**: honeymoon
*¿Han pensado dónde irán de viaje
de novios?*: Have they thought
about where they're going on their
honeymoon?

nube

1 **andar/estar por las nubes**: have
one's head in the clouds
*Siempre anda por las nubes y luego
no recuerda de lo que hemos estado
hablando*: He's always with his
head in the clouds/(day)dreaming
and then never remembers what
we had been talking about.

2 **caer de las nubes**: wake up
*Es hora de que caigas de las nubes,
de lo contrario todo el mundo te
tomará el pelo*: It's time you woke
up, otherwise everyone will rag
you/pull your leg.

3 **como caído de las nubes**: out of
the blue
*Me vienes como caído de las nubes.
Necesitaba a alguien que me echara
una mano con esta caja tan pesada*:
You've come out of the blue. I
needed someone to give me a hand
with this heavy box.

4 **estar por las nubes (precios)**:
be sky-high
*¡Los precios de los libros escolares
están por las nubes!*:
The prices of schoolbooks are sky-
high.

5 **poner por las nubes**: praise to
the skies
*Está tan enamorada de su esposo,
que por cualquier pequeña cosa
le pone en las nubes*: She's so
enamoured of her husband that
she praises him to the sky for every
little/the least thing.

6 **tener un nudo en la garganta**:
have a lump in one's throat
*Tenía un nudo en la garganta antes
de empezar el examen de inglés*:
She had a lump in her throat
before beginning the English
exam.

número

hacer un número: cause a scene
*Hizo un número en medio de la
calle porque no le compramos la
bicicleta que él quería*: He caused
a scene in the middle of the street
because we didn't buy him the
bicycle he wanted.

O

o

    o sea que: in other words, so, that is to say

    O sea que iremos al cine después de todo: So, we're going to the cinema after all.

obedecer

1 **hacerse obedecer**: command obedience

    Mi abuelo se hace obedecer sólo con la mirada: My grandfather commanded obedience only with a look.

2 **obedecer a**: arise from

    Mi decisión obedece a un comentario que oí en la calle y que me molestó mucho: My decision arose from/out of a remark I heard in the street and which troubled me greatly.

objeto

1 **al objeto de**: in order to, with the aim of

    Al objeto de poder vender la casa lo antes posible, he hecho algunas reparaciones: In order to sell the house as soon as possible, I've done some repairs.

2 **carecer de objeto**: be useless, of no purpose

    Carece de objeto que pintes la casa si has de venderla: It's useless to paint the house if you have to sell it.

3 **con objeto de**: in order to

    Compraron una caravana con objeto de salir al campo los fines de semana: We bought a caravan in order to go down to the country at weekends.

obra

1 **en obras**: under construction

    Los vecinos viven con un hermano porque tienen la casa en obras: Our neighbours are living with a brother because their (own) house is under construction.

2 **obra de caridad**: charitable deed

    Trabaja en un centro que se dedica a obras de caridad: She works in a charitable institution.

3 **poner manos a la obra**: down to work

    Pongámonos manos a la obra y así habremos terminado antes de comer: Let's get down to work as like that we'll have finished before dinner.

4 **ponerse a la obra**: go/get to work

    Se puso a la obra antes de que nadie se lo dijera: He got/went to work before anyone could tell him to/he could be told.

oficio

    no tener oficio ni beneficio: be an idler

    Me da pena este chico, no tiene oficio ni beneficio: That boy saddens me – he's an idler!

odio

1 **tener odio a uno**: hate (someone)

    Le tengo un odio atroz desde que le vi con otra mujer y él predica sobre el gran amor que siente por su esposa: I hate him fiercely ever since I saw him with another woman – and he preaches about the great love he feels for his wife.

2 **tomar/cobrar odio**: take an extreme dislike

    Le estoy tomando odio a esta bebida. Creo que ya no beberé más: I'm taking an extreme dislike to this drink. I think I won't drink/have any more (of it).

oeste

una película del oeste: a western
Los niños han ido al cine a ver una película del oeste: The children have gone to the cinema to see a western.

oído

1 **al oído**: in a whisper, confidentially
Se lo dijo al oído para que nadie se enterara: He said it to him in a whisper/whispered it to him so that no-one would find out.

2 **cerrar los oídos**: turn a deaf ear to
Intenté explicar a mi jefe que había llegado tarde a causa del retraso del autobús, pero cerró los oídos: I tried to explain to my boss that I had arrived late because the bus was delayed but he turned a deaf ear (to me).

3 **de oído**: by ear
Aprendió a tocar la guitarra de oído: He learned to play the guitar by ear.

4 **estar mal del oído**: be hard of hearing
Estoy mal del oído, aunque no peor que el año pasado: I'm hard of hearing, although no worse than last year.

5 **llegar a oídos de**: come to the ears of
La triste noticia llegó a oídos de todo el vecindario en pocos segundos: The sad news came to the ears of everyone in the neighbourhood in a few seconds./Everyone heard the sad news within a few seconds.

6 **machacar los oídos**: say the same thing over and over again
Juan machacó los oídos de su padre hasta que consiguió que le comprara un coche deportivo: Juan repeated the same thing to his father until he obtained his promise that he would buy him a sports car.

7 **ser duro de oído**: hard of hearing
En mi familia, casi todos somos duros de oído: In my family almost all of us are hard of hearing.

8 **ser todo oídos**: be all ears
Di lo que quieras que soy todo oídos: Say what you wish/want to, I'm all ears/listening.

oír

1 **como lo oyes**: just as I've said
¡Como lo oyes! ¡La mujer del panadero se ha fugado con el cartero!: Just as I've said, the baker's wife has eloped with the postman!

2 **¡Dios le oiga!**: may your prayers be answered!
¡Dios le oiga! ¡Me gustaría tanto que el Tribunal aceptara mi apelación!: May your prayers be answered! I would very much like the Tribunal to accept my appeal!

3 **es como quien oye llover**: it's like talking to a brick wall
Cuando lea un libro no le digas nada. Es como quien oye llover: When he's reading a book, don't say anything to him. It's like talking to a brick wall.

4 **ni visto ni oído**: in a flash
Le pregunté si podría ir a correos a recoger un paquete a mi nombre y ni visto ni oído así lo hizo: I asked him if he'd go to the post office and collect a parcel in my name and in a flash he'd done it/so..

ojo

1 **a ojo de buen cubero**: at a guess
He tomado las medidas para el vestido a ojo de buen cubero: I guessed the size of the dress.

2 **andar con cien ojos**: keep one's eyes open
Uno de mis vecinos anda con cien ojos por la calle en busca de dinero: One of my neighbours keeps his eyes open in the street in search of money.

3 **costar/valer un ojo de la cara**: cost the earth
No compres esa casa, te costará un ojo de la cara: Don't buy that house; it'll cost you the earth!

4 **en un abrir y cerrar de ojos**: in the twinkling of an eye
Hizo todos los deberes en un abrir y cerrar de ojos: He did his homework in the twinkling of an eye.

5 **no pegar un ojo**: not to sleep a wink
No pegué ojo en toda la noche pensando en el examen del día siguiente: I didn't sleep a wink the whole night thinking of the exam the following day.

6 **poner el ojo en algo**: set one's eye on, fix one's sights on
Puso el ojo en esa casa campestre y no paró hasta que la compró: He set his eye on that country house and didn't stop until he had bought it.

7 **poner los ojos en blanco**: roll one's eyes
No pongas más los ojos en blanco cuando te hable: Don't roll your eyes when I talk to you!

8 **ser el ojo derecho de alguien**: be the apple of (someone's) eye
Seguro que esa chica no suspende; es el ojito derecho del profesor: That girl is certain not to fail; she's the apple of her teacher's eye.

9 **tener entre ojos a uno**: have a grudge against (someone)
Le tiene entre ojos desde que insultó a su mujer: He has a grudge against him ever since he insulted his wife.

10 **tener mucho ojo con**: look out for, watch
Hay que tener mucho ojo con lo que se dice y hace en el trabajo: One must watch/be careful about what one says and does at work.

11 **ver con buenos/malos ojos**: look favourably/unfavourably upon
Ve con buenos ojos la relación de su hija con el hijo del panadero: He looks favourably upon the relationship between his daughter and the baker's son.

ola

ola de frío: cold spell
El hombre del tiempo ha dicho que se acerca una ola de frío: The weatherman has predicted the approach of a cold spell.

olla

olla de grillos: madhouse, bear garden
Con tantos niños en esta fiesta, esto parece una olla de grillos: With so many children at this party, it seems like a madhouse.

orden

1 **alterar el orden público**: disturb the peace
Diez jóvenes fueron detenidos ayer tarde por alterar el orden público: Ten youngsters/youths/young people were detained last evening for disturbing the peace.

2 **estar a sus órdenes**: be at your service
Cualquier cosa que necesite, no dude en solicitarla. Estamos a sus órdenes: Don't hesitate to ask for whatever you need/ require. We're at your service.

3 **por orden de**: on the orders of
Tuvimos que limpiar todo el gimnasio por orden del director: On the orders of the director, we had to clean the entire gymnasium.

4 **sin orden ni concierto**: without rhyme or reason
La asamblea anual fue un desastre porque todos hablaban sin orden ni concierto: The annual assembly was a disaster because everyone was talking without rhyme or reason.

oreja

1 **aguzar las orejas**: prick up one's ears

   Todos aguzaron las orejas cuando oyeron hablar al jefe sobre un posible aumento de sueldo: Everyone pricked up their ears when they heard the boss mention a possible rise in salary.

2 **calentarle a uno las orejas**: tell (someone) off

   Le calentaré las orejas cuando llegue. Es la tercera vez en esta semana que no se presenta a la hora que le hemos indicado: I'll tell him off when he comes. It's the third time this week that he hasn't turned up at the time we've told him to.

3 **con las orejas gachas**: looking crestfallen/shamefaced

   Algo debe haber hecho el niño en el jardín, que viene con las orejas gachas: The child must have done something in the garden because he looks shamefaced.

oro

1 **pedir el oro y el moro**: ask the earth, ask heaven and earth

   ¿Sería pedir el oro y el moro si quisiera una oficina más grande?: Would it be asking heaven and earth if I said I needed a larger office?

2 **ser una mina de oro**: be a gold mine

   Este negocio es una mina de oro: This business is a gold mine.

oscuro

oscuro como la boca del lobo: pitch-dark

   Los corredores del castillo eran tan oscuros como la boca del lobo: The galleries/corridors/passages of the castle were pitch dark.

oso

hacer el oso: act the goat

   Este niño sólo hace el oso para atraer la atención: This child acts the goat only to attract attention.

otro/a

1 **al otro día**: the next day, the day after

   Al otro día del accidente y todo él entumecido, salió para el trabajo: The day after the accident, and (feeling) quite numb, he set off to work.

2 **del otro lado**: on/from the other side

   Este olor tan desagradable viene del otro lado de la calle: That disagreeable smell comes from the other side of the street.

3 **el otro día**: the other day

   El otro día cogimos las bicicletas y nos fuimos de paseo por la campiña: The other day we took our bicycles and went for a ride in the countryside.

4 **ninguna otra persona**: no-one else

   Sólo la familia asistió al entierro. Ninguna otra persona quiso dar el adiós al cacique del pueblo: Only the family attended the burial/interment. No-one else wanted to say farewell to the village layer.

5 **otra vez**: again

   El verano ya ha llegado y otra vez tenemos avispas merodeando por aquí: Summer has come and again we've got wasps roving about here.

oveja

1 **contar ovejas**: count sheep

   Cada noche ha de contar ovejas para poderse dormir: He has to count sheep every night in order to be able to sleep.

2 **ser la oveja negra**: be the black sheep

   Esta chica es la oveja negra de la familia: This girl is the black sheep of the family.

3 **ser una oveja descarriada**: lost sheep

   ¡Pobre chica! Desde que murió su madre es una oveja descarriada:

Poor girl! Since her mother's death she's become a lost sheep.

ovillo

hacerse un ovillo: (i) curl up; (ii) get muddled up

(i) *El perro tenía frío y se colocó hecho un ovillo en un rincón de la habitación*: The dog felt cold and curled up in a corner of the room.

(ii) *Estaba hecho un ovillo con tanta gente de diferentes razas y lenguas*: He got muddled up with so many people of different races and tongues.

P

pacotilla

de pacotilla: shoddy
*Por regla general las cosas baratas
son de pacotilla*: As a general rule
cheap goods are shoddy.

padre

1 **de padre y muy señor mío**: a
mother and father of, terrible
*Le dieron una paliza de padre y
muy señor mío*: They gave him a
terrible beating.

2 **llevarse un susto padre**: be
frightened out of one's wits
*Se llevó un susto padre cuando le
salió el niño disfrazado de drácula
por la esquina*: She was frightened
out of her wits when the child
came out of the corner disguised as
Dracula.

3 **tener un éxito padre**: be a big
hit
*Tuvo un éxito padre con su nueva
canción*: He was a big hit with his
new song.

pájaro

matar dos pájaros de un tiro:
kill two birds with one stone
*He arreglado la visita con el
dermatólogo el mismo día que
visite al endocrino, así mato dos
pájaros de un tiro*: I've arranged
my vist to the dermatologist
for the same day as that to the
dietician. In that way I will be able
to kill two birds with one stone.

palabra

1 **cogerle/tomarle la palabra**:
take someone at their word
*Me invitaste a tu casa a pasar unas
vacaciones cuando me fuera bien
a mí; te tomé la palabra y aquí
me tienes*: You invited me to
your home to spend a few days'
holiday/short vacation with you
when I could; I took you at your
word and here I am.

2 **comerse las palabras**: swallow
one's words, speak hastily
*A veces resulta difícil entender a
la gente de Andalucía porque se
comen las palabras*: At times it's
difficult to understand people
from Andalucia because they
swallow their words/speak quickly.

3 **de palabra**: orally, verbally
*Prefiero decírtelo de palabra que
por medio de una carta*: I prefer
to say it to you verbally than by
means of/through a letter.

4 **decir una palabra al oído**:
whisper in (someone)'s ear
*Déjame que te diga una palabra
al oído. Ya verás qué sorpresa te
llevas*: Let me whisper (it) in your
ear. You'll see what a surprise
you'll get!

5 **dejar a alguien con la palabra
en la boca**: cut (someone) short
*Estaba explicando cómo ocurrió
el accidente cuando Pedro se dio
la vuelta y se marchó, dejándome
con la palabra en la boca*: I was
explaining how the accident
happened when Pedro cut me
short by turning (on his heel) and
walking away.

6 **dirigir la palabra**: speak, address
*Mi marido dirigió la palabra al
numeroso público que le esperaba
en la sala*: My husband
addressed the large audience that awaited
him in the room.

7 **en cuatro palabras**: in few words
*Si tienes prisa te contaré lo que
pasó en cuatro palabras*:
If you're in a hurry I'll tell you
what happened in a few words.

8 **faltar a la palabra de uno**: break
one's word
*Enrique promete muchas cosas,
pero a la hora de la verdad siempre*

falta a su palabra: Enrique promises many things; but, when it comes to the crunch, he always breaks his word.

9 **llevar la palabra**: act as spokesman
Este señor lleva la palabra en nombre de sus compañeros de trabajo: This gentleman is acting as spokesman for his workmates.

10 **medir las palabras**: choose one's words carefully
Mide tus palabras antes de empezar a hablar, de lo contrario podrías tener algún problema: Choose your words carefully before you begin to speak; otherwise you could have a problem/be in trouble.

11 **pedir/ceder la palabra**: ask for/give the right to speak
Cedió la palabra a su contrincante para que pudiera defenderse: He gave his opponent the right to speak in order to defend himself.

12 **ser palabras mayores**: be a matter of considerable importance
Estamos hablando de prestar una gran cantidad de dinero y eso son palabras mayores: We're talking about lending a large sum of money and that's a matter of considerable importance.

13 **tener la palabra**: speak
Ahora tendrá la palabra el organizador del festival: Now the organiser of the festival will speak.

14 **tener la última palabra**: have the last word
El jefe del grupo siempre tiene la última palabra: The boss of the group always has the last word.

15 **tener unas palabras con alguien**: have a few words with (someone)
Tuve unas palabras con el vecino a causa de su dichoso perro: I had a few words with my

neighbour because of his blasted/ confounded/cursed/damned dog.

palo

1 **dar un palo**: (i) charge the earth; (ii) be a blow to
(i) *No vayas a ese restaurante porque te darán un palo*: Don't go to that restaurant because they'll charge you the earth.
(ii) *Esta nueva ley ha dado un palo a las amas de casa*: This new law is a blow to housewives.

2 **estar hecho un palo**: be very thin
Procura comer más, porque estás hecho un palo: Try to eat more because you're thin.

3 **moler a palos**: beat up
Le molieron a palos por haberles traicionado: They beat him up for betraying them.

pan

1 **llamar al pan, pan y al vino, vino**: call a spade a spade
Deja de dar vueltas al asunto y llama al pan, pan y al vino, vino: Stop beating about the bush and call a spade a spade/come to the point

2 **ser pan comido**: as easy as pie
¿Este es el trabajo que te ha encargado el profesor? ¡Pero si esto es pan comido!: Is this the task set you by your teacher? But it's easy as pie!

3 **ser un pedazo de pan**: be kind
Ese chico es un pedazo de pan y es capaz de quedarse sin comer para dar la comida a un pobre: That boy is kind and he is capable of going without food in order to give his meal to a poor person.

4 **venderse como pan bendito**: sell like hot cakes
Estas camisetas de punto se venden como pan bendito: These knitted vests are selling like hot cakes.

pantalón

llevar los pantalones (puestos): wear the trousers
¿Pero quién lleva los pantalones puestos en esta casa; tú o tu mujer?: (But) who wears the trousers in this house – you or your wife?

paño

estar en paños menores: be in one's underclothes
En verano, mi marido se pasea por casa en paños menores: In summer my husband goes around the house in his underclothes

papa

no saber ni papa: not to have a clue about, to know nothing
No sabía ni papa de lo acontecido en la oficina entre el director y su marido: She hadn't a clue about what happened in the office between the director and her husband.

papel

1 **desempeñar un papel**: play a part, fulfil a role
Desempeña el papel de maestra a la perfección a pesar de no estar licenciada: He fulfilled the rôle of a teacher to perfection in spite of not being trained.

2 **hacer buen/mal papel**: play a brilliant/insignificant part
Hizo un mal papel en la competición atlética: He played an insignificant part in the athletic competition.

3 **hacer el papel de**: play the part of
Hizo el papel de Cleopatra en la función del barrio: She played the part of Cleopatra in the district show.

4 **papel del estado**: government bonds
Para obtener el título he tenido que pagar siete mil pesetas en papel del estado: In order to obtain my diploma, I had to pay seven thousand pesetas in government bonds.

par

de par en par: wide open
Deja la ventana abierta de par en par para que se ventile la habitación: Leave the window wide open so that the room may be aired.

para

1 **dar para**: give enough money for
Esto dará para el pan, pero tendremos que pedir más si también queremos queso: This will be enough money for bread, but we shall have to ask for more if we also want cheese.

2 **ir para**: (i) be (age); (ii) go
(i) *Mi hermana va para los treinta*: My sister is (going on) thirty.
(ii) *Vayamos ya para la taberna o la encontraremos llena y no podremos sentarnos*: Let's go to the pub now, or we'll find it full and we won't be able to sit down.

parar

1 **ir a parar**: (i) get at; (ii) get to, be; (iii) end up, land up
(i) *¿Dónde quiere usted ir a parar?*: What are you getting at?
(ii) *¿Dónde han ido a parar todos mis lápices? ¡Estos de aquí son demasiado gruesos!*: Where have all my pencils got to? These here are too thick!
(iii) *El joven fue a parar a un reformatorio*: The youth ended up in a reformatory (school).

2 **parar los pies/el carro a uno**: put (someone) in his place
Tuvimos que pararle los pies escondiendo las botellas de vino pues ya empezaba a decir tonterías: We had to put him in his place by hiding the bottles of wine because he began talking nonsense.

parte

1 **de parte a parte**: from one (side)
to the other
*Atravesó la piscina de parte a
parte*: She swam from one side of
the swimming pool to the other.

2 **de parte de alguien**: on behalf of
(someone)
*Llamo/telefoneo de parte del Sr.
Gómez*: I'm phoning on behalf of
Mr Gomez.

3 **hacer las partes de alguien**:
stand in for someone
*Hago las partes de mi amigo
cuando este no puede atender la
tienda*: I stand in for my friend
when he can't look after the shop.

parecer

1 **como le parezca**: as you like
*Decore la casa como le parezca,
pero con gusto*: Decorate the
house as you wish, but tastefully.

2 **de buen parecer**: good-looking,
nice-looking
*¡Quien iba a decirlo! Este hombre
estaba gordísimo y ahora está de
muy buen parecer*: Who would
have thought it! That chap was so
fat and now he's nice-looking.

3 **según el parecer de**: according
to
*Según el parecer de los ancianos
del pueblo, este año no lloverá
hasta el mes de noviembre*:
According to the elders of the
village, this year it will not rain
until November.

partida

1 **dar la partida por ganada**: think
it is all over, give up (idea)
*Después de intentar arreglar el
coche por cuarta vez, dio la partida
por ganada y lo dejó en el garaje*:
After trying to repair the car for
the fourth time, he gave it up and
left it in the garage.

2 **jugar una mala partida**: play a
dirty trick
*Los compañeros de la oficina
le jugaron una mala partida y*

le despidieron del trabajo: His
workmates played a dirty trick on
him and he was sacked from the
job.

pasada

**jugar(le) a (alguien) una mala
pasada**: play a mean trick
*Jugaron una mala pasada a
Enrique y le dejaron plantado en
el pueblo vecino*: They played a
mean trick on Enrique and left
him stranded/abandoned him in
the next village.

pasar

1 **pasar de castaño oscuro**: go too
far
*Se pasó de castaño oscuro cuando
le dijo a la señora del jefe que
estaba gorda*: He went too far
when he told the boss's wife that
she was fat.

2 **pasar de largo**: go by without
stopping
*El autobús iba tan lleno que pasó
de largo y tuvimos que esperar al
siguiente*: The bus was so full that
it went by without stopping and we
had to wait for the following one.

3 **pasar por alto**: omit, leave
unsaid
*Pasó por alto los detalles y fue a lo
esencial del texto*: He omitted the
details and went to the heart of the
text.

4 **pasarse de**: exceed
*Se pasó de los límites de la buena
educación y resultó demasiado
formal para la ocasión*: By his
exaggerated behaviour, he
exceeded the limits of good
manners expected of the occasion.

paseo

1 **dar un paseo**: take a walk/ride
*Me voy a dar un paseo para
despejarme un poco*: I'm going to
take a walk in order to clear my
head a little.

2 **mandar a paseo**: send someone packing
Le mandó a paseo después de escuchar sus absurdas excusas: She sent him packing after hearing his absurd excuses.

Pascua

de Pascuas a Ramos: every once in a while, occasionally
Veo a mi madre de Pascuas a Ramos: I see my mother occasionally.

paso

1 **a paso de tortuga**: at a snail's pace
Deben haber ido a paso de tortuga pues han tardado casi una hora: They must have come at a snail's pace because they were almost an hour late.

2 **abrir paso**: make one's way
Se abrieron paso entre la multitud a base de codazos: They elbowed their way through the crowd.

3 **apretar el paso**: hasten one's steps, hurry, speed up
Si no apretamos el paso encontraremos las puertas del teatro cerradas: If we don't hurry we'll find the doors of the theatre closed.

4 **de paso**: (i) passing through; (ii) at the same time
(i) *Juan solo ha venido de paso, creo que se marcha mañana*: Juan's only passing through; I believe he's leaving tomorrow.
(ii) *Compraron una cadena musical y de paso vendieron el viejo tocadiscos*: They bought a hi-fi system and sold the old record player at the same time.

5 **estar a un paso**: be a stone's throw
La nueva oficina de correos está a un paso de mi casa: The new post office is a stone's throw from my home.

6 **salir del paso**: get by, manage
Para salir del paso el colegio ha contratado a varios estudiantes de Magisterio: In order to get by, the school contracted several student teachers.

pata

1 **estirar la pata**: kick the bucket
El mendigo que vivía en la cueva de las afueras estiró la pata ayer: The beggar who lived in the cave in the suburbs kicked the bucket yesterday.

2 **meter la pata**: put one's foot in one's mouth
A pesar de haberle avisado, ha vuelto a meter la pata en la entrevista: Despite being warned about it, he put his foot in his mouth at the interview.

3 **patas arriba**: upside-down; topsy-turvy
No me gusta ausentarme de casa más de un día porque al regreso todo está patas arriba: I don't like to be away from home for more than a day because on my return everything is topsy-turvy.

paz

hacer las paces: make peace
Los dos hermanos hicieron las paces después de diez años de enemistad: The two brothers made up after ten years of enmity (between them).

pecado

de mis pecados: of mine
¡Esta niña de mis pecados me va a matar a disgustos!: This child of mine is going to drive me mad.

pecho

1 **a lo hecho, pecho**: no use in crying over spilt milk
A lo hecho, pecho. Debías haberlo pensado mejor antes de hacerlo, ahora te toca acarrear con las consecuencias: There's no use in crying over spilt milk. You ought

to have thought about it before doing it; now you have to bear the consequences.

2 **abrir el pecho a alguien**: open one's heart to (someone)
La anciana señora abrió el pecho al huérfano y éste se aprovechó de ello: The old lady opened her heart to the orphan who took advantage of her.

3 **darle el pecho**: nurse
Rosa dio el pecho a su hijo durante diez meses: Rosa nursed /breastfed her son for ten months.

pegar(se)

1 **para pegarse un tiro**: enough to make you scream
Oír esa canción en la radio durante todo el día es para pegarse un tiro: Listening to that song on the radio the whole day long is enough to make you scream.

2 **pegarse como una lapa**: stick like a leech
Ya no sé que hacer con la vecina. Se me pega todo el día como una lapa y no me deja ni un momento sola: I don't know what to do about my neighbour. She sticks to me like a leech all day and doesn't leave me alone for a single moment.

3 **pegársele a uno las sábanas**: oversleep
Cada mañana se le pegan las sábanas: Every morning he oversleeps.

pelo

1 **con pelos y señales**: in great detail
Le contó toda la historia con pelos y señales: She related the whole story in great detail

2 **estar hasta los pelos**: be fed up
Estoy hasta los pelos de su comportamiento: I'm fed up with his behaviour.

3 **no dejarse ver el pelo**: make oneself scarce
No la vemos mucho estos días, no se deja ver el pelo: We don't see much of her these days: she makes herself scarce.

4 **no fiarse ni un pelo**: not trust (someone) an inch
No se fía ni un pelo de nadie, incluyendo a su familia: He doesn't trust anyone, including his family.

5 **no tener pelos en la lengua**: not mince one's words
Mi hermana no tiene pelos en la lengua y dice lo que siente: My sister doesn't mince words and says what she feels (like saying).

6 **ponérsele a uno los pelos de punta**: have one's hair stand on end
Cada vez que oye hablar de las barbaridades llevadas a cabo por el presidente de ese país, se le ponen los pelos de punta: Every time I hear (people speak) of the atrocities of the President of that country, my hair stands on end.

7 **por los pelos**: by the skin of one's teeth
Escaparon del accidente por los pelos: They escaped from the accident by the skin of their teeth.

8 **tomarle el pelo**: pull someone's leg
Es tan inocente que todo el mundo le toma el pelo: He's so innocent/silly that everyone pulls his leg.

pelota

1 **en pelotas**: stark naked
Un exhibicionista recorrió el campo de fútbol en pelotas: An exhibitionist ran across the field stark naked.

2 **hacer la pelota**: soft-soap
Ramón es un experto haciendo la pelota al profesor: Ramón is an expert at soft-soaping the teacher.

pelusa

tener pelusa: be jealous
La niña tiene pelusa de su hermano recién nacido: The little girl is jealous of her new-born brother.

pellejo

1 **dejar el pellejo**: lose one's life
Se dejó el pellejo intentando rescatar a los dos niños que se encontraban atrapados en la habitación por el fuego: He lost his life trying to rescue two children who were trapped in the room by the fire.

2 **estar en el pellejo de**: be in (someone)'s shoes
Después de los graves errores que ha cometido en los libros de cuentas de la empresa, no me gustaría estar en su pellejo: After all the serious mistakes he has made in the company accounts, I wouldn't like to be in his shoes.

3 **jugarse el pellejo**: risk one's life
Ese domador se juega el pellejo cada día con los leones: That (lion) tamer risks his life every day with the lions.

4 **no caber en el pellejo**: be good and fat
Como siga engordando así no cabrá en el pellejo: If he continues putting on weight like this, he'll be good and fat!

perder

1 **estar perdido por**: be crazy about (someone)
Luis está perdido por Laura, y ésta no le hace ni caso: Luis is crazy about Laura, but she doesn't even notice.

2 **perder el color**: turn pale
Perdió el color al oír la noticia del accidente por la radio: She turned pale on hearing the news of the accident on the radio.

3 **perder el juicio/razón**: lose one's mind
Perdió el juicio cuando su esposo y sus tres hijos murieron en un

accidente de coche hace dos años: She lost her mind when her husband and three children died in a car accident two years ago.

4 **perder los estribos**: lose one's temper
Antonio perdió los estribos cuando supo que no le concedían la plaza de redactor y empezó a insultarles: Antonio lost his temper when he knew that he had not been given the post/place of sub-editor and began to insult them.

perilla

de perilla: just right, timely
Me viene de perillas que hayas venido ahora, así podré dejarte el niño mientras hago las compras: Your coming now is very timely; I'll be able to leave the child with you while I do the shopping.

periquete

en un periquete: in a jiffy/trice
Hizo toda la limpieza en un periquete: She did all the cleaning in a jiffy.

perro/a

1 **coger una perra**: go into a tantrum
Cogió una perra porque no le dejé ir al cine con Carlos: He went into a tantrum when I didn't allow him to go to the cinema with Carlos.

2 **ser un perro viejo**: be a wily bird/a sly old fox
El comercio prospera porque el dueño es un perro viejo y sabe cómo hacer los negocios: The business prospers/thrives because the owner is a wily old bird and knows how to do business.

pesado

ser un pesado: be a bore/a pain in the neck
Es un pesado, cada tarde viene a contarnos la misma historia: He's a bore/a pain in the neck; every evening he tells us the same story.

pestañas

quemarse las pestañas: burn the midnight oil

Se quemó las pestañas durante cinco años, pero al final se vio compensado con una licenciatura y las notas más buenas de su promoción: He burnt the midnight oil for five years, but in the end (he) was rewarded with a bachelor's degree and the best marks in his year.

pez

como pez fuera del agua: like a fish out of water

Carmen asistió a la reunión en nombre de su marido y se sintió como pez fuera del agua: Carmen attended the meeting instead of her husband and felt like a fish out of water.

picar

picar muy alto: aim high

Dolores ha picado siempre muy alto, pero no le sale siempre bien: Dolores always aims high, but it doesn't always turn out well.

pico

1 **cerrar el pico**: Shut up!

Como no cierre el pico pronto, dirá alguna barbaridad y luego se arrepentirá: Unless he shuts up at once, he'll say something terrible and then he'll regret it.

2 **perderse por el pico**: talk too much

Ricardo se pierde por el pico y por eso nadie quiere su compañía: Ricardo talks too much and so no-one wants to be with him.

3 **irse del pico**: shoot one's mouth off

El otro día hice un comentario delante de Susana y, a pesar de que la amenazamos si decía algo, ayer mismo se fue del pico: The other day I passed a remark in front of Susana and, despite our warning her to say nothing, she shot her mouth off yesterday.

4 **trabajar de pico y pala**: work like a slave

Trabaja de pico y pala desde las seis de la mañana hasta las ocho de la noche para mantener a su familia numerosa: He works like a slave from six in the morning until eight at night in order to keep his large family.

5 **y pico**: and a little over/after

A las cuatro y pico empezó la conferencia programada a las tres y media: At a little after four the meeting scheduled for half past three began.

pie

1 **a pie**: on foot

Vinimos a pie desde la estación: We came from the station on foot.

2 **andar con pies de plomo**: watch one's step

Ándate con pies de plomo con el jefe: Watch your step with the boss.

3 **buscar tres/cinco pies al gato**: make life more difficult than it is

No busques tres pies al gato metiéndote en la conversación de tus padres y sigue haciendo tu trabajo: Don't make life more difficult than it is by interrupting your parents' conversation; get on with your work.

4 **con buen pie**: with good luck

Empezó el negocio con buen pie, pues era el único en ese campo: The business had a lucky start because it was the only one in that field.

5 **dar pie a**: give cause for

El comportamiento de esa chica da pie a muchos comentarios malos: The behaviour of that girl gives cause for many nasty comments.

6 **no dar pie con bola**: make one mistake after another, do nothing right

Está tan nerviosa que no da pie en bola: She's so nervous she makes one mistake after another.

7 **parar los pies**: put someone in his/her place

Habré de pararle los pies antes de que cometa alguna imprudencia con aquella chica: I'll have to put him in his place before he commits an indiscretion with that girl.

8 **poner pies en polvorosa**: take to one's heels, flee

Los rateros pusieron pies en polvorosa al oir las sirenas de la policía: The pickpockets took to their heels on hearing/when they heard the police sirens.

9 **saber de qué pie cojea uno**: have someone's number

No te creas que no sé lo que estas haciendo; ¡sé de qué pie cojeas!: Don't think I don't understand what you're doing; I've got your number!

piel

1 **piel de gallina**: goose pimples

Se me puso la piel de gallina porque tenía mucho frío: I had goose pimples because I was feeling cold.

2 **ser de la piel del diablo**: be a little devil

Este niño parece ser de la piel del diablo y no deja de hacer travesuras: That child seems to be a little devil and never stops getting up to mischief.

pierna

dormir a pierna suelta: sleep like a log

Mi marido solía dormir a pierna suelta: My husband used to sleep like a log.

pieza

quedarse de una pieza: be dumbfounded

Se quedó de una pieza ante el impresionante monumento dedicado a su abuelo: He was dumbfounded by the impressive monument dedicated to his grandfather.

pino

en el quinto pino: in the middle of nowhere

Mi tío tiene una finca en el quinto pino: My uncle bought a rustic cottage in the middle of nowhere.

pinta

1 **tener buena/mala pinta**: look good/bad

Estos platos preparados por los cinco mejores cocineros de la ciudad tienen muy buena pinta: These dishes prepared by the five best cooks in the city look very good.

2 **tener pinta de**: look like

Este niño tiene pinta de pícaro: This child looks like a rascal/scamp.

pintado

1 **el más pintado**: the best/most capable

El profesor González es el más pintado para este puesto: Professor González is the best (one) for this post.

2 **venir que ni/como pintado**: be just right/most suitable

Esa vieja finca me viene que ni pintada para unos días de descanso: That old country house is just right for a few days' rest.

pito

1 **entre pitos y flautas**: what with one thing or another

Entre pitos y flautas llegué tarde a la cita y ya no encontré a nadie: What with one thing or another, I was late for the appointment and I didn't meet anyone.

2 **(no) importar tres/un pito(s)**: not to care two hoots

Me importa tres pitos que haya otras personas suspendidas en el examen, a mí solo me preocupa mi nota: I don't care two hoots that others have failed the exam; I'm only worried about my marks.

plato

pagar los platos rotos: pay the consequences

Aunque no era su culpa, pagó los platos rotos: Although it wasn't his fault, he had to pay the consequences.

plomo

ser un plomo: be a bore/a drag

¡Ese hombre es un plomo! Cuando le veo venir por la calle intento esconderme, pero no siempre me sale bien!: That man's a bore! When I see him coming down the street I try to hide, but I'm not always lucky.

plumero

vérsele a uno el plumero: see through (someone)

No me convencerás con esta nueva idea; se te ve el plumero: You won't convince me with this new idea; I can see through you!

pobre

1 **¡pobre de mí!**: poor old me!

¡Pobre de mí! He de pagar el alquiler de la casa mañana y no tengo ni para una botella de leche: Poor me! I've got to pay the (house) rent tomorrow and I don't have money to buy a bottle of milk!

2 **pobre de ti si ...**: you'll be sorry if ...

Pobre de ti si te pillan llevándote material de la oficina para tus negocios particulares: You'll be sorry if they catch you stealing material from the office for your private business.

3 **(¡)pobre desgraciado(!)**: poor devil!, poor thing!

Isaac es un pobre desgraciado. Se quedó sin trabajo hace un año y ahora su mujer le abandona por otro: Poor Isaac. He's been without a job/work for a year and now his wife has left him for another man.

poco

1 **dentro de poco**: shortly

Dentro de poco terminaremos este diccionario y empezaremos otro: We'll finish this dictionary shortly and begin another.

2 **poco falta para**: (i) it is not long before; (ii) a little more and; (iii) nearly, almost

(i) *Poco falta para que den las cuatro y entonces nos iremos a casa*: It isn't long before four and then we'll go home.

(ii) *Si seguimos recogiendo dinero como hasta ahora, poco faltará para conseguir la cantidad que necesitamos para el nuevo ordenador de la escuela*: If we continue collecting money as we've done until now, a little more will give us the amount we need for the new school computer.

(iii) *Poco ha faltado para que perdiéramos el último tren hacia Cambridge*: We almost missed the last train to Cambridge.

polvo

1 **estar hecho polvo**: be worn out/exhausted

Estoy hecha polvo después de haber estado trabajando en este libro durante los dos últimos meses sin parar: I'm exhausted after working/having been working on this book for the last two months without a break.

2 **hacerse polvo algo**: (i) ruin, smash (something); (ii) spoil

(i) *El perro dio un golpe al pedestal en donde había una estatua de porcelana y ésta cayó haciéndose polvo*: The dog kicked the pedestal on which there was a porcelain statue and this fell and smashed.

(ii) *Me hice polvo la vista porque estudiaba hasta altas horas de la noche con una vela*: I ruined my eyesight because I used to study

late into the night/into the early
hours of the morning with/using a
candle.

pólvora

ser una pólvora: be lively/
quick/efficient
*Esa mujer es una pólvora en
números*: That woman's quick at
figures.

por

1 **ir por**: go for, go and fetch
*El fue por café mientras yo
preparaba la fuente con galletas*:
He went for coffee while I
prepared the tray with biscuits.

2 **por allá**: over there, that way
*Por allá podemos llegar al colegio
más rápidamente*: We can get to
the school more quickly that way.

3 **por sí mismo**: for himself
*No se creía lo que le decíamos
hasta que pudo comprobarlo por
sí mismo*: He didn't believe what
we told him until he tried it out for
himself.

prestar

1 **dar prestado/prestar**: lend
*Le prestaron el dinero que le
faltaba para pagar el alquiler*: They
lent him the money he needed to
pay the rent.

2 **pedir prestado**: borrow
*Pedí prestado el tocadiscos a mi
vecino*: I borrowed my neighbour's
record-player.

3 **tomar prestado**: borrow
*Tomé prestada la bicicleta para
poder ir a la universidad*: I
borrowed a bicycle in order to go
to the university.

primero/a

1 **a las primeras de cambio**: at the
first opportunity
*¡A las primeras de cambio me
marcho de esta casa llena de
humedad!*: I'm going to leave
this damp house at the first
opportunity.

2 **a primeros de mes**: at the
beginning of the month
*A primeros de mes voy a
comprarme un nuevo coche*: I'm
going to buy a new car at the
beginning of the month.

principio

1 **al principio**: at first
*Al principio no sabía cocinar, pero
ahora es tan buena que piensa
abrir un restaurante*: At first she
didn't know how to cook, but now
she's so good that she's thinking of
opening a restaurant.

2 **desde el principio**: from the very
beginning, at the outset
*Desde el principio supimos quién
iba a ganar el concurso literario*:
From the very beginning we knew
who was going to win the Literary
Competition.

3 **por principio**: on principle
*En esta casa, por principio, no se
cena sin que estén sentados todos
los miembros de la familia a la
mesa*: In this house, on principle,
one doesn't dine/eat unless all the
members of the family are seated
at the table.

puente

hacer/tener puente: take off the
intervening working day between
two holidays
*El próximo lunes haremos puente
en el colegio*: Next Monday we're
going to stay away from school as
it falls between two holidays.

puerta

1 **a puerta cerrada**: behind closed
doors
*El juicio tuvo lugar a puerta
cerrada*: The trial took place
behind closed doors.

2 **cerrar todas las puertas a
alguien**: close all avenues to
someone
*Le cerraron todas las puertas
y ahora vive de la limosna*: All

avenues were closed to him and
now he lives on charity.

pulga
   tener malas pulgas: be short-
   tempered
   *No vayas con tonterías al profesor.
   Tiene muy malas pulgas*: Don't
   play the fool with the teacher.
   He's very short-tempered.

punta
   de punta en blanco: all dressed
   up (to the eyeballs)
   *Todos los invitados vestían de
   punta en blanco*: All the guests
   were dressed up to the eyeballs.

punto
1 **con puntos y comas**: in detail
   *¡Me contó su viaje con puntos y
   comas y no terminó hasta pasadas
   dos horas!*: He talked about his
   trip in detail/gave me a detailed
   account of his trip and didn't finish
   for two hours.
2 **dar en el punto**: hit the nail on
   the head
   *Dieron en el punto al decir que el
   problema radicaba en la batería*:
   They hit the nail on the head when
   they said that the problem lay in
   the battery.
3 **en punto**: sharp, exactly on the
   hour
   *Nos encontraremos a las nueve en
   punto en la entrada principal de la
   facultad*: We'll meet at nine sharp
   at the main door of the Faculty.

4 **en su punto**: done to a turn, just
   right
   La carne está en su punto: The
   meat is just right/done to a turn.
5 **no perder punto**: not to miss
   anything
   *No pierdas punto de la
   conversación. De lo contrario
   no sabrás cómo hacerlo*: Don't
   miss anything in the conversation;
   otherwise you won't know how to
   do it.
6 **poner a punto**: tune up, finish
   off
   *Llevé el coche para ponerlo a
   punto antes de salir de vacaciones*:
   I took the car to have it tuned
   before setting off on holiday.
7 **¡punto en boca!**: mum's the
   word!
   *¡He dicho que punto en boca y así
   lo hareis! ¿Habeis entendido?*: I've
   said: "Mum's the word!" and I
   mean it! Do you understand?

puñado
   a puñados: lots of
   *Gasta el dinero a puñados en cosas
   banales*: She spends lots of money
   on trivial things.

puño
   de puño y letra: in one's own
   handwriting
   *Esta carta fue escrita de puño y
   letra por Quevedo*: This letter
   was written in Quevedo's own
   hand(writing).

Q

que

al que/a la que: (i) to (whom); (ii) to (which)

(i) *Al que le interese, he de ir a Londres en unos días. Si alguien quiere algo, que me lo pida*: To whom it may concern: I have to go to London in a few days. If anyone wants anything (let him) ask me.

(ii) *La asignatura a la que me refiero es la del Prof. Walker, que parece traer muchos problemas*: The subject to which I refer is that of Professor Walker which seems to cause many problems.

quedar

1 **quedar bien/mal**: conduct oneself well/badly, make a good/bad impression

El niño supo quedar bien delante de los invitados: The little boy knew how to conduct himself in the presence of the guests.

2 **quedar en**: agree on, come to a decision about

Quedaron en que se encontrarían más tarde a la entrada del cine: They agreed/decided to meet later at the entrance to the cinema.

3 **quedar por**: remain (to be done), still to be finished

Le queda por terminar de pintar una pared del comedor: One wall of the dining room still remains to be painted.

4 **quedarse con**: keep, take, stay with

Se quedó con todos los libros viejos a cambio de este montón de dinero: He took all those old books in exchange for a pile of money.

quemar

quemarse las cejas/pestañas: to burn the midnight oil

Me he quemado las cejas durante los últimos cinco años para conseguir la licenciatura: I've burnt the midnight oil over the last five years in order to obtain my bachelor's degree.

quicio

sacar de quicio:

Cualquier ruido estridente me saca de quicio: Any strident/ harsh noise irritates me/drives me mad.

quien

1 **de quién**: whose

¿De quién es este abrigo azul con plumas verdes?: Whose blue overcoat with green feathers is this?

2 **¡quién pudiera!**: if only I could!

¡Quién pudiera! Toda la vida he soñado con una casa como esa, pero es demasiado cara para mi bolsillo: If only I could! All my life I've dreamt of a house like that but it's too expensive for my pocket.

3 **¿quién vive?**: who goes there?

En las películas de guerra se suele oír mucho esta frase: ¿quién vive?: In war films one is used to hearing a lot the expression: Who goes there?

quieto

1 **dejar quieto a uno**: leave (someone) alone

Le he dicho que me dejara quieto o le daría una zurra: I told him to leave me alone or I'd give him a tanning.

2 **¡estate/quédate quieto!**: keep still/quiet!

¡Estate quieto, por favor! Tengo un terrible dolor de cabeza y tú no paras de hacer ruido con la

pelota: Keep quiet, please! I have a headache and you won't stop making a noise with the ball.

Quintín

armarse la de San Quintín: be a terrible row

En el colegio se armó la de San Quintín porque un alumno de primero de BUP abofeteó al director en público: There was a terrible row in the school because a student from the sixth form struck the Principal in public.

quinto

en el quinto pino: at the back of beyond, in the middle of nowhere

Nos compramos una casa en el quinto pino: We've bought a house at the back of beyond/in the middle of nowehere.

R

rabiar

1 **a rabiar**: madly, wildly, unstrainedly
Todos aplaudieron a rabiar su gran discurso: Everyone wildly applauded his great speech.

2 **rabiar por**: be dying for, desire fervently
Está rabiando por saber quién ganó el partido: He's dying to know who won the match.

rabo

con el rabo entre piernas: with one's tail between one's legs
Salió de la reunión política con el rabo entre piernas: He left the political meeting with his tail between his legs.

raíz

1 **cortar de raíz**: nip in the bud
Cortaron de raíz los comentarios contra el presidente de la entidad: Adverse comments about the president of the society were nipped in the bud.

2 **echar raíces**: settle down
Esta pareja de extranjeros han echado raíces en este pueblo: This foreign couple have settled down in this village.

rapapolvo

echar un rapapolvo: haul someone over the coals
El jefe echó un rapapolvo a uno de los empleados por sus constantes retrasos: The boss hauled one of the employees over the coals for his constant delays.

raso

al raso: in the open air
Cuando fueron de excursión durmieron al raso admirando las estrellas y la luna: When they went on an excursion they slept in the open air – admiring the moon and the stars.

rastra

1 **ir a rastras de uno**: depend on (someone)
Es una pena que siendo tan mayor siga yendo a rastras de su padre: It's a shame that though he's grown up he continues to depend on his father.

2 **llevar a rastras**: (i) drag, (ii) have still to do
(i) *El niño no quería ir al dentista, y su madre le llevó a rastras*: The child didn't want to go to the dentist and his mother had to drag him (there).
(ii) *Lleva a rastras dos asignaturas; una de tercero y otra de cuarto*: She has still two subjects to do: one in the third year and one in the fourth.

rata

más pobre que una rata/las ratas: as poor as a church mouse
No le pidas dinero prestado a Julio porque es más pobre que una rata: Don't ask Julio to lend you money; he's as poor as a church mouse.

rato

1 **a cada rato**: all the time, every couple of minutes
A cada rato llegan trenes procedentes de todas partes del país: Trains are arriving all the time from all parts of the country.

2 **al poco rato**: shortly after, a short time after
Primero llegaron los carruajes de los príncipes y al poco rato llegó el carruaje de la reina: First the princes' carriages arrived and shortly after(wards) that of the queen.

3 **pasar el rato**: kill time
Muchas veces paso el rato leyendo libros en el jardín: I often kill time by reading books in the garden.

4 **pasar un buen rato**: have a good time
Pasamos un buen rato en la reunión que tuvimos en casa del profesor: We had a good time at the meeting (we had) in the teacher's house.

5 **tener ratos**: have moments
En general, la actuación no fue muy buena, aunque tuvo sus ratos: Generally, the performance wasn't very good but it had its moments.

6 **un rato**: really
Esta película es un rato buena: This film is really good.

ratón
ser un ratón de biblioteca: a bookworm
Lucía es un ratón de biblioteca. Creo que no le queda nada por leer: Lucía is a bookworm. I believe there's nothing left for her to read.

raya
1 **pasarse de (la) raya**: go too far; overstep the mark
Esto pasa de la raya, no quiero que vuelva a ocurrir: This has gone too far. I don't want it to happen again.

2 **poner a raya**: keep under control/within limits/bounds
La maestra puso a raya a los alumnos con pocas palabras: The teacher kept her pupils under control with a few words.

3 **tener/mantener a alguien a raya**: keep someone in line
Sus padres le tienen a raya y no le permiten llegar a casa más tarde de las diez: His parents keep him in line and don't allow him to return home later than ten.

rayo
¡Que te parta un rayo!: Drop dead!
¡Que te parta un rayo! No quiero oír a hablar de ti nunca más: Drop dead! I don't wish to hear about you again.

razón
1 **a razón de**: at the rate of
El ciclista iba a razón de veinte kilómetros la/por hora: The cyclist went at the rate of twenty kilometres an hour.

2 **con razón**: quite rightly
Con razón me quitó todos los libros que tenía. ¡Eran suyos!: Quite rightly he took away all the books that I had. They were his!

3 **dar razón**: give an account, inform, report
El contable da razón a su jefe dos veces al mes: The accountant reports to his boss twice a month.

4 **darle la razón**: admit someone is right
Le dio la razón incluso antes de oír todas sus explicaciones: She admitted he was right before hearing/listening to his complete explanation.

5 **tener razón**: be right
No discutas más y haz lo que te dice. Tiene toda la razón: Don't argue further but do as he tells you. He's quite right.

redondo
1 **negarse en redondo**: refuse point-blank
Se negó en redondo y tuvimos que buscar a alguien que le sustituyera: He refused point-blank and we had to look for someone to replace him.

2 **negocio redondo**: excellent deal
Juan ha hecho un negocio redondo uniéndose a los japoneses: Juan has made an excellent deal with the Japanese.

3 **número redondo**: round number
En números redondos, la reparación costará 3.000 libras: In round figures, the repairs will cost three thousand pounds.

regla

salir de regla: go too far
Carlos siempre hace lo que quiere, y esta vez se salió de regla. Espero que no tenga ninguna repercusión: Carlos always does as he wants, and this time he's gone too far. I hope there won't be any repercussions.

relación

1 **con relación a**: with regard to
Con relación a lo que discutíamos ayer, he llegado a la conclusión de que es mejor que esperemos un tiempo: With regard to what we discussed yesterday, I've come to the conclusion that it's better for us to wait/that we should wait a while.

2 **estar en relación con**: be in touch with, have dealings with
El negocio parece marchar bien y ahora estamos en relación con varias empresas multinacionales: The business appears to be going well and now we have dealings with several multinational companies.

3 **hacer relación a**: refer
El conferenciante hizo relación a lo que se había explicado el día anterior: The lecturer referred to what had been explained the previous day.

relieve

poner de relieve: make stand out, emphasize
Puso de relieve el gran valor de las obras realizadas por los estudiantes de arte: He emphasized the great value of the works created by the art students.

remedio

1 **como último remedio**: as a last resort
Como último remedio podríamos ir en autobús y volver en taxi cuando termináramos: As a last resort we could go by bus and return by taxi when we have finished.

2 **no haber/quedar más remedio que**: have no other choice
No nos queda más remedio que seguir andando hasta el próximo pueblo y allí intentar buscar un taxi: We've no other choice but to continue walking to the next village and try to look for a taxi there.

3 **no haber remedio**: nothing can be done
No hay remedio, el coche es demasiado viejo y repararlo sería casi tan caro como comprar uno nuevo: Nothing can be done. The car is too old and to have it repaired would be as expensive as buying a new one.

4 **poner remedio a**: put a stop to, do (something) about
Roberto tuvo que poner remedio a la desagradable situación surgida entre su esposa y su madre: Roberto did something about the disagreeable situation that had arisen between his wife and his mother.

rendir

rendir cuentas: account for one's actions
Julia tuvo que rendir cuentas delante del director de la escuela y de dos profesores más: Julia had to account for her actions before the head of the school and two other teachers.

repuesto

de repuesto: spare, extra, emergency
Compró unas medias de repuesto por si se le estropeaban las que

llevaba puestas: She bought
some spare stockings in case
she laddered the ones she was
wearing.

resbalón

dar/tener un resbalón: slip up
*Después de darnos tantas lecciones
de moral, la directora de la escuela
ha tenido un resbalón y dentro de
unos meses será madre soltera*:
After giving us so many lessons
on morality, the headmistress
of the school has had a slip up
and within a few months will be a
single mother.

resolución

en resolución: in short, briefly
*En resolución, las mujeres pedían
tener los mismos derechos que los
hombres ¡en todo!*: Briefly, the
women asked to have the same
rights as the men in everything.

revés

1 **al revés**: inside out, upside down,
back to front
*Mi hijo suele vestirse solo, pero
casi siempre se pone la camiseta al
revés*: My son usually dresses by
himself; but he almost always puts
his vest on back to front.

2 **al revés de**: contrary to
*Al revés de lo que se dice, las dos
exposiciones de pintura han tenido
un gran éxito*: Contrary to what
they say/is being said, the two
painting exhibitions have been a
great success.

3 **del revés**: upside down, inside
out, back to front
*¿Te has fijado que el niño vuelve a
llevar la camiseta del revés?*: Has
it struck you that the child is again
wearing his vest inside out?

rey

a cuerpo de rey: like a king
*Desde que le tocó el gordo de la
lotería vive a cuerpo de rey*: Ever
since he won the big prize on the
Lottery he has been living like a
king.

ridículo

1 **hacer el ridículo**: make a fool of
oneself
*Hizo el ridículo en la reunión del
comité*: She made a fool of herself
at the committee meeting.

2 **poner/dejar en ridículo**:
make/be made a fool of
*No le importa poner en ridículo a
los demás con tal de quedar él bien*:
It didn't matter to him whether (or
not) he made a fool of the others
as long as he was all right.

rienda

1 **a rienda suelta**: without restraint
*Criticó a rienda suelta la obra (de
teatro)*: His criticism of the play
was unrestrained.

2 **dar rienda suelta a**: give free rein
to
Dio rienda suelta a su imaginación:
She gave free rein to her
imagination.

risa

**desternillarse/morirse/reventar
de risa**: die of laughter
*Se desternilló de risa durante
toda la función*: She was dying
of laughter during the entire
function.

rodeo

1 **andarse con rodeos**: beat about
the bush
*No te andes con rodeos – dime
dónde escondiste la pelota*: Don't
beat about the bush: tell me where
you've hidden the ball.

2 **dar un rodeo**: go a roundabout
way
*Dio un rodeo para no tropezar
con el sacerdote*: He went a
roundabout way in order not to
bump into the priest.

rogar

hacerse de rogar: take a lot of
persuading
*Le gusta hacerse de rogar, pero a
la gente no le gusta pedir las cosas
tantas veces*: He takes a lot of

persuading, but people do not like to ask for things so many times.

romper

1 **romper a**: start, burst
Rompió a llorar sin que supiéramos la causa de ello: She burst out crying without us knowing why.

2 **romper con**: break off
Lidia rompió con su novio porque a éste se le vio a escondidas con otras mujeres: Lidia broke off with her boyfriend because the latter was seen secretly with other women.

rollo

1 **cortar el rollo**: Cut the cackle!
Corta el rollo. Estoy cansada y quiero acostarme: Cut the cackle! I'm tired and want to lie down/get to bed.

2 **ser un rollo**: be a bore/boring
No vayas a ver esa película. Es un rollo: Don't go to see that film. It's boring.

rosa

1 **estar (fresca) como una rosa**: feel as fit as a fiddle
Se ve que esa chica es muy joven, está fresca como una rosa: It's obvious that that girl is very young; she's as fit as a fiddle.

2 **novela rosa**: romantic novel
Mi vecina se pasa horas sentada en el sofá, cerca de la ventana, *leyendo novelas rosas*: My neighbour spends hours seated on the sofa, near the window, reading romantic novels.

3 **verlo todo de color de rosa**: see everything through rose-tinted spectacles
Esta chica cree que en el mundo no hay problemas y lo ve todo de color de rosa: That girl believes that there aren't any problems in the world and sees everything through rose-tinted spectacles.

rosca

hacer la rosca a alguien: flatter (someone) to obtain (something)
No hagas la rosca al profesor. No es de esos: Don't flatter the teacher; he won't fall for it!

rosquillas

venderse como rosquillas: sell like hot cakes
Estas medias tan baratas se venden como rosquillas: These cheap stockings are selling like hot cakes.

rueda

ir/marchar sobre ruedas: run smoothly
No te preocupes, todo marcha sobre ruedas y se terminará a su debido tiempo: Don't worry! Everything's going smoothly and will be finished in due course.

S

sábana

pegársele las sábanas: oversleep
Se le deben haber pegado las sábanas esta mañana, lleva más de media hora de retraso: He must have overslept this morning; he is more than half an hour late.

saber

1 **a saber**: namely, that is to say
El grupo musical se compone de tres personas, a saber: el guitarrista, el violinista y el pianista: The musical group comprises/is composed of three people; that is to say, the guitarist, the violinist and the pianist.

2 **a saber si**: wonder
A saber si lo que Juan ha comentado es verdad, porque sería realmente una noticia estupenda: I wonder if what Juan has said is true, because it really is stupendous news.

3 **llegar a saberse**: come to light
No intentes esconder nada de lo ocurrido, al final todo llega a saberse y: Don't try to hide anything about what happened. It'll all come to light in the end.

4 **sabe Dios**: God only knows
Sabe Dios lo que ocurrirá en el Ayuntamiento en la próxima sesión que celebren: God only knows what will happen in the Town Hall when they hold the next meeting.

5 **saber a**: taste (of)
Este bocadillo sabe a rancio: This roll tastes rancid.

6 **saber al dedillo**: know by heart, have at one's fingertips
Susana sabe la lección al dedillo, pero no entiende nada: Susana has learned the lesson by heart but she hasn't understood it at all.

7 **saber de**: hear from, have news
He sabido de Paco y parece que está muy bien: I've heard from Paco and he appears to be very well.

8 **saber mal**: (i) tastes bad; (ii) be embarrassing
(i) *Este pollo al chilindrón sabe mal*: This pollo al chilindrón tastes bad.
(ii) *Me sabe mal visitar a tu tío después de lo que le hicimos a su coche*: It's embarrassing for me to visit your uncle after what we did to his car.

sacar

1 **sacar a relucir**: bring up
Sacó a relucir todos los problemas que existían en la empresa: She brought up all the problems that existed in the firm/company.

2 **sacar en limpio**: deduce
Lo único que sacó en limpio de la reunión es que la empresa estaba en números rojos: The only thing he deduced from the meeting is that the firm is in the red.

salida

1 **dar salida a**: find a market
Hemos encontrado una salida para los zapatos de dos colores: We've found a market for shoes in two colours.

2 **tener salida a**: come out, open on to
La nueva casa tiene salida a un parque en donde el niño podrá jugar sin problemas: The new house opens on to a park where the child will be able to play without problems.

3 **tener salida para todo**: have an answer for everything
A pesar de su juventud, Carmen tiene salida para todo: Despite her

youth/tender years, Carmen has an answer for everything.

salir

1 **salir adelante**: win out; come out on top
Eugenio salió adelante a pesar de los problemas que surgieron entre medio: Eugenio came out on top despite the problems that emerged along the way.

2 **salir bien/mal**: come out well/badly; pass/fail
Lidia salió bien del examen de geografía: Lidia passed her Geography exam.

3 **salir caro**: cost a lot
Comprar ropa en Francia sale muy caro: Buying clothes in France is expensive/costs a lot.

4 **salir con**: come out with
Salió con el cuento de que había perdido el último autobús y todos sus amigos se habían ido, por lo que tuvo que regresar andando: He came out with the story that he'd missed the last bus and all his friends had gone, so he had to return on foot.

5 **salir de** (i) leave;(ii) come out as; (iii) come from
(i) *Cuando salga del trabajo iré a comprar un ramo de rosas para mi esposa*: When I leave work I'm going to buy a bunch of roses for my wife.
(ii) *Dentro de unos minutos mi marido saldrá de presidente de la academia*: Within a few minutes my husband will become the president of the academy.
(iii) *El vino sale de las uvas*: Wine comes from grapes.

6 **salir para**: leave for
Maite sale para Londres la próxima semana: Maite leaves/is leaving for London next week.

7 **salirse con la suya**: get one's way
La niña siempre se sale con la suya cuando se trata de pedir cosas al

abuelo: The little girl gets her (own) way when it comes to asking for things from her grandfather.

sálvese

¡sálvese quien pueda!: Every man for himself!
¡Sálvese quien pueda! ¡La casa está ardiendo!: Every man for himself! The house/building's on fire!

salvo

1 **dejar a salvo**: spare
Dejaron a salvo a los niños y fueron en busca de los padres: They spared the children and went in search of the parents.

2 **poner(se) a salvo**: reach safety
El niño se puso a salvo junto con su perro subiéndose a una tabla y dejando que el agua los arrastrara: The boy reached safety together with his dog by climbing on a table and allowing the water to drag them along.

3 **salvo que**: unless
Salvo que mis padres lleguen de visita antes de la fecha prevista, este diccionario estará listo en dos meses: Unless my parents come on a visit before the planned date, this dictionary will be ready in two months.

4 **sano y salvo**: safe and sound
A pesar del aparatoso accidente, salió sano y salvo: After the spectacular accident, he emerged safe and sound.

sangre

1 **a sangre fría**: in cold blood
Mató a su suegro a sangre fría: He killed his father-in-law in cold blood.

2 **helarle la sangre a uno**: make (someone)'s blood run cold
Se nos heló la sangre cuando vimos el accidente que había tenido lugar unos minutos antes: It made our blood run cold to see/when we saw the accident that had taken place/occurred a few minutes earlier.

3 **llevar algo en la sangre**: runs in (someone)'s blood

Este niño toca el piano de maravilla; y es que lo lleva en la sangre: This child plays the piano marvellously; it runs in his blood.

4 **pura sangre**: thoroughbred

Mi tío ha regalado a mi prima un caballo pura sangre: My uncle has presented my cousin with a thoroughbred horse.

sano

cortar por lo sano: take drastic measures

Tuve que cortar por lo sano la relación entre mi hija y su amigo: I had to take drastic measures concerning the relationship between my daughter and her friend.

santiamén

en un santiamén: in a jiffy

Hizo las maletas en un santiamén: She did/prepared the suitcases in a jiffy.

santo

1 **a santo de qué**: why; for what reason

¿A santo de qué te has comprado este vestido tan caro hoy, cuando te compraste otro ayer?: Why have you bought that expensive dress today when you bought another one yesterday?

2 **desnudar un santo para vestir a otro**: rob Peter to pay Paul

Desnudó a un santo para vestir a otro, ya que pagó la factura del agua con el dinero guardado para pagar la factura de la leche: She was robbing Peter to pay Paul when she paid the water bill with the money she was keeping to pay the milk bill.

3 **írsele el santo al cielo**: forget what one is doing

Se le fue el santo al cielo y olvidó comprar lo que su esposo le había encargado: She forgot what she

was doing and didn't remember to buy what her husband had asked her to.

4 **quedarse para vestir santos**: be on the shelf

La hija del millonario del pueblo se quedó para vestir santos: The daughter of the village millionaire is on the shelf.

sartén

tener la sartén (cogida) por el mango: have the upper hand

El nuevo director de la escuela tiene la sartén por el mango y ya no es posible escaparse de ciertas clases: The new Head of the school has the upper hand and now it is not possible to escape certain classes.

secas

a secas: only, simply, just

Nadie sabe el verdadero nombre del gitano; todos le conocen por "el Moreno" a secas: No-one know the gipsy's real name; everyone knows him simply as "el Moreno".

seco

1 **a palo seco**: nothing else

Como que no tenía dinero para comprar más cosas, comió pan a palo seco: As he had no money to buy more things, he ate bread and nothing else.

2 **dejar seco**: (i) bump off; (ii) speechless

(i) *Ayer noche hubo una reyerta entre gitanos y dejaron seco al "Aceitunado"*: Last night there was the settlement of a vendetta among the gipsies and "Aceitunado" was bumped off.

(ii) *Me dejaron seca cuando me dijeron que el cura del pueblo se había escapado con la profesora de la escuela*: I was left speechless when I was told that the village priest had run off with the school teacher.

4 **en seco**: without cause/reason; suddenly, abruptly
El coche era tan viejo que se paró en seco y ya nunca más se puso en marcha: The car was so old that it stopped suddenly and never started/got going again.

seda

ir/marchar como una seda: go/run like clockwork, be as smooth as silk
El coche es una maravilla; las guías van como una seda: The car is wonderful: the gears are as smooth as silk.

segundo/a

1 **de segunda mano**: second hand
El coche que nos hemos comprado es de segunda mano, ¡por lo menos!: The car we've bought is more or less second-hand.

2 **hablar con segundas**: with a double meaning
No me gusta hablar con Enrique porque siempre habla con segundas: I don't like to talk to Enrique because he always says things with a double meaning.

sello

poner el sello a una cosa: put the finishing touches to (something)
El escritor puso el sello a su última novela: The writer put the finishing touches to his last novel.

semana

1 **entre semana**: during the week
Acordaron verse entre semana: They agreed to see each other during the week.

2 **fin de semana**: weekend
El próximo fin de semana tendremos visitas: Next weekend we'll have visitors.

sentido

1 **dejar sin sentido**: stun
Le dejó sin sentido con un fuerte golpe en la cabeza, le cogió todo el dinero y desapareció para siempre: He struck him a severe blow on the head, took all his money and disappeared without a trace forever.

2 **en tal sentido**: to this effect
Necesitábamos recaudar fondos y en tal sentido organizamos una tómbola: We needed to raise money. To this effect we organized a Tombola.

3 **perder el sentido**: faint
Mi padre pierde el sentido cada vez que le hacen un análisis de sangre: My father faints every time they give him a blood test.

señalar

señalar a alguien: appoint
Señalaron a Román como nuevo presidente del instituto: They appointed Roman as the new president of the institute.

señas

hacer señas: motion to/signal (someone)
El policía hizo señas al conductor para que se parara: The police signalled the driver to stop.

serie

1 **fuera de serie**: really outstanding
Este nuevo reactor tiene unas características inmejorables, es fuera de serie: This new reactor has certain unbeatable characteristics; it is really outstanding.

2 **hacer en serie**: mass-produce
Estos jarrones no tienen ningún valor artístico, están hechos en serie: These pitchers don't have any artistic value; they're mass-produced.

servir

1 **servir a**: serve (someone)
Sirve a una dama que dicen es una condesa: She serves a lady who they say is a countess.

2 **servir de**: serve as, be useful
El tonto del pueblo puede servir de recadero: The village fool/idiot can serve as an errand-boy.

3 **servir para**: be used for
¡Parece mentira que no lo entiendas! ¡Un lápiz sirve para

escribir y una goma sirve para borrar!: It hardly seems possible that you don't understand! A pencil is used for writing and a rubber for erasing!

4 **servirse de**: use
Juan se sirvió de su amistad con el alcalde para conseguir un puesto en la junta del nuevo hospital: Juan used his friendship with the mayor to obtain a post on the board of the new hospital.

sesos

1 **calentarse los sesos**: batter one's brains, bother
No me calientes los sesos con tus estúpidas historias; déjame trabajar: Don't bother me with your stupid stories: let me work.

2 **devanarse los sesos**: rack one's brains
Me devané los sesos intentando recordar el nombre de aquel hombre: I racked my brains trying to remember that man's name.

siempre

1 **donde siempre**: the same place
Nos encontraremos a las siete donde siempre: We'll meet at seven in the same/usual place.

2 **lo de siempre**: the same as usual
¿Tomarán lo de siempre los señores?: Will you gentlemen have the same as usual?

siglos

hacer siglos: be ages
Hace siglos que no compro helados!: It's ages since I bought ice-cream!

sino

sino que: but
No me leí todo el libro sino, que lo hojeé: I didn't read the whole book but glanced through it.

sitio

1 **cambiar de sitio**: move
Cambiaremos de sitio todos los muebles para que se vea un poco diferente: We'll move all the furniture so that it looks a bit different.

2 **cualquier sitio**: anywhere
¡Vayamos de vacaciones a cualquier sitio, estoy rendida!: Let's go anywhere for our holidays, I'm exhausted!

3 **hacer sitio**: make room
Tendremos que hacer sitio en esta habitación si queremos colocar los libros: We'll have to make space in this room if we want to put (in) all the books.

sobra

de sobra: (i) only too well; (ii) more than enough; (iii) needlessly
(i) *De sobra sabes que no me gusta ir a la ciudad en coche*: You know only too well that I don't like to go to the city by car.
(ii) *El viejo tiene dinero de sobra*: The old man has more than enough money.
(iii) *Está leyendo este libro de sobra; no entra en el examen*: He's reading that book needlessly; it won't come up in the exam.

sobre

1 **hablar sobre**: talk about
En la reunión hablaremos, entre otros temas, sobre la posibilidad de convocar un concurso literario: At the meeting, among other subjects, we'll talk about the possibility of holding a literary competition.

2 **sobre ascuas**: on tenterhooks, in suspense
Mi hija nos tiene en ascuas acerca de si será niño o niña: My daughter keeps us in suspense as to whether it'll be a boy or girl.

3 **sobre poco más o menos**: more or less
El coste del coche subirá sobre poco más o menos los dos millones de pesetas: The cost of the car will be more or less two million pesetas.

4 **sobre todo**: especially, above all
*Sobre todo no te olvides de llamar
por teléfono cuando llegues al
hotel*: Above all, don't forget to
ring when you get to the hotel.

sol

1 **arrimarse al sol que más
caliente**: know (on) which side
one's bread is buttered
*Juan no es tonto, siempre se arrima
al sol que más calienta*:
Juan isn't silly/stupid; he always
knows which side his bread's
buttered (on).

2 **no dejarle ni a sol ni a sombra**:
hound/harrass/pester (someone)
*El museo quería comprarme un
cuadro renacentista del que yo
no quería desprenderme, y no me
dejaban ni a sol ni a sombra*: The
museum pestered me to sell them
a Renaissance picture /painting
which I didn't want to part with.

son

en son de: in the spirit of
Firmaron un tratado en son de paz:
They signed a treaty in the spirit of
peace.

sopa

hecho una sopa: soaking wet,
drenched
*El niño cayó en un estanque del
parque y llegó a casa hecho una
sopa*: The child fell into a pond in
the park and came home soaking
wet.

soplar

soplar algo a alguien: split on, to
squeal on
*Cuando oyó que se daba una gran
recompensa por la captura de los
ladrones, y a pesar de que uno
de ellos era su hermano, sopló a
la policía dónde se encontraban*:
When he heard that a large reward
was (being) offered for the capture
of the robbers, and despite the fact
that one of them was his brother,

he squealed to the police and they
found them.

sordo

1 **hacerse el sordo**: turn a deaf ear
*Mi marido se hace el sordo siempre
que le hablo de comprar un nuevo
televisor*: My husband always turns
a deaf ear when I speak of buying
a new TV.

2 **más sordo que una tapia**: as
deaf as a post
*El abuelo es más sordo que una
tapia*: Grandfather's as deaf as a
post.

sostener

1 **sostenerse en**: stand firm in
*Se sostiene en su actitud agresiva
hacia todas las madres solteras*:
He stood firm in his aggressive
attitude towards single mothers.

2 **sostenerse mutuamente**:
support one another
*Después de la muerte inesperada
del hijo, este matrimonio se
sostiene mutuamente*: After the
unexpected death of their son,
this couple mutually support one
another.

suceder

1 **lo que sucede es que**: the fact is
that
*No te desanimes por no haber
conseguido el puesto. Lo que
sucede es que la competencia era
mucha*: Don't be downhearted
about not having obtained
the post. The fact is that the
competition was too great.

2 **por lo que pueda suceder**: just
in case
*Llévate unas cuantas bolsas de
plástico para el viaje, por lo que
pueda suceder. Nunca se sabe lo
que puede ocurrir con un niño
pequeño*: Take some plastic bags
for the trip, just in case. One never
knows what may happen with a
small child.

3 suceda lo que suceda: whatever happens

Suceda lo que suceda, esta casa seguirá siendo tuya. ¡Palabra!: Whatever happens this house will (continue to) be yours. On my word of honour!

sucio

1 en sucio: in rough

El profesor me ha dicho que le presente primero el trabajo en sucio, y si está conforme, me lo devolverá para que lo pase a máquina: The teacher has told me to present the work in rough (draft) first, and if it is in order, he'll return it to me so that I can type it out.

2 lengua sucia: coated/furred tongue

El niño no debe encontrarse muy bien porque está muy quieto y tiene la lengua sucia: The child can't be well because he's very quiet and he has a coated tongue/his tongue is coated.

sudar

hacer sudar tinta/la gorda: keep (someone)'s nose to the grindstone

Nuestro jefe nos hace sudar tinta: Our boss keeps our noses to the grindstone.

sueño

1 caerse de sueño: falling asleep

Creo que ya es hora de que dejemos la fiesta. Me estoy cayendo de sueño: I think it's time we left the party. I'm falling asleep.

2 conciliar el sueño: get to sleep

No puedo conciliar el sueño y es a causa del nerviosismo que tengo: I can't get to sleep because I'm nervous.

3 dar sueño: make sleepy

Este conferenciante me está dando sueño. ¡Espero que termine pronto!: This lecturer is making me sleepy. I hope he finishes soon.

4 echar un sueño: take a nap

Voy a echar un sueño y luego continuaré con el trabajo: I'm going to take a nap and then I'll continue (with) the job.

5 quitar el sueño: (i) disturb; (ii) keep awake

(i) *La noticia del accidente me ha quitado el sueño*: The news of the acccident disturbed me.

(ii) *Si bebes demasiado café se te quitará el sueño*: If you drink too much coffee, it'll keep you awake.

suerte

de suerte que: so that, in such a way that

Los niños se levantaron temprano para preparar la comida de suerte que su madre no tuviera que hacerla: The children arose early in order to prepare the meal so that their mother didn't/wouldn't have to do it.

supuesto

1 dar por supuesto: take for granted

Elena dio por supuesto que yo la acompañaría sin habérmelo preguntado primero: Elena took it for granted that I would accompany her without having asked me first.

2 por supuesto: of course, certainly

¡Por supuesto que iremos de vacaciones con vosotros!: Of course we'll come on holiday with you!

suspiro

1 exhalar el último suspiro: die, breathe one's last

El abuelo exhaló el último suspiro delante de su esposa e hijos: The grandfather breathed his last in the presence of his wife and children.

2 soltar un suspiro de alivio: heave a sigh of relief

El jefe soltó un suspiro de alivio cuando me vio entrar en la sala con el informe terminado justo a tiempo: The boss heaved a sigh of relief when he saw me enter the room with the report finished just in time.

suya

1 **hacer de las suyas**: be up to one's old tricks

A pesar de que la profesora la amonestó delante de sus compañeras, Carolina sigue haciendo de las suyas en clase: Despite the teacher rebuking her in front of her companions, Carolina continues to be up to her old tricks.

2 **salir(se) con la suya**: get one's own way

Yo no se como se lo hace, pero Julia siempre se sale con la suya: I don't know how she does it, but Julia always gets in one's way

T

tabla

escapar por tablas: have a narrow escape
El ladrón escapó por tablas de la policía, porque se conocía los callejones como la palma de la mano: The thief had a narrow escape from the police because he knew the alleyways like the back of his hand.

tachar

tachar de: accuse of
Le taché de mentiroso delante de todos los compañeros de trabajo: I accused him of being a liar in front of his workmates.

tal

1 **como si tal cosa**: just like that
Compró doce ejemplares del mismo libro, diez de otro, quince copias de un disco y diez cintas de cassette como si tal cosa: He bought ten copies of the same book, ten of another, fifteen of one record and ten cassettes, just like that.

2 **con tal que**: provided that
Compraremos ese televisor con tal que no esté funcionando todo el día: We'll buy that TV provided it is not switched on all day.

3 **tal como**: just the same, exactly, such as
Las cosas han ido tal como te dije: Things have gone exactly as I told you (they would).

4 **tal cual**: so-so
Como lingüista era muy bueno, como literato, tal cual: As a linguist he was very good, as a writer, so-so.

5 **tal para cual**: two of a kind
Carmen y Rogelio tienen las mismas ideas, son tal para cual: Carmen and Rogelio have the same ideas; they're two of a kind.

6 **un tal**: a man called, a certain
Un tal Ruiz llegó al pueblo esta mañana cargado de dinero. Creo que es un antiguo familiar de Carmela que ha estado trabajando en Alemania: A certain Ruiz arrived in the village this morning loaded with money. I think he's an old relative of Carmela who was working in Germany.

tangente

salirse por la tangente: go off at a tangent
Si quieres una respuesta concreta, no preguntes nada a mi hermana. Siempre se sale por la tangente: If you want a concrete answer, don't ask my sister anything. She always goes off at a tangent.

tan

1 **tan ... como**: as ... as
Este niño es tan alto como su primo que es dos años mayor que él: This child is as tall as his cousin who is two years older than him.

2 **tan pronto como**: as soon as
Tan pronto como lleguéis a vuestra casa, llamadnos para saber que estáis bien: As soon as you get home, call us so that we know that you're well.

3 **tan ... que**: so
El mar está tan agitado que los barcos han tenido que quedarse en el puerto: The sea was so rough that the ships had to stay in the harbour.

4 **tan siquiera**: just, only
Si tan siquiera tuviera un vestido decente, podría asistir al baile de fin de curso del colegio: If I just/only had a decent dress, I could attend the dance at the end of the college term/course.

tanto

1 **a tanto**: to such an extent
A tanto había llegado la protesta en el colegio, que el director tuvo que llamar a la policía: The school protested to such an extent that the Head had to call the police.

2 **apuntarse un buen tanto**: have a feather in one's cap/score a point
El botones del hotel se ha apuntado un tanto porque descubrió al ladrón: The bellboy at the hotel has a feather in his cap because he discovered the thief.

3 **en/entre/mientras tanto**: (mean)while, in the meantime
Estábamos discutiendo la posibilidad de comprar el cuadro y mientras tanto un señor lo adquirió: While we were discussing the possibility of buying the picture, a man came and bought it.

4 **estar al tanto de**: be aware of/up to date, keep track of
Estate al tanto de los resultados, podríamos haber ganado un buen montón de dinero: Keep track of the results. We could have won a pile of money!

5 **no tanto ... como**: not so much
Su éxito no se debe tanto a su buena voz como a sus provocativas contorsiones cuando canta: His success is due not so much to his good voice as to his provocative contortions while singing.

6 **no ... tanto como para**: not enough
No ha estudiado tanto como para sacar una matrícula de honor: He hasn't studied enough to deserve a university prize.

7 **por (lo) tanto**: therefore
Llegamos tarde a la estación y, por lo tanto, perdimos el tren: We arrived late at the station and therefore missed the train.

8 **tanto mejor**: all the better, so much the better
Tanto mejor si conseguimos recaudar el dinero antes de los previsto: All the better if we try to collect the money before it is expected/due.

tapia

ser más sordo que una tapia: be (as) deaf as a post
Mi hermana es más sorda que una tapia: My sister is as deaf as a post.

tardar

1 **a más tardar**: at the latest
El vestido estará listo a más tardar el martes que viene: The dress will be ready by Tuesday at the latest.

2 **tardar siglos/una eternidad**: take ages
Está tardando una eternidad. Creo que me voy a ir sin que haya venido: She's taking ages. I think I'm going to go without waiting for her to come.

tarde

1 **de tarde en tarde**: from time to time
De tarde en tarde pedimos a nuestros amigos que vengan a ayudarnos con el jardín: From time to time we ask our friends to come and help us with the garden.

2 **más tarde**: later
Creo que iré al cine más tarde; ahora tengo cosas que hacer y es un poco temprano: I think I'll go to the cinema later; I've got things to do now and it is a little early.

3 **por la tarde**: in the afternoon/evening
Cada día por la tarde hago un poco de gimnasia para mantenerme en forma: Every afternoon/evening I do a few exercises to maintain my figure.

tela

poner/estar en tela de juicio: be in doubt
No me gusta arriesgarme en inversiones que están en tela

de juicio: I don't like to risk
investments that are doubtful
/dubious.

telegrama
> **poner/mandar/enviar un
> telegrama**: send a telegram
> *Le mandaron un telegrama
> comunicándole la muerte de su
> padre*: They sent him a telegram
> informing him of his father's
> death.

tener

1 **no tener más que**: have only to
*No tienes más que telefonearme,
y vendré a ayudarte enseguida*:
You've only to phone me and I'll
come immediately to help you.

2 **tener ante sí**: have before one
*El Tribunal tiene ante sí un
expediente que había sido
rechazado en un principio*: The
Tribunal has before it a case that
has been rejected in principle.

3 **tener en cuenta**: bear in mind,
consider
*Cuando lleguemos a casa de los
abuelos debemos tener en cuenta
que la tía Julia ya estará durmiendo
y no se la puede molestar*: When
we arrive at (your) grandparents'
home, we must bear in mind that
Aunt Julia will be asleep and
one/we cannot disturb her.

4 **tener en mucho/poco**: think a
lot/little of
*Tiene en mucho a su maestra de
infancia*: He thinks a lot of his
nursery teacher.

5 **tener mucho/poco de**: take
after, resemble
*El niño tiene mucho de su madre y
poco de su padre*: The child takes
after/resembles its mother more
than its father.

6 **tener para dar y vender**: have
money to burn
*No te preocupes si gastas mucho
papel, tengo para dar y vender*:
Don't worry if you use (up) a lot of
paper; I have money to burn!

7 **tener que ver con**: have to do
with, be related to
*Ese hombre tiene que ver con el
nuevo proyecto de la oficina*: That
man has a lot to do with the new
office project.

8 **tener un corazón de oro**: have a
heart of gold
*Cuando necesites algo pídeselo a
Carlos; tiene un corazón de oro*: If
you need something ask Carlos; he
has a heart of gold.

tercera
> **a la tercera va la vencida**: third
> time lucky
> *No te preocupes, a la tercera va
> la vencida y esta vez aprobarás el
> examen*: Don't worry, third time
> lucky, and this time you'll pass
> your exam.

término

1 **a buen término**: successfully
*Llevamos a buen término todas
las traducciones que teníamos
encargadas*: We've successfully
carried out all the translations
we've been given.

2 **en términos de** : in terms of
*En términos de buena conducta,
Ricardo ha sido el mejor de la clase
durante esta semana*: In terms of
good conduct/ behaviour, Ricardo
has been the best in class during
the whole week.

3 **por término medio**: on (the/an)
average
*Viajamos a la ciudad tres veces al
mes por término medio*: We travel
to the city three times a month on
average.

terreno
> **tantear el terreno**: spy out the
> land
> *Antes de decidirte a hacer una
> cosa, tantea el terreno*: Before
> deciding to do something, spy out
> the land.

tiempo

1 **a tiempo**: in the nick of time,
opportunely

Creo que llegaremos a tiempo de coger el último tren: I believe we'll arrive in the nick of time to catch the last train.

2 **a su debido tiempo**: in due course
Deja que la carta llegue a su destino y tengan tiempo de estudiar lo que en ella dices. Luego ya contestarán a su debido tiempo: Let the letter reach its destination and give them time to study what it says. Then they will reply in due course.

3 **a un tiempo**: at the same time
Contaré hasta tres y entonces levantaremos la mesa a un tiempo: I'll count up to three and then we'll raise the table at the same time/all together.

4 **al mismo tiempo**: at the same time
Vendí el libro y los cassettes al mismo tiempo: I sold the book and the cassettes at the same time.

5 **alzarse el tiempo**: clear up
Creo que podremos salir a pasear porque se está alzando el tiempo: I think we could go for a stroll because the weather is clearing up.

6 **dar tiempo a alguien**: make allowances for
Dale más tiempo para que termine los deberes, es algo lento: Give him more time to finish his homework; he's somewhat slow.

7 **de tiempo en tiempo**: from time to time
Recibimos noticias suyas de tiempo en tiempo: We receive news about her from time to time.

8 **en tiempos de**: at the time of
En tiempos de los romanos hubo muchas persecuciones contra los cristianos: At the time of the Romans/In Roman times, there was much persecution of Christians.

9 **ganar tiempo**: gain time
Si quieres ganar tiempo, cruza por esta calle y luego gira a la izquierda: If you want to gain time, cross this street and then turn left.

10 **matar el tiempo**: kill time
¿Qué haces en el verano para matar el tiempo?: What do you do in summer to kill time?

11 **pasar el tiempo**: spend one's time
Se pasa el tiempo leyendo revistas del corazón: She spends her time reading magazines of real life romance stories.

12 **perder el tiempo**: waste time
No pierdas más el tiempo y termina tus deberes o no podrás ver la película: Don't waste more time; finish your homework or you won't watch the film.

13 **y si no, al tiempo**: time will tell
Ese matrimonio no puede durar mucho; y si no, al tiempo: That marriage won't last long; time will tell.

tientas

a tientas: gropingly, blindly
Hubo un apagón general cuando nos encontrábamos escuchando la conferencia y tuvimos que salir de la sala a tientas: There was a general blackout while we were listening to the lecture and we had to grope our way out of the room.

tierra

1 **dar en tierra**: fall down
El señor gordo tropezó con el peldaño y dio en tierra: The fat man tripped on the step and fell (down).

2 **echar tierra a**: hide, cover, hush up
Echaron tierra al asunto para salvar la reputación del director: To save the reputation of the director the matter was hushed up.

3 **echar por tierra**: destroy, tear to pieces
Los críticos cinematográficos echaron por tierra la nueva película

del director italiano: The film
critics tore to pieces the Italian
director's new film.

4 **irse/venir(se) a tierra**: fall to the
ground, collapse, fail
*Sus planes se vinieron a tierra
cuando empezó a llover*: His plans
collapsed when it began to rain.

5 **poner tierra por medio**: make
oneself scarce
*Cuando vio que los vecinos le
salían al encuentro, puso tierra
por medio*: When he saw the
neighbours coming to meet him,
he made himself scarce.

tinta

1 **medias tintas**: vague words,
generalities
*No llegué a entender lo que quería
decir porque hablaba a medias
tintas*: I didn't get to understand
what he wanted to say because he
talked in generalities.

2 **saber de buena tinta**: have
(something) from a reliable source
*Sé lo que ocurrió en la escuela
de buena tinta*: I know what
happened in the school from a
reliable source.

3 **sudar tinta**: sweat blood
*Los estudiantes buenos sudan tinta
para sacar buenas notas*:
Good students sweat blood in
order to get good marks.

tirar

1 **a más tirar**: at the most/the
outside
*A más tirar pasaremos una semana
de vacaciones, luego deberemos
volver para terminar el trabajo
pendiente*: At the most we'll
have week's holiday, then we'll
return to finish the work that's
outstanding.

2 **ir tirando**: get along
– *¡Hola, cuánto tiempo sin veros!
¿Cómo estáis todos? – Pues vamos
tirando, gracias.*: "Hello, what
a long time it's been since we've

seen you! How are all of you?"
"Well, getting along, thanks!"

tiro

1 **a tiro**: within range/reach
*El coche se me puso a tiro y pronto
le alcancé*: The car was within
range and I immediately caught up
with it.

2 **como un tiro**: as a blow, very
badly
*El comentario que el profesor hizo
acerca de su examen, delante de
toda la clase, se le sentó como un
tiro*: The remark that the teacher
made about his exam, in front of
the whole class, came as a blow to
him.

3 **errar el tiro**: make a mistake
*Erró el tiro al invertir todos sus
ahorros en aquel banco*: He made
a mistake by investing all his
savings in that bank.

4 **salir el tiro por la culata**:
backfire, boomerang
*Trató de engatusar a su marido
para que le comprara el collar de
perlas pero le salió el tiro por la
culata*: She tried to get round her
husband and get him to buy her
the pearl necklace but it backfired.

tocateja

a tocateja: cash on the nail
Pagó el coche a tocateja: He paid
cash on the nail for the car.

tocar

1 **tocar con**: be next to
Mi oficina toca con la de mi mujer:
My office is next to my wife's.

2 **tocar de cerca**: be closely related
*Este anciano me toca de cerca
porque es el hermano de mi
abuelo*: This old man is closely
related to me because he's my
grandfather's brother.

3 **tocar un instrumento**: play
Mi hijo aprenderá a tocar el piano:
My son will learn to play the
piano.

todo/a

1 ante todo: above all, first of all
Ante todo quiero la felicidad de mi marido y de mis hijos: Above all/everything else, I desire the happiness of my husband and my children.

2 de todas formas: anyway
De todas formas comeremos en algún restaurante, porque no quiero ponerme a preparar bocadillos antes de salir: Anyway, we'll eat in some restaurant (or the other), because I don't want to prepare sandwiches before leaving.

3 del todo: entirely, wholly
Estamos del todo dispuestos a ayudar en la reconstrucción de la escuela: We are wholly disposed to help in the reconstruction of the school.

4 después de todo: after all
Después de todo, no había estudiado mucho y conseguir un notable como nota final está muy bien: After all, he hadn't studied much; and, to obtain a Merit as his final mark is very good.

5 todo quisque: absolutely everyone
Todo quisque en la escuela asistió al partido de fútbol en honor del director: Absolutely everyone at the school attended the football match in honour of the Head.

tomar

1 tomar a bien/mal: take well/amiss
Se tomó a mal mi comentario en la reunión de la parroquia y ahora no me saluda: He took my remark badly at the parish meeting and now he doesn't greet me/give me good day.

2 tomar por: take someone for/to be
Le tomaron por el embajador sueco: They took him for/to be the Swedish Ambassador.

ton

sin ton ni son: without rhyme or reason
Haces las cosas sin ton si son: You do things without rhyme or reason.

tono

1 a tono con: in tune/harmony with, match
Ponte unos pantalones a tono con la camisa que llevas: Wear trousers that match the shirt you're wearing.

2 bajar el tono: lower one's voice
Me gustaría que bajaras el tono. No estoy sordo ¿sabes?: I'd be grateful if you lowered your voice. I'm not deaf, you know.

3 subido de tono: suggestive, blue
Carmen se pone roja cada vez que cuentan un chiste subido de tono: Carmen blushes every time a blue joke is cracked.

tonto

1 hacer el tonto: make a fool of oneself, act like a fool
El joven hace siempre el tonto delante de los invitados para dejar en ridículo a sus padres: The youngster always acts like a fool in front of guests in order to make his parents look ridiculous.

2 hacerse el tonto: play dumb/stupid
Siempre se hace el tonto, pero es más listo que las ratas: He always plays dumb, but he's very canny.

3 no tener un pelo de tonto: be no-one's fool
Se nota que no tiene un pelo de tonto, los negocios le marchan muy bien: It's obvious he's no-one's fool; (his) business is doing well.

topar

topar con: encounter, run into
Camino de la estación topé con mi ex-profesor: On the way to the station I ran into my former teacher.

tornillo

faltarle a uno un tornillo: have a screw loose

A Pedro le falta un tornillo; se pasa el día recitando versos en voz alta sentado junto a la ventana: Pedro has a screw loose; he spends the day reciting poetry in a loud voice, seated beside the window.

tortilla

volverse/girarse la tortilla: turn out contrary to expectations

Con la llegada de la competencia se volvió la tortilla y tuvo que cerrar la tienda: With the arrival of competition it/everything turned out contrary to expectations and he had to close the shop.

tortuga

a paso de tortuga: at a snail's pace

Mi mujer anda a paso de tortuga: My wife walks at a snail's pace.

tragar

no tragar a alguien: not to be able to stand (someone)

Nadie traga al nuevo director de la empresa: No-one is able to stand the new director.

trago

1 **echar un trago**: have a drink
Se pararon en un recodo del camino para echar un trago y descansar: They stopped at a bend along the way to have a drink and a rest.

2 **pasar un mal trago**: be a bitter pill
Están pasando un mal trago; la hija se marchó de casa con el marido de la vecina: It's a bitter pill (to swallow); their daughter has run away with their neighbour's husband.

3 **tomar un trago**: have a drink
Tómate un trago a la salud de mi hijo, que nació ayer: Have a drink to the health of my son who was born yesterday!

tranca

1 **a trancas y barrancas**: in spite of all the obstacles
Terminamos el trabajo a trancas y barrancas, pero creo que será un éxito: We'll finish the job despite all the obstacles and I believe it'll be a success.

2 **coger una tranca**: get drunk
Cogió una tranca impresionante porque bebió un poco de todas las bebidas alcohólicas en la fiesta: He got amazingly drunk because he drank a little of all the alcholic drinks at the party.

trapo

sacar los trapos a relucir/al sol: wash another's dirty linen in public
Le contaste todos nuestros problemas. No hay por qué sacar a relucir todos nuestros trapos: You told him all about our problems: There's no need to wash our dirty linen in public.

tránsito

1 **de mucho tránsito**: very busy
Vigila no se te escapen los niños, es una calle de mucho tránsito y podría ocurrir algo serio: Take care the children don't run away from you; it's a very busy street and something serious could happen.

2 **de tránsito**: passing through
Sólo estoy de tránsito en esta ciudad: I'm only passing through this city.

tratar

1 **tratar con**: (i) know, associate with; (ii) deal with, work with
(i) *Trato con muchas personas de la alta sociedad londinense, pero no me gustan*: I know many people in London high society but I don't like them.
(ii) *Este comerciante trata con toda clase de productos lácteos*: This wholesaler deals with all types of dairy products.

2 **tratar de**: try to
Trata de terminar el cartel a tiempo para la exposición: Try to finish the poster in time for the exhibition.

3 **tratar en**: deal, trade in
Estos vendedores tratan en pieles de abrigos: These salesmen trade in fur coats.

traza

tener buena/mala/poca traza: be good/bad at (something)
Tiene buena traza dibujando, pero no la tiene pintando: He's good at drawing but bad at painting.

trece

mantenerse en sus trece: stick to one's guns
Intentaron convencerle pero se mantuvo en sus trece: They tried to convince him but he stuck to his guns.

trecho

1 **de trecho en trecho**: from time to time
De trecho en trecho los niños necesitaban descansar: From time to time the children needed to rest.

2 **a trechos**: at intervals
A cada trecho había una fuente para saciar la sed de los caminantes: At intervals there were fountains to quench the thirst of travellers.

tripa

1 **echar las tripas**: throw up
La mar estaba tan agitada que muchas personas echaron las tripas: The sea was so rough that many people threw up.

2 **tener malas tripas**: be cruel
Ese viejo tiene muy malas tripas; o sea que procura no acercarte por su jardín con el perro: That old man is very cruel; so try not to go near his garden with the dog.

trote

1 **al trote**: quickly
Vayamos al trote porque de lo contrario perderemos el tren: Let's go quickly because (otherwise) we'll miss the train.

2 **no estar para trotes**: not to dash about like that any more
Ya no estoy para estos trotes. Hace veinte años podía hacer todo esto sin cansarme, pero ahora no: I don't dash about like that any more. Twenty years ago I could have done all this without feeling tired, but not now.

tuétanos

hasta los tuétanos: to the marrow, through and through
Después de esperar el autobús durante una hora en medio de la nieve, llegaron helados hasta los tuétanos: After waiting for the bus for an hour and a half we were frozen to the marrow.

tumba

1 **callado como una tumba**: silent as a tomb
La policía le interrogó varias veces, pero siempre se mantuvo callado como una tumba: The police interrogated/questioned him several time, but he remained silent (as a tomb).

2 **estar con/tener un pie en la tumba**: have one foot in the grave
El anciano está tan enfermo que ya tiene un pie en la tumba: The old man is so ill that he already has one foot in the grave.

turca

coger una turca: get drunk
María cogió una turca para celebrar que había conseguido graduarse: María got drunk celebrating her graduation.

turno

de turno: on duty
El médico de turno esta noche será el Dr. Jové: The doctor on duty tonight is Dr. Jové.

U

último/a

1 el último: last

Marc es siempre el último en salir de clase: Marc is always the last to leave class.

2 ¡es lo último!: that really is the limit!, that's the best yet!

¡Esto es lo último! ¡Mira que dejar llevar animales en el autobús!: That really is the limit! Imagine allowing animals to be taken on the bus!

3 estar en las últimas: be at death's door

El pobre Carlos está en las últimas: Poor Carlos is at death's door.

4 por último: finally

Primero comieron sopa, luego carne y por último helado: First they ate soup, then meat and finally ice-cream.

uno/a

1 ser uno de tantos: be run-of-the-mill

Es uno de tantos cantantes que intenta triunfar en América: He's a run-of-the-mill singer who tried to become a success in America.

2 una y no más: once is enough, never again

Bebí seis vasos de cerveza y me sentaron fatal; o sea que, ¡una y no más!: I drank six glasses of beer and felt quite ill; so, never again.

3 uno tras otro: one after the other, in single file

Entraron en el autocar uno tras otro: They entered the coach in single file.

4 uno y otro: both

Uno y otro merecen que se les premie con el mismo regalo: Both deserve to be given the same gift.

5 unos cuantos: a few

Me regalaron unos cuantos libros porque sabían que me gusta leer: I was presented with a few books because they knew that I like to read.

6 unos y otros: all

Todos colaboraron en la reconstrucción de la casa; así que unos y otros deben recibir un premio: Everyone collaborated in the reconstruction of the house; so all (of them) deserve a reward.

uña

1 afilarse las uñas: sharpen one's wits, try one's best

Afílate las uñas si vas a hablar con el profesor de física, es el más listo: Sharpen your wits if you're going to speak to the Physics teacher; he's the cleverest.

2 defender(se) con uñas y dientes: fight tooth and nail

Lucharon con uñas y dientes para que no derribaran el viejo claustro de la iglesia: They fought tooth and nail to prevent the old church cloister from being demolished.

3 uña y carne: as thick as thieves

Mi padre y mi cuñado no se separan nunca, son uña y carne: My father and my brother-in-law are never apart; they're as thick as thieves.

uso

1 con el uso: with wear

Estos zapatos se han estropeado con el uso: These shoes are worn out.

2 estar en buen uso: be in good condition

El molinillo de café de mi bisabuela sigue estando en uso: My great-grandmother's coffee mill/grinder is still in good condition.

3 **tener uso de razón**: be mentally capable

A su edad se debería tener uso de razón y comprender el valor de las cosas: At his age he should be mentally capable of understanding the value of things.

uva

estar de mala uva: to be in a bad mood

Está de mala uva porque quería salir a cenar y al cine y se ha presentado inesperadamente la suegra a pasar una semana: He's in a bad mood because he wanted to go out to dinner and the cinema and his mother-in-law unexpectedly arrived to spend a week.

V

vaca

estar como/parecer una vaca: be like an elephant
Mi hermano está como una vaca y le cuesta mucho moverse: My brother's like an elephant and finds it difficult to move.

vacación

1 **estar de vacaciones**: be on holiday/vacation
La familia Ruiz está de vacaciones desde hace dos semanas: The Ruiz family have been on holiday for the last two weeks.

2 **ir de vacaciones**: go on holiday
Nos vamos de vacaciones a Grecia: We're going to Greece on holiday.

vacío

1 **hacer el vacío a uno**: send (someone) to Coventry
Todos mis amigos me han hecho el vacío desde que me he casado con Ricardo: All my friends have sent me to Coventry ever since I married Ricardo.

2 **tener el estómago vacío**: feel hungry
Tengo el estómago vacío porque he tenido que hacerme un análisis de sangre y no he comido nada desde ayer el mediodía: I feel hungry because I've had to have a blood test and haven't eaten anything since noon yesterday.

vago

hacer el vago: laze about
Toda su vida ha hecho el vago y ahora se arrepiente: All his life he's lazed about and now he regrets it.

valer

1 **hacerse valer**: assert oneself
Siempre se ha hecho valer y por ello todos la aprecian: She has always asserted herself and everyone appreciates her for it.

2 **más vale**: it is better
Más vale que escuches a tus padres y no que hagas insensateces: It's better to listen to your parents than to do stupid things.

3 **valerse de**: use
Se valió de la beca que le ofrecieron para poder terminar sus estudios superiores: He used the scholarship that they gave him to finish his higher education.

4 **valerse por sí mismo/solo**: manage by oneself
A pesar de su defecto físico se vale por sí mismo: Despite his physical defect he manages by himself.

valor

1 **¡qué valor!**: what a nerve!
¡Qué valor decir que su hermana cogió los expedientes de la oficina cuando estuvo de baja toda la semana pasada!: What a nerve to say that her sister took the office records when she was off sick the whole of last week!

vaso

ahogarse en un vaso de agua: make a mountain out of a molehill, get all upset over nothing
No es tan serio el sobrepasarse de la fecha límite. ¡No te ahogues en un vaso de agua!: Missing the deadline is not all that serious. Don't make a mountain out of a molehill.

vela

1 **a dos velas**: broke, penniless
Ni siquiera puedo ir al cine porque estoy a dos velas: I can't even go to the cinema because I'm broke.

2 **no tener vela en un entierro**: not to have a say in something
Tu padre y yo estamos hablando, tú no tienes vela en este entierro: Your father and I are talking; you don't have to butt in.

3 **pasar la noche en vela**: stay
awake all night
Los padres suelen pasar muchas
noches en vela al cuidado de
los hijos enfermos: Parents are
accustomed to staying awake all
night caring for their children
when they are ill.

veleta

ser un veleta: be fickle/capricious
Antonio tiene fama de ser un
veleta: Antonio has the reputation
of being fickle.

velo

1 **descorrer el velo**: reveal
Descorrimos el velo y todo el
pueblo se enteró de la maldad del
alcalde: We revealed the mayor's
wickedness and the entire village
became aware of it.

2 **echar/correr un velo sobre**:
hush up
Echó un velo sobre la historia de la
familia: He hushed up the family
history.

vender

1 **vender al por mayor**: sell
wholesale
En casa tenemos una tienda de
venta al por mayor de ropa: At
home we have a shop that sells
clothes wholesale.

2 **vender al por menor**: sell retail
Una de las ideas de mi marido es
abrir una tienda de venta al por
menor de aceitunas y jamones:
One of my husband's ideas is to
open a retail shop to sell olives and
hams.

3 **venderse como rosquillas**: sell
like hot cakes
Estos bañadores tan altos de pierna
se venden como rosquillas: These
long-legged swimsuits are selling
like hot cakes.

venir

1 **(el año, etc) que viene**: next
El curso que viene estudiaré
matemáticas, química y física:
(The) next academic year I'll
study mathematics, chemistry and
physics.

2 **venir a menos**: come down in
the world
Esta dama tan simpática es una
condesa venida a menos: This lady
who is so pleasant is a countess
who has come down in the world.

3 **venir a parar**: get at
¿A donde quieres venir a parar?:
What do you mean by that/what
are you getting at?

4 **venir a ser**: turn out to be
Lo que ocurrió vino a ser algo
parecido a lo ocurrido hace dos
meses en casa de mis primos: It
turned out to be something similar
to what happened in my cousins'
home two months ago.

ventaja

1 **sacar ventaja de**: (i) profit from;
(ii) get ahead of
(i) *Hay personas que saben sacar*
ventaja (de las cosas) con su
sicología: There are people who
know how to use psychology to
their own advantage.
(ii) *El atleta británico sacó ventaja*
al resto de los competidores en
pocos segundos: The British
athlete got ahead of the rest of the
competitors in a few seconds.

2 **tener ventajas**: have advantages
Este producto tiene más ventajas
que los otros que se exhiben en este
mostrador: This product has more
advantages than the rest that are
exhibited on this counter.

ver

1 **al modo de ver de uno**: in
(someone)'s opinion
A mi modo de ver deberíamos
empezar visitando la Catedral de
San Pablo y luego irnos a Trafalgar
Square y toda esa parte:
In my opion we should begin by
visting St Paul's Cathedral and
then go to Trafalgar Sqare and all
round that area.

2 **dejarse ver**: show one's face
Se dejaba ver de vez en cuando, pero no tan a menudo como su madre quería: He showed his face from time to time but not as often as his mother would have wished.

3 **no ver tres en un burro**: (i) be as blind as a bat; (ii) not to be able to see a thing
(i) *Lleva unas gafas gordísimas porque es muy miope y no ve tres en un burro*: He wears thick glasses because he's myopic and is as blind as a bat.
(ii) *Ese Juan no ve tres en un burro, su mujer anda siempre de juerga y él tan tranquilo*: That Juan isn't able to see a thing. His wife's always on the binge/having a good time and he's so calm (about it).

4 **ver las estrellas**: see stars
Se dio un fuerte golpe en la cabeza al caerse de la escalera, y vio las estrellas: He received a hard knock on the head falling down the staircase and saw stars.

5 **verse que**: be obvious
Se ve que el tren está llegando a la estación porque ya se ven casas y ha aflojado la marcha: It's obvious that the train's arriving at the station because houses are visible and it has slowed down.

veras

de veras: really
De veras, hoy no será posible ir al cine: Really, today it won't be possible to go to the cinema.

verde

1 **estar verde**: be green, not know a thing
No quiero presentarme a esta entrevista porque aún estoy verde: I don't want to attend that interview because I still don't know a thing.

2 **poner verde a alguien**: haul someone over the coals
Están poniendo verde a ese chico por su mal comportamiento:

They're hauling that lad over the coals because of his bad behaviour.

3 **un viejo verde**: a dirty old man
No me gusta ese hombre, es un viejo verde: I don't like him; he's a dirty old man!

vez

1 **a veces**: sometimes
A veces nos gusta dar largos paseos por los campos que hay a las afueras del pueblo: Sometimes we like to take long walks in the fields that lie on the outskirts of the village.

2 **cada vez**: each/every time
Cada vez que me pongo a estudiar, alguien me distrae entrando en la habitación: Every time I settle down to study, someone distracts me by entering the room.

3 **de una vez**: and be done with it!
¡Termina tus deberes de una vez!: Finish your assignment and be done with it!

4 **de vez en cuando**: now and again, occasionally
Sólo visita a su familia de vez en cuando: He only visits his family now and again.

5 **en vez de**: instead of
En vez de ir al cine vayamos al teatro: Instead of going to the cinema, let's go to the theatre.

6 **pedir vez**: ask one's turn, find one's place in the queue
Pida usted vez o no le despacharán: Find your place in the queue or you won't be served.

7 **rara vez/raras veces**: seldom, rarely
Rara vez puedo comprar la fruta que a mí me gusta: I seldom buy fruit that I like.

8 **una y otra vez**: once or twice
Intentamos llamar por teléfono una y otra vez, pero sin éxito: We tried to phone once or twice but without success.

vida

1 **de por vida**: for life
La subvención es de por vida: The grant is for life

2 **en su vida**: never in one's life
¡En su vida sería capaz de cometer tal atrocidad!: Never in his life could he have committed such an atrocity!

3 **ganarse la vida**: earn one's living
Parece que se gana bien la vida, pues no le falta nada: It looks as if he's earning a good living since he lacks nothing.

viejo

viejo verde: (a) dirty old man
Ese viejo verde se pasa el día mirando descaradamente a las chicas: That dirty old man spends the day ogling the girls.

viento

1 **contra viento y marea**: against all odds
Terminó su carrera contra viento y marea: He completed his university studies/He qualified against all odds.

2 **ir viento en popa**: going well
Todo va viento en popa en nuestro matrimonio: Everything's going well in/with our marriage.

Villadiego

tomar las de Villadiego: beat it, run away
Enrique tomó las de Villadiego porque debía dinero a la mitad del pueblo: Enrique beat it because he owed money to half the village.

vilo

tener a alguien en vilo: keep someone in suspense
No me tengas más en vilo y cuéntame cómo sucedió todo: Don't keep me in suspense any longer but tell me everything that happened.

vista

1 **estar a la vista**: be in sight
Por fin se terminaba el viaje, la ciudad ya estaba a la vista: The journey finally ended the city was already in sight

2 **conocer de vista**: know by sight
Conozco al profesor García sólo de vista: I know Professor García only by sight.

3 **dar una vista/vistazo**: take a look at, glance at, have a quick look at
Dimos un vistazo por los alrededores en busca de las gallinas que se nos habían perdido: We had a quick look round the neighbourhood – searching for the hens we had lost.

4 **echar un vistazo**: take a look at
Pidió al vecino que echara un vistazo a la casa mientras estuviesen de vacaciones: He asked his neighbour to take a look at the house while they were on holiday.

5 **hacer la vista gorda**: look the other way, pretend not to notice, turn a blind eye to
El tribunal hizo la vista gorda y aprobó al estudiante: The (Examining) Board looked the other way and passed the student.

6 **perder(se) de vista**: disappear from view
El autobús se perdió de vista a lo lejos: The bus disappeared from view in the distance.

7 **saltar a la vista**: be obvious/self-evident
No hacía falta ninguna explicación, aquello saltaba a la vista: No explanation was necessary; that was obvious.

8 **ser corto de vista**: be short-sighted
Acércame más el libro, soy un poco corto de vista: Bring the book closer (to me); I'm a bit short-sighted.

9 **tener vista de lince**: have very keen sight/an eagle eye
No le engañarás, tiene vista de lince: You won't fool him; he has very keen sight.

vistazo

echar un vistazo: glance
Lo último que hizo fue echar un vistazo a la habitación y luego cerró la puerta para todo el verano: The last thing she did was to glance at the room and then close the door for the whole of the summer.

vivo

1 **ser el vivo retrato de**: be the spitting image of
Esta chica es el vivo retrato de su padre, que en paz descanse: This girl is the spitting image of her father, God rest his soul!

2 **tocar en lo vivo**: touch to the quick, hurt one deeply
Hicieron un comentario que le tocó en lo vivo: A remark they made hurt him deeply.

volver

1 **volver a**: to ... again
Le gustó tanto el libro que volvió a leerlo: He liked the book so much that he read it again.

2 **volver en sí**: come to, regain consciousness
Gracias a Dios no tardó mucho en volver en sí: Thank God, he didn't take long to regain consciousness!

3 **volverse atrás**: back out, not keep one's word
Prometió actuar en favor de los niños necesitados, pero se volvió atrás: She promised to act on behalf of needy children but didn't keep her word.

voz

1 **correr la voz**: be rumoured
Corre la voz de que el profesor de música tiene un lío con una señora de la alta sociedad: It is rumoured that the music teacher is having an affair with a lady in high society.

2 **dar voces**: shout
Dio voces para que le ayudaran, pero por desgracia nadie le oyó: He shouted for someone to help him, but unfortunately no-one heard him.

3 **de viva voz**: by word of mouth, orally
La noticia del fraude corrió de viva voz: The news of the fraud spread by word of mouth.

vuelta

1 **a la vuelta de la esquina**: at the corner
Encontrará la parada de autobús a la vuelta de la esquina: You'll find the bus-stop at the corner.

2 **dar cien vueltas**: run rings around
En cocina mi hermana me da cien vueltas: My sister runs rings round me in cooking.

3 **dar la vuelta**: turn round
La carretera estaba tan atascada que cuando pudimos, dimos la vuelta y regresamos a casa: The highway was so jammed that when we could/at the first opportunity we turned round and went home.

4 **devolver/dar la vuelta**: return
La leche solo cuesta setenta pesetas y yo te he dado cien. Por lo tanto, dame la vuelta: The milk only costs seventy pesetas and I've given you one hundred. So give me/return the change.

5 **dar una vuelta**: go for a walk
María salió a dar una vuelta y no ha regresado todavía: Maria went for a walk and she hasn't yet returned.

6 **estar de vuelta**: be back
Salieron de viaje el lunes y estarán de vuelta mañana por la tarde: They left on a trip on Monday and will return tomorrow afternoon.

7 **ida y vuelta**: return
Necesito un billete de ida y vuelta a Tarragona: I need a return ticket to Tarragona.

Y

ya

1 **¡ya caigo!**: Now I remember!
El coche, ¿qué coche? ¡Ah, ya caigo! El que tuvo el accidente: The car, which car? Ah, now I remember! The one that had the accident.

2 **ya es hora**: it is time
Ya es hora de acostarnos: It's time (for us) to get to bed.

3 **ya que**: since, as
Ya que no vienes a visitarnos, vendremos nosotros a visitarte: Since you don't come to visit us, we'll come to visit you.

4 **ya verás, ya**: just wait and see
¡Ya verás, ya! Tu padre llegará y se encontrará con que le has tirado todos sus libros por el suelo: Just wait and see! Your father'll come and find you've thrown all his books on the floor.

5 **ya ... ya**: whether ... or
Iremos de paseo de cualquier manera; ya sea andando, ya en bicicleta: We'll go for some sort of outing; whether it's on foot or by bicycle.

yunque

estar al yunque: endure annoyance (from others)
El niño estuvo al yunque por algún tiempo, pero al fin protestó a la directora del colegio: The boy endured the annoyance for some time, but in the end protested to the Head of the school.

Z

zafarrancho

    armar un zafarrancho: kick up a rumpus, cause an uproar

    Armamos un zafarrancho en clase como protesta por la mala educación del profesor: We kicked up a rumpus in class in protest against the teacher's bad behaviour.

zambullir

    zambullirse en el trabajo: plunge into one's work

    Se zambulle en el trabajo de lunes a viernes: He plunges into his work from Monday to Friday.

zancadilla

    poner (a uno) la zancadilla: trip (someone) up

    Ese hombre no tiene escrúpulos y pone la zancadilla a cualquiera que se le ponga delante: That man has no scruples and trips anyone who gets in his way.

zapato

    1 **como niño con zapatos nuevos**: like a dog with two tails

    Juan regaló a su padre un juego de ajedrez y éste se puso como niño con zapatos nuevos: Juan gave his father a chess set, and the latter was like a dog with two tails.

    2 **no llegar a la suela de los zapatos**: be unable to hold the candle to (someone)

    Sabe mucho de astrología, pero no llega a la suela del zapato de su esposo: She knows a lot about astrology, but she can't hold a candle to her husband.

    3 **saber dónde aprieta el zapato**: know where the shoe pinches

    Todo el mundo me da consejos como si yo no supiera dónde me aprieta el zapato: Everyone gives me advice as though I didn't know where the shoe pinches.

zorro

    ser más listo que un zorro: be cleverer than a fox

    No le digas como debe llevar los negocios, es más listo que un zorro: Don't tell him how to run a business; he's cleverer than a fox.

zurcir

    ¡anda y que te zurzan!: go to hell!

    ¡Anda y que te zurzan! ¡Parece mentira que pienses así!: Go to hell! I'm surprised you think like that!

HARRAP'S SPANISH STUDY AIDS

Also available in this series

SPANISH VOCABULARY
★ Ideal revision aid
★ Particularly suitable for exam preparation
★ 6000 vocabulary items in 65 themes

142mm × 96mm/256pp/plastic cover
ISBN 0 245-54689-8
in USA 0-13-383266-X

SPANISH VERBS
★ Over 200 verbs fully conjugated
★ Index of 2400 common verbs
★ Notes on verb construction

142mm × 96mm/256pp/plastic cover
ISBN 0 245-54688-X
in USA 0-13-383282-1

SPANISH GRAMMAR
★ Comprehensive grammar of modern Spanish
★ Suitable reference for study to university
level
★ Lively examples

142mm × 96mm/256pp/plastic cover
ISBN 0 245-54690-1
in USA 0-13-383274-0

MINI SPANISH DICTIONARY

★ For quick and easy reference
★ Clear layout
★ Handy format

142mm × 96mm/667pp/plastic cover
ISBN 0 245-54586-7

SPANISH SYNONYMS

★ Synonyms for each language grouped
according to meaning
★ Also features antonyms for both languages

142mm × 96mm/272pp/plastic cover
ISBN 0 245-60040-X